UNTERGANG ODER NEUBEGINN?

Christian Zeitz

UNTERGANG ODER NEUBEGINN?

Politische Ökonomie der Parteiendemokratie

VERLAG HOFSTÄTTER
DR. VERENA HOFSTÄTTER

ISBN 3-900936-00-5
Medieninhaber: Verlag Hofstätter,
Dr. Verena Hofstätter
Graphische Gestaltung: Ingrid Preyhaupt
Druck: Ueberreuter Buchbinderei und Buchproduktion Ges. m. b. H.
2100 Korneuburg
Verlagsort: Wien
Herstellungsort: Korneuburg

Für meine liebe Sybille, ohne die dieses Buch nicht in der vorliegenden Form zustande gekommen wäre.

VORWORT

Das Anliegen dieses Buches ist es zu zeigen, daß der eloquent vorgetragene Gestaltungsanspruch der Politik zunehmend auf einer monumentalen Selbsttäuschung beruht. Wenn wir vermeiden wollen, daß unser Gemeinwesen mit dem Absterben der Massenparteien in eine ernste Gefahr gerät, müssen wir diese Parteien einer radikalen Neuorientierung und Umorganisation unterziehen.

Es ist in der Politik üblich geworden, für die Analyse von Wahlschlappen und anderen Rückschlägen die empirische Sozialforschung in Anspruch zu nehmen. Die Erosion unseres gesamten politischen Systems und das kurz bevorstehende Kippen unserer Parteiendemokratie entziehen sich jedoch der Untersuchung durch die empirische Forschung, weil sie aus viel tiefer liegenden Ursachen resultieren als das singuläre Wahlergebnis einer beliebigen Partei.

Diese Arbeit versucht, die Wurzeln dieses Auflösungsprozesses durch strenges, deduktives Denken bloßzulegen und die Ergebnisse dieses Verfahrens den Erfahrungen der im politischen Leben Stehenden gegenüberzustellen, um diese erklärbar zu machen.

Das Buch entstand in meiner Zeit als Forschungsassistent des Fonds zur Förderung wissenschaftlicher Forschung zum Thema „Ökonomie und Philosophie der Technik". Meine Anliegen in der Technikphilosophie bilden daher auch einen Teil des analytischen Kerns zur Darstellung der Wirkprinzipien unserer gesellschaftlichen Ordnung, auf der unser politisches System ruht.

Der andere Teil speist sich aus der Tradition jenes Denkstils, der seit jeher als „Politische Ökonomie" bezeichnet wurde. Für diese ist es charakteristisch, daß sie die Wechselwirkungen von wirtschaftlichen und politischen Subsystemen im Zusammenhang unverkürzt darzustellen bemüht ist.

In beiden Bereichen war mir die Ideenwelt der Österreichischen Schule der Nationalökonomie ein verläßliches geistiges Fundament. Die Gedankenwelt ihrer großen Exponenten, insbesondere ihres bedeutendsten zeitgenössischen Vertreters, des Ökonomen und Sozialphilosophen Friedrich A. von Hayek, scheint mir jenes fruchtbare Paradigma zu bilden, in dem viele brennenden Fragen unserer Gegenwart beantwortet werden können.

Wie jede größere Arbeit wäre auch dieses Buch nicht ohne die Hilfe und Unterstützung einiger wohlwollender Personen zustande gekommen bzw. abgeschlossen worden. Es gilt daher, an dieser Stelle Dank zu sagen.

Ich danke Herrn Univ. Prof. D.I. DDr. Werner Koenne, der mir als mein Projektleiter und väterlicher Freund den notwendigen Freiraum gelassen hat, um diese Arbeit meinen Vorstellungen entsprechend durchzuführen. Er war es, der mich als erster zu systematischer wissenschaftlicher Arbeit ermuntert hat und der maßgeblich dazu beitrug, mein Interesse auf den technikphilosophischen Kern zahlreicher Probleme unserer modernen Zivilisation zu lenken.

Die Arbeit wurde auch vor wenigen Tagen zur Approbation als Dissertation an der Wirtschaftsuniversität Wien Herrn Univ. Prof. Dr. J. Hanns Pichler und seinem Assistenten Dr. Hansjörg Klausinger sowie Frau Univ. Prof. Dr. Gertraude Mikl-Horke vorgelegt, denen ich für ihre Bereitschaft zur Begutachtung danke.

Weiters ist es mir ein Anliegen, mich vor dem unternehmerischen Mut meiner Verlegerin, Frau Dr. Verena Hofstätter zu verbeugen, die sich nicht scheute, die Arbeit eines völlig unbekannten Autors auflagenstark herauszubringen und damit mannigfache Risiken auf sich zu nehmen.

Fräulein Eva Flügel tippte professionell das Manuskript und harrte nächtelang geduldig mit mir am Textverarbeitungs-Computer aus.

Für die Korrektur der Texte danke ich sehr meinem Vater, Herrn Dr. Alfred Zeitz, ohne dessen Einsatz das Manuskriprt wohl nie fehlerfrei geworden wäre.

Von den Vielen, die mich besonders in der Phase der letzten, von vielen Zwischenfällen und kritischen Bedingungen in meinem Umfeld geprägten Monate seelisch unterstützten, danke ich besonders meiner Mutter, Frau Dr. Annemarie Zeitz, und meinen Freunden Paul Fischer und Emil Richter, die mich immer im richtigen Augenblick motivierten, das Ziel im Auge zu behalten.

Ganz besonders aber danke ich meiner Freundin Sybille, der

dieses Buch nicht per Zufall gewidmet ist. Sie gab nicht nur den Impuls zur Inangriffnahme des Themas dieses Buches, sondern unterstützte mich unermüdlich – nicht zuletzt bei allen möglichen unangenehmen Tätigkeiten, wie etwa dem Korrektur-Lesen. Schließlich mußte sie nicht selten statt erholsamer Freizeitbeschäftigungen ein erstes Referat über das eine oder andere Kapitel über sich ergehen lassen.

Christian Zeitz
Wien, im November 1988

INHALTSVERZEICHNIS

0. EINLEITUNG

0.1. „Das größte Glück für die größte Zahl"

Es fing alles so verheißungsvoll an. Mit dem Wahlspruch „das größte Glück für die größte Zahl" leiteten Jeremy Benthams Philosophical Radicals eine neue Epoche der Politik ein, deren Selbstverständnis für praktisch alle nachfolgenden Generationen von prägender Bedeutung war. Obwohl der direkte Einfluß von Benthams Utilitaristen in der ersten Hälfte des neunzehnten Jahrhunderts sich in Grenzen hielt, war ihr Wahlspruch doch allmählich zur stillschweigenden Maxime weiter Teile sowohl der politischen Ökonomie als auch der politischen Praxis geworden. Wir können hier nicht darauf eingehen, daß es dazu nicht der ausdrücklichen formelhaften Umschreibung durch Bentham und seiner Jünger bedurft hätte, sondern daß das universale politische Glücksstreben eine in der Zeit liegende allgemeine Reaktion auf die Zerschlagung alter und unveränderlich scheinender gesellschaftlicher Geborgenheit ist, wie das für die Neuzeit charakteristisch ist; wir wollen hier nur festhalten, daß dieser Maximalanspruch des größten Glücks der größten Zahl einen völlig neuen Politikbegriff definierte, in dessen Gefolge völlig neue Gebiete zum Gegenstand und Arbeitsgebiet der Politik erklärt wurden. Wenngleich in verstreuten Ansätzen einige dieser Gebiete immer schon von einzelnen Regierenden wahrgenommen wurden[1]), war eine systematische Ausweitung der politischen Verantwortung auf die Belange der Arbeitswelt, des Gesundheitswesens, des Wohnungswesens, des Verkehrs, der Bildung, Ausbildung und Erziehung und später schließlich auch der Kultur ein Ereignis des letzten Drittels des neunzehnten Jahrhunderts und damit eine Novität in der politischen Geschichte unserer Zivilisation.

0.2. Die alte Vorstellung von Politik

Bis dahin war der Aktionsradius der Politik in den Augen repräsentativer Theoretiker und Staatsmänner im wesentlichen auf die Pflege der Regeln der Gerechtigkeit (Platon, Augustinus, Kant), auf den Entwurf und die Entwicklung der vollkommenen Verfassung (Platon, Aristoteles, Cicero, Thomas von Aquin, Montesquieu, Washington, Jefferson), die Festlegung von Gut und Böse (Augustinus), Recht und Unrecht (Spinoza) bzw. Mein und Dein (Hobbes, Rousseau), die Rechtspflege (Friedrich d. Große, Kant, Humboldt) und die Erhaltung von Ruhe und Sicherheit im Landesinneren und nach außen (Smith, Bodin) beschränkt. Freilich gab es immer wieder – eher vereinzelte – Versuche, den Wohlstand der Bürger zum expliziten Ziel der Regierungstätigkeit zu erklären, wie das für den relativ kurzen Abschnitt des Merkantilismus (z.B.Ludwig XIV.) gilt; doch sorgte die materielle Absicherung nahezu jedes Einzelnen im vorindustriellen Produktionsverband (wenn auch auf einem sehr niedrigen Niveau) bis zum Vorabend der industriellen Revolution dafür, daß die Lebensgrundlagen der Menschen und die Mittel zu ihrer Bedürfnisbefriedigung nicht zu den Hauptanliegen der Staatsverantwortlichen wurden. Selbst der im Gefolge von Aristoteles und Cicero immer wieder strapazierte Begriff des Gemeinwohls ist rein formal zu verstehen und bezieht sich auf die Erhaltung und Pflege einer gemeinsamen Ordnung gerechter Verhaltensweisen und keineswegs auf ein bestimmtes gemeinschaftliches Wohlstandsniveau. So blieb es über Jahrhunderte hinweg Sache der Utopien, der wirklichkeitsfremden Wunschwelten, die Verteilung der Lebensgüter als ein Hauptinteressensgebiet der Politik zu behandeln und die wirtschaftlichen Lebensinteressen der Menschen der Politik zu unterwerfen (Campanella, Morus, tws. Fichte).

0.3. Die neue Vorstellung von Politik

Doch als der Aufbruch eines technisch-industriellen Universums die Grundpfeiler der alten Ordnung zum Einsturz brachte, und die Politik aufgerufen wurde, die Wirkung des Zusammenhalts von Sitten und Gebräuchen zu ersetzen, stellte die Maximalforderung nach dem größten Glück für die größte Zahl den Anspruch der alten Utopisten bei weitem in den Schatten. Denn jetzt waren es nicht mehr bloß die Voraussetzungen für die letzten diesseitigen Ziele der Menschen, auf die das politische Augenmerk gerichtet war, sondern die letzten Ziele selbst[2]). Glück, Zufriedenheit, Erfüllung und Selbstverwirklichung begannen die programmatischen Absichtserklärungen der neu entstehenden politischen Organisationen zu erobern.Zwar divergierten die Idealvorstellungen der verschiedenen politischen Lager hinsichtlich dessen, was sie gerne dem Einfluß der Politik zu unterwerfen wünschten. Schließlich unterscheidet sich – vereinfacht dargestellt – die sozialistische Position von der konservativen heute noch dadurch, daß diese – die sozialistische Position – alles Tun und Handeln von Menschen in der Gemeinschaft für Politik erklärt und entsprechend für eine bewußte und rationale Planung und Durchorganisation der menschlichen Beziehungen eintritt, während jene – die konservative Position – im Zusammenleben der Menschen den wirtschaftlichen, den gesellschaftlichen und den politischen Bereich voneinander abgrenzt und für eine relative Autonomie dieser Bereiche plädiert. Doch ändert dies nichts an dem Umstand, daß mit der hier beschriebenen Phase der politischen Entwicklung die Tendenz einsetzte, daß es praktisch kein Thema von Belang mehr geben konnte, zu dem es sich irgendeine ernstzunehmende politische Kraft erlaubte, keine Meinung oder Haltung zu veröffentlichen bzw. darauf zu verzichten, eine ihren Grundvorstellungen entsprechende Problemlösung anzubieten.

Dies traf und trifft auch dann zu, wenn es die eine oder andere Gruppierung ausdrücklich für wünschenswert erklärte, so manchen Bereich vor politischem Zugriff zu schützen. Denn an der übergeordneten Verantwortlichkeit der Politik für alle menschlichen Lebensbereiche ändert es nichts, wenn entweder für alle gesellschaftlichen und wirtschaftlichen Belange eine direkte politische Zugriffsmöglichkeit reklamiert wird (herkömmliche sozialistische Haltung) oder, wenn die Zuständigkeit zur Lösung eines bestimmten Problems anhand einer Zweckmäßigkeitserwägung von der obersten (politischen) Entscheidungsebene an eine niedrigere verwiesen wird (Subsidiaritätsprinzip der christlich-konservativen Denkweise[3]).

0.4. Omnikompetenzanspruch: Ausdehnung der Politik in alle Lebensbereiche

All das aber bildete in der zweiten Hälfte des vorigen Jahrhunderts eine politische Kultur aus, wie sie allen vormodernen Epochen des gesellschaftlichen Verständnisses unbekannt war. Stellvertretend für diese Entwicklung trat ein völlig neuer Berufstypus in die Geschichte ein: der des Politikers im modernen Sinn. Regenten, Herrscher und Fürsten kannte man auch vorher, ebenso Staatsmänner, Volkstribunen und Amtsträger. Der Politiker aber, dessen Geschäft die Sorge um die Wünsche, Interessen und Wohlstandsziele der Bürger darstellt, ist ein Geschöpf des neunzehnten Jahrhunderts. In ihm manifestiert sich der Wahlspruch des „größten Glücks für die größte Zahl“[4]). Mit seinem Auftreten wurde jene rasante Entwicklung begonnen, in der sich immer mehr Bürger mit immer mehr Wünschen an die politisch Tätigen wandten, die immer begieriger wurden, all diese Wünsche zu einem Gegenstand der Politik und damit ihrer eigenen Arbeit zu erklären. Diese Entwicklung, während der die Bedenken der wenigen liberalen Skeptiker[5]) wie die des Rufers in der Wüste verhallten, ohne jedoch einen nennenswerten Einfluß auf den Ablauf der politischen Geschichte zu erlangen[6]), wurde vom österreichischen Ökonomen und Philosophen Friedrich A. von Hayek in dessen Spätwerk auf tiefschürfende Weise analysiert und auf ihre Konsequenzen untersucht. Ihre Vollendung erfuhr diese politische Entwicklung erst in unseren Tagen in der tatsächlichen Verwirklichung des universalen Zuständigkeitsanspruches, des Omnikompetenzanspruches der Politik[7]), den auch nur schüchtern in Zweifel zu ziehen so sehr gegen die politische Vernunft zu sprechen scheint.

0.5. Das „Werkzeug“ der modernen Politik: Die politischen Parteien

Wir wollen dieser Entwicklung und ihrer magistralen Analyse durch Hayek und dessen Vorgänger nur insoweit Augenmerk schenken, als dies für ein Verständnis des Niederganges der politischen Organisationen der Gegenwart notwendig erscheint.

Doch ist die Kenntnis dieser Zusammenhänge zumindest eine indirekte Voraussetzung für eines der Hauptanliegen dieser Arbeit, das darin besteht zu zeigen, wie sehr die Organisation der politischen Parteien ein Spiegelbild der Auffassung von der Politik ist, wie sie zum Zeitpunkt der Entstehung der Parteien vorherrscht. Der Typus der Parteiorganisation, die Ausgestaltung des Apparates – also die Art und Weise, wie und durch wen Entscheidungen gefällt werden, welche Tätigkeiten von welchen Funktionsträgern verrichtet werden, welche Rolle Mitglieder und welche nur Mitarbeiter spielen, in welcher Weise die Organisation an die Öffentlichkeit tritt, usw. - dieser Organisationstypus stellt immer eine komplementäre Struktur zum politischen Geist jener Epoche dar, in der die Partei geschaffen wurde.

Parteien sind also in gewisser Weise Werkzeuge, die geschaffen wurden, um die Vorstellungen ihrer Proponenten zu verwirklichen. Diese an sich selbstverständliche Feststellung verliert ihre scheinbare Trivialität, wenn wir Parteien mit anderen Werkzeugen, mit solchen im engeren Sinn des Wortes, vergleichen. Während andere Werkzeuge nämlich entfernt und nach Belieben durch bessere ersetzt werden, sobald sich die Ziele ihres Besitzers oder die Bedingungen des Umfeldes geändert haben, vollziehen Parteienapparate eine sehr seltsame Entwicklung: Sie erstarren einerseits und verfestigen ihren Aufbau gleichsam für die Ewigkeit, während sie andererseits innerhalb des verfestigten Rahmens eine Eigendynamik entwickeln, in der eine immer größer werdende Zahl von Scheinaktivitäten die Fiktion einer befriedigenden Erfüllung des ursprünglichen Organisationszieles aufrecht erhält.

Im Zuge dieses Prozesses beginnt das Werkzeug zu bestimmen, welche Ziele es zu verfolgen gibt. Denn gemäß dem Gesetz, daß die politische Kultur und der Typus bzw. die Ausprägung der Organisation der in dieser Kultur sich bewegenden Parteien stets komplementär sein müssen, ist es nun der Parteientypus, der – trotz sich ändernder Notwendigkeiten – die Art und Weise sowie den Umfang und den Anspruch der Politik bestimmt.

Wir werden im Verlaufe dieser Arbeit zu zeigen versuchen, wie

die starren Parteiapparate nicht nur das formale Procedere der politischen Arbeit, sondern auch ihre Inhalte bestimmen. Und wir werden zu betrachten haben, wie dies bei der Auswahl der politischen Themen einerseits zu einer Unfähigkeit der Politik zur Lösung tatsächlich vorhandener Probleme und damit tendentiell zu einer Totallähmung der gesamten Politik führt und andererseits auf das Leben in den politischen Parteien selbst zurückwirkt.
Damit wären wir beim eigentlichen Thema dieser Arbeit angelangt, nämlich bei der Analyse der zunehmenden Probleme, denen die Politik und die politischen Parteien auf allen Ebenen und in allen Bereichen ausgesetzt sind.

0.6. Politikverdrossenheit: Folge der Grenzüberschreitung von Politik und Parteien

Es fing alles so verheißungsvoll an. Mit dem Wahlspruch „das größte Glück für die größte Zahl" wurde eine Epoche der totalen Verantwortlichkeit und Obsorge der Politik für den Bürger eingeleitet, die nun in einen Zustand der Totallähmung weiter Teile der Politik zu münden droht. Wir haben den Zuständigkeitsanspruch der Politik unendlich weit ausgedehnt und damit die Grenze ihrer Leistungskapazität bei weitem überschritten. Wann immer wir über Politik- oder Parteienverdrossenheit sprechen, haben wir es mit den Folgen vorwiegend dieses Umstandes zu tun. Wenn wir die Ursache dieser Verdrossenheit vorwiegend in der Korruptheit oder Unfähigkeit einzelner Politiker oder in ein paar ungleich verteilten Privilegien suchen, so verwechseln wir ein Oberflächenphänomen mit der viel tiefer liegenden Bestürzung über die zunehmende grundsätzliche Ergebnislosigkeit politischen Tuns[8]).
Radikale Veränderungen des Parteientypus und seiner Wesenszüge sind daher nicht mehr nur ein Instrument gegen die Politikverdrossenheit, sondern eine Überlebensfrage unserer Parteien und damit eine Überlebensfrage dieser unserer Art von Demokratie. Die politische Kultur und die Parteienlandschaft sind knapp vor dem Kippen, weil die Frustration der Funktionäre beunruhigende Ausmaße angenommen hat und der Vertrauensschwund der Wähler geradezu stündlich wächst.

Wenn wir den vollkommenen Zusammenbruch unseres politischöffentlichen Lebens verhindern wollen, den wir unter gleichbleibenden politischen Bedingungen mit Sicherheit in absehbarer Zeit erleben werden, müssen wir dort anfangen, wo Menschen von einigermaßen ähnlicher Grundhaltung und verbunden durch die gemeinsame Angehörigkeit zu einer organisierten Gesinnungsgemeinschaft - zumindest theoretisch - zu akkordiertem Handeln gelangen können, nämlich in den Parteien selbst.

Nur derjenige der kranken Parteienkolosse, der es vermag, sich in einem letzten Kraftakt zu häuten und die absterbenden, vom Moder befallenen Gewebeteile abzustoßen, hat die Chance, zu neuem Leben zu erwachen. Erst wenn es einer großen Partei mit vernünftiger Grundhaltung gelungen ist, sich selbst zu regenerieren, besteht die Chance, auf das Insgesamt der politischen Kultur wohltätig einwirken zu können.

1. REALE MOTIVE IN DER POLITIK

1.1. Was bewegt die Menschen in die Parteien?

Wir schwenken jetzt den Scheinwerfer von der großen Szenerie der historisch-politischen Entwicklung weg und blenden in die Parteiapparate hinein, um uns zu informieren, was im Alltagsleben der Mitglieder und Funktionäre dazu beiträgt, daß die Politik an der Wirklichkeit scheitert und Parteien zu obsoleten Ungetümen werden.
Zuallererst wollen wir aber auflisten, welches die Motive sind, aus denen jemand einer Partei beitritt bzw. diese als Funktionär unterstützt. Erst wenn uns alle denkbaren Motive für eine Unterstützung bewußt sind, können wir verstehen, welche Wesensmerkmale einer Parteiorganisation sich auf diese günstig auswirken und welche ungünstig.

A. Das Interessenvertretungsmotiv
Als einer der Hauptgründe, einer Partei beizutreten, wird immer wieder die Fähigkeit der Partei angeführt, die wirtschaftlichen Interessen des (potentiellen) Mitgliedes zu vertreten.
Dieses Motiv steht immer mit Partikularinteressen in Zusammenhang, die sich traditionellerweise aus der Zugehörigkeit zu einer Klasse, Gruppe oder einem Berufsstand ableiten. Dem ursprünglich monolithischen Arbeiterblock des sozialistischen Lagers steht auf bürgerlicher Seite die Notwendigkeit einer Interessenskoalition zwischen Arbeitern und Angestellten, Unternehmern und Bauern gegenüber, deren Schwierigkeiten bürgerliche Parteien europaweit mit dem Begriff der Integrationspartei zu überspielen versuchen.

B. Das Weltanschauungsmotiv
Ein zweites, ebenfalls häufig angeführtes Motiv besteht in der weltanschaulichen Identifikation des Mitgliedes mit der Programmatik der Partei. Das Mitglied erwartet von seiner Partei mutige Anstrengungen zur Verwirklichung eines bestimmten gesellschaftlichen Ideals oder zur Annäherung an dieses, weil

„es sich dafür zu kämpfen lohnt". In diesem gesellschaftlichen Ideal findet das Mitglied seine Vorstellungen von Gerechtigkeit, Freiheit, Menschenwürde, Sicherheit etc. wieder, weswegen es „die große Linie", die langfristige Perspektive ist, die hier zur Unterstützung und Mitarbeit motiviert.

C. Das Karrieremotiv[1])

Nicht wenige Mitglieder treten einer Parteiorganisation bei, weil sie dadurch die Erlangung bestimmter Funktionen und Positionen im Parteigefüge erhoffen und so zu Macht und Einfluß zu gelangen vermeinen. Einige von ihnen glauben, daß sie sich auf diese Weise einen schnelleren und nachhaltigeren beruflichen Aufstieg sichern, als dies im Bereich der Wirtschaft oder anderswo der Fall wäre.

D. Das Protektionsmotiv

Vom Karrieremotiv zu unterscheiden ist der Fall, daß sich Parteiangehörige Unterstützung bei ihrem beruflichen Fortkommen außerhalb der Partei – in Wirtschaft oder Staatsdienst – erwarten, weil sie von einem dafür notwendigen Einfluß der Partei im fraglichen Bereich wissen. Dieses berufsbezogene Motiv ist nämlich mit allen Fällen von politischer Wohnungsvergabe, Subventionsvergabe und allen denkbaren Hilfestellungen im Umgang mit Behörden und Quasibehörden gemeinsam zu behandeln, weil ihnen allen die gleiche Erwartungshaltung gegenüber der Partei zugrunde liegt, nämlich der Wunsch, Nichtmitgliedern gegenüber in bestimmten Belangen bevorzugt behandelt zu werden bzw. schneller zum Ziel zu kommen als diese.

E. Das Gesellschaftsmotiv

Viele Parteiangehörige verdanken ihre Mitgliedschaft dem Wunsch, ihre Freizeit in Gemeinschaft mit Leuten von etwa derselben gesellschaftlichen Herkunft, Bildung etc. zu verbringen und das Angebot ihrer Partei an geselligen Veranstaltungen aller Art zu nützen. Es geht in diesem Fall also um eine Art von Unterhaltung.

F. Das Wir-Gefühl-Motiv

Ebenfalls auf die Gemeinschaft bezogen ist jenes Motiv, das aus dem Bedürfnis nach Zugehörigkeit zu einer sich von anderen Gruppen abhebenden Zielgemeinschaft resultiert. Es ist dies offenbar eine Reaktion auf die Orientierungslosigkeit, wie sie für viele Belange der modernen Industriegesellschaft charakteristisch ist. Das kollektivbezogene Wir-Gefühl ersetzt hier passagenweise das individuelle Selbstbewußtsein bzw. Selbstwertgefühl und leistet daher die Aufgabe eines psychischen Entlastungsmechanismus'.

G. Das Ich-Gefühl-Motiv

In eine völlig andere Richtung als das Wir-Gefühl-Motiv weist der Wunsch, persönlich unersetzbar und von merklicher Bedeutung für andere Personen zu sein. In einer Welt, in der die persönliche Selbsteinschätzung und der berufliche Status bzw. Erfolg oft sehr stark divergieren, besteht ein großer Bedarf an Betätigungsfeldern, die zumindest den Schein der Sinnhaftigkeit und Nützlichkeit der damit verbundenen Arbeit sicherstellen. Durch eine Funktion im scheinaktiven Gefüge einer Partei vermag so mancher Bürger seine berufliche Frustration und/oder Erfolglosigkeit zu kompensieren. Ähnlich strukturiert sind auch jene Personen, die wir meist kurz aber treffend als G'schaftlhuber bezeichen.
Sie alle versuchen ihre innere Leere durch den subjektiven Eindruck einer ausgefüllten Existenz zu ersetzen.

H. Das Berufungsmotiv

Subjektiv vom vorhergehenden Motiv nicht oder kaum zu unterscheiden ist es, wenn jemand auf Grund seiner objektiven Qualitäten für ein politisches Amt prädestiniert ist und einen Auftrag, eine Berufung zum politischen Tätigwerden empfindet. Auf der Basis der Definition des Motivbegriffes ist es nicht ganz legitim, diesen Fall vom vorhergehenden zu trennen. Wir wollen dies aber trotzdem tun, weil wir sonst den – sicher seltenen aber bedeutsamen – Typus des „homo politicus" unter den Tisch fallen lassen würden, dessen politische Begabung auch in einer Welt der Eigendynamik und Persönlichkeitslosigkeit einen beträchtlichen Einfluß auszuüben vermag. An ihn – den Politiker als Beruf (i. S. von Berufung) – dachte Max Weber, als er an Politiker die Anforderungskriterien Leidenschaft, Verantwortungsbewußtsein und Augenmerk stellte[2]).

I. Das Informationsmotiv

Dieses Motiv ist kaum für jemanden das einzige oder dominante für die Entscheidung zum Beitritt bei einer politischen Partei. Der Wunsch, weiterreichende und aktuellere Informationen über das Zustandekommen politischer Entscheidungen zu erhalten, als sie der Durchschnittsbürger von den Medien serviert bekommt, mag aber ausschlaggebend für das Maß sein, in dem sich ein Mitglied einbringt.

J. Das Showmotiv[3])

In unserer aktionshungrigen Welt spielen politische Auseinandersetzungen oft die Rolle von Gladiatorenkämpfen. Die Mitgliedschaft bei einer Partei hat dann dieselbe Funktion wie die Mitgliedschaft bei einem Fanclub für einen Schlagerstar oder eine Fußballmannschaft. Die Auftritte von Spitzenpolitikern bei Vorträgen oder Podiumsdiskussionen sind unter diesem Blickwinkel mit Konzert- oder Theateraufführungen vergleichbar, bei denen das Parteimitglied seine Freizeit zu verbringen pflegt.

K. Das Traditionsmotiv

Sosehr der Umstand, daß die Zugehörigkeit zu einer Partei oder die Sympathie für diese durch die Einstellung des Elternhauses bzw. des familiären Umfeldes an die unkritische Nachfolgegeneration vererbt wird, als bloße Karikatur politischen

Verhaltens gebrandmarkt wird, so wirksam war und ist dieses Motiv wahrscheinlich für ausgedehnte Kreise des Wahlvolkes.

L. Das Gewohnheitsmotiv

Eine nicht unbeträchtliche Zahl von Mitgliedern und Funktionären steht ihrer Partei oft über Jahrzehnte hinweg zurVerfügung, ohne daß die Partei deren Vertrauen regelmäßig aufs neue erwerben muß. Derartige Mitglieder und Funktionäre wissen genau genommen nicht mehr so recht, weswegen sie sich seinerzeit für ihre Partei entschieden haben und reflektieren diese Frage auch nicht. Ihre Unterstützung oder Mitarbeit gehört zu den ihnen lieb gewonnenen Gewohnheiten, die sie fast mechanisch pflegen, ohne ihre Sinnhaftigkeit immer wieder aufs neue auf den Prüfstand zu stellen. Erst massive Erschütterungen ihres Glaubens an die Autorität der Partei vermögen ihre Anhänglichkeit ins Wanken zu bringen oder gar ihr Engagement zu beenden.

Wir haben nun eine kurze Typologie der Motive gegeben, die den einzelnen Bürger zur Unterstützung einer Partei veranlassen können. Alle konkreten, tatsächlich auftretenden Motive müßten sich unter den einen oder anderen hier angeführten Motivtypus subsummieren lassen. Das bedeutet selbstverständlich nicht, daß sich diese unsere Motivtypen nicht teilweise überschneiden oder daß nicht in den meisten Fällen eine Kombination mehrerer dieser Motive vorliegt, die für ein potentielles Mitglied schließlich den Ausschlag zur Entscheidung für den Beitritt bzw. eine Mitarbeit gibt.
So etwa wird jemand, der eine politische Karriere anstrebt, den ideologischen Inhalten, die er damit repräsentiert, niemals völlig gleichgültig gegenüberstehen, weswegen hier auch dem Weltanschauungsmotiv eine gewisse Bedeutung zukommt. Ähnliches gilt für das Berufungsmotiv.
Ebenso wird etwa der typische G'schaftelhuber das Bedürfnis haben, sich regelmäßig in Gesellschaft von Mitgliedern seiner Gesinnungsgemeinschaft zu begeben. Er wird daher geneigt sein, das Veranstaltungsangebot der Organisation zu nutzen.

1.2. Die Illusion der herkömmlichen Demokratietheorie

Wir wollen hier nicht weiter denkbare Kombinationen durchspielen und auch nicht von der Möglichkeit Gebrauch machen, unsere Motivtypen in Haupt- und Nebentypen zu unterscheiden, was der Zweck dieser Typologie nicht erforderlich macht. Denn dieser besteht darin, zu zeigen, daß die wenigen idealen und hehren Motive und Ziele, die im Rahmen grundlegender Parteidiskussionen üblicherweise angeführt werden, wenn schon nicht völlig unehrlich und falsch, so doch zumindest neben den weit wichtigeren, nicht berücksichtigten Motiven stehend und daher von untergeordneter Bedeutung für das Funktionieren der Parteiapparate sind.

Erst wenn wir mit uns selbst über die reale Motivlage der die Parteien tragenden Menschen ins Reine gekommen sind, sind wir befähigt, zwei für unsere Überlegungen äußerst wichtige Tatsachen zu erkennen:

Erstens müssen wir zur Kenntnis nehmen, daß die Schlüsse, die die herkömmliche Demokratietheorie[4]) aus den von ihr idealistisch reduzierten Motivstrukturen für das Gesamtverhalten der Partei zieht, meist völlig falsch sind, weil sie unter der Annahme gleicher oder ähnlicher Motive der Mitgliedersprich: programmatischer Ziele der Partei- von einer grundsätzlich am öffentlichen Interesse orientierten Politik ausgehen[5]). Aus der Annahme der relativ homogenen Zielstruktur der Mitglieder und dem Umstand, daß politisch einflußreiche Parteien in unserem Gemeinwesen demokratisch legitimiert sein müssen, wird der wirklichkeitsfremde Schluß gezogen, daß demokratische Parteien im Grunde niemals politische Akte setzen, die nicht im Interesse eines repräsentativen Teils der Bevölkerung sind und von diesem mitgetragen werden. Mit einem dermaßen verfehlten analytischen Ansatz ist es freilich unbegreiflich, wieso die Identifikation der Bürger mit dem politischen Geschehen ständig im Abnehmen und die Politikverdrossenheit ständig im Zunehmen begriffen sind.

1.3. Die Wechselwirkung zwischen Motiven und Parteistruktur

Zweitens ist es wichtig zu erkennen, daß eine direkte Wechselwirkung zwischen den Motivtypen der dominierenden Mitarbeitercharaktere und der Struktur der Partei besteht. Es muß uns klar sein, daß die strukturelle Verfaßtheit einer Partei die innerparteiliche Vermehrung und den Einfluß von Menschen mit bestimmten Motiven fördert, während sie den Beitritt und die Mitarbeit von Menschen mit anderen Motivkonstellationen weitgehend verhindert. Es gilt nur bedingt, daß Strukturen den Charakter von Menschen determinieren. Richtig ist aber, daß bestimmte Strukturen bestimmte Charaktere anziehen und es ihnen gestatten, sich in ihnen auszuleben. Insofern kann man durchaus sagen, daß bestimmte Stukturen bestimmte Charaktere „züchten."

Umgekehrt sorgt der dominierende Mitglieder- und Funktionärscharakter, für den eine bestimmte Motivkonstellation typisch ist, dafür, daß die Strukturen, die ein Ausleben seiner Motive erlauben, die also gewissermaßen sein Biotop darstellen, erhalten bleiben und ist bei jeder sich bietenden Gelegenheit bereit, Strukturerneuerungsvorschläge zu unterdrücken bzw. zu bekämpfen.

Wir wollen auf diese beiden wichtigen Punkte an geeigneter Stelle zurückkommen.

Die einzelnen Motivtypen sollten wir uns aber merken, um sie bei der Diskussion der Probleme in den nächsten Kapiteln jederzeit parat zu haben. Denn die Kenntnis der Beweggründe auf der individuellen Ebene ist eine Voraussetzung für das Verständnis der Beweggründe auf der Organisationsebene und auf der Ebene der gesellschaftlichen und politischen Kräfte.

2. DIE SCHWIERIGKEITEN DER PARTEIEN AUS DER SICHT DER FUNKTIONÄRE

2.1. Die „ewigen" Probleme

In diesem Kapitel wollen wir eine lose Sammlung der Probleme und Unbilden vornehmen, mit denen jeder im politischen Leben irgendwo Involvierte tagtäglich konfrontiert ist. Wir wollen diese Aufzählung auf einem relativ konkreten Niveau halten, ohne Rücksicht auf ihre mögliche Gliederung – etwa in inhaltliche und organisatorische Fragen – sodaß jeder Betroffene die Probleme wiedererkennt, weil sie in dieser Form seinem eigenen Erfahrungshorizont entstammen. Erst in den darauffolgenden Kapiteln wollen wir die Ursachen der einzelnen Schwierigkeiten analysieren und diese auf einige wenige Prinzipien zurückführen.

Wer den Versuch unternimmt, in Erfahrung zu bringen, welche Probleme von den Funktionären und Mitgliedern einer Partei besonders bemängelt werden, stößt sofort auf eines der Hauptprobleme, das ihm in Form einer babylonischen Sprachverwirrung entgegentritt: Die Unterschiedlichkeit der Kritikpunkte, Anliegen und Sorgen sowie die Verschiedenartigkeit im Zutritt und in der Sichtweise der Kritiker scheint die Hoffnung auf eine Reform einer Partei, die auch nur annähernd alle Mitglieder zufriedenstellt, in das Reich des Wunschtraumes zu verweisen. Das einzige, was den Kritikern gemeinsam zu sein scheint, ist das Gefühl allgemeiner Unzufriedenheit. Das Spektrum der Beiträge reicht von einem Ruf nach mehr (weniger) ideologischer Rückbesinnung[1]) über eine Kritik am innerparteilichen Postenschacher („wer einmal oben sitzt, verteidigt nur mehr seine eigene Position") bis zu der Kritik der alteingesessenen Funktionäre an den Jungen, von denen „jeder nur gleich anschaffen, aber nicht arbeiten" will.

Wir sehen sofort nicht nur, daß diese bunte Auswahl von Kritikpunkten hinsichtlich der Adressaten der Kritik sehr inhomogen ist, sondern auch, daß es sich um Dinge handelt, die wohl in der Geschichte jeder Partei permanent in größerem oder kleinerem Ausmaß bemängelt wurden, und die uns daher an ein besseres Verständnis der tiefen strukturellen und inhaltlichen Krise der demokratischen Parteien nicht heranführen.

2.2. „Politik macht keinen Spaß mehr"

Dennoch gibt es auch auf der Ebene des Mitarbeiterunbehagens genügend Kritikpunkte, die für uns interessante funktionelle Aspekte aufweisen.

Die in Funktionärskreisen immer häufiger verwendete Formulierung, daß Politik „keinen Spaß" mehr mache, daß es also nicht mehr als befriedigende Freizeitgestaltung gilt, Parteiarbeit zu leisten, bringt uns schon eher auf die richtige Fährte.

Es ist kein Geheimnis, daß der Spaß an und in der Politik maßgeblich abhanden gekommen ist, weil selbst dem naivsten Funktionär langsam offenbar wurde, daß der überwiegende Teil seiner Arbeit ganz und gar sinnlos ist. Das bedeutet, daß zumindest intuitiv bereits fast jeder Mitarbeiter eingesehen hat, daß es für das Ziel der Partei – wie immer man dieses definieren mag – vollkommen belanglos ist, ob er seine Mitarbeit nun bereitstellt oder nicht.

Neben der Empfindung der relativen und absoluten Bedeutungslosigkeit des Beitrages kleiner Funktionäre für die Stellung der Gesamtorganisation sorgt auch noch der Inhalt der anfallenden Tätigkeiten, jenes geheiligte Ritual des Funktionärsalltags, dafür, daß jeder Rest von Sinn abhanden kommen muß[2]).

Wer kennt nicht den Trott regelmäßig einberufener Sitzungen? Ihre Effizienz ist meist gering und ihre Funktion erstreckt sich für einen kritischen Beobachter meist darauf, das Protokoll der vorangegangenen und den Termin für die nächste Sitzung zu beschließen. Die Bedeutung von Sitzungen für die tatsächlich zu verrichtende Arbeit ist häufig gleich null, ja sie erreicht nicht einmal die Wirkung einer Koordination von in Eigenregie durchgeführten Funktionärsaktivitäten.

Um für Scheinerfolge anhänglicher Mitarbeiter zu sorgen,

wurden gewisse Einrichtungen entwickelt, die sich als Arbeitstherapie während eines begrenzten Zeitraumes bewährt haben. Zu den populärsten dieser therapeutischen Instrumente zählen Arbeitskreise, in denen lebhaft diskutiert und schriftlich formuliert wird, in der Hoffnung, daß die Ergebnisse einen bestimmenden Einfluß auf die Gesamtlinie der Partei ausüben[3]). Solche Arbeitskreise beschäftigen sich entweder mit der Erarbeitung von Konzepten zur innerparteilichen Reform oder mit der Lösung von allgemeinen, mehr oder minder konkreten politischen oder wirtschaftlichen Problemen.

Selbst dem abgebrühtesten und routiniertesten Arbeitskreistiger wird nach dem Abklingen seiner ersten Euphorie klar, daß die Arbeitspapiere, Thesenpapiere, Konzeptpapiere etc., die sein Arbeitskreis hervorbringt, keine willkommene Hilfe darstellen, sondern eine lästige Zusatzarbeit für diverse Sekretäre, die die Flut derartiger Elaborate in Aktenordnern und Ablagen zu bändigen haben. Jeder Funktionär mit auch nur ein bißchen Erfahrung weiß, daß die Ergebnisse von Arbeitskreisen den Weg aller Makulatur gehen, sobald sie ihrem Füllhorn entquollen sind.

2.3. Die Aktionen der kleinen Funktionäre und ihre Überflüssigkeit

Neben Sitzungstrott und Arbeitskreisbeschäftigung zählen – besonders in Wahlkämpfen – öffentliche Aktionen zum Repertoire des loyalen Parteimitarbeiters. Sie dienen dazu, den Eindruck zu vermitteln, am Wahlergebnis mitzuarbeiten bzw. dieses beeinflussen zu können, weil ja er es ist, der in der Straßenaktion den direkten, persönlichen Kontakt der Partei zum Wahlvolk repräsentiert, der doch in Zeiten anonymer Medienpolitik so wichtig sei. Doch abgesehen davon, daß sich Straßenaktionen in 99 von 100 Fällen auf das mechanische Verteilen der von Passanten ungeliebten Flugzettel beschränken, merkt der willige Aktionist recht schnell, daß weder sein Einsatz noch die Gesamtheit der Aktionseinsätze aller kleinen Funktionäre seiner Organisation irgendeinen substanziellen Einfluß auf das Wahlverhalten der Stimmbürger ausübt.

Angesichts der Einfluß- und Bedeutungslosigkeit des normalen Mitgliedes sind Motivationsstöße, die von der Parteispitze in Form von Parolen wie „gemeinsam die Zukunft gestalten", verabreicht werden, besonders grotesk und wirken auf die Parteimitglieder wie eine Provokation.

Aber nicht nur, daß es für kreative Mitarbeiter keine Gestaltungsmöglichkeit gibt, existieren für alteingesessene und besonders für neu hinzukommende (potentielle) Mitarbeiter schlechterdings überhaupt keine Aufgaben, obwohl die Parteien weiterhin in ungebrochener Naivität nach mehr Mitarbeit und mehr Mitarbeitern rufen. Tatsächlich herrscht vollkommene Ratlosigkeit, was denn überhaupt mit neuen Mitgliedern, die ihre Mitarbeit anbieten, getan werden soll. Es ist von beinahe tragischer Ironie, daß man Jahrzehnte hindurch versucht hat, die eigene Organisation durch zahlreiche Mitarbeiter- und Mitgliederwerbeaktionen zu stärken, ohne dabei darüber nachzudenken, was man denn eigentlich mit diesen Heerscharen an Funktionären und Hilfskräften überhaupt tun soll. So kommt es, daß die Parteien von heute nicht unter einem Mangel an Funktionären, sondern unter einem Überfluß leiden.

Dieser Eindruck der Überflüssigkeit von Mitgliedern wird unterstrichen durch die verstärkte Einbeziehung sogenannter „Bunter Hunde"[4]), von Leuten also, die der jeweiligen Partei inhaltlich nicht einmal besonders nahestehen, die aber durch ihr zeitgeistorientiertes Gehabe oder ihr ausgeflipptes Image der Partei zu größerer Publikumswirksamkeit verhelfen sollen und den altgedienten Funktionären bei der Besetzung von Mandaten und sonstigen Aufgaben nicht selten vorgezogen werden.

2.4. Auseinanderklaffen von Programm und Praxis

Wenn wir in der Aufzählung der offenkundigen Mängel der politischen Parteien fortfahren, stoßen wir auf ein systematisches Auseinanderklaffen von programmatischen Formulierungen in Parteiprogrammen[5]) und Grundsatzpapieren gegenüber der Praxis der alltäglichen Vorgangsweise. Dies bezieht sich nicht nur oder in erster Linie auf das Agieren der *Parteispitze*, wenn diese im Gefolge einer Regierungsübernahme oder -beteiligung zu Kompromissen genötigt ist, sondern auf die der offiziellen Linie oft diametral entgegengesetzten Handlungen von Funktionären auf allen Ebenen, wenn diese durch die Verteilung verschiedenster Vorteile den Einfluß der Partei zu befördern bemüht sind. Als Beispiel mag die unverblümte Beteiligung am Schachern mit Gemeinde- oder Genossenschaftswohnungen oder mit betrieblichen oder sonstigen Subventionen dienen, dem auf programmatischer Ebene der Ruf nach Privatisierung, Dezentralisierung und Reduzierung des Staatseinflusses (bürgerliche Seite) oder der Ruf nach gerechter bzw. solidarischer Vergabe (sozialistische Seite) entgegensteht. Viele Spannungen und ein gerüttelt Maß an Lustlosigkeit sind dieser janusköpfigen Politik zu verdanken, die immer wieder mit der Notwendigkeit gerechtfertigt wird, die eigene Popularität abzusichern.

Zu all diesen Unbilden kommt noch ein übergreifendes Ärgernis, das darin besteht, daß es für Politiker, die nicht fähig sind, auf die vorhandenen Probleme mit substanziellen Reformen zu reagieren, praktisch niemals persönliche Konsequenzen gibt, es sei denn, sie werden direkt mit einer Wahlniederlage in Verbindung gebracht. Das hat wiederum zur Folge, daß die verantwortlichen Politiker ihr Augenmerk nicht auf die Ursache des langfristigen Verfalls der Parteienszene und der politischen Kultur richten, sondern – bei der Behandlung allgemeiner politischer Fragen – auch in Belangen der innerparteilichen strukturellen und inhaltlichen Mißstände in den kurzfristigen Rhythmen der Legislaturperioden denken.

Wir haben jetzt die wesentlichen Probleme genannt, die eine Existenzgefährdung der politischen Parteien auf der für die Funktionäre und Mitarbeiter sichtbaren Ebene darstellen. In den nächsten Kapiteln wollen wir versuchen, die Ursachen für diese Probleme herauszuarbeiten. Dafür ist es notwendig, die Entwicklung der Position der politischen Parteien im umfassenden Kontext der Entwicklung unserer neuzeitlichen Industriekultur zu beleuchten. Die Überwindung einer isolierten Betrachtungsweise der langfristigen politischen Probleme der

Gegenwart wird uns lehren, daß diese – wie alle historischen Phänomene – nicht zufällig entstanden sind, sondern das Ergebnis eines systematischen Zusammenwirkens langfristig eingespielter Anschauungen bzw. Beurteilungen und wirkmächtig gewordener Entscheidungen darstellen.

3. DIE METHODE DER KLASSIFIZIERENDEN AGGREGATION

3.1. Gesellschaftstheorie: Die Grundlagen und Prinzipien der menschlichen Gemeinschaft

Der Versuch, die Wirkprinzipien im Zusammenhalt und in der Bewegung unserer Gesellschaft zu erklären, gehört zu den ältesten Anstrengungen des menschlichen Geistes. Unbeschadet der im Laufe der Jahrhunderte komplizierter werdenden Methoden und Instrumente der gesellschaftlichen Analyse und unbeschadet der immer komplexer werdenden gesellschaftlichen Wirklichkeit, die einem Verständnis der Wirkprinzipien ein ständig übppiger werdendes Dickicht von Sachverhalten und Einzelinformationen entgegenstemmt, sind es grundsätzlich dieselben Fragen, die die Gesellschaftstheoretiker seit jeher stellen: Wieso gibt es Gesellschaft überhaupt und was veranlaßt Menschen sich zusammenzuschließen? Nach welchen Kriterien werden die Aufgaben und Errungenschaften der Gesellschaft verteilt? Warum gibt es Interessensgemeinsamkeiten und Interessenskonflikte und was liegt diesen zugrunde? Welches sind die Kräfte, die die Gesellschaft zusammenhalten und welches diejenigen, die ihre Desintegration fördern? Warum verändern sich Gesellschaften, wodurch gibt es gesellschaftlichen Fortschritt und wodurch Niedergang?

Während Naturwissenschaftler die Bestandteile der von ihnen erforschten Objekte mehr oder minder sichtbar vor sich hatten und deren kausalen Beziehungen zumindest prinzipiell relativ leicht beschreiben konnten, hatten es die Gesellschaftstheoretiker in dieser Beziehung viel schwieriger[1]). Sie mußten sich die aufeinanderwirkenden Bestandteile der Gesellschaft erst durch Bestimmungen der Begriffe schaffen, um das Ganze der Gesellschaft in seiner Wirkungsweise erklären zu können[2]). Dabei schien es sich für viele Analytiker von Anfang an zu empfehlen, die Zahl der für die Erklärung relevanten Bestandteile der Gesellschaft möglichst klein zu halten und – wie bei der Darstellung der Arbeitsweise einer Maschine – die Ausübung bestimmter Kräfte eines Bestandteiles auf einen anderen Bestandteil nachzuweisen. Wenn das Zusammenwirken dieser Grundbestandteile in der Theorie eine funktionierende Gänze hervorbringt, scheint dieses Gedankenexperiment die Funktionsweise der Gesellschaft zu erklären.

3.2. Ein verbreitetes Erkenntnisverfahren

Das Verfahren bei der Konstruktion einer solchen Theorie ist dabei immer annähernd das gleiche. Der springende Punkt dieses Verfahrens ist nämlich, Aggregate von Menschen[3]), also Schichten, Klassen, Stände, Rassen etc. zu finden, innerhalb derer den Menschen bestimmte dominante Merkmale gemeinsam sind, und zwar in einer solchen Weise, daß die einzelnen Menschen ähnliche und gleichgerichtete Handlungen durchführen, sodaß auch das Aggregat eine einheitliche und gleichgerichtete Bewegung vollzieht. Es genügt dann bei der Erklärung gesellschaftlicher Phänomene, nur die Aggregate zu beobachten, weil ja alle für die gesellschaftlichen Bewegungen verantwortlichen Kräfte in ihnen enthalten sind.
Die Merkmale, die in den verschiedenen Fällen der Theoriebildung ein gesellschaftliches Aggregat konstituieren, sind entweder bestimmte Eigenschaften etwa der Geburt oder Herkunft, oder Meinungen, wirtschaftliche Interessen, Mentalitätscharakteristika, Gebräuche usw., die die zusammenzufassenden Individuen von anderen unterscheiden. Diese Merkmale sind es gleichzeitig, die in derartigen Modellen als Triebkräfte, als Bewegungsmomente der Aggregate angesetzt werden, welche die Aggregate aufeinander wirken lassen und so das Kraftfeld gesellschaftlicher Formationen aufbauen.

3.3. Platon, die Physiokraten und Adam Smith

Die Ideengeschichte der Geisteswissenschaft ist voll von Beispielen, die diese Verfahrensweise illustrieren. Erinnern wir uns etwa an Platons halb deskriptiven, halb normativen Ansatz, der die Gesellschaft in drei Gruppen teilt, deren Mitglieder entsprechend ihren angeborenen Talenten entweder handwerkliche, bäuerliche oder händlerische Tätigkeiten vollziehen, als Krieger („Wächter") ihre Heimat verteidigen, oder als Philosophenkönige zur Lenkung des Gemeinwesens berufen sind[4]). Hier konstruiert Platon mit Hilfe des Merkmals angeborener Fähigkeiten eine gesellschaftliche Trinität, mit deren arbeitsteiligem Zusammenwirken er Aufbau und Funktionsweise der Gesellschaft zu erklären hofft.

Auf den wirtschaftlichen Ausschnitt der Gesellschaft beschränkt, jedoch grundsätzlich demselben Verfahren verpflichtet, ist der physiokratische Ansatz der Franzosen Quesnay und Turgot aus der Mitte des achtzehnten Jahrhunderts. Die Physiokraten entwickeln ein Klassenschema, in dem die Beziehungen zwischen den Grundbesitzern, den die landwirtschaftlichen Produkte hervorbringenden Pächtern und der „sterilen", weil nur verbrauchenden Klasse aller nicht in der Landwirtschaft Beschäftigten (Händler, Gewerbetreibende) einen geschlossenen Kreislauf beschreiben, der den gesamten Wirtschaftsprozeß erklären soll[5]). Indem sie den Sektor der Landwirtschaft zur einzigen Quelle der Produktion von zusätzlichem Wert erklärten und dieses Kriterium der Produktivität i. e. S. zum Richtmaß der Klassifizierung der am Wirtschaftskreislauf beteiligten Individuen machten[6]), vermochten sie Millionen von Beziehungen auf einige wenige Ströme von Gesamtgrößen zwischen Klassen zu reduzieren.

Auf einer anderen Ebene klassifiziert Adam Smith die am Produktionsprozeß beteiligten Wirtschaftssubjekte nach ihren Interessen bei der Hervorbringung und beim Verzehr des Sozialproduktes und begründet damit die einflußreiche klassische Variante der funktionalen Theorie der Einkommensverteilung. Den wirtschaftlichen Klassen der Grundbesitzer, Kapitalbesitzer und Arbeiter ordnet er deren Einkommen aus der Rente, dem Kapitalzins und dem Lohn zu[7]). Dieses Einkommen versuchen die einzelnen Klassenangehörigen zu Lasten der jeweils anderen Klassen zu maximieren. Die unterschiedlichen Funktionen im Produktionsprozeß und die daraus resultierende unterschiedliche Art der Entlohnung der verschiedenen Beiträge sind für Smith das Klassifikationsmerkmal, mit dessen Hilfe er ein übersichtliches Schema der Bewegungsgesetze der bestimmenden wirtschaftlichen Größen gewinnt. Dieses Merkmal spannt für Smith zusammen mit dem Streben nach Eigennutz[8]) und der daraus resultierenden Kategorie des Wettbewerbes[9]) jenes fruchtbare Spannungsfeld auf, das sich uns als arbeitsteilige Industriegesellschaft präsentiert.

3.4. Marx: ein ebenso einleuchtendes wie einfaches Modell?

Am deutlichsten treten die Charakteristika der Methode, durch die Reduktion des komplizierten Beziehungsgewirrs auf die Parameter einiger weniger Gruppen der menschlichen Gemeinschaft zu einer scheinbar leistungsfähigen Erklärung der Gesellschaft zu gelangen, bei Marx hervor. Er reduziert den klassischen Ansatz von Smith durch die Verwendung des für ihn alleingültigen Merkmals des Eigentums bzw. Nichteigentums an Kapitalgütern auf ein Zweiklassenschema[10]), in dem sich Arbeiter und Kapitalisten antagonistisch, d. h. in unüberwindlicher Feindschaft gegenüberstehen[11])[12]). Die aus den gegensätzlichen ökonomischen Interessen hervorgehenden Klassengegensätzen sind bei Marx die universalen Determinanten aller gesellschaftlichen Vorgänge, ja der gesamten Entwicklung der menschlichen Zivilisation. Die gesamte Geschichte war demnach eine Geschichte von Klassenkämpfen[13]).
Aber Marx geht beim Umgang mit jener Methode, die zu charakterisieren wir hier bemüht sind, viel weiter als alle diejenigen, die in diesem einen methodologischen Punkt als seine Ahnen bezeichnet werden könnten. Er zieht jenen falschen und gefährlichen Umkehrschluß, welcher der Verwendung einer gedanklichen Reduktion[14]) der gesellschaftlichen Vielheit auf eine geringe Zahl wirkmächtiger Gruppen und deren Bewegungskräfte nahezuliegen scheint[15]). Er verabsäumt es nämlich, sich bewußt zu machen, daß seine Klassen das Ergebnis einer gedanklichen Aufteilung der Gesellschaft nach dem willkürlich gewählten Kriterium der ausschließlich vom Besitz oder Nichtbesitz an Kapitalgütern abhängenden ökonomischen In-

teressen darstellen[16]). Stattdessen postuliert er umgekehrt, daß es die ökonomischen Interessen sind, welche durch die Zugehörigkeit der Menschen zu einer Klasse produziert werden. Denn für Marx sind die Klassen keine theoretischen Konstrukte, sondern reale Gebilde, die wahren Grundelemente der kapitalistischen Gesellschaft[17]). Er nennt die sich in der Klassenstruktur widerspiegelnde und mit notwendigen ökonomischen Interessensgegensätzen verbundene Weise der Beherrschung des Produktionsprozesses die „Produktionsverhältnisse" dieser kapitalistischen Gesellschaft[18]). Zusammen mit den „Produktivkräften", die sich im wesentlichen aus den jeweiligen natürlichen Ressourcen und dem Entwicklungsstand der Produktions- und Organisationstechnologie ergeben, bilden die Produktionsverhältnisse die „materiell-ökonomische Grundlage"[19]), oder – was synonym verwendet wird – die „ökonomische Basis"[20]) der Gesellschaft.

Auf diesem Unterbau ruht der gesellschaftliche Überbau, der alle geistig politisch-ideellen Komponenten einer Gesellschaft, wie Recht, Moral, Ideologie, Religion, politische Institutionen etc. umfaßt.

Damit ist das Konzept des „Historischen Materialismus" umrissen, wie er von Marx begründet wurde. Er ist angetreten, das „ökonomische Bewegungsgesetz der modernen Gesellschaft zu enthüllen"[21]).

3.5. Der Historische Materialismus: ideologische Verkehrung

Aus der Zugehörigkeit zu einer Klasse bestimmen sich die ökonomischen Interessen, die allein darüber entscheiden, welche Moral und Rechtsauffassung das Klassenmitglied besitzt, welcher Ideologie es anhängt und ob es für die Annahme einer Religion empfänglich ist oder nicht[22]). Die Grundkategorie der ökonomischen Interessen ist daher das universelle gesellschaftliche und politische Movens. Denn alles, was die Gesellschaft und Politik zu bestimmen scheint – Meinungen, ideologische Auffassungen, Ideen und Konzepte – ist in Wirklichkeit bloß durch das ökonomische Interesse bestimmt. Auch alle politischen Einrichtungen sind ein Überbau auf der ökonomischen Basis[23]). Der gesamte ideelle Überbau einer Gesellschaft – von Recht über Moral und Religion bis zur Tagespolitik – wurde nur unter dem Blickwinkel des ökonomischen Interesses der herrschenden Klasse zur ideologischen Rechtfertigung der bestehenden Produktionsverhältnisse geboren und wirkt so auf die materielle Basis stabilisierend zurück.

Dementsprechend qualifiziert Marx die Moral[24]), die Ideologie[25]), das Recht und den Staat der von ihm beschriebenen „kapitalistischen Gesellschaft" als „bürgerlich", weswegen seine Nachfolger und Anhänger stets zum Sturm auf diese Festungen des verhaßten Systems blasen[26]). Da sie als Kenner der gesellschaftlichen Zusammenhänge und als Repräsentanten der unterdrückten und ausgebeuteten Arbeiterklasse eine neue Moral, ein neues Bewußtsein anbieten, treten sie selbstverständlich überall dort zum Kampf an, wo diese Arbeiterklasse der bürgerlichen Ideologie verfallen ist[27]) und damit die feindlichen ökonomischen Interessen stützt.

Denn in diesem Punkt ist die Logik der Marx'schen Position besonders zwingend: Wenn die Interessen der Menschen durch die Zugehörigkeit zu einer Klasse eindeutig bestimmt sind und die Bestandteile des ideellen Überbaus nur Derivate herrschender ökonomischer Interessen darstellen, kann die Annahme bürgerlicher Ideologie durch Angehörige der Arbeiterklasse nur „falsches Bewußtsein", die Ausübung der Religion nur „Opium für das Volk"[28]), die Akzeptanz der tradierten Moral nur ein irrationaler Schutz der kapitialistischen Eigentumsrechte sein. Derartige irregeleitete Mitglieder der Arbeiterklasse verstoßen offensichtlich – ohne es zu wissen – gegen die eigenen Interessen und bedürfen der Führung durch eine proletarische Avantgarde, eine straff organisierte Partei zur Repräsentanz der „expropriierten Werktätigen". Denn „die Partei hat die Aufgabe, nicht auszudrücken, was in den Massen lebt, sondern die Masse selbst die ihr zunächst undurchsichtigen Bedingungen, den ihr zunächst unverständlichen Gang der proletarischen Bewegung verstehen zu lehren"[29]).

3.6. Folgen einer kleinen Merkmalsdefinition

Wir sehen deutlich, wie schnell die zunächst wertfrei anmutende Analyse in ein aktionistisches Programm radikaler politische Forderungen münden kann. Die Folgen dieser logisch einwandfrei scheinenden Gedankenkette sind aber bereits in ihrem Ausgangspunkt enthalten. Wenn man Marx berechtigt, das Kriterium des Eigentums oder Nichteigentums an Produktionsgütern zum einzigen Instrument der Erkenntnis von objektiv existierenden Klassen zu machen und wenn man akzeptiert, daß deren ökonomische Interessen die alleinigen Beweggründe der organisierten Menschheit sind, aus denen sich alle gesellschaftlichen Handlungen und Bestrebungen ableiten, so muß man es hinnehmen, daß die unterdrückten Interessen einer organisierten politischen Repräsentanz bedürfen, die durch Bündelung der proletarischen Kräfte dafür sorgt, daß die berechtigten Interessen nicht im heimtückischen Gewirr des ideologischen Überbaus versickern.

Wenn wir uns der Bedeutung von Marx für die Beleuchtung des Wesens der hier zu erläuternden Methode zuwenden, so sehen wir, daß es ihm mit einer kleinen Merkmalsdefinition gelingt, die Gesellschaft auf eine dialektische Konfiguration, auf zwei einander gegenüberstehende Blöcke zu reduzieren und durch das auf diese Weise geschaffene politische Potential Wirklichkeit zu erzeugen. Aus der Behauptung, daß die gesellschaftlichen Verhältnisse im eigentlichen Sinn des Wortes Beziehungen zwischen verschiedenen Kollektiven[30]) darstellen und der Annahme, daß diese Kollektive antagonistische Formationen sind, also unüberbrückbare Widersprüche, die auf Herrschaft und Unterdrückung beruhen[31]), wird unversehens die Notwendigkeit eines unversöhnlichen Kampfes gegen die verschiedenen Gegner des Marxismus[32]) abgeleitet, die die Existenz dieser ökonomischen Gesellschaftsformationen[33]) und die objektiven Gesetzmäßigkeiten[34]) nicht anerkennen wollen.

Bevor wir uns den Schlußfolgerungen aus der Darstellung dieser Methode zuwenden, wollen wir nur noch kurz zwei – Marx inhaltlich völlig entgegengesetzte – Konzeption erwähnen, die ihre Gesellschaftsanalyse bzw. ihre normativen Aussagen der Anwendung unserer Methode der Merkmalsklassifikation verdanken.

3.7. Zwei weitere Beispiele

Das erste dieser beiden Konzepte, die wir noch erwähnen wollen, die ständische Auffassung und Konzeption der Gesellschaft, läßt sich auf kurzem Wege nur schwieriger darstellen als der Marx'sche Ansatz, weil in ihr im Detail verschiedene Spielarten und Auffassungen einer großen Zahl von Autoren zusammengefaßt sind. Doch sind ihnen allen die für uns relevanten Wesensmerkmale in Hinblick auf die hier diskutierte Methode gemeinsam: Das Klassifikationskriterium, mit Hilfe dessen der ständische Ansatz die Gesellschaft in funktionale Blöcke zerlegt, entstammt dem Organismusdenken der Romantik und besteht in der Gliedhaftigkeit gesellschaftlicher Gruppen in Hinsicht auf das Gesellschaftsganze[35]), d. h. in der Frage, welche Zusammenfassung von Menschen ein funktionierendes Organ zur Aufrechterhaltung eines gesunden Gesellschaftsorganismus ist.

Unter Hinweis auf die gutorganisierten Handwerkszünfte des Mittelalters insistierte Papst Leo XIII. in seiner Enzyklika[36]) Rerum Novarum (1891) auf eine Gliederung in ständische Gemeinschaften, in denen jeweils die Arbeitgeber und Arbeitnehmer eines Berufszweiges zusammengefaßt sind. Diese Stände sollen – wie Papst Pius XI. in seiner weiterführenden Enzyklika Quadragesimo Anno (1931) formulierte – die Menschen nicht nach der Stellung, die sie am Arbeitsmarkt einnehmen, angehören, sondern nach den verschiedenen Rollen, die sie im sozialen Leben zu spielen haben, sodaß diese Stände wohlgeordnete Glieder am sozialen Körper bilden.

Wie Othmar Spann, der als Begründer des Universalismus ein Verfechter der ständischen Konzeption in der Zwischenkriegszeit war, betonte, ist die ständische Gliederung nicht als institutionelles Oberflächenphänomen mißzuverstehen[37]), sondern entspricht dem realen Stufenbau der Gesellschaft[38]), wie er sich bei ganzheitlich organischer Betrachtung unmißverständlich darstellt[39]). Wir sehen deutlich, daß auch in dieser Konzeption die Wahrnehmung der – in diesem Fall organismushaften – Existenz der Gesellschaft und damit die Möglichkeit einer geordneten Erklärung gesellschaftlicher Zusammenhänge von der Benennung weniger, als wirkmächtig angesehener Kräfte, die ihre sichtbare Entsprechung in einer beschränkten Zahl von Gruppen findet, abhängt.

Als letztes Beispiel wollen wir den Nationalsozialismus anführen, der für die Erklärung des Aufbaues und der Dynamik der Gesellschaft eine Gegenüberstellung von Rassen bzw. von Volksgruppen heranzieht, aus deren Wesensmerkmalen – Mentalität, Charakter, Intelligenz, Arbeitswille, Disziplin etc. – alle Kräfte der menschlichen Gemeinschaft resultieren, deren Ziel letztlich die Dominanz der mit besonderen Qualitäten ausgestatteten (Herren-) Rasse ist[40]).

3.8. Das Wesen der „klassifizierenden Aggregationen"

Um Mißverständnissen vorzubeugen, soll festgehalten werden, daß wir die von uns beispielhaft angeführten gesellschaftstheoretischen Postitionen bzw. Erkärungsansätze inhaltlich keineswegs gleich bewerten oder deren Schöpfer auf dieselbe moralische Ebene stellen wollen, nur weil wir sie alle unter einem gemeinsamen methodologischen Gesichtspunkt betrachtet haben. Während im Marxismus oder im Nationalsozialismus – die im übrigen beträchtliche inhaltliche Gemeinsamkeiten aufweisen[41]) – gewiß so manches teuflische Werturteil enthalten ist, kann man etwa der Katholischen Soziallehre die Lauterkeit ihrer Absicht kaum absprechen. Das ändert aber nichts am Inhalt dessen, was wir mit diesen Beispielen erläutern wollten, nämlich, daß ihnen allen eine Verfahrensweise zur Erklärung der Gesellschaft zugrunde liegt, die zu den Grundvoraussetzungen jener Art moderner Politik gehören, mit der wir es in den letzten hundert Jahren zu tun gehabt haben.

Der Wichtigkeit wegen wollen wir diese Methoden noch einmal charakterisieren:

Da am Phänomen „Gesellschaft" nichts ist, was wir physisch sehen und beschreiben könnten, müssen wir diese durch die

Schaffung geeigneter Begriffe geistig zu rekonstruieren versuchen. Die hier zur Diskussion stehende Methode tut dies, indem sie Gruppen von Menschen bezeichnet, deren gemeinsame Merkmale sie für einen kollektiven Beweggrund der ganzen Gruppe hält. Indem die Verwender dieser Methode auf diese Weise die elementaren und unmittelbaren Bauteile der Gesellschaft, die wesentlichen Substanzbestandteile und die sie bewegenden Kräfte einander gegenüberstellen meinen, hoffen sie, die Regelmäßigkeit der gesellschaftlichen Zusammenhänge aufzudecken. Da das Wesen dieser Methode darin besteht, die Menschen durch Klassifizierung von Merkmalen zu Gruppen zu aggregieren, die den Aufbau und Charakter der Gesellschaft bestimmen, wollen wir sie als „klassifizierende Aggregation" bezeichnen.

Der Anspruch dieser Methoden ist natürlich maßgeblich durch das aristotelische Substanz-Akzidenz-Denken beeinflußt[42]), in dem unser abendländisches Denken seit der griechischen Antike befangen ist und das besonders durch die aristotelisch dominierte Scholastik[43]), aber auch durch den großen Einfluß Descartes[44]) verfestigt wurde. Danach sind wir bestrebt, in allen Dingen das Wichtige, Wesenhafte, Eigentliche zu finden und vom Unwichtigen, Unwesenhaften, Uneigentlichen zu scheiden. Daß dieses Vorhaben – jedenfalls in gesellschaftstheoretischen Belangen – zum Scheitern verurteilt ist, weil Gesellschaft ein Kosmos ist, der durch das Zusammenwirken unzähliger individueller Handlungen zustande kommt, von denen jede einzelne eigenen Gesetzlichkeiten, weil eigenen Zielwelten entspricht, hat der Begründer der österreichischen Schule der Nationalökonomie, Carl Menger, gezeigt[45]), der in diesem Punkt Kant sehr nahe steht[46]).

Die von uns beispielhaft angeführten Konzepte tendieren in verschiedenem Ausmaß dazu, die Bestandteile ihrer Analyse nicht (nur) als Ergebnis gedanklicher Operationen mit einem gewissen Erklärungswert, sondern als tatsächliche Substanzen der menschlichen Gesellschaft anzusehen. Das gilt für das Konzept von Marx, den Ansatz Platons und das nationalsozialistische Denken sicher mehr als für die anderen angeführten Beispiele.

Wir können uns hier aus Platzgründen nicht mit der Behauptung auseinandersetzen, daß ein bewußt als gedankliches Instrument zur Rekonstruktion von bestimmten Aspekten der Gesellschaft eingesetztes Klassifizieren von Merkmalen trotzdem zu fruchtbaren Ergebnissen führen kann und haben leider an dieser Stelle auch keine Gelegenheit, die radikale methodologische Gegenposition, nämlich das kompositive Verfahren[47]) des methodologischen Individualismus zu skizzieren[48]).
Wichtig ist in unserem Zusammenhang ausschließlich, daß die moderne Politik des ausgehenden neunzehnten und des gesamten zwanzigsten Jahrhunderts in unreflektierter Weise auf der Methode der klassifizierenden Aggregationen fußt, indem sie sich ihrer Denkoperationen bedient, bevor sie deren Ergebnisse – meist durch ideologisch bedingte Verwechslungen begünstigt – für Bestandteile der gesellschaftlichen Wirklichkeit ausgibt, um mit ihnen operieren zu können.

4. DIE METHODOLOGISCHEN VORAUSSETZUNGEN DER MODERNEN POLITIK

4.1. Wie können Politiker Bedürfnisse befriedigen?

Der Satz, daß die klassifizierende Aggregation das Fundament der modernen Politik ist, bedarf einer näheren Erläuterung. Um diese geben zu können, kehren wir kurz an den Anfang der Einleitung dieses Buches zurück.

Es wurde dort behauptet, daß es mit dem Leitspruch das größte Glück für die größte Zahl die Befriedigung der menschlichen Bedürfnisse selbst und nicht mehr bloß die rechtlichen Voraussetzungen zu ihrer Befriedigung waren, die zum Gegenstand und Arbeitsgebiet der Politik erklärt wurden. Nachdem die engen Schranken der vorindustriellen Gesellschaft zerbrochen waren, in der jeder seinen festen Platz und sein wirtschaftliches Auskommen hatte[1]), und die Menschen mit ihrer neugewonnen Freiheit vielfach nichts anzufangen wußten, nahm sich die Politik der orientierungslosen Masse an[2]). Das Streben nach Befriedigung von Bedürfnissen aus dem Bereich der Arbeitswelt, des Wohnungswesens, Gesundheitswesens usw. ging in die politischen Zielkataloge ein.

Aber wie konnte die Politik es unternehmen, das Glück der größten Zahl zu befördern? Wie konnten und können die Politiker Bedürfnisse einer großen Zahl von Menschen befriedigen, die sie gar nicht kannten bzw. kennen?

Daß die Politik Bedürfnisse befriedigt, erscheint uns so selbstverständlich, daß wir die Frage zunächst einmal für vollkommen unsinnig zu halten geneigt sind. Wir müssen sie daher anders stellen.

4.2. Bedürfnis, Handlung, Situationen

Da wir unsere eigenen Bedürfnisse einigermaßen kennen und nach ihnen handeln, sind wir gewohnt, auf diejenigen anderer Personen zu schließen und deren aus ihren Bedürfnissen resultierende Interessenlage abzuschätzen. Beides tun wir in der Regel nur, wenn wir die Handlungen der Menschen, deren Bedürfnisse wir kennenlernen wollen, kennen. Denn die Bedürfnisse anderer sind für uns nicht direkt sichtbar, sondern können nur aus den Handlungen abgeleitet werden, die wir, weil wir selbst handelnde Menschen sind, als einen Sinnzusammenhang zwischen Bedürfnissen und dem das handelnde Individuum umgebenden situativen Umfeld erfahren können[3]). Allein weil wir handelnde Individuen sind, können wir Handlungen direkt sehen[4]), d. h. die nach außen hin wahrnehmbaren Aktivitäten eines Menschen als sinnvolles Bindeglied zwischen seinen Bedürfnissen und seinen momentanen Umweltbedingungen interpretieren.

In manchen Fällen reicht es jedoch, wenn wir die konkrete bzw. generelle Situation kennen, in der sich die Person, deren Bedürfnisse bzw. Interessenlage wir abschätzen wollen, befindet. Wir wissen von unseren eigenen Bedürfnissen, daß sie nur unter den Bedingungen bestimmter Situationen aktuell werden. Wenn die Situation, d. h. die Bedingungen, unter denen ein Menschen in einem bestimmten Zeitabschnitt handelt, ein genügend großes Maß an Bestimmtheit aufweist, d. h. wenn ihre Wirkung auf den Menschen mit großer Wahrscheinlichkeit inakzeptabel ist, weil sie für die Mehrzahl der Menschen in normaler Verfassung einen Mangelzustand hervorruft, reicht ihre Kenntnis für unseren Zweck der Bedürfniserkennung manchmal aus. Es gelingt uns dann in bescheidenem Ausmaß, aus der generellen oder konkreten Situation, die einen Mensch umgibt, und aus dessen momentaner Verfassung auf seine Bedürfnisse zu schließen. Unter dem Blickwinkel der Kenntnis dieser Situation schließen wir dann von unseren Bedürfnissen auf diejenigen anderer.

Von jemandem, der schon lange keine Flüssigkeit mehr zu sich nehmen konnte, erwarten wir, daß er – wie wir in derselben Situation – Durst hat. Ähnlich vermuten wir, daß jemand, der unbekleidet in der Kälte steht, nach Bekleidung bzw. Wärme strebt.

Unser Wissen über einen solchen Zusammenhang zwischen den Umfeldbedingungen anderer und deren Bedürfnissen nennen wir introspektiv[5]).

4.3. Situation und Interessenlage

Ähnlich verfahren wir bei der Beurteilung von Interessenlagen, die aus dem Zusammenwirken verschiedener Bedürfnisse und einer oder mehrerer Bedingungen, unter denen diese Bedürfnisse befriedigt werden können, resultieren[6]). Von jemandem, der in seinem Haus wertvolle Gegenstände aufbewahrt, können wir annehmen, daß er sein Haus gegen Diebstahl abzusichern und gewiß mit einer sicheren Eingangstüre gegen Angriffe auf sein Eigentum zu schützen bestrebt sein wird. Wenn wir alle bedeutsamen Lebensumstände eines Menschen kennen, so werden wir – rein pragmatisch – seine Interessenlage normalerweise einigermaßen richtig einzuschätzen vermögen.

Wenn wir die Interessenlage eines Menschen genau kennen, werden wir auch in der Lage sein, diesem Menschen richtige Ratschläge zur Verbesserung seiner Lage zu geben, oder – wenn wir über genügend Wohlstand verfügen würden – seine Lage durch gezielte Zuwendungen von außen signifikant zu verbessern[7]).

Genau diese Möglichkeit besitzt aber die Politik, die es sich zur Aufgabe macht, das Glück der Menschen zu befördern, zunächst nicht. Der Politiker kennt nicht die konkrete oder allgemeine Situation, in der sich alle ihm anbefohlenen Bürger befinden und er vermag auch die Handlungen, die diese Bürger auf ihre Situation abstimmen, nicht zu beobachten, um auf introspektivem Weg auf ihre Bedürfnisse oder Interessenlagen schließen zu können. Der Politiker verfügt also nicht über jenes Wissen, das wir über die Interessenlage einer Person besitzen, wenn wir alle ihre bedeutsamen Lebensumstände kennen.

Schon gar nicht vermag er natürlich jeden einzelnen Bürger aufzusuchen und sich nach seinen Bedürfnissen und Interessen zu erkundigen, um nachher dementsprechende politische Maßnahmen zu ergreifen, die den Bedürfnissen bzw. Interessen jedes Einzelnen entsprechen.

Stellen wir also an dieser Stelle nochmals jene Frage, die wir oben vielleicht beiseite zu schieben geneigt waren, und deren vorschnelle Beantwortung jetzt angesichts unseres kleinen Exkurses auf die Ebene der Bedürfnisse gewiß ihre Selbstverständlichkeit verliert: Wie konnten und können die Politiker die Bedürfnisse einer großen Zahl von Menschen befriedigen, die sie gar nicht kannten bzw. kennen, ohne also über direktes Wissen betreffend der Interessenlage der Bürger zu verfügen?

Sie könnten es in dieser Verlegenheit anstreben – gemäß dem universellen Glückspostulat – allen Menschen mehr von allen Gütern zu verschaffen. Dieser utopische Anspruch scheitert offenbar an der Knappheit aller Mittel in unserer begrenzten Welt. Wenn die Politik das Glück der Menschen trotzdem befördern möchte, muß sie sich auf die Befriedigung vordringlicher Bedürfnisse in unserer Gesellschaft beschränken. Dazu muß sie wissen, welche Bedürfnisse welcher Menschen sie als vordringlich ansieht, und sie muß bewerten, wessen vordringliche Bedürfnisse sie (in welcher Reihenfolge) befriedigt und welche nicht.

Doch selbst wenn das gelungen ist – wir werden auf die Schwierigkeiten dieser Frage noch in späteren Kapiteln zurückkommen – hat die Politik ihr hier zur Diskussion stehendes Problem noch nicht formuliert bzw. gelöst. Denn auch dann, wenn die Menschen in wichtigen Belangen gleiche oder ähnliche Bedürfnisse haben, von denen die Politik einige besonders wichtige für vordringlich befriedigungswürdig hält, führt das zu keinem umsetzbaren politischen Programm. Dies ist deshalb der Fall, weil verschiedene Menschen selbst gleiche oder ähnliche Bedürfnisse unter verschiedenen Bedingungen und Voraussetzungen befriedigen bzw. zu befriedigen vermögen. D. h., daß auch Menschen mit gleichen oder ähnlichen Bedürfnissen unterschiedliche und sogar gegensätzliche Interessenlagen aufweisen können, oder – anders formuliert – daß verschiedene Menschen trotz oder gerade wegen ihrer gleichen oder ähnlichen Bedürfnisse unterschiedliche Ziele haben können und damit verschiedene Mittel verschieden zu verwenden wünschen.

4.4. Interessenlage, Politik und klassifizierende Aggregationen

Doch genau das ist die Ebene, auf der allein Politik wirksam werden kann. Denn selbst wenn die Politik die Bedürfnisse, die sie befriedigen möchte, mit einem Verfahren, das wir oben angedeutet haben, außer Frage stellt, weiß sie nicht, was sie tun soll, da sie zunächst nichts über die Bedingungen weiß, unter denen die verschiedenen Menschen ihre Bedürfnisse befriedigen. Sie weiß also zunächst nichts über die unterschiedlichen Interessenlagen.
Hier setzt die Anwendung jener Methode ein, um deren Beschreibung es uns im letzten Kapitel gegangen ist.
Wir haben oben festgestellt, daß wir die Interessenlage einer Person abschätzen können, wenn wir ihre konkrete oder allgemeine Situation kennen. Eines ähnlichen Schlusses bedient sich die Politik, wenn sie auf die Interessenlage einer großen Zahl von Personen stoßen will. Sie muß dazu die Situationen, in denen die zahlreichen Menschen in der Gesellschaft und in der Wirtschaft stehen, nach einigen wenigen Merkmalen klassifizieren, um eine überschaubare und von ihr beherrschbare Zahl von Interessenlagen zu gewinnen. Sie bedient sich damit notwendig der von uns oben beschriebenen klassifizierenden Aggregationen, indem sie durch die Wahl bestimmter Unterscheidungsmerkmale die verschiedenen allgemeinen Situationen einteilt und damit die in ihnen befindlichen Menschen zu Gruppen zusammenfaßt, denen bestimmte Interessenlagen eigen sind[8]). Auf diese Weise nun hofft die Politik, die Interessenlage einer beliebig herausgegriffenen Person positiv beeinflußt und damit ihre Bedürfnisse befriedigt zu haben, wenn sie die allgemeine Situation der Gruppe, der diese Person entstammt, verbessert hat.

4.5. Bedürfnisserkennung und Gesellschaftserklärung

Hier – im Grundproblem der Politik – treffen die Frage nach dem Erkennen von Bedürfnissen und diejenige nach dem Verstehen des Wesens der Gesellschaft unmittelbar zusammen.

Wir erkennen ganz deutlich, daß der Versuch, die Bedürfnisse von Bürgern erkennen und mit den Mitteln der Politik befriedigen zu wollen, ein Modell der Gesellschaft voraussetzt, in dem die Bestandteile der Gesellschaft und deren Beziehungen abgebildet sind. Denn die Regelmäßigkeiten der Gesellschaft modellhaft abzubilden heißt, ein Kriterium zur Unterscheidung jener typischen allgemeinen Situationen anzugeben, in denen sich die Angehörigen der zu bildenden Gruppen befinden. Die die Bedürfnisse der Menschen überlagernden unterschiedlichen Interessenlagen dieser verschiedenen Gruppen sind sowohl die bewegenden Kräfte im Modell der Gesellschaft als auch jene Größen, mit denen die Politik operiert.

Politik im Dienste einer bestimmten Interessenlage ist damit immer Politik im Dienste einer bestimmten Gruppe und der Befriedigung der Bedürfnisse ihrer Angehörigen. Diese Politik scheint damit zum vernünftigen und kalkulierbaren Unterfangen zu werden, das „das größte Glück der größten Zahl durchaus zu befördern vermag."

4.6. Marx: strukturelles Paradigma der Gruppenpolitik

Es ist leicht einzusehen, daß die Marx'sche Konzeption genau in die Erfordernisse eines solchen Modells hineinpaßt. Mit ihrer einfachen Zweiklassenlogik und ihrer deterministischen Interessensanalyse macht sie Bedürfniszusammenhänge für den Politiker „sichtbar" und scheinbar beeinflußbar.

Es ist oftmals behauptet worden, daß dem Marxismus jede Vorstellung einer praktischen Realisierung seiner Wunschgesellschaft abgehe, und dies trifft für den visionären Endzustand des „Reichs der Freiheit" auch tatsächlich zu. Was jedoch die Vorgangsweise in einem konkreten politischen Rahmenwerk betrifft, so ist es für keinen Politiker so leicht, zielgerichtet zu agieren wie für den im Gefolge marxistischer Denkmuster handelnden[9]). Denn dieser orientiert sich stets an der eindeutig scheinenden Interessenlage der ihm anbefohlenen Klasse, und seine Zweiklassentheorie läßt es zu, die Wirkung jeder politischen Maßnahme auf die Interessenlage dieser Klasse abzuschätzen. Der Umstand, daß das Marx'sche Modell genau den Notwendigkeiten jeder Politik, die das Glück der Menschen zu ihrem Ziel und die Bedürfnisse zu ihrem Arbeitsgebiet erklärt, gerecht wird, erklärt teilweise den Erfolg, den sozialistische Parteien in unserer politischen Landschaft haben bzw. hatten[10]).

Diesen Notwendigkeiten muß jedes politische Konzept genügen, wenn es im Konzert der politischen Bedürfnisbefriedigung mitspielen will. Von Anbeginn unserer modernen Politik am Ausgang des neunzehnten Jahrhunderts ist die klassifizierende Aggregation daher ein Fundament der Arbeit jeder einflußreichen Partei gewesen. Für bürgerliche Gruppierungen ging es etwa um die Stellung und Interessenlage „der Bauern," „der Gewerbetreibenden,"„der kleinen Händler," aber auch – wenngleich in geringerem Ausmaß – „der Arbeiter", während sich die Sozialisten zunächst auf „die Arbeiter" beschränkten[11])[12]).

Die moderne bedürfnisorientierte Politik ist daher von Anfang an in jedem Fall eine Politik der Gruppeninteressen. Unbeschadet der großen inhaltlichen Divergenzen der politischen Gruppierungen wird damit das Marx'sche Klasseninteressenmodell zum – strukturellen – Paradigma und Maßstab jeder politischen Kraft.

4.7. Wissenschaftstheorie und Politik

Soweit das Problem der wissenschaftstheoretischen Voraussetzungen der modernen Politik. Um dieses betrachten zu können, sind wir von der Frage, mit welcher Methode die Gesellschaft betrachtet werden muß, damit Politik im modernen Sinn überhaupt betrieben werden kann, ausgegangen. Denn Wissenschaftstheorie ist jene Disziplin, die dem Analytiker sagt, welches Betrachtungsverfahrens er sich bedienen soll, damit seine Arbeit überhaupt Ergebnisse hervorbringen kann.

Fassen wir das Ergebnis dieses Kapitels also zusammen: Um überhaupt Politik betreiben zu können, die auf das Glück der größten Zahl und damit auf die Bedürfnisse der Menschen abzweckt, muß die Gesellschaft durch jene Brille betrachtet wer-

den, die wir klassifizierende Aggregation genannt haben. Dadurch werden Gruppen von Menschen geschaffen, an deren vermeintlich gemeinsamer Interessenlage sich die Politik orientieren kann.
Wir haben mit dieser relativ langen Beweisführung dieses Kapitels zu zeigen versucht, welche weitreichenden unausgesprochenen Voraussetzungen politisches Tätigwerden im modernen Sinn überhaupt hat. Wenn sich herausstellt, daß einige dieser Voraussetzungen in unserer komplexen Zivilisation nicht oder nicht mehr gegeben sind, haben wir bereits eine wichtige Ursache für das Scheitern der Politik und das beginnende Zusammenbrechen der politischen Kultur entdeckt. Doch verweilen wir noch etwas in der ersten Phase der modernen Politik, in den letzten Jahrzehnten des vorigen Jahrhunderts, bevor wir die Schwierigkeiten der politischen Gegenwart ins Visier nehmen.

5. DAS FRÜHE INDUSTRIEZEITALTER UND DER AUFSTIEG DER MASSENPARTEIEN

5.1. Die Folgen der industriellen Revolution für die Struktur der Gesellschaft

Durch die industrielle Revolution und ihre Folgen haben sich die Lebensbedingungen vieler Menschen grundlegend geändert[1]). Für viele waren die Auswirkungen ihrer neuartigen Stellung im immer arbeitsteiliger werdenden Produktionsprozeß dermaßen bestimmend, daß die sich zunächst daraus ergebenden Nöte und Probleme großer Gruppen einen maßgeblichen Teil des Lebensgefühls dieser Menschen ausmachten[2]). Das explosionsartige Wachstum der Bevölkerung[3]), die Zerstörung überkommener sozialer Verbände und Sicherungseinrichtungen[4]) und die aus der Sicht beharrender Kräfte destruktive Wirkung der Überwindung ständischer Bindungen[5]) durch die Verwirklichung des freiheitlichen Rechtsstaates[6]) erlebten große Massen von Menschen als eine Umgestaltung ihrer Lebensumstände, die sie als Angehörige einer großen Gruppe von Menschen mit gleichen Existenzgrundlagen erscheinen ließen.
Mit den Stichworten „Arbeitszeit", „Wohnungsnot", und „Kranken- und Altersvorsorge" etwa sind bereits jene Faktoren aufgezählt, die eine durchschnittliche Arbeiterfamilie im neunzehnten Jahrhundert permanent beschäftigt haben mag. In der wirtschaftspolitischen und sozialphilosophischen Literatur wird das „politische Problem" dieser Zeit mit dem Schlagwort „die soziale Frage" charakterisiert. Eine relativ grobe klassifizierende Aggregation konstruiert zwar auch in dieser Situation Fiktionen, indem sie einige wenige Gruppen unterscheidet[7]), denen jeweils einige wichtige Interessen gemeinsam sind, doch wird eine Politik, die auf ihr aufgebaut ist, nicht sehr weit fehlgehen, weil die gesamte Situation relativ einfach strukturiert ist.
„Einfach strukturiert" bedeutet, daß der Lebenslauf und die Lebensumstände der Menschen, die sich in dieser Situation befin-

den, durch einige wenige, explizit und tendenziell vollständig angebbare Elemente bestimmt sind. Die gesellschaftliche Situation der ersten Jahrzehnte des industriellen Zeitalters war demnach einfacher strukturiert als die der vorindustriellen Epoche, in der der Lebenslauf der meisten Menschen durch viele Schichten traditioneller Verhaltensweisen bestimmt war, deren Ursprung sich von niemandem im einzelnen angeben läßt. Und sie ist einfacher strukturiert als diejenige des reiferen Industriezeitalters, in dem der Lebenslauf der Menschen in ein Geflecht der scheinbar eigenmächtig gewordenen Folgen technischer und wirtschaftlicher Akte eingebettet ist, und das sich daher ebenso einer detailierten Beschreibung bzw. Analyse der besonderen Ursachen besonderer Teilaspekte entzieht.

Relativ einfach strukturierte gesellschaftliche Situationen treten nur in oder kurz nach revolutionsartigen Umbrüchen der Gesellschaft auf, in denen mit der Kontinuität der Entwicklung der Zivilisation auch ein großer Teil der bisherigen, langsam gewachsenen Bestimmfaktoren der menschlichen Lebensabläufe zerbrochen werden. Sie sind daher epochale Ausnahmen in der Geschichte.

Die ersten Jahrzehnte nach dem Beginn der industriellen Revolution stellten eine solche Situation dar. Als die Fundamente der neuen Industriekultur sich noch nicht tief in den Boden der Geschichte eingegraben hatten, war es daher relativ leicht, durch einzelne unkomplizierte und eindeutig gerichtete politische Maßnahmen auf die Lebensläufe der Menschen merkbaren Einfluß zu nehmen und unter Zuhilfenahme der klassifizierenden Aggregationen die Lebensinteressen großer Gruppen zu gestalten.

5.2. Einfache Gesellschaftsstruktur und die Geburtsstunde der modernen Politik

Es war um die Mitte des vorigen Jahrhunderts, als sich die ersten bedeutsameren politischen Organisationen dieser Geschichtsepoche formierten, die die Notwendigkeit der Bedürfnisbefriedigung von der individuellen auf die gesellschaftlich-politische Ebene verlagern wollten[8]). Dies war

– wie wir festgestellt haben – eine Phase relativ einfacher gesellschaftlicher Strukturierung.

Gemäß unserem, in der Einleitung formulierten Gesetz, nach dem der Typus politischer Parteien zum Zeitpunkt ihrer Gründung eine komplementäre Entsprechung der allgemeinen politischen Situation darstellt, mußten daher auch die neugegründeten Parteiorganisationen einfach strukturiert sein und mit ebensolchen Programmen aufwarten[9]).

Es waren dies die Geburtswehen der politischen Massenorganisation, deren übersichtliche Zielkataloge tatsächlich die Lebensinteressen breiter Schichten massiv ansprachen[10]). Wir wollen ein Beispiel geben, das den Zusammenhang zwischen einfach strukturierter gesellschaftlicher Situation und der direkten Beeinflussung der Interessenlagen großer Gruppen von Menschen durch einfache politische Maßnahmen oder deren Forderung erhellt. Die Forderung nach Einführung des 8-Stunden-Arbeitstages etwa – eine Forderung der organisierten Sozialisten der allerersten Stunde[11]) – stellte gewiß eine eminente Verbesserung der Lebenslage aller Betroffenen in Aussicht, obwohl sie keiner aufwendigen Detailplanung bedurfte, um als politische Forderung überhaupt existieren zu können[12]). Diese Forderung bringt im Verein mit einigen wenigen, ähnlich unkomplizierten Zielvorstellungen genügend gestalterische Potenz, um die Zukunftsvisionen und politischen Ideale hervorzubringen, die für eine Massenpartei notwendig sind.

Die überschaubare Kompaktheit einerseits und die spürbare Bedeutung dieser politischen Ziele für den Lebensalltag andererseits bieten die notwendige Basis, um durch ideologische Attitüden überhöht und durch Idealismus längerfristig stabilisiert zu werden. Wenn nun die Gruppe, an deren Lebensinteressen eine bestimmte Zukunftsvision orientiert ist, groß genug ist, so erhält diese Zukunftsvision eine gesellschaftsgestaltende Dimension und geht über den bloßen Anspruch einer Perspektive langfristiger Interessenpolitik weit hinaus. Dieser Anspruch auf Gestaltung („der Zukunft", „der Gesellschaft", „der eigenen Lebensumstände")[13]) übt den Mobilisierungs- und Motivationseffekt auf vormals unorganisierte Menschenmassen aus, der die Formation einer Massenpartei ermöglicht. Der Glaube an

die Gestaltung also ist es, der gleichzeitig Fundament und Motor der politischen Parteien ist.
Bevor wir diesen Punkt differenzierter untersuchen, wollen wir uns an dieser Stelle einen kleinen Exkurs erlauben, der uns die Geschichte der Gründungsphase der politischen Großparteien Österreichs bzw. deren Vorläuferinnen in Erinnerung ruft. Durch die Bebilderung mit historisch-konkreten und in den Grundzügen im allgemeinen bekannten Begebenheiten wird der Inhalt unserer relativ abstrakten Ableitungen vielleicht leichter verständlich.

A. Exkurs: Die Gründungsphase der politischen Massenparteien Österreichs

A. 1. Die historische Situation

Nachdem im Gefolge der Revolution von 1848 einige vehemente Anstrengungen zur Etablierung rechtsstaatlicher Prinzipien unternommen worden waren und 1862 zwei wesentliche staatsbürgerliche Grundrechte in Kraft treten konnten (Schutz der persönlichen Freiheit, Schutz des Hausrechtes), gelangte die konstitutionelle Idee mit der „Dezemberverfassung" des Jahres 1867 zu einem bedeutsamen Höhepunkt. Diese enthielt das bis heute gültige Staatsgrundgesetz, in dem neben dem Gleichheitsgrundsatz auch Vereins- und Versammlungsfreiheit sowie Glaubens- und Gewissensfreiheit postuliert wurden. Mit dem im selbem Jahr installierten Regierungskabinett des Fürsten Auersperg setzte eine betont liberale Ära ein, in der die neugegründeteten Arbeiterbildungs- und Gewerbevereine einen beträchtlichen Handlungs- und Bewegungsspielraum hatten. Bald wurde daher ein „Komitee zur Organisation der sozialdemokratischen Partei" gegründet, ebenso wie auf bürgerlicher Seite Anstrengungen zur Vorbereitung einer einheitlichen Christlichsozialen Partei unternommen wurden.
Doch spätestens mit dem Beginn der Regierungstätigkeit des Grafen Taaffe (1879 – 1893) wurden zahlreiche politische Aktivitäten – wie Versammlungen oder die Herausgabe von Pressepublikationen – behindert, sodaß sich die Formation einheitlicher und umfassender Großparteien um Jahre verzögerte.

Nachdem es bereits 1882 zur Gründung von Ritter von Schönerers deutschnationaler Partei gekommen war, wurden schließlich an der Wende von den achtziger zu den neunziger Jahren sowohl die Sozialdemokratische Partei als auch die Christlichsoziale Partei errichtet.

A. 2. Die Sozialdemokratische Partei

Die in zahlreiche Gruppen – Gemäßigte und Revolutionäre, Sozialreformer und Anarchisten – zersplitterte politische Arbeiterschaft schien in unüberbrückbaren Gegensätzen zu verharren[14]).In dieser Situation fand sich in der Person Viktor Adlers eine Führerfigur, die die Gegensätze innerhalb kürzester Zeit zuzudecken und die Sozialdemokratie zu einem anerkannten politischen Faktor zu machen vermochte[15]).

In dem von Adler ab 1886 herausgegebenen Presseorgan „Die Gleichheit" erschienen 1887 die programmatisch höchst bedeutungsvollen „Fundamentalartikel" einer zu gründenden sozialdemokratischen Partei. Die drei wichtigsten der sechs Artikel werden im folgenden wörtlich wiedergegeben[16]):

I. Die sozialdemokratische Arbeiterpartei strebt mit allen Mitteln die Umwandlung des heutigen Klassenstaates in die sozialistisch-(kommunistisch-) organisierte Gesellschaft an.

II. Da der Träger dieser Entwicklung einzig und allein das klassenbewußte und organisierte Proletariat sein kann, so sind die Erweckung des Klassenbewußtseins und die Organisation des Proletariats die nächsten Zielpunkte der sozialdemokratischen Arbeiterpartei.

IV. Die sozialdemokratische Arbeiterpartei rechnet sämtliche bürgerliche Parteien zu einer reaktionären Masse, lehnt jeden Kompromiß mit ihnen ab und wird neue, ökonomische und politische Zugeständnisse (Sozialreformen und politische Rechte) für die Emanzipation der Arbeiterklasse nach Möglichkeit ausnützen.

Im Geiste dieser „Fundamentalartikel" fand zur Jahreswende 1888/89 im niederösterreichischen Hainfeld (über Wien war der Ausnahmezustand verhängt worden) der Kongreß zur Gründung der Sozialdemokratischen Arbeiterpartei Österreichs statt. Seine „Prinzipien-Erklärung" bestimmte als „Hainfelder Programm" die ersten Jahre der neugegründeten Partei. Sie beinhaltete neben einer eindeutig marxistisch orientierten Gesellschaftsanalyse und einer Kampfansage gegen die Ausbeutung der Arbeiter die Forderung nach Meinungsfreiheit und nach dem gleichen, direkten Wahlrecht, wobei eigens auf die Vorläufigkeit der parlamentarischen Ordnung hingewiesen wurde. Schließlich wurden auch konkrete gesellschafts- und sozialpolitische Maßnahmen, wie umfassende und lückenlose Arbeitsschutz-Gesetzgebung, unentgeltlicher, obligatorischer Schul- und Fortbildungsunterricht usw. gefordert.

Die Konzeption dieser Partei erwies sich bald als für die Arbeiterschaft sehr attraktiv, die sich ihr scharenweise anschloß. Bereits zu den Feiern zum 1. Mai 1890, die – wie in vielen darauffolgenden Jahren – zur Durchsetzung des 8-Stunden-Tages veranstaltet wurden, brachte die Partei in Wien tausende Anhänger auf die Beine und demonstrierte damit ihre wachsende Macht.

Das bestehende Kurienwahlsystem verhinderte bei den Wahlen 1891 einen Einzug der Sozialdemokraten in das Parlament, und auch die Einführung einer fünften Kurie (1895) ermöglichte bei den Wahlen des Jahres 1897 eine ihrer Stärke entsprechende Repräsentanz nicht[17]). Die ersten unter dem allgemeinen und gleichen Wahlrecht durchgeführten Wahlen (1907) bescherten der Sozialdemokratie aber einen großen Erfolg[18]).

A. 3. Die Christlichsoziale Partei

Ähnlich wie im sozialistischen Lager erschwerten auch im bürgerlichen unterschiedliche, einander teilweise mit großer Skepsis entgegentretende Strömungen die Formierung einer einheitlichen Großpartei ursprünglich sehr. Namentlich der christliche Konservativismus, der sich als Ausdruck der politischen Romantik verstand und eine erste Institutionalisierung bereits im Hofbauerkreis in der Zeit des Vormärz erfuhr, und die christlichsoziale Bewegung, die sich erst etwas später formierte und deren ideologische Ausrichtung maßgeblich durch

Karl von Vogelsang grundgelegt wurde, rivalisierten um die Vormachtstellung im nichtsozialistischen Lager[19]). Die unterschiedlichen Konzepte wurden auch von unterschiedlichen sozialen Schichten getragen. Die konservative Idee wurde vorwiegend vom Adel und vom hohen Klerus verfochten, während das christlichsoziale Gedankengut in kleinbürgerlichen Schichten und Arbeiterkreisen Widerhall fand.

Oft war es nur die gemeinsame antiliberale Grundhaltung, die beide Richtungen miteinander verband. Auch hier bedurfte es – wie bei den Sozialisten – einer kraftvollen Integrationsfigur, die in der Person Karl Luegers auf die politische Bühne trat. Lueger verfügte über gute Kontakte zu den Führern der Konservativen, etwa zu Prinz Alois von Lichtenstein, er hatte aber auch Zutritt zum Vogelsang-Kreis[20]) und verstand sich als Umsetzer der von diesem Denkzirkel hervorgebrachten Konzepte und Ideen.

Dabei veranlaßte ihn allerdings sein politischer Instinkt, jene – teilweise utopischen – Reformideen Vogelsangs quasi wegzufiltern, die – weil sie eher an der Arbeiterschaft orientiert waren – mit den Interessen der von ihm in der Hauptsache angesprochenen kleinbürgerlichen und mittelständischen Schichten, nämlich der Handwerker, Gewerbetreibenden und Bauern, in Widerspruch geraten hätte können[21]). Nur so konnte er eine Massenorganisation aufbauen, die einerseits mehrheitsfähig war und die andererseits nicht jener Konfrontation mit dem konservativen Episkopat ausgesetzt war, die die Christlichsozialen gleich zu Anfang erdulden hätten müssen, wenn etwa Leopold Kunschaks „christliche Arbeiterbewegung“ in der Partei stärkeres Gewicht erhalten hätte[22]).

Die Parteigründung selbst war bei den Christlichsozialen ein wesentlich diffuserer Vorgang als bei den Sozialdemokraten. Da bereits einige ihrer Exponenten im Reichsrat bzw. in den Landtagen vertreten waren, die sich jeweils zu Wahlbündnissen bzw. Abgeordnetenklubs zusammengeschlossen hatten, dauerte es einige Jahre, bis diese mit den starken bürgerlichen Vereinen, etwa mit dem 1887 gegründeten Christlichsozialen Verein zu einer stabilen und einheitlichen Partei verschmolzen waren. Dieser Gründungszeitraum kann als von zwei Großveranstaltungen begrenzt angegeben werden, nämlich jener zur Feier des Erscheinens der Sozialenzyklika „Rerum Novarum" im Jahre 1891 und jener zur Kundgabe der fundamentalen programmatischen Resolution des Jahres 1895, beide im Großen Wiener Musikvereinssaal.

Während sich die genannte Resolution als großangelegte und generelle Feststellung des ideologischen Standortes und der langfristigen politischen Identität verstand, die von emotionalem Pathos getragen war, ist das 1891 von Professor Schindler verfaßte, erste christlichsoziale Programm, welches die Ergebnisse der sogenannten „Enten-Abende" des Kreises um Vogelsang zusammenfaßte[23]), eine konkrete und relativ detaillierte Darstellung der ersten christlichsozialen Forderungen. Diese orientierten sich an den Grundbesitzern, dem Kleingewerbe und dem Kleinhandel sowie den Großindustriearbeitern, daneben auch an den Lehrern und anderen Beamten.

Sie umfassen die Tarif- und Handelspolitik zur Erzielung „gerechter Preise", die Besteuerung des mobilen Kapitals, die Verschärfung des Konzessionswesens, die Etablierung von Gerwerbegenossenschaften, die Arbeiterschutzgesetzgebung usw.

Programmatik und charismatische Führung sprachen die angepeilten Bevölkerungsgruppen soweit an, daß Lueger noch im selben Jahr mit zwölf Mandataren in den Reichsrat einzog. Nach einer ständigen Kräftezufuhr stellte das bürgerliche Lager 1907 – als sich den Christlichsozialen nach der für diese erfolgreichen Wahlen die katholisch-konservative Volkspartei anschloß – die stärkste politische Organisation der Monarchie.

5.3. Massenparteien: die Identität zweier Zieldimensionen

Wenn wir die Geschichte der Gründungsphase der politischen Großparteien auf ihr dürres, abstraktes Gerüst reduzieren und dazu in Betracht ziehen, was wir am Anfang dieses Kapitels allgemein über die Einfachheit bzw. Komplexität gesellschaftlicher Situationen gesagt haben, so präsentiert sich uns der harte

Kern der Voraussetzungen für die stabile Existenz politischer Massenorganisationen folgendermaßen: Dort, wo die spürbare Behandlung der eigenen Interessen einer großen Masse von Personen[24]) mit einem gesellschaftlichen Gestaltungsanspruch zur Deckung kommt, sind diese Vorraussetzungen zureichend gegeben[25]). Die Bestimmung des eigenen Schicksals und die der gesamten Gesellschaft verschmelzen dann zu einer scheinbar untrennbaren Einheit[26]). Jene Bewegung, der es gelingt, den Glauben an eine solche Einheit herzustellen und für sich reklamieren zu können, hat die besten Chancen, Massenbewegung zu werden. Sie deckt damit mindestens zwei der wichtigsten Motive ab, die wir in Kapitel 2 für den Beitritt bzw. die Unterstützung einer politischen Partei angegeben haben, nämlich das Interessenvertretungsmotiv und das Weltanschauungsmotiv.

Die Identifikation von langfristigen persönlichen und gesellschaftlichen Interessen ermöglicht – je nach politischer Notwendigkeit – entweder eine besondere Betonung der einen oder der anderen Komponente[27]). Und sie bietet es dem Mitglied oder Förderer – je nach Wunsch – entweder handfeste Interessen zu verfechten, ohne auf spekulative ideologische Konstrukte zu achten, oder idealistisch für eine Vision zu kämpfen, ohne dabei am vordergründigen Eigennutz orientiert zu sein.

Durch diese Zusammenführung zweier Zieldimensionen, die im Glauben an die Identität von eigenem und gesellschaftlichem Interesse begründet liegt, gelingt der Massenpartei etwas höchst Bermerkenswertes, das für die Frage nach dem Bestand solcher Massenorganisationen von größter Bedeutung ist. Es gelingt dadurch nämlich, die Mitglieder und Mitarbeiter langfristig auch dann bei der Stange zu halten, wenn in einer bestimmten politischen Konstellation eine Verbesserung der Lebenslage der Mitglieder durch die Politik ihrer Partei nicht möglich und auch für absehbare Zeit nicht in Sicht ist[28]). Obwohl die Partei in dieser Situation ihre selbstgewählten Ziele nicht zu verwirklichen vermag, muß sie einen Entzug der Unterstützung ihrer Mitglieder vorerst nicht fürchten[29]). Die Verbesserung der eigenen Lebensumstände der Mitglieder wird also sosehr an die Gestaltung der gesellschaftlichen Zukunft gebunden dargestellt, daß die Beachtung des gesellschaftlichen Gestaltungsauftrages sich teilweise verselbständigt[30]). Was zunächst reine Interessenpolitik ist, erhält damit die Qualität einer moralischen Verpflichtung, eines gesellschaftlichen Imperatives, für den es sich zu kämpfen lohnt.

5.4. Das Geheimnis: Eigeninteresse und gesellschaftlicher Gestaltungsauftrag

Das ist eines der Geheimnisse vitaler Massenparteien. Denn wie sonst wäre es zu erklären, daß eine große Zahl stumpfer Durchschnittsbürger, denen normalerweise jede Art von Idealismus völlig abhold ist, sich mit Enthusiasmus in den Dienst einer Partei stellt und dieser auch im Augenblick des Mißerfolges die Treue hält, wie sonst also wäre das zu erklären, als mit jener seltsamen Mischung aus langfristigem Eigeninteresse und gesellschatlichem Sendungs- und Gestaltungsauftrag, die für erfolgreiche Massenorganisationen so charakteristisch ist?
Es ist wesenhaft für die Massenparteien, daß sie in der ersten – einige wenige Jahrzehnte umfassenden – Phase nach ihrer Gründung bestrebt sind, den von ihnen vertretenen Gestaltungsanspruch, an dessen Erfolg die Verbesserung der individuellen Lebensinteressen geknüpft sein soll, mit einem speziellen Pathos zu umgeben[31]) und den Kampf für das Gestaltungsziel in die Aura des Heldenhaften einzutauchen[32]). Das beginnt mit der Glorifizierung typischer Symbolfiguren, die für die jeweils vertretene gesellschaftliche Gruppe stehen – die Figuren des (nicht selten in Stein gehauenen) fleißigen, ehrlichen Schwerarbeiters und die des lebenserhaltenden, bodenständigen Bauern seien hier als populäre Beispiele genannt – und endet mit der Ausbildung einer eigenen Subkultur[33]), mit der die Mitglieder stärker an ihre Organisation gebunden werden sollen.
Am Beispiel des sozialistischen Lagers, an dem alle Merkmale einer politischen Massenorganisation mehr ausgeprägt sind als irgendwo anders, können alle diese Phänomene in besonders lupenreiner Form studiert werden[34]), obwohl sie grundsätzlich bei allen Massenparteien beobachtbar sind. Alle einschlägigen

Bemühungen des sozialistischen Lagers können tatsächlich zu Recht als „ein Versuch, einen neuen Menschen zu formen" bezeichnet werden[35]).

Daß es in diesem Netzwerk emotionsgeladener Beeinflussungsversuche nahe liegt, Feindbilder zu errichten, ohne die ein bestimmter Typus von massenwirksamer Politik offenbar nicht gemacht werden kann, sei nur am Rande erwähnt[36]).

Erst wenn wir die Wirksamkeit erkennen, mit der politische Massenorganisationen ihre nicht selten auftretende Unfähigkeit, in manchen Situationen Konkretes für die Lebensinteressen ihrer Anhänger zu leisten, überdecken, können wir nachvollziehen, warum die Mitglieder der politischen Organisationen finanzielle und ideelle Beiträge zur Verfügung stellen, deren Wert den Gegenwert dessen, was die Partei in absehbarer Zeit für sie an erfaßbaren Vorteilen zu erringen vermag, bei weitem übersteigt[37]). Das hat überhaupt nichts zu tun mit politischem Idealismus, der der Masse der Parteimitglieder, wie wir bereits festgestellt haben, gänzlich fremd ist, und der nur für einen kleinen Teil der Mitglieder und Funktionäre gilt. Vielmehr ist der wirksame Versuch der Partei, ihre Legimitation zumindest teilweise von der Ebene momentaner Beiträge zur Verbesserung der Lebensumstände auf diejenige des gesellschaftlichen Gestaltungsauftrages zu verlegen, ein wirksames Mittel, um die intuitive Kosten-Nutzen-Gegenüberstellung, in der jedes Mitglied die der Partei geopferten Ressourcen – Zeit und Geld – gegen die aus seiner Zugehörigkeit erwachsenden Vorteile abwägt, zu Gunsten der Nutzenkomponente zu verschieben. Ansonsten wäre es für Nicht-Idealisten ein Ausdruck von Irrationalität, ja Wahnwitz, eine Partei zu unterstützen, die im Augenblick in ihren Einflußmöglichkeiten gerade auf der Stelle tritt.

Die Identifikation mit einer langfristigen gesellschaftlichen Gestaltungsperspektive hingegen ist gleichsam eine Investition auf die Zukunft, eine Option auf bessere Zeiten. An dieser können emotionale Bindungsverstärker, wie Zugehörigkeitsgefühl und ideologische bedingte Auffassungen auch im Hinblick auf nicht-idealistisch eingestellte Mitglieder viel leichter angeknüpft werden als am dürren Gerüst kurzfristig quantifizierbarer Vorteile. Denn es ist leicht einzusehen, daß eine kurzfristige Zweckkoalition weit weniger Anknüpfungspunkte für die Ausbildung gefühlsbedingter Gemeinsamkeiten aufweist als eine Schicksalsgemeinschaft, von deren Gestaltungsvision die langfristigen Interessen aller nach dem Motto „wir sitzen alle im selben Boot“ abzuhängen scheinen.

5.5. Die Parteien als geistige Heimstätte und Meinungshort

Eine Kenntnis dieses Zusammenhanges erlaubt es, zu erklären, warum oft noch so amorphe Bestandteile einer kollektiven Weltanschauung auch von den ungebildetsten Parteimitgliedern bereitwilligst aufgenommen und dem Fundus an Attitüden einverleibt werden, und warum auch der trockenste Utilitarist dem Zauber des parteipolitischen Zusammengehörigkeitsgefühls da oder dort erliegt. Dafür zu sorgen, daß die Mitglieder in politischen und kulturellen, aber – darüber hinausgehend – auch in sittlichen und moralischen Fragen[38]) von einer gemeinsamen Meinung getragen werden[39]) und daß sie sich als Angehörige des gleichen „Lagers“[40]) empfinden, ist eine Bedingung für Kontinuität und langfristige Stabilität, die eine erfolgreiche Massenpartei ausmachen.

Denn dadurch, daß die Massenpartei es vermag, ihren Mitgliedern eine gemeinsame Meinung über die wichtigsten Zusammenhänge des gesellschaftlichen Geschehens zu vermitteln, gibt sie ihnen das Gefühl einer geistigen Heimat[41]). Diese Meinung beinhaltet eine einfache und begreifliche Erklärung der immer komplizierter und unverständlich werdenden Welt und korrespondiert damit dem dringenden Bedürfnis der im arbeitsteiligen Produktionsprozeß der modernen Industriekultur haltlos gewordenen, nach Geborgenheit suchenden Massen. Die gemeinsame Meinung in einer Massenpartei bietet der verwirrten Psyche des „homo industrialis“ daher einen unbezahlbaren Entlastungsmechanismus an[42]).

Damit haben wir bereits einige wesentliche Elemente des Phänomens jener Art von „Ideologie“ genannt, die mit der Erscheinung der Massenpartei untrennbar verbunden ist. Wir werden diesem Phänomen an geeigneter Stelle ein eigenes Kapitel widmen.

Durch den Nimbus, den der gesellschaftliche Gestaltungsauftrag auf die eben skizzierte Weise erhält und der ihn wie ein schützender Gürtel umgibt, wird dieser gegenüber rationalen Argumenten des politischen Gegners immunisiert. Gleichzeitig wird kritisches Potential aus den eigenen Reihen absorbiert, das auf erfolgslose Forderungen im Bereich der konkreten Verbesserung der Lebensumstände hinweisen könnte. Politische Programme entziehen sich so der Notwendigkeit, in absehbarer Zeit tatsächlich eingelöst zu werden, was angesichts der zahlreichen Imponderabilien der gesellschaftlichen Wirklichkeit eine Überlebensfrage der politischen Parteien ist. Inhaltliche politische Erfolge entziehen sich damit der Überprüfbarkeit, politische Pläne werden zum nichtfalsifizierbaren Unterfangen.

All diese Vorteile fallen bei der Durchführung einer (expliziten oder impliziten) klassifizierenden Aggregation an, die entsprechende Gruppengrößen hervorbringt, wenn es gelingt, das Gruppeninteresse ideologisch zu überhöhen.

Die Identifikation von gesellschaftlichem und individuellem Interesse scheint also ein totsicheres Rezept für den Erfolg politischer Organisationen zu sein.

5.6. Die beiden Dimensionen der Massenpartei

Was können wir als Conclusio dieses Kapitels für die weitere Analyse mitnehmen? Zuvorderst die Tatsache, daß die politische Massenpartei ihre Wirksamkeit und Autorität aus zweierlei Dimensionen schöpft, in denen die Mitglieder der Partei verbunden sind: Erstens aus der Dimension der greifbar-konkreten Verbesserung der Lebensumstände in der tagespolitischen Arbeit und zweitens aus der Dimension des visionären Gestaltungsauftrages, auf den die Partei als Schicksalsgemeinschaft eingeschworen ist. Wir haben gesehen, daß bei der Integration der beiden Dimensionen die Ideologie eine wesentliche Rolle spielt.

Keiner Partei, die es nicht verstand, beide Dimensionen in angemessener Weise zu besetzen, ist es je gelungen, das politische

Geschehen ihres Landes auf Dauer zu beeinflussen bzw. einen ernstzunehmenden politischen Faktor darzustellen. Dies gilt sowohl dann, wenn eine Partei nur ein sachliches, vielleicht auch noch so gut durchdachtes Konzept hat, mit Hilfe dessen konkrete Ziele wirksam befördert werden können, als auch dann, wenn sie sich bloß auf die marktschreierische Anpreisung einer Vision beschränkt, die mit keinen greifbaren Vorteilen für das Wählerpublikum verbunden ist[43]).

Unter den geschilderten gesellschaftlichen Voraussetzungen vermag das typische strukturelle Wesen der klassischen Massenpartei einen stabilen Bestand und eine attraktive Vitalkapazität der Partei zu garantieren. Dieses strukturelle Wesen besteht in einem sehr einfachen Aufbau[44]), in dem auf einer extrem breiten, ungegliederten Basis – der „Masse" – die dünne, strikt hierarchisch gegliederte Linienorganisation der (Berufs-)Funktionäre ruht.

Diese Konstellation ist unter dem Blickwinkel der modernen Organisationstheorie extrem ungünstig[45]). Sie funktioniert aber unter den Bedingungen, unter denen die Massenparteien entstanden sind, klaglos und ist unter diesen Bedingungen wahrscheinlich die effizienteste und damit die einzige richtige Organisationsform.

5.7. Die Bedingungen des Erfolges der Massenpartei

Diese Bedingungen, unter denen die einfache Struktur der Massenpartei die effektivste und einzig richtige Organisationsform darstellt, beziehen sich auf die beiden Dimensionen, in denen die Massenpartei nach Legitimation heischt, in derjenigen der konkrete Verbesserung der Lebensumstände und in derjenigen des gesellschaftlichen Gestaltungsauftrages[46]).

Die erste Bedingung ist, daß sich die Möglichkeiten einer konkreten Verbesserung der Lebensumstände einer großen Gruppe von Personen tatsächlich – zumindest potentiell – im Wirkungs- und Einflußbereich der Partei befindet und daß sich Forderungen nach relativ einfachen politischen Maßnahmen formulieren lassen, die diesen Einfluß tagespolitisch umzusetzen vermögen.

Die zweite Bedingung ist, daß die überwiegende Mehrheit der angesprochenen Personen der Meinung ist, daß sich der jeweilige Gestaltungsauftrag und seine Vision im Wirkungs- und Einflußbereich der Partei befindet. Diese Mehrheit hält dann den Aufbau der Gesellschaft für so übersichtlich, daß ein beharrlicher Kampf auf einer klaren programmatischen Linie von Erfolg gekrönt sein muß.

Beide Bedingungen beziehen sich also auf die kausale Dimension von Partei und gesellschaftlicher Wirklichkeit, d. h. auf einen Ursache-Wirkungs-Zusammenhang zwischen dem Einsatz von Parteiarbeit und dem gewünschten Ergebnis gesellschaftlicher Veränderungen.

Nur muß dieser Ursache-Wirkungs-Zusammenhang im ersten Fall – der konkreten Interessenpolitik – realiter vorhanden sein, weil seine Existenz von Zeit zur Zeit durch erfolgreich durchgeführte Maßnahmen unter Beweis gestellt werden muß, während er im zweiten Fall – der Gestaltung des zukünftigten Schicksals der Gesellschaft – nur im Glauben der Anhänger vorhanden sein muß, ohne real existieren zu müssen, weil – wie wir oben bereits feststellten – es keinen überprüfbaren Maßstab dafür gibt, ob eine konkrete Politik einem ideologisch ersehnten visionären Endziel entspricht oder nicht.

Gerade die Herstellbarkeit dieses Glaubens ist es, die große Gruppen als Basis für politische Massenparteien prädestiniert erscheinen läßt. Im Verein mit jenem relativ geringen Grad an gesellschaftlicher Komplexität, der eine tatsächliche Verbesserung der Lebenssituation großer Gruppen durch einfache politische Maßnahmen ermöglicht, bildet sie jene historischen Bedingungen, unter denene deren organisatorisches Korrelat, die politischen Massenparteien, entstehen. Die Massenparteien sind also, und das ist die letzte Conclusio dieses Kapitels, ein organisches Produkt der Zeit ihrer Gründung und dürfen daher keineswegs als zeitlose Erscheinungsform alles organisierten politischen Tuns betrachtet werden.

6. DIE SCHWIERIGKEITEN DER POLITIK ALS FOLGE DER WACHSENDEN KOMPLEXITÄT DER FORTSCHREITENDEN INDUSTRIEKULTUR

6.1. Der Ursprung des Problems der Politik

Wir haben gesehen, daß es den Massenparteien in der Phase ihres Aufschwunges gelungen ist, durch den Einsatz emotionaler Bindemittel und insbesondere der Ideologie Schicksalsgemeinschaften zu flechten, deren Mitglieder sich einem gesellschaftlichen Gestaltungsauftrag verpflichtet fühlten. Die Propagierung der Ideologie vermochte oft kurzfristige Interessenvorteile für eine gewisse Zeit in den Hintergrund zu drängen und die Stabilität der Partei in Perioden relativer Einflußlosigkeit zu sichern. Wir haben das die zweite Dimension der Massenpartei genannt.

Doch will die Partei nicht zu einem Zirkel intellektueller Vordenker herabsinken, muß sie die konkrete Verbesserung der Lebensgrundlagen in der tagespolitischen Arbeit stets im Auge behalten, was wir als erste Dimension der Massenpartei beschrieben haben[1]). Diese Dimension hat es also in sehr konkreter Form mit Bedürfnissen bzw. Interessenlagen von Menschen zu tun. Alles, was wir in Kapitel 4 über das Erkennen von Bedürfnissen und Interessenlagen gesagt haben, gehört zunächst hierher, ist aber gleichzeitig die Grundlage einer ideologischen Überhöhung in der zweiten Dimension der politischen Massenparteien: Die Notwendigkeit des Verstehens der gesellschaftlichen Wirkkräfte durch ihre Abbildung in einem gedanklichen Modell als die Grundlage des Erkennens von Interessenlagen und des politischen Befriedigens von Bedürfnissen; die Methode der klassifizierenden Aggregationen zur Konstruktion eines solchen Modells; die Klassifizierung von Gruppen als Grundelemente solcher Modelle und damit gleichzeitig als Konstituierung der Operationsebene, auf der die Politik die Interessen der Menschen befördert; die Tatsache, daß Politik im Dienste von Interessen immer Politik im Dienste bestimmter Gruppen ist; die einfache Struktur der gesellschaftichen Situation in der Epoche, in der sich die politischen Parteien zu formieren begannen; und schließlich der Umstand, daß es eine logische Entsprechung zwischen dieser einfachen Situation und der Notwendigkeit einfacher politischer Forderungen einerseits und einfach strukturierter politischer Organisationen andererseits gibt.

All das müssen wir während der Betrachtung jenes Problems mitdenken, dem wir uns in diesem Kapitel widmen wollen. Es geht dabei um eine Erfahrung, die die politischen Massenorganisationen im Zuge ihres Versuches der politischen Bedürfnisbefriedigung machen, nämlich, daß es ihnen nach einiger Zeit in zunehmendem Maße schwieriger und schließlich unmöglich wird, die Interessenlagen der Bürger mit Hilfe ihrer herkömmlichen Modelle zu erfassen.

In diesen Modellen, die den Massenparteien bei ihrer Gründung Pate gestanden haben und derer sich diese über Jahrzehnte hinweg unreflektiert bedient haben, standen die Ergebnisse einer groben klassifizierenden Aggregation einander in Gestalt einiger weniger großen Gruppen gegenüber. Doch im Laufe der Entwicklung der industriellen Zivilisation begann diese Klassifizierung der Menschen in einige Großgruppen die Fähigkeit, die Interessenlagen dieser Menschen zureichend abzubilden, einzubüßen. Und obwohl dieser Umstand den Massenparteien bis heute noch nicht bewußt ist, haben sie ihn zumindest intuitiv wahrgenommen und teilweise ebenso intuitiv darauf reagiert. Was aber sind die Ursachen dieser Entwicklung?

6.2. Was ist gesellschaftliche Komplexität?

Wir haben im vorigen Kapitel festgestellt, daß die gesellschaftliche Situation in der ersten Zeit nach dem Beginn der industriellen Revolution und damit auch noch während der Gründungsphase der Massenparteien einfach strukturiert war. Eine gesellschaftliche Situation – so haben wir weiter behauptet – ist einfach strukturiert, wenn sich der Lebenslauf und die Lebensumstände der Menschen durch die Angabe einiger weniger Elemente tendenziell vollständig beschreiben lassen. Wir müssen diese Definition nun für unsere Zwecke konkretisieren.

Wir können das nur, wenn wir uns in jener Sprache ausdrükken, in der wir das Modell und das Verfahren beschrieben haben auf deren Basis die Politik gesellschaftliche Kräfte und menschliche Interessenlagen zu erkennen hofft. D. h. wir müssen in die Definition, wonach eine gesellschaftliche Situation einfach strukturiert ist, wenn Lebenslauf und Lebensumstände der Menschen durch wenige Elemente explizit darstellbar sind, jene Begriffe einsetzen, mit denen die klassifizierende Aggregation, auf der die Politik fußt, operiert.

Auf diese Weise identifizieren wir die Elemente des gesellschaftlichen Systems mit den Gruppen, die durch die klassifizierende Aggregation entstanden sind, und die Beziehungen dieser Elemente mit den Kräften, die sich aus den unterschiedlichen bzw. gegensätzlichen Interessen der einander gegenüberstehenden Gruppen ergeben.

Allgemein wird die Komplexität der Struktur eines Systems üblicherweise als eine Eigenschaft definiert, die von der Zahl der Elemente, aber noch viel mehr von der Dichte[2]) und Vielgestaltigkeit[3]) der Beziehungen, welche zwischen den Elementen bestehen, abhängt[4]).

Angewandt auf unser Problem ist eine gesellschaftliche Situation dann von geringem Komplexitätsgrad, wenn eine einfache klassifizierende Aggregation, als deren Ergebnis sich einige wenige große Gruppen mit wenigen unterschiedlichen Beziehungen gegenüberstehen, diese gesellschaftliche Situation zureichend beschreibt[5]). Anders formuliert ist eine gesellschaftliche Situation dann einfach strukturiert, wenn mit ihrer Darstellung als einer Formation, deren Wirkkräfte mit den Interessen einer kleinen Zahl großer Gruppen ident sind, kein Informationsverlust bezüglich der Vielfalt tatsächlich bestehender individueller Interessenlagen verbunden ist.

Ein solcher Inforamtionsverlust ist dann nicht gegeben, wenn die Gruppen, die einander gegenüberstehen, völlig homogen sind. Von vollkommener Homogenität wollen wir dann sprechen, wenn es keine politische Maßnahme gibt, die bloß einigen Mitgliedern der Gruppe zugute kommt, andere aber schlechter stellt[6]).

Diese Formulierung beinhaltet nicht nur, daß eine Situation, die einfach strukturiert ist, nur wenige große Gruppen umfaßt, sondern auch, daß ein Mitglied der Gesellschaft nicht gleichzeitig Mitglied mehrerer Gruppen ist, die sich aus der Klassifizierung unterschiedlicher Interessen ergeben.

Wenn wir uns damit auf die individuelle Ebene, also auf die des handelnden Menschen begeben und eine allgemein gültige Form wählen, erhält der gesellschaftliche Komplexitätsbegriff eine neue, für unsere weiteren analytischen Zwecke sehr nützliche Bedeutung: Danach ist eine gesellschaftliche Situation dann einfach, wenn die Lebensumstände und die Interessenlagen einer Person von einer jener Gruppen, denen diese Person angehört, maßgeblich, d. h. mit einem großen Anteil, bestimmt wird. Umgekehrt ist eine Gesellschaft kompliziert strukturiert, wenn die Interessenlage einer Person in dieser Gesellschaft durch die Angehörigkeit zu jeweils einer der Gruppen, deren Mitglied sie ist, relativ gering beeinflußt wird, bzw. wenn die Interessenlage eines durchschnittlichen Mitgliedes der Gesellschaft sich aus vielen verschiedenen Interessen zusammensetzt, deren Unterscheidung zur gedanklichen Bildung ebenso vieler Gruppen Anlaß gibt oder geben kann.

6.3. Die einfache Struktur der frühen Industriegesellschaft und die Mehrheitsfähigkeit politischer Programme

Das Marx'sche Zweiklassenschema repräsentiert auf dieser Ebene die einfachste denkbare Gesellschaftsstruktur, da sich in ihm nur zwei große Gruppen – die der Besitzer und die der Nichtbesitzer an Kapitalgütern – gegenüberstehen, deren Mitglieder ihre Interessenlagen ausschließlich der Zugehörigkeit zu einer dieser beiden Gruppen verdanken. Wenn dieses Modell der Realität entspräche (wovon der marxistische Politiker ausgeht), wäre es in der Tat sehr einfach, politische Maßnahmen auszuwählen, welche die Interessen einer Gruppe so zu befördern in der Lage wären, daß damit die Bedürfnisse ihrer Mitglieder besser befriedigt werden[7]).

Die gesellschaftliche Wirklichkeit der ersten Jahrzehnte nach dem Beginn der industriellen Revolution war zwar bei weitem nicht so einfach, doch kann sie unter Berücksichtigung unserer soeben abgeleiteten Definition als gesellschaftliche Situation von relativ geringer Komplexität bezeichnet werden.

Zu Beginn des Zeitalters der Massenparteien war die Gruppe „der Arbeiter" tatsächlich relativ homogen. So z. B. waren viele Arbeiter von den oft schlechten Arbeitsbedingungen gleichermaßen betroffen und konnten durch politische Maßnahmen in diesem Bereich gleichermaßen bessergestellt werden. In dieser Situation ließen sich daher unschwer politische Forderungen formulieren, deren Verwirklichung allen Mitgliedern dieser großen, ungegliederten Gruppe erstrebenswert erschien.

Ebenso hatten etwa die Gewerbetreibenden massive gemeinsame Interessen, die allein schon darin begründet lagen, daß sie sich von den Forderungen der Arbeitnehmerschaft gleichermaßen bedroht fühlten. Auch aus ihrer Interessenlage ließ sich daher eine einheitliche politische Linie ableiten. Ähnliches galt für die Bauernschaft.

Die Verflechtung der jeweiligen Interessenlagen mit den Wirkungen der im Bereich der ideologischen Überhöhung der Interessen entstandenen sozialen und geistigen Bindungen sorgte für eine nicht unbeträchtliche – wenngleich natürlich zeitlich befristete – Stabilisierung der Großgruppen als soziale Bezugsfelder. „Bis weit ins zwanzigste Jahrhundert hinein, bis in die Zweite Republik, haben die in der zweiten Hälfte des neunzehnten Jahrhunderts entstandenen gesellschaftlichen Großgruppen, Bewußtseinsinhalte und Organisationsformen auf viele Bereiche des Lebens der meisten Menschen einen bestimmenden Einfluß ausgeübt"[8]).

Große Gruppen konnten sich daher zurecht in den Massenparteien repräsentiert sehen. Dies ist wichtig für einen wesentlichen Punkt, der in unseren Ausführungen bis jetzt noch nicht explizit vorgekommen ist, nämlich den der institutionalisierten Macht, die den Großparteien zukommt. Denn in einem Gemeinwesen, das demokratisch organisiert ist, müssen politische Pläne mehrheitsfähig[9]) sein, um eine Chance auf Verwirklichung zu haben. Und eine Mehrheitsfähigkeit der Programme von Massenparteien, die angeben, die Interessen großer Gruppen zu repräsentieren, ist – wie leicht einzusehen ist – dann vorhanden, wenn die Lebensinteressen einer großen Zahl von Menschen durch ihre Zugehörigkeit zu einer bestimmten Gruppe in hohem Maß bestimmt werden. Dieser Fall stimmt mit unserer Definition von einfach strukturierten gesellschaftlichen Situationen überein. Wir können daraus geradewegs schließen, daß die Mehrheitsfähigkeit einer Massenpartei unter den beschriebenen Bedingungen (eines einfachen Programmkatalogs und einer einfach organisierten Partei) nur in einer einfach strukturierten Gesellschaft gegeben ist. Doch eben diese einfache Struktur der Gesellschaft ist – wie wir bereits gesagt haben – eine Ausnahmeerscheinung der Geschichte. Sie verschwindet mit dem Fortschreiten der arbeitsteiligen Industriekultur.

6.4. Die Ursachen der progressiven gesellschaftlichen Komplexitätssteigerung

Wir müssen an dieser Stelle kurz zeigen, daß die Tendenz zu einer progressiven Steigerung gesellschaftlicher Komplexität bereits im Keim der gesellschaftlichen Situation zu Beginn der industriellen Revolution angelegt war, und wie dieser Prozeß voranschritt und voranschreitet. Wir haben in der Einleitung dieses Buches angemerkt, daß die zivilisierte Menschheit mit dem Beginn der Neuzeit der traditionsintegrierten Ordnung zu entwachsen begann, die in der industriellen Revolution weiter abgebaut wurde[10]). Statt daß weiterhin vorwiegend aus Gewohnheit gehandelt wurde, wurden (und werden auch heute noch in viel schnellerem Wechsel) langsam immer mehr Lebensbereiche einem bewußten Kalkül mit dem Ziel einer ständigen Verbesserung der Lebensbedingungen unterworfen. Die Handlungen der Menschen wurden dabei nicht mehr primär durch traditionale Beziehungsmuster aufeiander abgestimmt, sondern durch allgemeine, abstrakte Regeln des gerechten Verhaltens, unter deren Beachtung eine spontane, evolutionäre Ordnung entstehen konnte, die den Menschen jenen wirtschaftlichen Fortschritt erschloß, der für das industrielle Zeitalter charakteristisch ist[11]). Unabhängig von der Politik und unverhinderbar durch ihre Bemühungen, die Ergebnisse dieses Prozesses zu beeinflußen oder gar bestimmen zu wollen, nimmt das gesellschaftliche System erst langsam und dann immer schneller an Komplexität zu. Denn die Zahl der Beziehungen zwischen den Individuen ist in diesem Prozeß ständig im Wachsen begriffen, wobei die Richtung der Beziehungen keineswegs auf die Kontaktstellen zwischen den großen Gruppen beschränkt ist. Das hat eine Reihe von Ursachen, von denen wir hier nur die wichtigsten erwähnen können:

1.) Knappheitspreise und ausgedehnte Märkte
Ein sich etablierendes System von Knappheitspreisen und die Ausbreitung ausgedehnter Märkte auch in Bereichen, in denen früher Subsistenz- und Eigenbedarfsdeckungswirtschaft dominierten, ermöglicht eine Unzahl von (geschäftlichen) Beziehungen zwischen Konsumenten und Produzenten bzw. deren Vorlieferanten einerseits und zwischen Konsumenten und Arbeitnehmern andererseits, ohne daß diese einen persönlichen Kontakt besitzen oder auch nur von ihrer personalen Existenz wissen. Die abstrakten Preissignale enthalten – wie Hayek immer wieder betont – jene Informationen, die den Individuen sagen, was sie tun sollen, um anderen nützlich zu sein, die sie gar nicht kennen. Dementsprechend sind auch die Beziehungen zwischen diesen Individuen abstrakt, was ihre mögliche Anzahl praktisch unbegrenzt werden läßt.

2.) Technische Gegenstände mit Fernwirkung
Der Prozeß der evolutionären wirtschaftlich-gesellschaftlichen Entwicklung bringt eine große Zahl technischer Gegenstände – Maschinen, Werkzeuge, Verkehrsmittel etc. – hervor, die das industrielle Zeitalter maßgeblich mitprägen. In Gestalt dieser technischen Gegenstände bedienen sich die Menschen kumulierten technischen Wissens und Könnens, über das sie selbst – in Relation zum Gesamtwissen der Gesellschaft – in immer geringer werdendem Maß verfügen.
Diese Gegenstände potenzieren nicht nur die Handlungsmacht der Menschen in Hinsicht auf deren Ziele, sondern sie erweitern auch den Radius jener Handlungsfolgen, die für andere

Menschen von – oft negativer – Bedeutung sind. In vielen Fällen, in denen wir von Nebenwirkungen der Technik zu sprechen gewohnt sind, werden durch die Entstehung oder Vergrößerung von Handlungsfolgen durch technische Gegenstände Beziehungen zwischen Menschen errichtet, die ohne diese nicht existieren würden, und die in die Lebensinteressen zahlreicher zunächst nicht betroffen scheinender Personen eingreifen. Auch diese Beziehungen sind in vielen Fällen nichtpersönlicher Art[12]).

3.) Entstehung kompakter Ganzheiten

Die Folgen wirtschaftlicher und technischer Aktivitäten wirken in der Weise zusammen, daß sie kompakte Ganzheiten bilden, die den handelnden Individuen als Daten, d. h. als unbeeinflußbare Größen entgegentreten. Darunter fallen Marktdaten (wie Preise, angebotene Mengen, Warensortimente etc.) ebenso wie ökologische und soziale Probleme (Verkehrsstaus, Probleme des urbanen Wohnens, alle Beeinträchtigungen der natürlichen Umwelt usw.). Diese Resultate des spontanen Zusammenwirkens menschlicher Aktivitäten stellen für alle handelnden Individuen (Rand-) Bedingungen dar, wie dies etwa ebenso für physikalische, geographische und biologische Gegebenheiten gilt: Für den von A nach B fahrenden Kraftfahrer beispielsweise, der für diese Distanz plötzlich doppelt soviel Zeit benötigt als er es gewohnt ist, ist es gleichgültig, ob dies durch einen notwendigen Umweg als Folge eines Lawinenabganges oder eines Verkehrsstaus verursacht wurde.
In einer spontanen Ordnung reagieren die handelnden Individuen auf jede Veränderung ihrer Handlungsbedingungen mit Anpassungsmaßnahmen, die ihrerseits wieder zu Folgen für andere Individuen werden usw. Jeder Schritt in diesem Prozeß ist dabei mit dem Aufbau zahlreicher neuer Beziehungen verbunden, die den Komplexitätsgrad des gesellschaftlichen Gefüges weiter steigern.

Diese drei Faktoren tragen am maßgeblichsten dazu bei, das gesellschaftliche Beziehungsgeflecht rapide zu verdichten und damit die Komplexität des gesellschaftlichen Systems zu steigern. Einen vierten Punkt werden wir etwas später diskutieren.

6.5. Das Scheitern einfacher politischer Modelle

Wenn wir uns an das erinnern, was wir über die Methode der klassifizierenden Aggregation, die die Grundlage des Erkennens und Befriedigens von Bedürfnissen bzw. des Beförderns von Interessenlagen der Menschen durch die Politik darstellt, gesagt haben, können wir uns leicht vorstellen, was diese Potenzierung gesellschaftlicher Komplexität für die Massenparteien bedeutet.

Mit dem Zunehmen der Zahl der Beziehungen, die die Individuen besitzen, ohne daß diese Beziehungen mit Kontaktstellen der von der Politik betreuten großen Gruppen übereinstimmen, nimmt das Ausmaß ab, in dem die Lebensumstände und die Interessenlagen der Menschen durch Zugehörigkeit zu jener Gruppe, der sie durch die Politik zugezählt werden, tatsächlich bestimmt werden[13]). Im selben Ausmaß löst sich die Möglichkeit auf, den Wirkmechanismus der Gesellschaft durch ein einfaches Modell abzubilden, in welchem als das Ergebnis einer klassifizierenden Aggregation einige wenige große Gruppen einander gegenüberstehen. Mit dem Beibehalten einer einfachen klassifizierenden Aggregation ist somit ein eminenter Informationsverlust bezüglich der Vielfalt tatsächlich bestehender individueller Interessenlagen verbunden.

Damit schwindet die Fähigkeit der Politik, die auf diesem Modell der einfachen klassifizierenden Aggregation fußt, die Interessen zu befriedigen. Denn die zunehmende Inhomogenität der großen Gruppen macht es den Massenparteien unmöglich, politische Maßnahmen zu fordern oder durchzuführen, die einigen Mitgliedern der jeweils betreuten Gruppe zugute kommen, die aber nicht gleichzeitig andere Mitglieder derselben Gruppe schlechterstellen[14]). Die Identifikation der Menschen mit der Großgruppe, der sie zugerechnet werden, und damit mit der Massenpartei, die vorgibt, die Interessen dieser Großgruppe zu repräsentieren, ist dadurch massiv gefährdet.

Wollen die Massenparteien in der Phase der politischen Entwicklung, in der dieser Identifikationsverlust offenbar zu werden beginnt, nicht ihre Mehrheitsfähigkeit und damit ihre Macht einbüßen, müssen sie Strategien entwickeln, die ihre Rechtfertigung und Autorität vor dem Zerfall schützen. Wir werden uns im nächsten Kapitel mit einer Strategie beschäftigen, die sich auf die erste Dimension der politischen Massenparteien, also auf die Bezugnahme auf eine konkrete Verbesserung der Lebenslage der Menschen, bezieht. Strategien zur Unterlaufung des Identifikationsverlustes, die sich auf die zweite Dimension der politischen Massenpartei beziehen, also auf den Versuch, die Ebene dürrer Interessensvorteile durch die Errichtung ideologisch verfestigter Schicksalsgemeinschaften zu überhöhen, wollen wir im darauffolgenden Kapitel behandeln.

7. EINE ANTWORT DER MASSENPARTEIEN: STRATEGIEN ZUR AUFRECHTERHALTUNG IHRER MACHT, DIE IN DER ERSTEN DIMENSION DER MASSENPARTEI ANGESIEDELT SIND

7.1. Die Erweiterung der klassifizierenden Aggregation

Die Strategie, auf die wir uns in diesem Kapitel konzentrieren wollen, scheint die logischeste Reaktion der Massenparteien auf die Vermehrung gesellschaftlicher Komplexität zu sein: Wenn die Modelle großer Gruppen zunehmend ungeeigneter werden, die Interessenlagen einer umfassenden Zahl von Menschen adäquat abzubilden und – was nur eine umgekehrte Darstellung desselben Umstandes ist – die Lebensinteressen der Menschen sich in einem kleiner werdenden Ausmaß durch ihre Zugehörigkeit zu einer großen Gruppe beschreiben lassen, weil sich diese Lebensinteressen aus einer Gesamtheit vielgestaltiger Beziehungen ergeben, scheint es nahezuliegen, eine größere Zahl kleinerer Gruppen anzunehmen, die sich mit den tatsächlichen Interessenlagen in höherem Maße decken[1]).
Da „das größte Glück der größten Zahl" nach wie vor von der Politik nur dann befördert und die Bedürfnisse der Menschen nur dann auf politischem Wege befriedigt werden können, wenn die Interessenlagen der Menschen mit den Interessenlagen einer überschaubaren Zahl von Gruppen identifiziert werden können, bietet es sich an, das bewährte Verfahren der klassifizierenden Aggregationen auszuweiten, um die Konsequenzen des Auseinanderbruches der bisherigen Formation zu umgehen. Tatsächlich haben die politischen Massenparteien diese Strategie – wie immer in unreflektierter Weise – beschritten, ohne allerdings je die Idee der großen Gruppen und deren Betreuung und Repräsentanz aufzugeben.

Parallel zur ritenhaft gewordenen Betreuung fiktiver Großgruppen haben die Parteien also eine große Zahl von Gruppen intuitiv konstruiert oder sich entsprechender Gruppenkonstruktionen, wie sie von manchen Sozialwissenschaften vorgenommen wurden, bedient. Dies geschieht, indem einerseits alte Großgruppen in Untergruppen zerlegt werden, von deren Interessenlagen man mehr Homogenität erwartet, und andererseits, indem nach völlig neuen Gesichtspunkten Gruppen konstruiert werden, deren Existenz dann einfach behauptet wird.

7.2. Erste Variante: Die Zerlegung alter Großgruppen und die Diversifizierung politischer Programme

Im ersten Fall, der Spaltung ehemals hochgradig homogener Großgruppen in ihre Teilmengen, wird am alten Klassifikationskriterium bei der Aggregierung von Individuen zu Gruppen grundsätzlich festgehalten und nur ein zusätzliches, engeres Kriterium eingeführt: Facharbeiter, Schichtarbeiter, Arbeiter in dieser oder jener Branche, im öffentlichen Dienst oder im Privatsektor usw. seien zwar in erster Linie Mitglieder der Arbeiterklasse und dieser in ihren elementaren Lebensinteressen verbunden, sie hätten aber noch jeweils darüber hinausgehende Interessen gegenüber anderen Großgruppen (etwa im Marx-Jargon: gegenüber der Kapitalistenklasse), deren Beförderung oder Mißachtung für die anderen Teilgruppen der alten Gruppen irrelevant seien. Völlig analoge Überlegungen gelten etwa für die Aggregation von Unternehmern, deren Tätigkeitsschwerpunkte im Produktionsbereich, im Handel, im Verkehr, im Export usw. liegen, oder Landwirtschaftsbetriebe unterschiedlicher Größe und Lage.
Im zweiten Fall wird das Vorhandensein scheinbar logischer Unterteilungsmerkmale oder das Auftauchen bestimmter Eigenschaftstypen zum Anlaß genommen, eine Interessensidentität aller jeweiligen Merkmals- bzw. Eigenschaftsträger anzunehmen und diese zu eigenen Gruppen zusammenzufassen. Auf diese Weise entstehen „die Jugend“, „die Senioren“, „die

Frauen", aber auch – viel spezifischer – „die Sportler", „die Kunstinteressierten" etc. Sonderkriterien veranlassen auch hier zu weiteren Unterteilungen, sodaß die „Jugend" etwa aus den „Schülern", „den Lehrlingen", „den Hochschülern" usw. besteht.

Zweck und Tendenz einer solchen Verfahrensweise sind klar: Durch die politische Erfassung von Formationen, deren Mitglieder einen höheren Identifikationsgrad mit der zu bezeichnenden (und damit zu konstruierenden) Gruppe aufzuweisen versprechen als mit einer der „alten" Großgruppe hoffen die Massenparteien, Interessenlagen wieder besser erkennen und Bedürfnisse besser befriedigen zu können[2]). Solcherart versuchen die Massenparteien, die Spannweite ihrer Basis durch eine „Diversifizierung" ihrer Programme zu erhalten. Auf diese Weise gibt es „Jugendpolitik", „Frauenpolitik", „Hochschülerpolitik", „Seniorenpolitik", aber auch: „Handelsangestelltenpolitik", „Verkehrsbedienstetenpolitik", „Schichtarbeiterpolitik" usw.

Der Prozeß einer derartigen Diversifizierung der politischen Programme ist auch heute noch im Gang und stellt ein wesentliches Element der Entwicklung politischer Massenparteien dar[3]). Aber die Verfehlung der damit angestrebten Ziele ist bereits im Wesen dieser Diversifizierung angelegt. Mit dem Mißlingen dieses Versuches, die Beförderung der Interessen der Menschen auch unter komplexer werdenden Bedingungen auf der politischen Ebene fortzusetzen, ist ein maßgeblicher Teil des Scheiterns unserer heutigen Politik verbunden.

Das Mißlingen dieses Versuches betrifft notwendigerweise beide Spielarten dieser Diversifizierung.

7.3. Das Mißlingen der programmatischen Diversifizierung im Fall der Zerlegung alter Großgruppen

Im ersten Fall, in dem „alte" Großgruppen in Teilgruppen zerlegt werden, deren Homogenitätsgrad als höher eingeschätzt wird als jener der übergreifenden Formationen, mißlingt dieser Versuch, weil die Prämisse ganz und gar falsch ist, daß die neu

entstehenden Untergruppen nur solche spezifische, untereinander unterschiedliche Interessen haben, die einander nicht berühren, im übrigen aber durch ein massives Interesse weiterhin in der „alten" Großgruppe integriert sind, aus der sie hervorgehen. So läßt sich unschwer zeigen, daß etwa die Arbeiter einer privatwirtschaftlich dominierten Branche völlig andere Interessen haben als diejenigen einer Branche, die zu einem überwiegenden Teil verstaatlicht ist[4]). Dementsprechend haben einschlägige – etwa verstaatlichtenpolitische – Maßnahmen völlig verschiedene Wirkungen auf diese Interessen bzw. wird ein dieselbe Maßnahme die eine Gruppe besser stellen während sie die andere schlechter stellt. Ein weiterer Fall gegensätzlicher Arbeitnehmerinteressen tritt auf, wenn die Verwirklichung der Forderung nach Arbeitszeitverkürzung unter bestimmten Bedingungen zu einer Erhöhung der Arbeitslosigkeit führt[5]).
Ein weiteres, besonders klassisches Beispiel stellen etwa die gegensätzlichen Interessen von „Gastarbeitern" und „einheimischen" Arbeitern dar, die durch eine Vielzahl von politischen Maßnahmen unterschiedlich behandelt, d. h. befördert bzw. behindert werden können.
Genauso verhält es sich mit den unterschiedlichen Interessen verschiedener Unternehmer. Maßnahmen der Geld- oder Währungspolitik werden auf Exportbetriebe völlig gegenteilige Wirkungen ausüben als etwa auf Produktionsbetriebe, die einen großen Teil ihrer Vorleistungen im Ausland beziehen. Ebenso werden beispielsweise konjunkturpolitische Maßnahmen zu völlig unterschiedlichen Konsequenzen für verschiedene Unternehmungen führen, etwa je nach ihrer Stellung im Stufenbau des Produktionsprozesses, d. h. je nach dem, ob sie Produkte herstellen, die dem Endkonsum schon sehr nahe sind oder solche die – etwa in Form eines Investitionsgutes – in die Herstellung eines Konsumgutes eingehen und daher konsumferner sind[6]).

Alles, was in der wirtschaftspolitischen Literatur als „magisches Vieleck"[7]) firmiert, ist im Grunde nichts anderes als eine simplifizierte Darstellung komplexer Interessensgegensätze, d. h. der Versuch einer Reduktion zahlloser Ziel-Mittel-Kombinationen auf einige wenige und überschaubare gesamtwirtschaft-

liche Zieldimensionen, deren Elemente vom Wirtschaftspolitiker irgendwie optimiert werden sollen.
Die Zahl der Beispiele, die die Existenz massiv kontroversieller Interessen von verschiedenen Untergruppen innerhalb ein und derselben alten Großgruppe illustrieren, ist schier unbegrenzt. Sie alle zeigen eindrucksvoll, daß es weitgehend keine teilgruppenspezifische Politik gibt und geben kann, die eine Untergruppe besserstellt, allen anderen gegenüber aber neutrale Ergebnisse zeitigt.
Noch deutlicher wird die Unmöglichkeit einer solchen Politik, wenn man sich vor Augen führt, daß auch die scheinbar homogenste Teilgruppe nur eine Dimension der Interessenlage der Menschen in der komplexer werdenden Industriekultur umfaßt. Diese Dimension bezieht sich immer nur auf je ein Handlungsfeld, während alle anderen aber unberücksichtigt gelassen werden. Denn auch bei der Teilgruppenbildung wird vernachlässigt, daß beispielsweise der Facharbeiter gleichzeitig Konsument, Verkehrsteilnehmer usw. ist, daß also auch jene Gruppe, deren Umfang kleiner gewählt wird als derjenige der alten Großgruppen, die Lebensinteressen ihrer Mitglieder nur zu einem immer kleiner werdenden Anteil bestimmt bzw. definiert. Dieses Faktum hat eminente Rückwirkungen auf die von uns oben genannten Prämisse jener Teilgruppenbildung, wie wir sie hier behandeln, auf jene Prämisse nämlich, wonach die Sonderinteressen der Teilgrupppen einer Großgruppe untereinander nicht konfligieren. Denn die Einflüsse, die von den nicht durch die jeweilige Teilgruppe definierten Interessen ausgehen, können maßgebliche Auswirkungen auf die Interessensbeziehungen zwischen den einzelnen Teilgruppen haben.

7.4. Die völlige Auflösung der Großgruppen

Die Ausbildung solcher Konstellationen ist im Grunde einer völligen Auflösung der ohnedies nur mehr fiktiven Großgruppen gleichzusetzen. Sie ist die Verwirklichung einer Horrorvision des biederen Großgruppenpolitikers, dessen Existenzgrundlage damit untergraben wird. Wir wollen hier nur ein Beispiel anführen, das die Ausweglosigkeit derartiger Konstel-

lationen für den betreffenden Politiker besonders hervortreten läßt: Für den orthodoxen Arbeitnehmervertreter stellt die Liberalisierung der Ladenschlußzeiten ein unüberwindliches Problem dar. Während es für Arbeiter und Büroangestellte etc. ein klarer Vorteil ist, auch nach Dienstschluß und am Wochenende in aller Ruhe Besorgungen machen zu können, vermeint der Arbeitnehmervertreter, Interessen der im Verkauf tätigen Einzelhandelsangestellten feststellen zu können, die für eine restriktive Ladenschlußgesetzgebung zu sprechen scheinen.
Will der Arbeitnehmervertreter keine schizoiden Denkstrukturen ausbilden oder an der Unverständlichkeit der immer komplizierter werdenden Gesellschaftsstrukturen verzweifeln, muß er die aus einer bestimmten Regelung sich ergebenden Vor- und Nachteile irgendwie willkürlich gewichten, oder – was ihn psychisch besonders wirksam entlastet – die auftretenden Interessensgegensätze auf ideologisch motivierte Weise für inexistent erklären und damit subjektiv zum Verschwinden bringen.
Wir werden uns dem Versuch einer ideologischen Entschärfung aller in diesem Kapitel diskutierten Probleme, also einer Strategie in der zweiten Dimension der Massenpartei, im übernächsten Kapitel eingehender widmen.

7.5. Die Folgen der Großgruppenauflösung

An dieser Stelle ist für uns wichtig, welche Konsequenzen aus dem immer offensichtlicher und immer endgültiger werdenden Zerfall der – weiterhin fiktiv angenommenen – Großgruppen für die Mehrheitsfähigkeit d. h. für die institutionelle politische Macht der Massenparteien resultiert. Zunächst einmal ist klar, daß die „automatische" Mehrheitsfähigkeit der Massenparteien und ihrer Programme durch die Betreuung einiger weniger großer Gruppen ein für allemal der Vergangenheit angehört. Denn die naheliegende Hoffnung, daß die Mehrheitsfähigkeit erhalten bleibt, wenn die Interessen einer genügend große Zahl „neuer" kleiner Gruppen forciert werden, sodaß sich deren politisches Gewicht mit demjenigen der wenigen alten Großgruppen deckt, muß von vornherein ins Leere gehen. Dies deshalb, weil die häufig divergierenden und konfligierenden Interessen der einzelnen (Klein-) Gruppen ein politisches Programm unmöglich machen, das alle Gruppen ausschließlich besserstellt, indem die einzelnen Maßnahmen jeweils für eine Gruppe vorteilhaft, für alle anderen aber neutral sind[8]). Der Versuch, die Interessen der Menschen auch unter komplexer werdenden Bedingungen auf der politischen Ebene mit dem Einsatz der ersten Variante der in diesem Kapitel beschriebenen Strategie fortzusetzen, ist also grundsätzlich gescheitert.

7.6. Eine „Hilfsstrategie" der Massenparteien: Zweckkoalitionen und Gefälligkeitsdemokratie

Um den Folgen eines völligen Zusammenbruches ihrer Autorität zu entgehen bzw. diesen hinauszuschieben, haben die politischen Massenparteien eine Hilfsstrategie entwickelt, deren Auswirkungen die politische Kultur der Gegenwart maßgeblich mitprägen. Ausgehend von der Unmöglichkeit, Programme zu entwickeln, die einer hinreichend großer Gruppe von Wahlberechtigten Vorteile bieten, ohne einigen ihrer Mitglieder Nachteile aufzuhalsen, sind die Massenparteien dazu übergegangen, sich für Vorteilskoalitionen zur Verfügung zu stellen, bei denen für die Mitglieder eines angesprochenen Wählerpotentials die Summe aller Vorteile die Summe aller Nachteile überwiegen soll, die sich aus dem Einfluß und den Maßnahmen der jeweiligen Massenpartei ergibt[9]).
Allerdings ist die Kontrolle über dieses Verfahren dem planenden Willen der Parteien von Anfang an entglitten, weswegen es nur sehr bedingt statthaft ist, von einer „Strategie" bzw. „Hilfstrategie" zu sprechen. Viel eher handelt es sich um ein reaktives Verhalten der Parteien, die sich gezwungen sehen, schrittweise jede Forderung zu unterstützen bzw. zu erfüllen, die dem Sonderinteresse einer Gruppe entspricht, deren Unterstützung sich die Massenpartei auch für die Zukunft versichern will. Denn tatsächlich ist dieser Vorgang nicht die Verwirklichung eines stehenden Maßnahmekataloges, der von der Mehrheit positiv beurteilt wird, weil der Wert seiner Vorteile für alle den

der Nachteile überwiegt, sondern die sukzessive Befriedigung aktueller und neu entstehender Sonderwünsche von Teilgruppen, die dieses Verfahren nur attraktiv finden, solange sie den Eindruck haben, von seiner Dynamik überwiegend zu profitieren. Auf die Gewährung von Sonderbegünstigungen für eine Teilgruppe reagieren alle anderen unter Hinweis auf die Notwendigkeit „sozialen Ausgleichs“ mit eigenen Forderungen, die wiederum neue Forderungen hervorrufen usw.

Auch dieser, als Gefälligkeitsdemokratie bekannt gewordene Prozeß wurde von Friedrich A. von Hayek analysiert und auf seine Folgen untersucht[10]). In einem quasievolutionären Prozeß passen sich die einzelnen Gruppen an die Erfordernisse der Vergabe von politischen Mitteln zur Beförderung von Sonderinteressen durch eigene Forderungen an und tragen damit zur progressiven Beschleunigung der Ausweitung der Omnikompetenz der Politik bei[11]). Die Verfassungswirklichkeit ermöglicht es den politischen Massenparteien, allen Wünschen zu entsprchen, und die Notwendigkeit der Mehrheitsfähigkeit zwingt sie dazu, dies auch tatsächlich zu tun[12]). Die Folge davon ist, daß der Bereich des politischen Einflusses auf alle Lebensebenen ausgedehnt[13]) wird, und zwar in der Weise, daß nicht nur bestehende Belange der universell werdenden politischen Macht unterworfen werden, sondern auch, daß ständig neue Bereiche der gesellschaftlichen Wirklichkcit geschaffen werden, die von vornherein der politischen Allmacht einverleibt sind. Diese Unterwerfung einer immer größer werdenden Zahl von Lebensbereichen und Entscheidungen unter den totalitär werdenden Einfluß der Politik, die nur scheinbar im Interesse und durch den Willen der Wählermehrheit durchgeführt wird, nennt Hayek bezeichnenderweise „Demokratur“[14]).

Dies alles ist ein notwendiges Resultat einer Politik, mit der unter dem Leitspruch des „größten Glücks der größten Zahl“ die Befriedigung der Bedürfnisse der Menschen zum Gegenstand der Politik erklärt wurden, und die sich unter komplexer werdenden gesellschaftlichen Bedingungen zu einer besonderen Erfassung und Betreuung von Teilgruppen veranlaßt sieht, die das Ergebnis einer Zersplitterung ehemals homogener Großgruppen sind[15]).

Wir wollen uns einigen der Konsequenzen des Zusammenspieles von repräsentativ-demokratischen Verfassungsstrukturen, Sonderinteressen von Teilgruppen und dem Drang von Massenparteien nach Mehrheitsfähigkeit in späteren Kapiteln widmen.

7.7. Die Konsequenz der Hilfstrategie: politisch verursachte Komplexitätssteigerung

Für das Problem dieses Kapitels ist eine Konsequenz von besonderer Bedeutung, nämlich die massive Zunahme von gesellschaftlichen Beziehungen, die in diesem Wildwuchs der Ausweitung der politischen Macht entstehen. Mit praktisch jeder politischen Befriedigung eines Sonderinteresses und jeder weiteren Forderung einer Teilgruppe wird in die Interessenlage zahlloser, scheinbar nicht betroffenen Individuen eingegriffen, wodurch wieder zahlreiche Beziehungen zwischen Menschen errichtet werden, die einander meist nicht kennen. Zu ebensolchen Beziehungsgeflechten kommt es, wenn Individuen auf die politische Befriedigung fremder Sonderinteressen reagieren und sich den neuen (Rand-) Bedingungen offensiv anzupassen versuchen.

In all diesen Fällen überlagern neu entstehende Beziehungsgeflechte die bestehenden Beziehungsgeflechte, die in der spontanen Ordnung als Folge signalgeleiteter wirtschaftlicher und technischer Handlungen und den Reaktionen darauf entstanden sind, und verbinden sich mit diesen zu einem dichten und kompakten gesellschaftlichen Gebilde.

In den Fällen, in denen die politische Befriedigung von Sonderinteressen einzelner Teilgruppen – wie beschrieben – zu einer Vergrößerung der Zahl der Beziehungen in unserem gesellschaftlichen Gefüge führt, liegt damit eine weitere wichtige Ursache für die Erhöhung des Komplexitätsgrades unserer Gesellschaft vor.

Dieser Umstand ist aber für die Beurteilung der Strategie bzw. des Reaktionsmusters der Massenpartei, relativ homogene Teilgruppen zu erfassen und ihre Sonderinteressen zu befördern, um die Mehrheitsfähigkeit zu erhalten, höchst wichtig. Denn er sagt nichts anderes, als daß der Versuch der politischen Massenparteien, den Konsequenzen der wachsenden gesellschaftlichen Komplexität durch eine Errichtung teilgruppenspezifischer, differenzierter Zweckkoalitionen zu entgehen, selbst ständig neue Beziehungen schafft und den Komplexitätsgrad der Gesellschaft massiv erhöht. Jede Maßnahme, mit der die Massenpartei die gesellschaftliche Komplexität durch die Betreuung einer überschaubaren Zahl von Teilgruppen auf ein für sie beherrschbares Maß herabzudrücken versucht, bringt so neue Komplexität hervor. Das bedeutet, daß der Homogenitätsgrad der Teilgruppe sinkt bzw. , daß das Ausmaß, in dem die Interessenlage der Angehörigen einer solchen Gruppe durch ihre Zugehörigkeit zu dieser Gruppe bestimmt ist, geringer wird, obwohl diese bereits viel enger definiert ist, als die „alte" Großgruppe, aus deren Zerfall sie hervorgegangen ist. Dies wiederum hat zur Folge, daß die Zahl der Gruppen, die erfaßt werden muß, ohne daß innerhalb der Gruppen Interessenskonflikte bestehen, größer werden muß, ebenso wie die Zahl der Sonderinteressen, die es dann zu befördern gilt.

7.8. Die Beschleunigung der Komplexitätsspirale

Jeder Schritt in diesem Prozeß ist also ein Beitrag zur Beschleunigung der „Komplexitätsspirale". Mit jedem Versuch, den die Massenparteien zur Erhaltung ihrer Mehrheitsfähigkeit unternehmen, tragen sie bei, jeden weiteren Versuch, in der Komplexitätsspirale bestehen zu können, schwieriger zu gestalten. Sie sorgen damit zwar dafür, den Omnikompetenzanspruch und den Omnipotenzanspruch der Politik als Ganzes zu verfestigen. Doch entfernen sich die Massenparteien mit jedem Beitrag, der ein weiteres Element des sozialen Gefüges zum Gegenstand der Politik werden läßt, von ihrem Ziel, selbst gestaltende Kraft der gesellschaftlichen Entwicklung zu sein.
Dieser scheinbar höchst paradoxe Zusammenhang wird uns noch in späteren Kapiteln beschäftigen.
Überlegen wir, was der dargestellte Zusammenhang für die Mehrheitsfähigkeit von Parteien bedeutet. Dazu müssen wir auf qualitative Weise kalkulieren, unter welchen Bedingungen

die Wahl einer bestimmten Partei für einen beliebigen Bürger attraktiv bzw. erstrebenswert erscheint[16]). Die Erstellung eines gedanklich einwandfreien Modells zur Erfassung des Nutzwertes, der für einen Bürger in Zusammenhang mit der Tätigkeit einer politischen Partei entsteht, würde zeigen, daß der Anreiz, überhaupt eine politische Partei zu wählen bzw. zu unterstützen, mit der Vermehrung der von der Politik beförderten Sonderinteressen sinkt und schießlich zu verschwinden droht[17]).
Die erste Variante der von uns in diesem Kapitel behandelten Strategie, die gezielte Betreuung von durch die Zerlegung ehemals relativ homogener Großgruppen entstandenen Teilgruppen ist also zum Scheitern verurteilt, weil sie zum Scheitern der modernen Politik überhaupt beiträgt.

7.9. Zweite Variante: Die Konstruktion neuer Gruppen und die Diversifizierung politischer Programme

Wie sieht es nun mit der zweiten Variante der Erweiterung der klassifizierenden Aggregation aus, mit jener Strategie nämlich, in der eine Vermehrung der spezifisch zu betreuenden Gruppen durch die Einführung neuer Gesichtspunkte vorgenommen wird, die in der herkömmlichen, an den alten Großgruppen orientierten Politik der Massenparteien keine Rolle gespielt haben?
Auch hier handelt es sich um ein Verfahren zur Bezeichnung einer überschaubaren Zahl von Gruppen, deren Mitglieder dieselben Interessenlagen haben sollen und die damit auf dieselbe Weise befördert werden können. D. h., daß die Massenparteien auch mit diesem Verfahren versuchen, die Gesellschaft auf eine solche Weise zu betrachten, mit welcher der Informationsverlust bezüglich der tatsächlichen Interessenlagen der Menschen für sie minimiert wird.
Im Unterschied zu der ersten Variante dieser Strategie werden hier jedoch Merkmale herangezogen, die nicht der funktionalen Rolle der jeweiligen Gruppe im Prozeß der wirtschaftlichen Wertschöpfung entsprechen. Bei diesen Merkmalen handelt es sich um solche, deren Eignung als

Konstruktionskriterium politisch zu betreuender Gruppen praktisch von niemandem angezweifelt wird: Demoskopische, biologische und statistische Merkmale scheinen häufig dermaßen evidente und politisch relevante Unterschiede zwischen den Individuen zu bezeichnen, daß ihre Verwendung als Klassifikationskriterium, d. h. als Merkmal, das die Annahme einer Gruppe rechtfertigt, wie eine Selbstverständlichkeit anmutet.

Wer zweifelt an der Existenz der Gruppe „der Jugend", „der Frauen", „der Senioren" oder der – auf spezifischeren Kriterien beruhenden – Gruppen „der Wohnungsmieter", „der Kulturkonsumenten", „der Sportler" usw.?

All diese Gruppen beziehen sich offensichtlich auf Eigenschaften, die bestimmte Individuen eindeutig von anderen unterscheiden. Unter Verwendung dieser Eigenschaften „Alter", „Geschlecht", „Art der bewohnten Unterkunft", „Art der Freizeitgestaltung" etc. werden also Gruppen konstruiert, die sich für eine angemessene Beschreibung der sozialen Wirklichkeit zu eignen scheinen. Es ist daher nicht erstaunlich, daß sich die Massenparteien bei ihrem Bestreben, die Komplexität der Gesellschaft auf ein handhabbares Maß zu reduzieren bzw. für ihre Zwecke zu begrenzen, an Gruppen dieser Art halten und deren Interessen zu befördern wünschen, um ihre Mehrheitsfähigkeit abzusichern. Entsprechend diesem Wunsch erfolgt eine „Diversifizierung" ihrer Programme[18]), d. h. eine Abstimmung ihrer Forderungen auf die charakteristischen Eigenschaften der jeweils zu betreuenden Gruppe. Auf diese Weise entsteht „Jugendpolitik", „Frauenpolitik", „Mieterpolitik" etc.

7.10. Die Anforderungen der klassifizierenden Aggregation an die Diversifizierung der Programme

Aber auch diese Spielart der gegenständlichen Strategie zur Komplexitätsreduktion ist zum Scheitern verurteilt. Und auch hier liegt das Scheitern bereits im Verfahren selbst begründet, nämlich ebenfalls in der Unrichtigkeit einer unausgesprochenen Voraussetzung des gegenständlichen Verfahrens. Diese Voraussetzung besteht darin, daß angenommen wird, daß jede politische Maßnahme, die geeignet ist, die Mitglieder einer Gruppe hinsichtlich ihres als gemeinsam angenommenen Interesses zu befördern, kein Mitglied derselben Gruppe schlechterstellen darf. Ohne das Zutreffen dieser Voraussetzung ist das Ansinnen, Gruppen gesondert auf gezielte Weise zu betreuen und die Bedürfnisse ihrer Mitglieder auf politischem Wege befriedigen zu wollen, ganz und gar sinnlos.

Tatsächlich aber existiert diese Voraussetzung im Fall der hier diskutierten Strategievariante nicht, weil die angenommene Interessenshomogenität der hier in Frage stehenden Gruppen nicht vorliegt. Um ihr Nichtzutreffen im Fall der hier zu besprechenden Gruppentypen herauszuarbeiten, wollen wir uns kurz an das Wesen jener Methode erinnern, die wir als unabdingbares Mittel zur Erkenntnis und politischen Befriedigung von Bedürfnissen beschrieben und als „klassifizierenden Aggregation" bezeichnet haben.

Die klassifizierenden Aggregation ist nicht eine bloße Klassifikation von Menschen anhand eines beliebigen Einteilungskriteriums. Sie ist vielmehr das Ergebnis einer Anstrengung, die Gesellschaft durch eine geistige Rekonstruktion erklären zu wollen, und zwar in der Weise, daß von bestimmten typischen Situationen, in denen sich die Menschen befinden, auf Interessenlagen geschlossen wird. Bei diesen Situationen handelt es sich um Bedingungen, unter denen die Menschen Bedürfnissse befriedigen. Diese Bedingungen definieren – wenn sie hinlänglich bestimmt sind – die Interessenlagen, welche die durch diese Einteilung entstehenden Gruppen voneinander unterscheiden und einander gegenüberstehen. Die Interessenlagen der Gruppen sind daher nicht nur das Ergebnis eines Schlusses aus den Merkmalen typischer Situationen, sondern auch der kollektive Beweggrund dieser Gruppen. Die Gruppen und ihre Interessenlagen sind damit auch die elementaren Bauteile der Gesellschaft und der sie bewegenden Kräfte.

In der Methode der klassifizierenden Aggregation trifft also die Frage nach dem Erkennen von Bedürfnissen mit derjenigen nach dem Verstehen gesellschaftlicher Wirkkräfte zusammen. Ein Erkennen von Bedürfnissen bzw. Interessenlagen, die diese überlagern, ist ohne ein Modell der Gesellschaft nicht möglich.

Bedürfnisse auf politischem Wege befriedigen zu wollen, setzt voraus, die Regelmäßigkeiten der gesellschaftlichen Dynamik modellhaft abbilden zu können, und dies bedeutet, Kriterien zur Unterscheidung jener typischen allgemeinen Situationen angeben zu können, in denen sich die Angehörigen jener Gruppen, die die Bausteine des Modells sind, befinden.
Die großen Gruppen, mit denen die politischen Massenparteien in der ersten Phase ihres Bestehens operierten, haben dieser Notwendigkeit einer Deckung von Interessenlagen und bestimmenden Gesellschaftskräften zumindest theoretisch entsprochen, und ihre Konzeption vermochte – jedenfalls in einer einfach strukturierten Gesellschaft – zur Fiktion einer überschaubaren und handhabbaren Gesellschaftsentwicklung beizutragen.

7.11. Das Mißlingen der programmatischen Diversifizierung im Fall der Konstruktion neuer Gruppen

Eben dieses Zusammentreffen von Interessenlagen und bewegenden Kräften repräsentieren jene Gruppen, mit denen es die hier diskutierte Strategie zu tun hat, nicht , und dies keineswegs nur deswegen, weil sie kleiner sind als jene großen Gruppen, die bei der Gründung der Massenparteien Pate gestanden haben. Die hier diskutierten Gruppen verdanken ihre gesonderte Erfassung vielmehr solchen Merkmalen, die keineswegs eine Unterscheidung zwischen typischen Situationen in unserem Sinn, d. h. zwischen politisch relevanten Bedingungen, unter denen Menschen ihre Bedürfnisse befriedigen , zu treffen in der Lage sind.
Diese gemeinsamen Merkmale bestimmter Menschen sagen daher so gut wie nichts über die Lebensinteressen der Menschen aus, die zu unterscheiden sie herangezogen werden. Sie sind daher nicht – wie es die Merkmale im „klassischen Fall" der klassifizierenden Aggregationen sind – die kollektiven Beweggründe der Gruppen, die sie von anderen Gruppen unterscheiden. Deshalb formieren sie auch kein Aggregat in unse-

rem Sinn, also keine Formation von Menschen, die als solche irgendeinen Beitrag zur gesellschaftlichen Bewegung liefert.
Die Merkmale, um die es hier geht, beziehen sich auf biologische, demoskopische, medizinische etc. Tatsachen. Merkmale aber, die zur Klassifizierung biologischer, domoskopischer etc. Tatsachen herangezogen werden, bringen nichts mehr als eine statistische Menge[19]) hervor, die nur durch einen sehr weiten Gebrauch des Begriffes als „Gruppen" bezeichnet werden können. Diesen statistischen Mengen entspricht in der sozialen Wirklichkeit nichts, ja man kann in diesem Sinne getrost sagen, sie existieren nicht.

7.12. Ein Beispiel für das Mißlingen dieser Strategie: „die Jugend"

„Die Jugend" gibt es nicht. Sie existiert nicht im Sinne einer sozialen Erscheinung. Sie ist keine Gruppe, deren Mitglieder durch eine gemeinsame Interessenlage verbunden sind und die dadurch irgendeinen signifikanten Grad von Homogenität aufweist. Sie ist nichts mehr als eine Menge von Menschen, die zufällig miteinander verglichen werden, weil eine willkürlich gewählte Altersschranke das so bestimmt[20]). Sie ist nichts weniger als ein in der gesellschaftsrelevanten Bewegung eindeutig gerichtetes Aggregat, in dem die Interessen, welche die Bedürfnisse überlagern, mit den wirkmächtigen Beiträgen im Kräftespiel der Gesellschaft zur Deckung kommen[21]).
Außer dem Merkmal „Alter" und den daraus folgenden biologischen Selbstverständlichkeiten gibt es tatsächlich keine einzige Eigenschaft, die allen Mitgliedern dieser statistischen Menge zukommt. Diese Aussage stimmt auch dann zur Gänze, wenn man die Erfordernisse einer bestimmten Phase der Sozialisierung in Betracht zieht, in der sich alle „Jugendlichen" zweifellos befinden. Denn auch diese Erfordernisse werden auf die vielfältigste Weise erfüllt, sodaß auch daraus keine gemeinsame Interessenlage abgeleitet werden kann[22]).
Es gibt deshalb keinen einzigen Bestimmgrund, der die Hand-

lungen aller „Jugendlichen“ in gleicher Weise beeinflußt und keine einzige allgemeine Situation, in der sich alle Jugendlichen befinden, und in der sie alle gleichermaßen ihre Bedürfnisse befriedigen.

Vom absurden Fall, daß ausnahmslos allen Individuen unterhalb einer bestimmten Altersgrenze staatlicherseits ein bestimmter Geldbetrag ausbezahlt oder sonst irgendeine direkte Zuwendung übertragen wird, abgesehen, gibt es daher auch keine einzige politische Maßnahme, die allen „Jugendlichen“ zugute kommt und keine schlechter stellt.

Auch und gerade dann, wenn man die für die Jugendlichen angeblich charakteristischesten Bedürfnisse betrachtet, die sich aus ihrer Stellung gegenüber vorgegebenen Autoritäten, ihrer erwachenden und neu entdeckten Sexualität, ihrer körperlichen und geistigen Vitalität und ihrer altersbedingten Unbekümmertheit ergeben, lassen sich keine Situationstypen konstruieren, unter denen Jugendlichen diese Bedürfnisse generell befriedigen. Es folgen aus diesen Bedürfnissen daher keine Interessen, die allen Jugendlichen gleich sind. Für die Jugend gilt, was wir an anderer Stelle schon für die Gesellschaft insgesamt gesagt haben: Die Gleichheit oder Ähnlichkeit von Bedürfnissen, die aus der biologisch bedingten Konstitution einer bestimmten Altersklasse noch mit einiger Gutmütigkeit abgeleitet werden könnte, sagt nichts aus über die Gleichheit von Interessenlagen, d. h. über die Art der Situationen, in denen diese Bedürfnisse befriedigt werden und über die Art der Bedingungen, die die Handlungen, die zur Bedürfnisbefriedigung unternommen werden, bestimmen und begrenzen.

Deshalb können Personen, die gleiche oder ähnliche Bedürfnisse befriedigen wollen, völlig gegensätzliche Interessen haben, weil sie bei der Beschaffung von Mitteln, die zur Befriedigung ihrer Bedürfnisse geeignet erscheinen, völlig unterschiedliche Wege beschreiten, deren Eigenschaften von unterschiedlichen Bedingungen beeinflußt werden. Die Handlungsketten, die der Bedürfnisbefriedigung verschiedener Jugendlicher vorausgehen, werden sich daher markant voneinander unterscheiden.

Das ist nicht schwer einzusehen, wenn man sich vergegenwärtigt, in welch vielfältigen Handlungsfeldern Jugendliche sich bewegen. Dann zeigt sich, daß die statistische Menge, die wir gern „die Jugend" nennen, sich aus jungen Arbeitern, jungen Studenten, jungen Unternehmern, jungen Freischaffenden, jungen Sparern usw. zusammensetzt, die ihre diesbezüglichen Interessen mit jenen Personen aller Altersklassen teilen, die diesen Teil ihres Lebenslaufes mit ihnen gemeinsam haben. Denn die Jugend ist in der Tat nichts mehr als ein Spiegelbild, oder besser gesagt, ein verkleinertes Modell der gesamten Gesellschaft, das den Kosmos von Interessen, Beziehungen und Konflikten nahezu maßstabgetreu wiedergibt[23]). Sie enthält praktisch alle relevanten Interessenlagen und deren konfliktträchtige Komponenten, die die Gesamtgesellschaft enthält. Wer also „die Jugend" gesondert zu betrachten und auf „ihre" Interessen zu untersuchen wünscht, erhält keine einzige neue Information gegenüber einer Betrachtung der gesamten Gesellschaft. Er kommt dabei seinem Ziel, die Bedürfnisse der Menschen auch unter komplexer werdenden Bedingungen politisch befriedigen zu können, um keinen einzigen Schritt näher. Nahezu dasselbe Ergebnis erwartet denjenigen, der „die Jugend" in „ihre" Teilgruppen zu zerlegen versucht und etwa „die Studenten", „die Schüler", „die Lehrlinge" etc. erfassen möchte. Entweder sind diese sich daraus ergebenden Teilgruppen genauso amorph wie „die Jugend" selbst, wie etwa im Fall der Schüler oder Studenten, oder es ergeben sich aus der Betreuung solcher Teilgruppen dieselben unüberwindlichen Probleme wie wir sie für die erste Variante der in diesem Kapitel behandelten Strategie beschrieben haben, wie dies etwa für die Lehrlinge gilt.

7.13. Politische Wunschvorstellungen verfälschen die Merkmale neukonstruierter Gruppen

Wir können also getrost bei unserer Behauptung bleiben: „Die Jugend" gibt es nicht. Gegenteilige Beteuerungen beruhen meist auf dem Irrtum, Gruppen mit einem besonders auffälligen oder medien- bzw. öffentlichkeitswirksamen Erscheinungsbild[24]), zu deren Eigenschaften es auch gehört, daß ihre Mitglieder meist jung sind, mit „der Jugend" zu identifizieren oder für legitime Repräsentanten „der Jugend" zu halten. Tatsächlich gibt es immer wieder lose oder weniger lose Formationen von Jugendlichen, denen ein gemeinsames Weltbild, ein Bündel gemeinsamer Meinung und Zielvorstellungen eigen ist. Dies trifft zu bestimmten Zeiten für manche Studentenbewegungen zu, die parteiübergreifenden Charakter besitzen, oder – in viel speziellerer Hinsicht – für informelle Jugendgruppen, die eine starke Modekomponente enthalten, wie etwa „die Popper", „die Mods" etc.

In solchen Formationen spielt auch tatsächlich eine Art jugendliches Selbstverständnis eine tragende Rolle insoweit es irgendwie mit „antiautoritär", „revolutionär", „fortschrittlich", „dynamisch", „zukunftsorientiert" und was es sonst noch an einschlägigen Phrasen geben mag, identifiziert wird. Und in gewisser Weise stimmt es auch, daß die Mitglieder solcher Formationen gemeinsame Interessen haben, obwohl oft ein Großteil dieser Interessen selbstzweckhaften Charakter besitzt, weil er allein dem Ausleben jugendlicher Kontaktwünsche und überschüssiger Energien dient.

Aber selbst wenn es einen politisch bedeutsamen Kern dieser Interessen gibt, und es gibt ihn bei mancher dieser Formationen zweifelsohne, ist es mehr als unstatthaft, diesen auf die Gesamtheit „der Jugend" zu projizieren und damit die Eigenschaften einer kleinen, aber auffälligen und daher faßbaren Minderheit zu den Eigenschaften jener viel größeren, aber völlig inhomogenen Menge zu erklären, die wir „die Jugend" nennen.

Genau dies geschieht aber praktisch immer, wenn „der Jugend" bestimmte – über ihr Alter hinausgehende – Eigenschaften und Merkmale unterstellt werden, die den – Eindruck erwecken, Grundlage genug für einen Rückschluß auf die Interessenlage der Merkmalsträger – nämlich „der Jugendlichen" – zu sein[25]). Es braucht nicht näher ausgeführt zu werden, daß eine Unterstellung bestimmter Eigenschaften und Merkmale einem – meist ideologisch bedingten – besonderen politischen Zweck dienen soll. Wir werden auf diesen Aspekt wenig später noch einmal zurückgreifen.

7.14. Die Fiktion der „Zielgruppen"

„Die Jugend" gibt es also trotz aller unstatthaften Versuche, sie durch Behauptung von allerlei gewünschten Merkmale zu konstruieren, nicht[26]).
Wir haben uns mit der Darstellung dieser statistischen Menge und den falschen Implikationen, die diese Menge zu einer Gruppe von politischen Relevanz erheben sollen, deshalb länger beschäftigt, weil in diesem Beispiel alle Elemente der Irrtümer enthalten sind, auf denen die zweite Variante der hier beschriebenen Strategie zur Komplexitätsreduktion aufbaut. Dieses Beispiel „der Jugend" enthält daher auch alle Elemente des Scheiterns der Politik beim Versuch, die Bedürfnisse der Menschen unter komplexen gesellschaftlichen Bedingungen auf diese Weise befriedigen zu wollen. Das Beispiel „die Jugend" ist daher paradigmatisch für alle Versuche, die gesellschaftliche Wirklichkeit durch Klassifizierung anhand biologischer, demoskopischer oder anderer, auf der gesellschaftlichen Ebene nur statistisch relevanten Kriterien zu erfassen und zu beeinflussen. Andere Beispiele, wie „die Frauen", „die Senioren", „die Verheirateten" usw. unterscheiden sich in diesem Punkt von „der Jugend" nicht. Sie existieren als soziale Gebilde nicht und haben – entgegen den oft hysterischen Beteuerungen ihrer selbsternannten Repräsentanten – kein einheitliches Gruppeninteresse.
Sie sind das Ergebnis eines oft ehrlich gemeinten, oft bewußt für politische Zwecke und demagogische Argumente verwendeten, aber immer hilflosen und auf Dauer zum Scheitern verdammten Versuches, mit der komplexen gesellschaftlichen Wirklichkeit irgendwie zurande zu kommen. Statistische Mengen dieser Art unterscheiden sich nicht von Mengen, als deren Definitionskriterium etwa Körpergröße oder -gewicht oder andere Kriterien ausgewählt werden, die für die Erklärung der gesellschaftlichen Wirklichkeit keinen Belang haben. Eine Politik für „die Jugend", „die Frauen" etc. ist daher um nichts grotesker als wenn eine Partei eine Politik für „die Kleinwüchsigen" oder „die Übergewichtigen" betreiben wollte.
Denn in all diesen Fällen gibt es keine politische Maßnahme,

die geeignet wäre, allen Angehörigen dieser statistischen Menge einen Vorteil zu verschaffen, ohne einem Teil der Angehörigen gleichzeitig einen Nachteil aufzubürden. Der Lebenslauf und damit die Lebensinteressen der Menschen, die in diesen Mengen zusammengefaßt sind, bestimmen sich aus einer Vielzahl von Handlungsfeldern und deren Merkmalen, nur nicht aus denjenigen Kriterien, die für die Erstellung derartiger statistischer Mengen ausschlaggebend sind.

Der Leser möge sich durch einige entsprechende Gedankenexperimente in Zusammenhang mit den in Betracht kommenden Gruppen davon überzeugen, daß die hier getroffenen Behauptungen richtig sind. Wir wollen uns an dieser Stelle einen Beweis, der ähnlich strukturiert wäre, wie derjenige, den wir in bezug auf „die Jugend" erbracht haben, ersparen.

7.15. Das Scheitern der Zielgruppenpolitik

Mit dem Scheitern dieser Strategie der Komplexitätsreduktion scheitern auch große Teile des Konzepts der „Diversifizierung" von Parteiprogrammen. Denn die meisten Versuche, mit denen sich die Parteien in ihren Forderungen in differenzierter Weise auf die Wähler einstellen, fußen auf der Annahme von „Gruppen" des eben geschilderten Typs. Weite Bereiche der Jugendpolitik, der Frauenpolitik, der Seniorenpolitik etc. fußen damit auf einer Fiktion und auf einer politischen Wunschvorstellung, der in der sozialen Wirklichkeit nichts korrespondiert.

Dementsprechend beruhen ganze Teilorganisationen der Massenparteien, die Jugend-, Frauen- und Seniorenorganisationen, auf dem irrigen Glauben, daß es möglich und effizient sei, Gruppen der genannten Art gesondert und gezielt zu betreuen. Sie alle unternehmen teilweise unglaubliche Anstrengungen, um jene angeblichen politischen Interessen von Menschen wahrzunehmen und zu verfolgen, die es gar nicht gibt. Mit großer Akribie biedern sie sich Gruppen an, die nicht existieren.

Mit wachsendem Unverständnis verfolgt das Wählerpublikum die Vorführung politischer Scheingefechte, die ihren Bezug zur Realität immer mehr einbüßen. Und mit wachsendem Unmut reagieren besonders die informierten Wähler auf ein Sperrfeuer von politischen Aktivitäten, mit denen sich im Grunde niemand identifiziert, und eine Großzahl von Anbiederungsversuchen, von denen sich niemand angesprochen fühlt.

Noch größer ist aber die Verständnislosigkeit auf seiten der politischen Funktionäre, die sich einfach nicht erklären können, wieso die Resonanz ihrer Anstrengungen so gering ist. Sie stehen fassungslos vor der Tatsache, daß das Ergebnis immer differenzierterer Bemühungen zur Erfassung und Betreuung von Interessen immer kläglicher wird, und es ihnen immer weniger gelingt, die Menschen glaubhaft anzusprechen. Manche Funktionäre diverser Teilorganisationen beobachten resignierend, wie die Angehörigen „ihrer" Gruppe sich massenhaft von ihrer Organisation abwenden. Manche suchen immer noch in selbstbetrügerischer Hektik nach „den großen Themen", die unter den Angehörigen „ihrer" Gruppe „zünden" könnten und dabei Terrain für die Politik gutzumachen in der Lage wären. Sie alle haben offenbar noch nicht entdeckt, daß sie einem selbsterrichteten Götzen huldigen, dessen Eigenschaften sie niemals kennenlernen werden.

Die hier besprochene Strategie trägt daher zu einem massiven Identifikationsverlust der Menschen gegenüber der Politik und zu einem weiteren Verfall der politischen Kultur bei. Sie wirkt daher dem Ziel, die Autorität der Massenpartei im komplexen Gefüge der modernen Gesellschaft zu stabilisieren, klar entgegen.

Mit dem Scheitern dieser Strategie entpuppt sich auch die Floskel von der Notwendigkeit der „Zielgruppenorientierung" der Politik zum Großteil als eine der dümmsten und plumpesten Fehleinschätzungen der Massenparteien seit ihrem Bestehen. Mit Hilfe dieser Floskel ist es cleveren Beratungs- und PR-Agenturen gelungen, hilflosen Parteifunktionären, die das Bedürfnis hatten, die strategische Professionalität von Großunternehmungen der Privatwirtschaft zu kopieren, einen Bedarf an externer Unterstützung einzureden, die in dieser konkreten Form meist höchst überflüssig war. So wurden Unsummen für Konzepte verausgabt, die den Parteien eine angemessene Annäherung an bestimmte Zielgruppen hätten ermöglichen sollen, die aber für die politische Wirklichkeit keine Bedeutung haben. Sie trugen bestenfalls dazu bei, die Grenzen der Politik noch deutlicher hervortreten zu lassen.

7.16. Eine Hilfstrategie der Massenparteien: ideologische Interpretation der „statistischen Menge"

Diese Grenzen sind den Verantwortlichen in den Massenparteien bis heute offenbar nicht bewußt. Sie haben aber – wie bei vielen anderen Problemen auch – auf intuitive Weise eine Hilfsstrategie hervorgebracht, die es ihnen ermöglicht, mit der Unfähigkeit der Massenparteien, die Interessenlagen der Menschen durch Betrachtung differenzierter Gruppen besser erkennen zu können, irgendwie fertig zu werden.
Diese Hilfstrategie besteht in der Betrachtung der von uns als statistische Mengen bezeichneten Konfigurationen unter dem Blickwinkel der „alten", d. h. der bisher gepflogenen Ideologien. Unter dem Einfluß dieses Verfahrens werden plötzlich Interessen wahrgenommen, wo bei nüchterner Betrachtung keine existieren. Die Ideologie füllt die Lücken bei der Konstruktion gesellschaftlicher Gruppen[27]). So entstehen Eigenschaften und spezifische Wesenszüge, wo sonst nur statistische Kriterien und amorphe Wesenlosigkeit bestehen.
Freilich sind die Eigenschaften und Wesenszüge der solcherart entstehenden Gruppen völlig unterschiedlich, je nachdem, welcher Ideologie sie ihre jeweils konkrete Ausgestaltung verdanken. Das vielleicht deutlichste Beispiel, das den Einfluß der Ideologie auf die Entstehung von „Gruppen" illustriert, ist die Fiktion einer „Gruppe der Frauen". Je nach ideologischer Ausrichtung der Partei, die sich auf ihre Vertretung beruft, erhält diese Gruppe völlig verschiedene Merkmale und damit völlig verschiedene Interessen, die es auf politischem Wege zu unterstützen bzw. durchzusetzen gilt[28]). Einmal gelten „die Frauen" als überaus häuslich und familär, das andere Mal als traditionsfeindlich und auf Selbständigkeit bedacht[29]), weswegen im einen Fall die natürlichen Anlagen „der Frauen" auf politischem Wege unterstützt werden sollen[30]), im anderen Fall eine

verstärkte Betreuung emanzipatorischer Bestrebungen offenbar im Interesse „der Frauen" liegt.
Auf diese Weise verleiben sich die Massenparteien zusätzlich zu ihrer traditionellen Klientel weitere „Gruppen" ein oder sie vermeinen dies zumindest zu tun. Fast wichtiger aber ist ein anderer Effekt, der sich aus dieser Hilfsstrategie gleichsam als Nebenprodukt ergibt: Dadurch, daß sie in die von ihnen konstruierten Gruppen Wunschmerkmale verpflanzt haben, die ihrer Ideologie entsprechen, können die Massenparteien die fingierten Interessen dieser Gruppen zur Rechtfertigung ihrer ideologischen Linie und des ganzen Ensembles ihrer politischen Maßnahmen heranziehen. Sie verwenden die behaupteten Interessen dieser Gruppen dann als eine Art Beweis für die grundsätzliche Richtigkeit ihrer Weltsicht und ihrer Gesellschaftsanalyse sowie ihrer angebotenen Problemlösungsansätze. Ein solcher Beweis muß natürlich immer schlüssig sein, weil er – wie wir eben gesehen haben – tautologisch verfährt. Er ist den politischen Parteien daher auf der Ebene der Polemik und der Agitation sehr nützlich.
Als Beispiel soll wieder die Gruppe „der Frauen" herangezogen werden, wobei wir uns der Einfachheit halber auf die sozialistische Variante beschränken, anhand derer die ideologischen Elemente wie immer deutlich zutage treten. In dieser Sicht ist die in gewissen Belangen tatsächlich zu konstatierende Ungleichbehandlung – etwa in Fragen des beruflichen Fortkommens – ein Beweis für die ausbeuterischen Absichten der Unternehmerschaft, oder vielleicht gar – was einer besonders orthodoxen Interpretation entspricht – für den Wunsch nach Errichtung einer „industriellen Reservearmee" in Gestalt biederer Hausfrauen, die auf die Chance einer Verdienstmöglichkeit warten und so das Lohnniveau aller Werktätigen drücken. Dementsprechend bestärkt das Interesse „der Frauen", ihre Benachteiligung zu brechen, jedes politische Ziel zur Stärkung der Position der Arbeitnehmerschaft und fördert gleichzeitig den gesellschaftlichen Gestaltungsauftrag mit seiner Vision einer korporativen Wirtschaftsform ohne Privateigentum an Produktionsmitteln.
Einer genaueren Darstellung der Strategien der Massenpartei

zur Verkraftung gesellschaftlicher Komplexität, soweit sie sich in der zweiten Dimension der politischen Massenpartei, also im Bereich der ideologischen Überhöhung der Dimension der Interessenswahrnehmung, befinden, wollen wir uns in Kapitel 9 näher widmen.

7.17. Eine Sonderform der zweiten Strategievariante zur fortgesetzten Beförderung von Interessen durch die Politik

An dieser Stelle wollen wir uns aber noch mit einer Strategievariante zur politischen Befriedigung von Bedürfnissen bzw. zur politischen Beförderung von Gruppeninteressen beschäftigen, die wir bis jetzt bewußt ausgespart haben, weil sie im Rahmen unserer bisherigen Argumente nicht zu berücksichtigen war. Wir wollen uns diesem Sonderaspekt daher jetzt in gehöriger Weise widmen. Wir haben bei der Einführung der zweiten Strategievariante, im Zuge derer um bisher unberücksichtigte Klassifikationsmerkmale fiktive Formationen gruppiert werden, einige dieser „Gruppen" angeführt.

Diese können nicht alle unter demselben systematischen Blickwinkel betrachtet werden. Mit der Analyse „der Jugend", „der Frauen" usw. als statistische Mengen, denen kein wie immer geartetes gesellschaftlich bzw. politisch relevantes Interesse eigen ist, haben wir einige andere „Gruppen" vernachläßigt, auf die das Argument, sie würden nur um ein statistisches Kriterium herumkonstruiert sein, das in keiner Weise Auskunft über irgendeine Art von Interessen gibt, in der vorgebrachten Form nicht zutrifft. Wir meinen hier die Gruppen „die Kulturkonsumenten", „die Sportler", „die Verkehrsteilnehmer" usw.

In der Tat kann nicht geleugnet werden, daß derartige Gruppen eine Anzahl von Leuten bezeichnen, denen ein Bedürfnis gemeinsam ist, daß sie regelmäßig zu befriedigen pflegen. Sie tun dies, indem sie Kulturveranstaltungen besuchen, Sport betreiben, Verkehrsmittel benutzen usw. Es ist also offenbar möglich, Angehörige von Gruppen zu lokalisieren, die sich von anderen dadurch unterscheiden, daß sie Gelegenheit zur

Befriedigung ganz bestimmter, von anderen leidlich abgrenzbaren, Bedürfnisarten suchen.
Aber ist es damit auch schon möglich, Interessen festzustellen, die allen Angehörigen solcher Gruppen gemeinsam sind? Und können deshalb auch schon politische Maßnahmen gefunden bzw. Forderungen erhoben werden, deren Verwirklichung allen Angehörigen gleichermaßen zugute kommen und nicht etwa einige benachteiligen bzw. schlechterstellen?

7.18. Bedürfnisse, Mittel und neue Gruppen

Gruppen dieser Art unterscheiden sich von den „klassischen" Großgruppen („die Arbeiter", „die Unternehmer" etc.) dadurch, daß ihre Merkmale nicht – wie die Merkmale jener – Aussagen über den Weg im arbeitsteiligen Produktionsprozeß treffen, auf dem sie sich und ihre Angehörigen mit Mitteln versorgen, die sie für geeignet halten, ihre Bedürfnisse befriedigen zu können. Merkmale von Gruppen dieser Art beziehen sich vielmehr auf Klassen von Mitteln, aus deren Benutzung bzw. Inanspruchnahme wir auf das Vorhandensein von Bedürfnissen schließen, die wir nach den Mitteln benennen[31]).
Aus der Benutzung von Verkehrsmitteln schließen wir auf das Vorhandensein eines Bedürfnisse nach Ortsveränderung. Aus der Inanspruchnahme einer Sportstätte schließen wir auf die Existenz eines Bedürfnisses nach körperlicher Betätigung. Vom Besucher einer Kulturveranstaltung schließlich erwarten wir, daß ihn ein Bedüfnis nach Kunstgenuß zu seinem Besuch veranlaßt hat.
Da die Merkmale dieser Gruppen nichts über die Wege verraten, auf denen ihre Angehörigen die finanziellen Voraussetzungen für die Beschaffung der zur Befriedigung ihrer Bedürfnisse nötigen Mittel erwerben, stellt jede derartige Gruppe einen Querschnitt durch alle „alten" Großgruppen dar. In ein und derselben Gruppe sind daher Angehörige von völlig verschiedenen Großgruppen zusammengefaßt, die traditionellerweise durch verschiedene Massenparteien repräsentiert werden, sodaß etwa „der Arbeiter" und „der Unternehmer" in derselben Gruppe „der Verkehrsteilnehmer" zusammengefaßt

sind. Würde es also generelle Maßnahmen geben, die allen Verkehrsteilnehmern zugute kämen, so würde jede Massenpartei mit einem Einsatz für diese Gruppe nicht nur einen Teil ihrer eigenen politischen Klientel fördern, sondern auch einen Teil derjenigen konkurrierender politischer Organisationen.
Doch so wünschenswert dies mancher politischer Massenpartei im Sinne einer Erweiterung ihrer politischen Basis erscheinen würde, so unerfüllbar ist dieser Wunsch in Wirklichkeit. Denn zur Befriedigung einer Klasse von Bedürfnissen, werden in der Regel unterschiedliche Mittel herangezogen. Die Benutzung unterschiedlicher Mittel zur Befriedigung einer Klasse von Bedürfnissen kann jedoch zu völlig unterschiedlichen, ja gegensätzlichen Interessen der Benutzer führen.
Dem Kinobesucher kann nicht auf dieselbe Weise gedient werden wie dem Besucher einer Konzertveranstaltung. Der Benutzer der öffentlichen Verkehrsmittel hat gegenüber dem Benutzer von Individualverkehrsmitteln sogar von vornherein gegensätzliche Interessen. In keinem dieser Fälle gibt es irgend eine politische Maßnahme, die allen Angehörigen der hier diskutierten Arten von Gruppen zugute kommen könnte.

7.19. Die politische Befriedigung von Bedürfnissen durch den Betrieb öffentlicher Unternehmungen

Ist es aber vielleicht möglich, diese Gruppen solange zu zerlegen, bis man eine Einheit erhält, für die ausgewählte Maßnahmen einen ungeteilten Nutzen bewirken? Die Antwort lautet: zweifelsohne ja. Doch müssen solche Gruppen, deren Merkmale in einer bestimmten Klasse von Mitteln besteht, soweit in Untergruppen gegliedert werden, bis jeder Gruppe nicht mehr eine Mittelklasse, sondern ein konkretes Mittel entspricht, das von seinen Benutzern für die Befriedigung eines Bedürfnisses akzeptiert wird. Jedes dieser Mittel ist ein Produkt, das Gegenstand einer konkreten Nachfrage sein kann.
Statt daß – wie zuerst – die Gruppe der Kulturkonsumenten durch die von ihnen in Anspruch genommenen Mittel – alle Institutionen, die kulturelle Aktivitäten anbieten – definiert ist, haben wir es jetzt nur mehr mit der „Gruppe" der Besucher

des Theaters X, des Kinos Y oder der Benutzer des Verkehrsmittels Z zu tun. Einzig auf dieser Ebene können zielgerichtete Maßnahmen zu einer einheitlichen Steigerung des Nutzenniveaus einer abgrenzbaren Gruppe von Personen führen.

Diese Ebene ist aber genau jene, auf der auch private Unternehmungen Bedürfnisse gegen Bezahlung zu befriedigen versuchen. Sie haben es nicht mit abstrakten Mittelklassen zu tun, sondern beschäftigen sich mit der Hervorbringung konkreter Mittel, die sie veräußern zu können hoffen.

Und auf genau diese Ebene müßte sich die Politik begeben, wenn sie es mit den Interessen irgendwelcher real existierender „Kulturkonsumenten", „Verkehrsteilnehmer", etc. zu tun haben will. Das bedeutet, daß das Ansinnen, Politik für die „Kulturkonsumenten", „die Sportler", „die Verkehrsteilnehmer" etc. zu betreiben, die Tendenz hat und haben muß, die Politik zum Betreiben von Unternehmungen in diesem Bereich zu veranlassen. Eine konsequente und systematische Verwirklichung dieser Idee muß daher zu einer umfassenden Zentralplanwirtschaft führen.

In dieser Konsequenz wird die Vision der politischen Allmacht zur totalitären Wirklichkeit im engsten Sinn des Wortes. Die Frage, wieso eine Wirtschaft, in der die einzelnen Unternehmungen nicht auf privatwirtschaftlicher, sondern auf politischer Basis geführt werden, die schlechteste weil ineffizienteste und die Freiheit am meisten gefährdendste Variante der Bereitstellung von Waren und Dienstleistung ist, ist ein eigenes großes Thema, das hier in diesem Zusammenhang nicht behandelt werden kann. Sie wurde von einigen großen Denkern eindeutig beantwortet, ohne daß die Gegenposition ihre Argumente jemals zu entkräften in der Lage gewesen wäre[32]).

Unsere Aufgabe war es nur zu zeigen, daß auch diese Teilvariante der Strategie, die Interessen der Menschen durch Einteilungen spezifischer Gruppen von Menschen besser erfassen und befördern zu können, in eine Sackgasse führt, die keine zukünftige Lösung darstellen kann. Damit scheint die Politik auf weitere Hilfstrategien oder auf Strategien in der 2. Dimension der Massenpartei angewiesen zu sein, in der die ideologi-

sche Überhöhung der klaren Beförderung von Interessen durch den gesellschaftlichen Gestaltungsauftrag stattfindet.
Das übernächste Kapitel (Kapitel 9) wird sich mit diesem Themenkomplex beschäftigen.

8. GESELLSCHAFTLICHE KOMPLEXITÄT UND DER TOD DES SOZIALISMUS

8.1. Die klassenlose Gesellschaft und der Niedergang der Politik

Wir wollen nun ein Resumee hinsichtlich der bisher dargestellten Strategie zur Fortsetzung des Vorhabens, die Bedürfnisse der Menschen auch unter komplexer werdenden gesellschaftlichen Bedingungen auf politischem Wege befriedigen zu wollen, ziehen. Wir haben deutlich gesehen, daß alle Varianten bei dem Versuch, mit der wachsenden gesellschaftlichen Unübersichtlichkeit zu Rande kommen, um den Massenparteien durch die fortgesetzte Möglichkeit der politischen Handhabe von Lebensinteressen bei der Aufrechterhaltung ihres Einflusses behilflich zu sein, erfolglos sind.

Ja noch viel mehr: Sie wirken destruktiv im Hinblick auf die Annäherung an die von ihren Anwendern angestrebten Ziele. Die erste Strategievariante tut dies deshalb, weil sie die von ihr bekämpfte Komplexität der Gesellschaft mit jedem Schritt vergrößert. Die zweite Strategievariante tut dies, weil sie die Identifikation der Menschen mit den Forderungen der politischen Parteien und der Politik insgesamt massiv untergräbt und ihre Glaubwürdigkeit in Frage stellt.

Die Anwender dieser Strategievarianten – die politischen Massenparteien – sehen sich daher mit einem unlösbaren, ja mit jedem Lösungsversuch weniger greifbar werdenden Problem konfrontiert. Für sie wirkt sich die Zunahme der Komplexität wie ein Teufelskreis aus, in dem die Zahl der Gruppen, deren Eigenschaften die Lebensinteressen jedes Menschen bestimmten, ständig im Steigen begriffen ist, während der Homogenitätsgrad aller jeweils bestehenden Gruppen ständig sinkt.

Tatsächlich ist dieser Zustand im Begriff, die „klassenlose" Gesellschaft in der denkbar weitreichendsten Bedeutung dieses Wortes hervorzubringen, eine Gesellschaft, in der das Wort „Klasse" keinen Sinn mehr ergibt, weil ihm keine bezeichenbare Unterscheidbarkeit korrespondiert[1]). Allerdings ist es nicht der Sozialismus, sondern der „Kapitalismus“ selbst, der diese „klassenlose“ Gesellschaft verwirklicht. Er tut dies keineswegs, indem er egalisierend wirkt, sondern indem er ein wachsendes Maß an Differenziertheit und Komplexität hervorbringt, das für die Politik nicht mehr bewältigbar ist.

Für die politischen Massenparteien zerrinnt so der faßbare und bewußt beeinflußbare Bestandteil der Gesellschaft in der sich täglich schneller drehenden Komplexitätsspirale. Dieser Prozeß beinhaltet die Tendenz, jenen herkömmlichen Typus von Politik, wie er seit dem Beginn des Zeitalters der Massenparteien vorherrscht, aufzuzehren und schließlich zum Verschwinden zu bringen.

Insofern hat Marx sogar in gewisser Weise recht, wenn er sagt, daß die klassenlose Gesellschaft den Staat zum Absterben bringt. Zweifellos aber irrt er sich, wenn er diesen Vorgang für die Phase einer kommunistischen Gesellschaft erwartet, denn gerade dort gehört – wie Erfahrung und Theorie lehren – die Verdichtung des Staates zu den Wesenszügen der „neuen Gesellschaft“.

In unserer Gesellschaft stirbt die Politik insoweit ab, als sie auf der Interessenspolitik von Gruppen errichtet ist. Die Methode, die Bedürfnisse von Menschen durch die spezifische Erfassung und Betreuung von Gruppen zu befriedigen, hat ihren Realitätsbezug längst verloren und zählt daher ebenso wie Faustkeil und Feuerstein zu den museumsreifen Instrumenten der Menschheitsgeschichte. Sie hat es den Massenparteien in einer Geschichtsepoche von relativ geringem gesellschaftlichem Komplexitätsgrad ermöglicht, zu Macht und Autorität aufzusteigen. Mit ihrem Scheitern werden daher auch die politischen Parteien ihren Niedergang erleben, wenn sie sich nicht rechtzeitig um die Grundlagen eines völlig anderen Typus von Politik bemühen.

8.2. Verfall und Absterben des Sozialismus

Wir haben in Kapitel 5 behauptet, daß der Sozialismus paradigmatisch für das Ansinnen ist, die Bedürfnisse der Menschen auf politischem Weg zu befriedigen. Dies ist deshalb der Fall, weil die Auffassung von der Gesellschaft als einem Gebilde, das aus klar abgrenzbaren Klassen zusammengesetzt ist, dem Erfordernis, einfache Aussagen über das Wesen der Interessen der Menschen tätigen zu müssen, wenn deren Bedürfnisse auf maximale Weise befriedigt werden sollen, auf maximale Weise entspricht. Der Sozialismus hält damit eine Variante der klassifizierenden Aggregation bereit, die einen bestimmten, realtiv kurzen Abschnitt der frühen Geschichte des industriellen Zeitalters soweit zureichend erfaßt, daß er daraus sich ableitende politische Forderungen formulieren kann, mit denen sich eine relativ große Zahl von Menschen zu identifizieren vermag. Das ist es, was ihn zum strukturellen Paradigma der „modernen" Art von Politik gemacht hat, d. h. jener Politik, wie sie im Gefolge von Benthams Wahlspruch des „größten Glücks der größten Zahl" betrieben wurde. Das ist eine der hauptsächlichen Gründe für seinen Aufstieg und seinen Erfolg.

Aber dies ist auch der Hauptgrund für seinen zukünftigen Verfall. Eben weil der Sozialismus für die Notwendigkeit einer gruppenspezifischen Betreuung der Individuen am besten gerüstet war, ist er unter Bedingungen, deren gesellschaftlicher Komplexitätsgrad eine gruppenspezifische Erfassung der Menschen unmöglich macht, dem Untergang geweiht[2]). Von allen demokratischen Parteien, die in mehr oder minder großem Umfang auf der Methode der klassifizierenden Aggregation fußen und die sich daher auf die wachsende gesellschaftliche Komplexität völlig neu einstellen müssen, ist die sozialistische am meisten reformbedürftig. Allerdings kommt jede substanzielle Anpassung an die Forderungen der technischen Industriekultur einer Aufgabe des sozialistischen Wesens gleich.

Egal also, ob diese aktiv durchgeführt wird oder nicht, ist die Idee des demokratischen Sozialismus mit seiner gruppenspezifischen Ausrichtung und seinem ganzen analytischen Hintergrund zum Absterben verurteilt[3]). Er ist, wie die gesamte „moderne" Politik – das Kind einer epochalen gesellschaftlichen Ausnahmesituation und ist damit selbst eine historische Ausnahmeerscheinung. Wie alle Spielarten des Utilitarismus ist auch er ein temporäres Phänomen.

Doch die Geschichte lehrt, daß Ideensysteme die Geschicke

der Gesellschaft oft auch dann noch lenken, wenn sie ihren analytischen Bezug zur Wirklichkeit längst verloren haben. Entsprechend beherrschen machtvolle Organisationen oft auch dann noch das politische Geschehen, wenn sie ihren Zenit längst überschritten und ihre Vitalität längst eingebüßt haben. Tatsächlich gelingt es dem Sozialismus wie auch den anderen, in den politischen Massenparteien beheimateten ideologischen Konzepten, die auf politische Bedürfnisbefriedigung ausgerichtet sind, sich trotz der Inadäquatheit ihres Ansinnens in gewisser Weise zu behaupten. Wie dies möglich ist und welche Wirkungen die Fortsetzung einer inadäquaten Politik für die gesellschaftliche Entwicklung und für die politischen Parteien selbst hat, wird uns in den nächsten Kapiteln beschäftigen.

9. EINE ZWEITE ANTWORT DER MASSENPARTEIEN: STRATEGIEN ZUR AUFRECHTERHALTUNG IHRER MACHT, DIE IN DER ZWEITEN DIMENSION DER MASSENPARTEI ANGESIEDELT SIND

9.1. Die Stabilisierung der Massenparteien durch die ideologische Überhöhung eines gesellschaftlichen Gestaltungszieles

Wir haben in Kapitel 6 festgehalten, daß das Phänomen der Massenparteien nicht durch die bloße Ankündigung der Vertretung von Interessen der Mitglieder einer bestimmten Gruppe erklärt werden kann. Einem rationalen Kalkül zufolge würden die lose auftretenden Begünstigungen, die die Anhänger einer Massenpartei deren politischer Arbeit verdanken, nur die Wenigsten veranlassen, diese Partei permanent zu unterstützen und ihr auch in Zeiten mangelnder politischer Durchsetzungsfähigkeit ihre Unterstützung nicht zu entziehen.

Den hohen Identifikationsgrad ihrer Mitglieder und Anhänger erzielt die Massenpartei vielmehr mit Hilfe einer ideologischen Überhöhung ihrer Interessenpolitik durch einen gesellschaftlichen Gestaltungsanspruch, an dessen Verwirklichung die Verbesserung der Lebensbedingungen des Adressatenkreises der Massenpartei geknüpft wird.

Erst dort, wo sich die erhoffte Beförderung der persönlichen Interessen mit der Vision einer idealen Gestaltung der gesamten Gesellschaft deckt, vermag die Massenpartei genügend motivatorisches Potential zu aktivieren, um sich selbst und ihre Machtausübung zum selbstverständlichen und dauerhaften Bestandteil der politischen Gedankenwelt zu machen.

Indem sie den Menschen gleichzeitig das Gefühl einer geistigen Heimat und einer festen gesellschaftlichen Verankerung vermittelt, gibt die Massenpartei ihren Mitgliedern und An-

hängern Sicherheit und Halt in einer Gesellschaft, in der es keine Fixpunkte mehr zu geben scheint[1]).
Indem sie so den Mitgliedern und Anhängern den Eindruck verschafft, Teil einer machtvollen „Bewegung" zu sein, gelingt es ihr, daß die Anhänger jeden Angriff auf diese Bewegung als einen persönlichen Angriff auf sie selbst empfinden. So erreicht es die Massenpartei über begrenzte Zeiträume hinweg, die Schuld für ihr Versagen bei der Beförderung konkreter Interessen auf jene Kräfte zu schieben, die sie bei der Verwirklichung ihres gesellschaftlichen Gestaltungszieles behindern.
All das ist Grund genug dafür, daß es die Massenpartei nicht zu fürchten braucht, sich ihrer Klientel bei jeder großen politischen Entscheidung – etwa bei einer Wahl – einer tatsächlich kritischen Beurteilung ihrer Leistung und einem Kalkül hinsichtlich zukünftig zu erwartender Vorteile stellen zu müssen. Sie muß es daher auch nicht fürchten, im Fall eines negativen Nettoerfolges, der sich als Ergebnis einer solchen Betrachtung ergeben würde, der Unterstützung ihrer bisherigen Anhänger verlustig zu gehen.

9.2. Die Rolle der Ideologie während des Zerfalls der alten Großgruppen

Doch wie verhält es sich, nachdem der Zerfall der großen homogenen Interessengruppen eine permanente Erfassung eines großen Teils der Anhänger einer Massenpartei unmöglich macht?
Oder – anders gefragt – welche Wirkung auf den Identifikationsgrad mit der Massenpartei und auf das Mobilisierungspotential der Anhänger hat es, wenn die Partei eine größere Zahl von Personen nur noch dann einigermaßen zufriedenstellen kann, wenn sie sukzessive Zugeständnisse an die Sonderinteressen immer kleiner werdender Teilgruppen macht?
Was die politischen Maßnahmen der Massenparteien im Realbereich der konkreten Verbesserung von Lebenssituationen betrifft, so ist es klar, daß der Identifikationsgrad aller Wähler mit der Gesamtheit der Aktivitäten „ihrer" politischen Partei ständig im Sinken begriffen sein muß. Die Zahl der politischen

Maßnahmen, die jeden einzelnen Wähler direkt betreffen, d. h. die im Namen und zum Vorteil der Gruppen, denen sich der Wähler zugehörig fühlt, unternommen werden, ist in Relation zur Gesamtzahl aller politischen Maßnahmen ständig im Sinken begriffen[2]). Ginge es also allein nach der positiven Realwirkung von Maßnahmen auf die einzelnen Wähler, so müßte der Identifikationsgrad mit den Massenparteien schon sehr bald nach deren Gründung rapide gesunken sein.

Doch tatsächlich konnten die Massenparteien ihren Einfluß und ihre Popularität noch Jahrzehnte nach dem Beginn des Anwachsens der Inhomogenität der Großgruppen und ihres dadurch bedingten Verfalls aufrechterhalten. Wie ist das möglich?

9.3. „Solidarität": das Zauberwort der modernen Politik

Die Antwort liegt zu einem großen Teil im Siegeszug eines Begriffs begründet, der als „Zauberwort" der modernen Politik angesehen werden kann. Dieses Zauberwort heißt „Solidarität"[3]). Ihm war es zu verdanken, daß das emotionale Feuer, das die Wähler mit „ihrer" Partei verbunden hatte, nicht Gefahr lief, seine Wärme zu verlieren oder ganz zu erlöschen.

Wann immer die Inhomogenität der alten Großgruppe zu offensichtlich wurde und wo immer die Bevorzugung einer Teilgruppe gegenüber einer anderen die Toleranzgrenze zu überschreiten drohte, vermochte es das Zauberwort „Solidarität" über lange Zeiträume hinweg, zahllose Interessenskonflikte zu kaschieren[4]) und massive Proteste der Benachteiligten an die Adresse der jeweiligen Massenpartei zu verhindern. Wir werden kurz zu diskutieren haben, in welcher Weise das Zauberwort „Solidarität" wie ein Bannstrahl wirken konnte, der jede Regung gegen einen als „solidarisch" apostrophierten Akt im Keim erstickte.

9.4. Solidarität und Komplexität

Wie wir uns bereits überzeugen konnten, nimmt mit dem Steigen der gesellschaftlichen Komplexität die Zahl der gegensätzlichen Interessen innerhalb der ehemals homogenen Großgruppe täglich zu. Spätestens dann, wenn die Bedeutung der Interessen neu entstehender Teilgruppen diejenige des gemeinsamen Interesses der alten Großgruppe zu übersteigen beginnt, erlischt langsam die emotionale Verbundenheit mit der alten Interessengenossenschaft bis schließlich die Interessensgemeinsamkeiten mit der zur totalen Fiktion gewordenen Großgruppen auf ein Maß herabgesunken sind, das nicht größer ist als dasjenige der Interessensgemeinsamkeiten, die immer schon mit „gegnerischen" Großgruppen bestanden haben.

Mit der Kenntnis des Zerfalls der Großgruppen würde sich aber der Glaube an den Anspruch eines gesamtgesellschaftlichen Gestaltungszieles verflüchtigen, der seine machtvolle Wirkung nur dem Umstand verdankt, daß er von einer großen Zahl von Menschen mitgetragen wird. Wenn die Massenpartei, die die Trägerin des Gestaltungszieles ist, es zuläßt, daß das Nichtvorhandensein der alten Großgruppen ins Bewußtsein ihrer Anhänger dringt, läuft sie Gefahr, mit dem Wegfall der emotionalen Bindung an die Großgruppe selbst unter die Räder zu kommen.

Die Massenpartei muß daher daran interessiert sein, den Tod der Großgruppe möglichst lange zu unterschlagen. Sie muß die Fiktion aufrechterhalten, daß es trotz peripherer Sonderinteressen einzelner Teilgruppen ein fundamentales gemeinsames Interesse gibt, durch das alle Teilgruppen konfliktfrei miteinander verbunden sind. Diesem substantiellen Grundinteresse korrespondiert der gesellschaftliche Gestaltungsauftrag, von dessen Einlösung die Erreichung des sozialen Endzieles aller Beteiligten abhängt.

Die Aufrechterhaltung eines solchen fundamentalen gemeinsamen Interesses kann auf eindrucksvolle Weise durch die Beschwörung der Zauberformel „Solidarität" gewährleistet werden. Denn ebenso, wie die Werbung für Solidarität nur dort erwartet wird, wo Gemeinschaft vorhanden ist, wird die Existenz einer tatsächlichen Interessengemeinschaft vermutet, wenn die Solidarität oft genug ernsthaft beschworen wird.

9.5. Solidarität und der Glaube an die gesellschaftliche Gestaltung

Wir haben in Kapitel 6 zwei Bedingungen für das wirkungsvolle Auftreten von Massenparteien angegeben. Die zweite, für das gegenständliche Problem zunächst relevante Bedingung war, daß die überwiegende Mehrheit der angesprochenen Personen der Meinung ist, daß sich der gesellschaftliche Gestaltungsauftrag und seine Vision im Wirkungs- und Einflußbereich der Partei befindet. Durch den Glauben an die Notwendigkeit der solidarischen Verbundenheit all derjenigen, die „alle im gleichen Boot" sitzen, das nur durch die Parteiorganisation auf Kurs gehalten werden kann, ist diese Bedingung erfüllt, nämlich daß eine große Zahl von Personen der Auffassung ist, daß sich der gesellschaftliche Gestaltungsauftrag und seine Vision durchaus in der Dimension des Wirkungs- und Einflußbereiches der Partei befindet.
Für unsere Zwecke ist es aber wichtig zu überlegen, in welchen konkreten Fällen auf ein solidarisches Verhalten insistiert wird. Nur so können wir das eigentliche Wesen der Solidaritätsbeschwörung erkennen. Denn die formelhafte Forderung nach universeller Solidarität besitzt ja zweifellos kein Gegenstück in der tagespolitischen Arbeit der Massenparteien. Schließlich sieht jede Massenpartei wohlwollend dabei zu, wenn sich die zu ihren Schützlingen zählenden mannigfaltigen Teilgruppen tagtäglich völlig unsolidarisch neue Sondervorteile verschaffen. Wo also wird im realpolitischen Bereich der Ruf nach Solidarität erhoben?

9.6. Solidarität und die Erhaltung politischer Macht

Dies ist ganz typisch immer dort der Fall, wo sich ein Sonderinteresse einer Gruppe mit einem Machtinteresse einer politischen Partei deckt, d. h. wo die Verwirklichung oder Konsumierung eines unbotmäßigen Privileges, das nur zu massiven Lasten der anderen Gruppen geltend gemacht werden kann, im Interesse der Machterhaltung oder des Machtausbaues der betroffenen politischen Gruppierung ist. In einem solchen Fall würden die Benachteiligten eine derartige ungleichgewichtige

Beförderung von Lebensinteressen nicht widerspruchslos hinnehmen. Der Ruf nach Solidarität aber lähmt jeden Widerstand und schützt die angegriffenen Sonderinteressen.
Wir kennen zahlreiche Beispiele aus der tagespolitischen Praxis, die dieses Verfahren eindrucksvoll illustrieren. Die Finanzierung der Defizite bankrottreifer Staatsbetriebe aus den Steuermitteln aller Erwerbstätigen wird als Akt der Solidarität gegenüber den schuldlos in Bedrängnis geratenen Arbeitern des verstaatlichen Sektors dargestellt, deren Arbeitsplätze es zu sichern gilt. Ähnliches gilt für die überproportionale Förderung bzw. Subventionierung ganzer vom Verfall bedrohter Branchen oder Regionen, deren Angehörige ein Recht auf die Unterstützung derjenigen hätten, mit denen es das Schicksal (=das Spiel der Marktkräfte) besser gemeint hätte, wobei meist gleichzeitig mit Nachdruck behauptet wird, daß im Grunde jeder von derartigen Unbilden heimgesucht werden könnte, daß es also das (unverdiente) Glück der (noch) verschont gebliebenen Arbeitskräfte sei, nicht auch selbst auf Hilfe angewiesen zu sein. Die Reihe der Beispiele, in denen von den politischen Repräsentanten der jeweiligen Gruppen mit Blickrichtung auf die fiktive „alte" Großgruppe auf diese Weise argumentiert wird, ließe sich ellenlang fortsetzen.
All diese Beispiele beschreiben Fälle, die nicht zufällig zum Exerzierfeld der Rufer nach Solidarität geworden sind. Denn all diesen Fällen ist gemeinsam, daß sie für die Erhaltung oder den Ausbau der Macht einer bestimmten Massenpartei von Bedeutung sind. Es gilt, Machtpositionen zu sichern, die ohne das Vorhandensein einschlägiger Privilegien nicht existieren würden. Der monumentale wirtschaftspolitische und betriebliche Einfluß der jeweils machthabenden politischen Gruppierung würde unter dem Zerfall der bankrottreifen, defizitären verstaatlichten Industrie unendlich leiden, bzw. massiv reduziert werden. Ähnlich würde der Regionalpolitiker und seine lokale Niederlassung der im jeweiligen Fall entscheidenden politischen Partei gewaltig an Macht einbüßen, wenn seine Region ihre einstmalige wirtschaftliche Bedeutung einbüßen würde usw. In allen Fällen sehen Politiker Führungs- und Entscheidungspositionen, d. h. politische Einflußmöglichkeiten, be-

droht, wenn bedeutsame Privilegien nicht gewährt bzw. nicht geschützt werden. Und tatsächlich erweist es sich in den meisten dieser Fälle als lohnende Strategie, die Notwendigkeit von Solidarität mit „benachteiligten" Gruppen vor die Beförderung ihrer Machtinteressen zu schieben, um diese zu vertreten. Aber wie kann es gelingen die Forderung nach „Solidarität" zu einem unangefochtenen Ansinnen zu machen, dem allgemein beigetreten wird? Wie ist es möglich, die Privilegien einer Gruppe so unantastbar über die Interessen anderer Gruppen zu stellen?

9.7. Solidarität: ethische Norm?

Das Geheimnis liegt darin begründet, daß es gelungen ist, den Begriff der Solidarität zu einer ideellen Kategorie, die Forderung nach solidarischem Handeln zu einer ethischen Norm zu erheben[5]). Zu diesem Zweck wurde der irrige Eindruck erweckt, daß das Ziel der Solidarität nicht die Unterstützung handfester materieller Interessen, sondern die Verwirklichung moralischer Idealvorstellungen sei, sodaß „Solidarität" fast den Charakter eines Selbstzwecks erhalten hat und dadurch in vielen Fällen einer näheren Hinterfragung entzogen werden konnte[6]).

Vielfach war es möglich, den geforderten Solidaritätsakt mit der Verwirklichung eines gesellschaftlichen Höchstwertes in Verbindung zu bringen[7]), wie etwa dem der „Vollbeschäftigung"[8]). Solche Höchstwerte gelten als unbestritten und bedürfen keiner weiteren Argumente. In anderen Fällen ist gar von einer Erhaltung einer menschenwürdigen Lebensgrundlage die Rede, wenn beispielsweise die Forderung nach einer solidarischen Aufteilung der gesellschaftlich vorhandenen Arbeit erhoben wird. Zweck all dieser Verschleierungen ist es, die Entscheidungsgrundlagen aller Beteiligten zu verzerren und die potentiellen Kritiker „solidarischer Akte" ruhigzustellen. In allen Fällen wird daher der Eindruck vermittelt, daß ein profanes, vordergründig an materiellen Interessen einer Gruppe orientiertes Ziel gegen ein ideelles, moralisch hochwertiges Ziel von allgemeiner Akzeptanz abgewogen wird.

Wenn es gelingt zu vermeiden, daß sich die Erkenntnis durchsetzt, daß in all diesen Fällen nichts mehr als die materiellen Interessen zweier oder mehrerer Gruppen gegeneinander abgewogen werden, deren ideelle Qualitäten sich in keinem einzigen Punkt voneinander unterscheiden, ist der favorisierten Position, die mit dem Nimbus des moralisch Hochwertigen ausgestattet wurde, bereits so gut wie zum Sieg verholfen. Denn in dieser Sicht stellt sich das „Solidaritätsopfer" als das weitaus kleinere Übel dar, das eines höheren Zweckes wegen gerechtfertigt ist. So kann die Erhaltung von massiven Gruppenprivilegien, deren Existenz oft die Voraussetzung für die Ausübung politischer Macht ist, zu einem Akt von moralischer Qualifikation stilisiert werden.

Aber mehr noch: Das Zauberwort „Solidarität" stigmatisiert alle, die sich seinem Anspruch nicht beugen wollen, als Zerstörer des politischen Grundkonsenses und als Saboteure der anerkannten Ordnung. Deshalb ist es nicht verwunderlich, daß der Begriff „Solidarität" eine quasireligiöse Verehrung genießt und der Vollzug des solidarischen Aktes den Charakter einer Kulthandlung erhält.

9.8. „Solidarität" fördert strukturelle Konservativität der Massenparteien

Das alles sichert den Bestand der zweiten Dimension der Massenpartei, nämlich die ideologische Überhöhung der Realpolitik im gesamtgesellschaftlichen Gestaltungsziel. Denn solange es möglich ist, daß die Idee der Solidarität das politische Bewußtsein der Menschen beherrscht, und solange niemand merkt, daß es sich bei dieser Idee um eine Mystifikation profaner wirtschaftlicher Interessen von Gruppen und Machtinteressen von Parteien handelt, solange ist auch der Glaube an die Existenz der alten Großgruppen, der umfassenden Schicksalsgemeinschaften nicht gefährdet. Dieser Glaube an das kontinuierliche Weiterbestehen großer Schicksalsgemeinschaften ist es aber, der das Fundament der Glaubwürdigkeit und Sinnhaftigkeit eines gesellschaftlichen Gestaltungsauftrages grundlegt.

Der Begriff der Solidarität rettet also die Macht und den Einfluß der Massenpartei in das Zeitalter der explosionsartig ansteigenden gesellschaftlichen Komplexität herüber. Er trägt damit dazu bei, daß die Massenparteien ihre in der Gründungsphase, einer Zeit relativ geringer gesellschaftlicher Komplexität, angenommene organisatorische Gestalt auch unter völlig geänderten politischen Umweltbedingungen eine Zeitlang konservieren können, nämlich über den Zeitpunkt hinaus, ab dem die Parteistruktur absolut keine Entsprechung im Realbereich des gesellschaftlichen Geschehens mehr hätte.

„Solidarität" ist also ein Instrument, das der gewaltigen strukturellen Konservativität der Massenparteien und ihrem enormen organisatorischen Beharrungsvermögen Absicherung zu gewähren vermag. Sie entbindet die Verantwortlichen der Parteien, sich mit der evolvierenden gesellschaftlichen Wirklichkeit ernsthaft auseinanderzusetzen. Den Parteiverantwortlichen gelingt es unter Einsatz der Solidaritätsphrase tatsächlich, die Wirkung der Bedingungen jener epochalen historischen Ausnahmesituation, in der sich die Massenparteien einigermaßen angepaßt zu verhalten wußten, und der sie ihren Aufstieg verdanken, zumindest im subjektiven Bewußtsein des Wählerpublikums fortzusetzen.

9.9. Das Mißlingen der Erhaltung der Macht durch die Fiktion der Solidarität

Auch wenn der „Wunschtraum" der Solidarität an der sozialen Wirklichkeit vorbeiträumt und die zahllosen Beziehungen, die die Menschen täglich auf den verwinkeltsten Wegen miteinander aufnehmen, sich keinen Deut um die Forderung nach Solidarität kümmern, zaubert die Beschwörung solidarischer Instinkte doch eine politische Wirklichkeit, die den trägen Massenparteien den Anschein vermittelt, als wäre ihre politische Welt noch in Ordnung und als würden die Springquellen ihres Einflusses nie versiegen.

Wir werden auf die wirklichkeitsbildende Kraft unzulänglicher politischer Instrumente und Institutionen und deren verhängnisvolle Konsequenzen in einem späteren Kapitel noch zu sprechen zu kommen.

Die Fiktion ungebrochener Vitalität und Gestaltungskraft der Massenpartei jedenfalls ruht auf tönernen Füßen. Sie ist das Kind einer Strategie in der zweiten Dimension der politischen Massenpartei und entspricht dabei behelfsmäßig jener Überlebensbedingung für die Massenparteien, die in der Notwendigkeit des Glaubens einer großen Menge von Menschen an ein legitimes und verwirklichbares gesellschaftliches Gestaltungsziel dieser Organisation besteht. Doch auch die eloquentest vorgetragene Beschwörung der Solidärität kann diese Fiktion auf Dauer nicht aufrechterhalten, wenn ihr kein Bezugspunkt in der ersten Dimension der politischen Massenpartei entspricht, wenn also die erste Bedingung für ein gesichertes Überleben der Massenpartei, wonach diese in der Lage sein muß, die Interessenlage ihrer Anhänger substantiell zu verbessern, nicht erfüllt ist.

Bei näherer Betrachtung erweist sich der Begriff der Solidarität als objektiv sinnloses Ansinnen und als verschlagenes Konstrukt zur Negierung der sozialen Wirklichkeit. Dieses „Zauberwort" ist somit eine der unglückseligsten Hervorbringungen der politischen Ideengeschichte, weil es die Durchführung längst fällig gewordener, aber unter Umständen schmerzhafter Anpassungen der Struktur der Parteienapparate und des Wesens der Parteien überhaupt an die geänderte gesellschaftliche Wirklichkeit um Jahrzehnte hinauszögerte. Seine lange gepflogene mißbräuchliche Verwendung fällt daher heute auf diejenige zurück, die davon zunächst profitierten: auf die politischen Massenparteien selbst. Mit dem Scheitern der herkömmlichen Methode der Massenparteien, Interessen zu befördern und damit Bedürfnisse zu befriedigen, zerfällt auch die Basis jener Realpolitik, die die Ideologie zu überhöhen vermochte. Damit erodiert auch der Glaube an das Mysterium der Solidarität.

Auf diese Weise schlägt die Bedrohung für Macht und Autorität der Massenparteien und damit für ihre Existenz vielleicht noch massiver und unmittelbarer durch als dies ohne den Verzögerungseffekt geschehen wäre, der sich aus der eben geschilderten Strategie ergab. Wir werden in späteren Kapiteln sehen, daß die destruktiven Konsequenzen dieses Zusammenhanges gerade in der heutigen Phase unserer politischen Entwicklung eine bedeutende Rolle spielen.

10. DIE UNFÄHIGKEIT DER MASSENPARTEI BEI DER ABSCHÄTZUNG DER FOLGEN IHRER EIGENEN MASSNAHMEN

10.1. Interessenserkennung: nur eine Seite des politischen Grundproblems

Wir wollen im vorliegenden Kapitel eine weitere Folge der permanenten Komplexitätszunahme in unserem gesellschaftlichen Gefüge diskutieren und auch in diesem Zusammenhang wieder nach den Reaktionen der davon betroffenen politischen Massenparteien fragen. Das Problem, um das es hier gehen soll, ist das des Zusammenhanges zwischen den Aktivitäten der Massenparteien und den Auswirkungen dieser Aktivitäten auf das Wählerpublikum bzw. der Kenntnis dieser Auswirkungen durch die Massenpartei.

Wir haben uns bis jetzt mit dem Erkennen von Interessen einer großen Anzahl von Menschen auseinandergesetzt und haben gesehen, daß dieses eine unabdingbare Voraussetzung für die Befriedigung menschlicher Bedürfnisse auf politischer Ebene darstellt. Wir haben daher erkannt, daß auf der gesellschaftlichen Ebene Interessenlagen, d. h. Situationen, in denen typischerweise Bedürfnisse befriedigt werden, nur erkannt werden können, wenn Hypothesen formuliert werden, die den Wirkmechanismus der Gesellschaft zu erklären suchen. Solche Hypothesen konstruieren Modelle, in denen die Elemente und die Kräfte, die in der Gesellschaft eine maßgebliche Rolle spielen, abgebildet werden sollen.

Jenes Verfahren zur Konstruktion solcher Modelle, das in den Sozialwissenschaften seit jeher sehr beliebt war und dessen sich die politischen Parteien in unreflektierter Weise bedienten, haben wir „klassifizierende Aggregation" genannt. Dieses Verfahren bringt Modelle hervor, in denen die Interessen großer Gruppen von Menschen sich mit den wirkmächtigen Bedingungen im Kräftespiel der Gesellschaft decken. Die Grundele-

mente solcher Modelle sind große Gruppen, die elementaren Kräfte sind dabei die Interessen dieser Gruppen.
Wir haben festgehalten, daß dieses Verfahren die gesellschaftliche Wirklichkeit unter sehr einfach strukturierten gesellschaftlichen Bedingungen einigermaßen adäquat zu erfassen vermag, d. h., daß es zunächst keinen allzu gravierenden Informationsverlust bei der Darstellung der Interessen der Menschen bewirkt. Schließlich konnten wir uns davon überzeugen, daß die Fähigkeit dieses Verfahrens, die Interessen der Menschen zu erkennen, mit zunehmendem Komplexitätsgrad, d. h. mit dem Zunehmen der Zahl der Gruppen, deren Charakteristika die Lebensinteressen jedes einzelnen Menschen bestimmen, und mit dem Abnehmen der Homogenität dieser Gruppen, schwindet. Dieser Entwicklung werden seitens der Massenparteien verschiedene Strategien zur Komplexitätsreduktion entgegengestemmt, die das Erkennen von Interessenlagen auch unter schwierigen Bedingungen fortgesetzt ermöglichen sollen.
Was den Zerfall der Adäquatheit der Methode der klassifizierenden Aggregation und damit den Niedergang der traditionellen Massenpartei angeht, haben wir uns bis jetzt auf eine Seite des Mechanismus des politischen Handelns im Rahmen dieser Methode beschränkt, nämlich auf die des Erkennens von Interessen. Wir haben damit die zweite Seite desselben Mechanismus, nämlich die des tatsächlichen Befriedigens menschlicher Bedürfnisse auf dem Weg über konkrete politische Maßnahmen vernachlässigt bzw. ausgeblendet. Doch zweifellos sind die Konsequenzen der wachsenden gesellschaftlichen Komplexität für diese zweite Seite des politischen Mechanismus nicht minder wichtig als für die erste.

10.2. Das allgemeine Handlungsschema der Problemlösung

Um das hier zu diskutierende Problem zu verdeutlichen, wollen wir zunächst ein etwas abstraktes und allgemeines Schema der Handlungsfolge bei der Lösung von Problemen betrachten. Jedes Verfahren, das auf erfolgreiche Weise Problemlösungen durchführen möchte, muß bestimmte Grundelemente des planvollen Handelns enthalten, die in eindeutiger Reihenfolge aufeinander Bezug nehmen müssen.

Das Schema dieser Handlungskette umfaßt folgende Phasen:

1.) Erkennen und Formulieren des Problems sowie Wertung der negativen Aspekte, die das Problem beinhaltet und Vergleich des Schadens, der mit dem Problem verbunden ist, mit dem Schaden, der mit dem Bestehen anderer existierender Probleme einhergeht.

2.) Erhebung der Ausgangsbedingungen, unter denen das Problem besteht, und Feststellung der veränderlichen Komponenten dieser Ausgangsbedingungen.

3.) Formulierung einer Problemlösungsstrategie, d. h. Entwicklung eines Planes oder eines Programmes zur Überwindung des Problems. Damit eng verbunden: Suche nach Mitteln, die auf die veränderlichen Komponenten der Problemsituation zielgerichtet einzuwirken vermögen.

4.) Untersuchung des kausalen Zusammenhanges zwischen dem Einsatz dieser Mittel und dem Ergebnis dieses Einsatzes im Hinblick auf die im Programm formulierte Zielvorgabe.

5.) Durchführung der Maßnahmen zur Problemlösung, d. h. Einsatz der aufgefundenen Mittel, auf die veränderbaren Komponenten des Problemfeldes.

6.) Kontrolle des Ergebnisses und Vergleich mit der Zielvorgabe.

Bei der Darstellung des Scheiterns der Politik haben wir uns bisher auf die ersten drei Punkte dieser Prozeßabfolge beschränkt. Im Zusammenhang mit der Aufgabenstellung, die dem „größten Glück der größten Zahl" verpflichtet ist, und die in der Befriedigung der menschlichen Bedürfnisse mit den Instrumenten und auf der Ebene der Politik besteht, lauten diese ersten drei Punkte folgendermaßen:

1.) Erkennen der Bedürfnisse und Wertung der Wichtigkeitsgrade der Mangelzustände, die sie darstellen, sowie Erkennen der die Bedürfnisse überlagernden Interessenlagen.

2.) Erhebung der den zu unterstützenden Interessen entgegenstehender Kräfte unter Beachtung der an diesen Kräften überwindbaren Komponenten.

3.) Formulierung programmatischer Richtlinien und politischer Forderungen sowie – auf der Ebene der ideologischen Überhöhung – eines gesellschaftlichen Gestaltungsansinnens, das die langfristige Perspektive politischen Handelns umschließt.

Wir erkennen sofort, daß diese drei Punkte durch das Verfahren der klassifizierenden Aggregation im klassischen Fall der Betrachtung einiger weniger großer Gruppen – zumindest im Idealfall – voll abgedeckt sind bzw. daß dieses Verfahren im Idealfall völlig einfacher gesellschaftlicher Bedingungen alle Informationen bereitstellt, die notwendig sind, um diese drei Punkte abzudecken.
Aber das ist nur die eine Hälfte des Prozesses der zielgerichteten politischen Beeinflussung der gesellschaftlichen Wirklichkeit zum Zweck der Befriedigung von menschlichen Bedürfnissen. Es ist quasi die eine Seite eines Stromes von Austauschrelationen zwischen der Massenpartei und ihrer Umwelt. Die zweite Seite umfaßt die gegengerichteten Beziehungen zwischen Massenpartei und Umwelt, die in den Punkten 4 – 6 aufgelistet sind.

Diese lauten für die Massenpartei:

1.) Erwägung von Art und Ausmaß, in dem eine geplante politische Maßnahme den Interessen der zu befördernden Gruppen nützt bzw. anderen Gruppen schadet.

2.) Durchführung der geplanten politischen Maßnahmen, also Erlaß eines Gesetzes, Verwirklichung einer Verwaltungsmaßnahme, Realisierung einer Transferleistung etc.

3.) Kontrolle der Wirksamkeit der Maßnahmen im Hinblick auf die relevanten Interessen.

Der gesamte Strom von Austauschrelationen (alle 6 Punkte) umfaßt das Bestreben der Partei, einerseits relevante Tatsachen über die gesellschaftliche Situation zu erkennen, und andererseits in gewünschter Weise auf diese Situation einzuwirken.

10.3. Die Partei als informationsverarbeitendes soziales System

Wir können uns diesen Zusammenhang vielleicht etwas deutlicher vorstellen, wenn wir noch um einen Schritt abstrahieren und etwas vereinfachen. Wir wollen dann die Massenpartei als ein informationsverarbeitendes soziales System betrachten[1]), das auf der einen Seite Informationen über die gesellschaftliche Umwelt zu erhalten versucht (Punkte 1 – 3) und auf der anderen Seite Informationen zur planvollen Beeinflussung der gesellschaftlichen Wirklichkeit ausstößt bzw. nach Informationen über die Auswirkung dieser planvollen Beeinflussung sucht (Punkte 4 – 6). Wir wollen bei dieser Betrachtung völlig außer acht lassen, daß die zur Informationsbeschaffung und die zur Beeinflussung der Wirklichkeit notwendigen Instrumente realiter eine Reihe von materiell-gegenständlichen Eigenschaften besitzen, die über die informationelle Ebene weit hinausgehen[2]). Diese haben für unsere momentane Untersuchung überhaupt keinen Belang, weswegen wir uns hier nur auf den Prozeß der Beschaffung, Verwertung und Anwendung von Information, d. h. von zweckorientiertem Wissen[3]) konzentrieren wollen.

Wenn wir das tun, kristallisiert sich heraus, daß die Methode der klassifizierenden Aggregation im Idealfall einer einfach strukturierten Gesellschaft nicht nur die eine Seite des Informationsaustauschprozesses abdeckt, sondern ebenso die andere Seite. Sie umfaßt nicht nur das Erkennen von Bedürfnissen, Interessen und Gegeninteressen sowie die Verarbeitung dieser Informationen zu einem Programm, sondern auch die Information, die in den politischen Maßnahmen enthalten ist und deren Umsetzung die gesellschaftliche Wirklichkeit verändern soll sowie die Abschätzung von Wirkungen politischer Maßnahmen auf die gesellschaftliche Umwelt.

10.4. Klassifizierende Aggregation: Kausalkenntnis und qualitative Prognose

Denn wie wir wissen, ist die Methode der klassifizierenden Aggregationen gleichzeitig Interessenerkennung und Gesellschaftserklärung. Sie enthält – wie wir bereits ausgeführt haben – ein Modell des gesellschaftlichen Kräftespiels, ohne das die Interessen auf dieser Ebene nicht wahrgenommen werden können. Sie umfaßt also automatisch kausales Wissen über die wirksamen Zusammenhänge aller relevaten gesellschaftlichen Kräfte und damit über den Aufbau des gesellschaftlichen Gefüges. Damit enthält sie aber gleichzeitig die Möglichkeit einer qualitativen Prognose über die Auswirkungen bestimmter politischer Maßnahmen auf die Elemente in diesem Gefüge, d. h. auf die großen gesellschaftlichen Gruppen und Interessen. Eine solche Prognose leistet sie ohne das Hinzuziehen zusätzlicher Informationen.

Dasselbe betrifft unter den Idealvoraussetzungen der klassifizierenden Aggregation den Prozeßschritt der Kontrolle der Wirksamkeit politischer Maßnahmen, die sich in diesem Modell weitestgehend erübrigt: Wenn die bestimmenden Elemente und ihre Kräfte bzw. Beziehungen bekannt und überschaubar sind und die Durchführung des Programmes keine unvorhergesehenen Ergebnisse zeitigen kann, ist eine Kontrolle, die zur Neujustierung des gesamten Modells führen könnte, nicht nötig.

Das Verfahren der klassifizierenden Aggregation umfaßt also in simultaner Weise die informationsbezogenen Elemente aller von uns oben aufgezählten sechs Verfahrensschritte im Prozeß der zielgerichteten Lösung eines Problemes.

Das klingt alles sehr abstrakt. Dennoch ist es für uns von großer praktischer Bedeutung. Um dies einzusehen, müssen wir uns zunächst vor Augen führen, daß die Methode der klassifizierenden Aggregation auf einfache und elegante Weise all das an Informationen bereitstellt, was in anderen Fällen von Problemlösungsverfahren oft nur durch mühsames sukzessives Vollziehen aller sechs Einzelschritte erworben werden kann. Und genau das ist der springende Punkt, wenn wir uns die Folgen der schwindenden Möglichkeit einer Anwendung der klassifizierenden Aggregation vor Augen führen möchten.

10.5. Das Scheitern der klassifizierenden Aggregation und der Zerfall der Einheit des Verfahrens

Wir haben in den letzten Kapiteln das Scheitern der klassifizierenden Aggregation im Hinblick auf die eine Seite des Stromes von Austauschrelationen zwischen der Massenpartei und ihrer Umwelt diskutiert und dabei die Notwendigkeit von Ersatzverfahren beim Erkennen von Bedürfnissen und Interessenlagen unter Beweis gestellt. Aber mit dem Scheitern in bezug auf diese eine Seite ist auch gleichzeitig ein Scheitern der klassifizierenden Aggregation bei der Erfüllung der Verfahrensschritte der anderen Seite verknüpft, also des Bereichs, in dem die Politik auf die gesellschaftliche Situation einwirkt und diese ihre Wirkungen vorher antizipieren will.

Mit dem Scheitern beider Seiten dieses Prozesses zerfällt auch die Einheit des Verfahrens. Dies hat zur Folge, daß beide Seiten der Prozeßkette getrennt behandelt, daß die Aufgabenbereiche, die jeder dieser beiden Seiten zugeordnet sind, getrennt wahrgenommen werden müssen[4]). Um uns vergegenwärtigen zu können, was dies für die politischen Parteien und ihr Umfeld bedeutet, wollen wir kurz den Geschichtsabschnitt der Gründungsphase der politischen Parteien mit der gegenwärtigen Situation vergleichen, und zwar hinsichtlich der relativen

Bedeutung, die eine einzelne politische Maßnahme für den Lebenslauf der Menschen damals hatte und heute hat.

10.6. Die relative Bedeutung typischer politischer Maßnahmen früher und heute

Wir ziehen zur Erläuterung dieser Frage nochmals unser Beispiel von Kapitel 5.1., nämlich das der Forderung nach Einführung des 8-Stunden-Arbeitstages heran, eines Planes also, der die politische Diskussion schon bald nach dem Beginn der industriellen Revolution mitbestimmte. Dieser Forderung stellen wir eine Maßnahme, die für den Ablauf der heutigen politischen Arbeit charakteristisch ist, gegenüber, etwa den Inhalt einer beliebigen Sozialversicherungsgesetznovelle. Die beiden Beispiele sind ziemlich charakteristisch für den politischen Alltag ihrer Zeit, weshalb sie eine Verallgemeinerung ihrer relativen Bedeutung auf die relative Bedeutung der typischen politischen Maßnahme der jeweiligen Epoche zulassen.
Wir sehen beim Vergleich dieser beiden Beispiele, daß die einzelnen politischen Forderungen bzw. Maßnahmen zu Anfang unserer industriezeitlichen Parteikultur für eine große Anzahl von Menschen von relativ großer Bedeutung war. Da die Zahl der insgesamt innerhalb eines bestimmten Zeitraumes realisierten Forderungen relativ klein und jedenfalls überschaubar war, gestaltete sich der Einfluß der Gesamtheit aller solchen Forderungen und Maßnahmen auf die Lebensumstände der Menschen im Verhältnis zu den Einzelmaßnahmen vergleichsweise gering.
Genau Umgekehrtes gilt für die Gegenwart. Denn heute übt die typische politische Forderung oder Maßnahme nur auf eine kleine Zahl von Personen irgendeine gewünschte und bewußt herbeigeführte Wirkung aus, und selbst für diese hält sich ihre Bedeutung in Grenzen. Hingegen bestimmt die unüberschaubare Gesamtheit der zahlreichen politischen Maßnahmen den Lebenslauf praktisch jedes Mitgliedes der Gesellschaft maßgeblich.
Stellen wir diese Erkenntnis bezüglich der relativen Bedeutung

politischer Maßnahmen unseren früheren Ausführungen über die einzelnen Bestimmfaktoren des Ausmaßes gesellschaftlicher Komplexität gegenüber, so verdichtet sich der Eindruck völlig unterschiedlicher Merkmale der Epoche am Anfang der industriezeitlichen Parteikultur und der Phase der gegenwärtigen historisch-politischen Entwicklung noch weiter.

10.7. Komplexität und die Überlagerung der Folgen politischer Maßnahmen

Mit dem Zunehmen der gesellschaftlichen Komplexität, d. h. mit dem Steigen der Zahl der Beziehungen, die jedes Mitglied der Gesellschaft unterhält, bzw. der Dichte der Beziehungen des gesamtgesellschaftlichen Gefüges überlappen sich die Wirkungen verschiedener politischer Maßnahmen an zahlreichen Stellen. Da jede Person Mitglied immer zahlreicher werdender Gruppen ist, deren Interessen oft ein und dieselbe Massenpartei wahrnehmen will, überlagern sich die Effekte verschiedener zielgruppenspezifischer politischer Maßnahmen im Bereich der Lebensinteressen jedes einzelnen Gesellschaftsmitgliedes immer stärker, sodaß der Nettoeffekt einer bestimmten Maßnahme immer weniger abgeschätzt werden kann[5]).

Die Partei kann also in immer geringer werdendem Maße sagen, ob ihre Maßnahmen den Angehörigen ihrer politischen Klientel nützen oder schaden.

Eine diesbezügliche eindeutige Antwort wird durch die vielen indirekten Wirkungen noch deutlich erschwert, die im Gefolge jeder politischen Maßnahme auftreten. Denn in der spontanen Ordnung der komplexen, technischen Industriekultur löst jede politische Maßnahme bei den betroffenen Handlungssubjekten – seien es Einzelpersonen oder Institutionen – unvorhersehbare Anpassungsmaßnahmen aus, die den Zweck haben, zu erreichen, daß die relative Position des Handlungssubjektes im gesellschaftlichen Gesamtgefüge nicht verschlechtert, wenn möglich aber sogar verbessert wird. Dies trifft sowohl bei einzelwirtschaftlichen Reaktionen – etwa solche der Unternehmungen oder der Haushalte – zu, als auch beim Versuch jeder einzelnen Teilgruppe, auf den politischen Erfolg einer anderen

Teilgruppe mit einer eigenen Forderung zu reagieren und auf die politischen Parteien Druck auszuüben.

10.8. Das Gewirr indirekter Wirkungen und die Unvorhersehbarkeit politischer Nettoeffekte

Die Zahl der Beispiele, die zur Illustration solcher Anpassungsreaktionen auf politische Maßnahmen herangezogen werden könnten, ist schier unbegrenzt, wobei die grobe Aufzählung, selbst der eindrucksvollsten Beispiele, noch keine angemessene Vorstellung über das Gewirr von indirekten Wirkungen vermitteln kann. Da unser Platz hier für eine verästelte Darstellung des Wirkungsdickichts[6]) jedes Beispiels nicht annähernd ausreicht und eine detaillierte Auflistung von indirekten Wirkungen wahrscheinlich auch fadisieren würde, wollen wir den Leser bitten, sich anhand eines Beispiels einige unvorhersehbare und dennoch denkbare indirekte Wirkungen und deren sich immer mehr verästelnde Nebenwirkungen vorzustellen, um sich einen ungefähren Eindruck von der Unabsehbarkeit der Totalwirkung vieler politischer Maßnahmen auf bestimmte Personengruppen zu machen.

Der Leser möge dabei etwa an die Folgen von politisch motivierten Preisstützungen denken, die mit dem Unterlassen von Bestrebungen zur Hervorbringung von Innovationen seitens der preisgestützten Unternehmungen und der Schaffung künstlicher Nachfrage bei den Produzenten von komplementären Gütern beginnen. Er möge sich weiters vorstellen, wie mannigfaltig die Substitutionsreaktionen der Wirtschaftssubjekte auf eine politisch herbeigeführte Verknappung eines bestimmten Gutes sind. Oder er soll sich des Folgegeflechts entsinnen, das mit der Errichtung von Marktzutrittsbeschränkungen auftritt und dessen nur vordergründigste Folgenbestandteile die Bildung von Schwarzmärkten, die Entstehung von Monopolrenten und oft eine Reduzierung der Nachfrage nach Vorleistungen für die Produkte dieses beschränkten Marktes im Vergleich zu freien Marktzutrittsbedingungen sind.

Ein solches Dickicht von indirekten Wirkungen politischer Maßnahmen läßt sich aber keineswegs nur bei wirtschaftspoli-

tischen Aktivitäten konstatieren. Denken wir nur an die langfristigen Folgen bedeutsamer schulpolitischer Entscheidungen, die sich nicht selten gegen diejenigen wenden, zu deren Unterstützung sie in einer bestimmten Weise getroffen wurden. Als signifikantes Beispiel drängt sich hier etwa die häufig anzutreffende Verschlechterung des Schulklimas im Gefolge politisch dekretierter Demokratisierungsbestrebungen auf.
Zu den markantesten, aber auch unübersichtlichsten Wirkungsgeflechten, die von politschen Maßnahmen ausgelöst werden, zählen jene Anpassungsmaßnahmen, die in Form technischer Veränderungen und Weiterentwicklungen vollzogen werden, und deren Dynamik die Interessen politischer Maßnahmen nicht selten unterläuft oder ihnen entgegenwirkt. Der Fall des Erlasses neuer US-amerikanischer Abgasbestimmungen in den siebziger Jahren, die nicht in erster Linie – wie gewünscht – die Herstellung kleinerer und sparsamerer Motoren forcierten, sondern zur Entwicklung stärkerer und schnellerer Autos bei gleichem gegebenen Benzinverbrauch Anlaß gaben, was zahllose technische Erneuerungen hervorrief, repräsentiert diesen Bereich der indirekten Wirkungen politischer Maßnahmen ziemlich deutlich[7]).

10.9. Die Folgen der Unvorhersehbarkeit für die politischen Massenparteien

Wir wollen es bei diesen Beispielen, denen der Leser selbst sicherlich eine Menge anderer hinzufügen kann, bewenden lassen und uns den allgemeinen Schlußfolgerungen aus dem Bestehen eines derartigen Dickichts von indirekten Wirkungen sowie der Überlappungen bzw. Überlagerungen der Wirkungen verschiedener politischer Maßnahmen zuwenden. Zunächst ist klar, daß die potentiellen Wirkungen einer geplanten bzw. die tatsächlichen Wirkungen einer durchgeführten politischen Maßnahme nicht mehr sozusagen „mit freiem Auge erkennbar“ sind. Sie liegen nicht mehr auf der Hand, wie dies früher der Fall war.
In der Frühzeit der politischen Massenparteien, als die Lebensumstände der Menschen nur durch wenige Faktoren bestimmt,

d. h. ihre Interessen durch die Zugehörigkeit zu einer großen Gruppe hinlänglich beschreibbar waren, war die Kenntnis der Folgen politischer Maßnahmen für die Interessenlage der zu betreuenden Großgruppe eine Selbstverständlichkeit. Mit dem Erkennen der Interessenlagen verband sich in der unreflektierten Anwendung der Methode der klassifizierenden Aggregation ein Modell der Wirkungsweise des gesellschaftlichen Kräftespiels und damit das Wissen um die funktionalen Abhängigkeiten der Elemente des gesellschaftlichen Gefüges. Wo aber die funktionalen Abhängigkeiten der Elemente eines Gebildes bekannt und übersichtlich sind, sind auch die kausalen Folgen einer Maßnahme, die auf irgendein Element des Systems wirkt, bekannt bzw. absehbar.
Solange also das Erkennen von Interessen und das Wissen bzw. vermeintliche Wissen um die Zusammenhänge der Gesellschaft zusammenfallen, ist die Beurteilung einer politischen Maßnahme unter Bedachtnahme auf die Folgen für jede große Gruppe kein Problem. Erst mit dem Scheitern der Methode der klassifizierenden Aggregation an der Zunahme des Komplexitätsgrades der Gesellschaft und mit der Separation ihrer beiden Hauptfunktionen müssen Methoden entwickelt werden, die diese beiden Aufgaben getrennt wahrzunehmen versuchen.

10.10. Empirische Sozialforschung und gesellschaftswissenschaftliche Kausalitätsforschung

Für den Bereich des Erkennens von Interessen haben wir bereits einige Hilfsstrategien angegeben, die aber alle zum Scheitern verurteilt sind. Wir wollen an dieser Stelle noch auf einen Großteil des weiten Feldes der „empirischen Sozialforschung“ verweisen, die sich mit Hilfe verschiedener Umfragetechniken und unterschiedlicher Hochrechnungsverfahren bemüht, Aussagen über die Bedürfnisse und Interessen der Menschen zu treffen[8]). Aber auch wenn sie sich noch so bemüht, diese Daten auf differenzierteste Weise zu erheben, führen ihre Ergebnisse (abgesehen davon, daß sie meist nur Momentaufnahmen sind und keinerlei Rückschlüsse auf die Zukunft erlauben) in dasselbe Dilemma, das wir als für das Scheitern der politischen

Hilfsstrategien verantwortlich beschrieben haben[9]). Sie bilden nämlich unter keinen Umständen die Grundlage für ein Programm bzw. einen homogenen Maßnahmekatalog für eine Massenpartei, die damit die Interessen ihrer politischen Anhänger unzweideutig befördern kann.

Aber auch im Bereich des Wissens um funktionale Zusammenhänge der Gesellschaft bzw. der Kenntnis kausaler Folgen einzelner politischer Maßnahmen wurden Verfahren entwickelt, die den Wegfall eines automatisch vorhandenen Wissens seitens der politischen Massenparteien ersetzen sollten. Auf diese Aufgabe bezieht sich jenes weite Gebiet, das wir „gesellschaftswissenschaftliche Kausalitätsforschung“ nennen wollen. Alle Methoden, die eine eindeutige Zuordnung bestimmter Gegebenheiten zu einer bestimmten politischen Maßnahme als deren Folge vorzunehmen versuchen, betreiben eine derartige Kausaltitätsforschung.

Zu den bekanntesten und am häufigsten betriebenen Disziplinen der Kausalitätsforschung zählt die Ökonometrie. Sie versucht, die quantitativen Wirkungen wirtschaftspolitischer Maßnahmen auf relevante ökonomische Kenngrößen mit Hilfe von Verfahren der mathematischen Statistik zu prognostizieren bzw. das quantitative Ausmaß wirtschaftlicher Folgen einzelner wirtschaftspolitischer Maßnahmen zuzurechnen. Als ihre Aufgabe wird es z. B. angesehen, die Auswirkungen finanzpolitischer Aktivitäten auf das Einkommen der Wähler zu antizipieren, um die Beeinflussung der Interessen der Menschen durch einen solche Maßnahme abschätzbar zu machen.

11. DAS ZEITALTER DER „WISSENSCHAFTSGESTÜTZTEN POLITIK“

11.1. Die Indienstnahme der Sozial- und Wirtschaftswissenschaften durch die Politik

Wenn wir den letzten Punkt des vorigen Kapitels eingehender betrachten, so sehen wir, daß die Entwicklung weiter Bereiche der Wirtschafts- und Sozialwissenschaften durch den dringenden Bedarf der Massenpartei an einem Ersatz für die Leistungen der klassifizierenden Aggregationen massiv beeinflußt, ja wir können sogar sagen: bestimmt wurde, und daß diese Wissenschaften nicht unbeträchtlich damit beschäftigt waren, einen als geeignet erscheinenden Werkzeugkasten für die politische Tätigkeit der Massenparteien zusammenzustellen.
Wir behaupten damit selbstverständlich nicht, daß die Okkupation eines großen Anteils der Forschungs- und Lehrkapazitäten dieser Wissenschaften für die Zwecke der hier genannten Disziplinen primär aufgrund eines direkten Druckes der Massenparteien auf die Forschungseinrichtungen stattgefunden hat. Vielmehr sind auch in diesem Fall die Mechanismen wirksam geworden, innerhalb derer jede wissenschaftliche Modeerscheinung die Mehrheit aller Beteiligten mitzureißen geeignet ist. Da auch viele Sozial- und Wirtschaftswissenschaftler nicht davon verschont sind, die Verlockungen, ihre Eitelkeit durch öffentlichkeitswirksame, ihre gesellschaftliche Stellung fördernde Aktivitäten zu befördern, ist die unmißverständliche Nachfrage der Politik nach Instrumenten der gesellschaftlichen Kausalitätsforschung und der Gesellschaftstechnik als Einladung zu einer Ausweitung der „angewandten“ – sprich: politisch anwendbaren – Sozialwissenschaften begierig aufgenommen worden.
Daß die häufig parteipolitisch durchgeführte Besetzung der Universitätsordinariate und der Führungspositionen einschlägiger außeruniversitärer Forschungsinstitutionen, wie dies besonders in Mitteleuropa üblich ist, sowie die Tatsache, daß ak-

tive Wirtschafts- und Sozialwissenschaftler nicht selten gleichzeitig Parteifunktionen bekleiden, zu einer Verstärkung dieser Entwicklung beigetragen haben, sei hier nur am Rande erwähnt.

11.2. Die Verkrüppelung der Massenparteien durch Auslagerung wichtiger „Lebensfunktionen"

Während also die Arbeitsgebiete der Sozial- und Wirtschaftswissenschaft und ihre Ausrichtung in hohem Maße von den Notwendigkeiten politischer Ziele beeinflußt und die Forschungskapazitäten von der Politik in Dienst genommen wurden, entwickelten sich parallel dazu Abhängigkeiten in die entgegengesetzte Richtung. Denn in dem Umfang, in dem die politischen Parteien wesentliche Bestandteile der zur Orientierung in ihrer Umwelt notwendigen Informationsbeschaffung, die sie früher selbstverständlich und unreflektiert wahrzunehmen imstande waren, auslagern und an die professionellen Betreiber der „angewandten Sozialwissenschaften" übertragen, begeben sie sich in eine Position der Hilflosigkeit und Abhängigkeit, die sie nicht gewohnt sind.
Nachdem sie die Fähigkeit des Erkennens von Interessen der empirischen Sozialwissenschaft, etwa der Meinungsforschung, und des Abschätzens von Folgewirkungen politischer Maßnahmen auf bestimmte Personenkreise der gesellschaftlichen Kausalitätsforschung überlassen mußten, sind die Massenparteien zu „Kleinkindern", oder besser gesagt: zu Krüppeln mit verstümmelten Sinnes- und Bewegungsorganen degeneriert, die nicht mehr selbst fähig sind, sich in ihrer eigenen Umwelt zurechtzufinden und bewegen zu können, und die für jeden Schritt, den sie mühselig unternehmen, externe Hilfe benötigen. Mit dem Monopol auf den Betrieb lebenswichtiger Organe der Massenparteien begann sich die „angewandte Gesellschaftswissenschaft" sozusagen für die Dominanz, mit der ihr die Massenparteien die Inhalte ihrer eigenen Arbeit indirekt vorgaben, zu „rächen".
Die wechselseitige Abhängigkeit zwischen der Politik und den hier angesprochenen Disziplinen brach in einem ersten Höhe-

punkt in den späten zwanziger Jahren diese Jahrhunderts durch, als die beginnenden Symptome der großen wirtschaftlichen Depression bei den Massenparteien hinsichtlich der Wirkungen ihrer eigenen Politik große Ratlosigkeit und Verunsicherung auslösten[1]). Seit dieser Zeit wurde die Haßliebe zwischen der Politik und der Wissenschaft, die einige ihrer wichtigsten Lebensfunktionen wahrzunehmen begann, stetig intensiviert und ausgebaut.

Es liegt auf der Hand, daß dieser Prozeß der Verkrüppelung der politischen Parteien deren Selbstwertgefühl – zwar zuerst langsam und unmerklich – zu unterhöhlen begann. Dies sollte zu einer erst nach Jahrzehnten wirksam werdenden Erosion des Glaubens der Mitglieder und Funktionäre an die Vitalität der Partei und an die Kraft ihres gesellschaftlichen Gestaltungsauftrages führen. Denn mit dem Verlust der Kenntnis der eigenen Umwelt und der direkten Erkennbarkeit der Wirkungen der eigenen politischen Maßnahmen ist auch der Verlust jeder plastischen Vorstellung vom Zusammenhang der eigenen politischen Arbeit bzw. jener der Massenpartei mit ihrer Wirkung in der Zieldimension des Gestaltungsauftrages verbunden.

11.3. Experteninflation und politisches Machbarkeitsideal

Doch bevor diese brachiale Spätfolge der ständig zunehmenden gesellschaftlichen Komplexität über die politischen Massenparteien hereinbrechen sollte, verbanden sich die Politik und die Gesellschaftswissenschaft noch zu einem historisch einmaligen Kulminationspunkt inniger Kontaktpflege. Denn die Wissenschaftsgläubigkeit der Nachkriegsgeneration bescherte vielen Wissenschaftlern den Einzug in zahllose Expertenkomitees, Fachleutekommissionen und Spezialausschüsse, oder wie sich sonst derartige von den Parteien ins Leben gerufene Gremien zu nennen pflegen[2]). Diese Entwicklung gipfelte zweifellos in der Experteninflation der sechziger und siebziger Jahre: Plötzlich gab es kein Thema von Rang, zu dem nicht eine Reihe von Expertengruppen gegründet wurde, die sich berufen fühlten, auf „wissenschaftlichem“ Weg über die Bedürfnisse der Menschen Aufschluß zu geben, ihre Interessenlagen zu analysieren und im Hinblick auf geplante politische Maßnahmen zu untersuchen, Folgenabschätzungen für konkrete politische Aktivitäten auszuarbeiten, Instrumente für die Erreichung politischer Ziele zu entwickeln und Gutachten zu jedem beliebigen Problem bereitzustellen.

Die Massenparteien decken mit der Einbeziehung dieser Wissenschaftler einen doppelten Zweck ab: Erstens konnte das kritische Potential, das in wissenschaftlichen Kreisen immer ruht, absorbiert werden[3]), indem die Wissenschaftler eingebunden und ihnen ein Teil der Verantwortung der politischen Kultur übertragen wurde[4]). Auf diese Weise ersparten sich die politischen Parteien gewiß eine Reihe von Unanehmlichkeiten mit einer potentiellen wissenschaftlichen Opposition, die ruhigzustellen nur im Interesse des zunehmenden Monopolanspruches der Politik sein konnte. Und zweitens konnte das Selbstbewußtsein der Partei und ihrer Anhänger gestärkt werden, die das Gefühl bekamen, die objektive wissenschaftliche Wahrheit in Gestalt prominenter und weniger prominenter, dafür aber zahlreicher Wissenschaftler im eigenen politischen Lager zu haben.

Dies paßte sehr gut zusammen mit dem Machbarkeitsideal der politischen Massenpartei in bezug auf ihre ersehnte Fähigkeit, die Bedürfnisse der Menschen gemäß dem Maximalanspruch des „größten Glücks der größten Zahl“ zu befriedigen und in bezug auf ihren gesellschaftlichen Gestaltungsauftrag abzustimmen. Denn die „Erkenntnisse“, die die empirisch Sozialforschung über bestehende Bedürfnisse und Interessenlagen zu Tage förderte, und die wirtschafts-und sozialpolitischen Instrumente, die von der angewandten Gesellschaftswissenschaft entwickelt wurden, bestärkten alle Massenparteien in ihrem alten Ansinnen und wurden von ihnen als eine späte Rechtfertigung ihrer immer schon vertretenen Konzepte, Programme und Zielvorstellungen angesehen.

11.4. Die wissenschaftliche Legitimation alter ideologischer Konzepte

Dabei hatte es keine der Massenparteien schwer, sich von jenen Experten Schützenhilfe für ihre Sache zu beschaffen, die ihre Haltungen und Ziele unterstützten bzw. die Richtigkeit ihrer Denkweise und ihrer traditionellen Gesellschaftsanalyse zu beweisen schienen[5]). Auf diese Weise konnte der Schmerz, der den Massenparteien durch die Amputation wesentlicher Fähigkeiten zu erwachsen drohte, teilweise kompensiert oder eine zeitlang betäubt werden. Das Hochgefühl der wissenschaftlichen Legitimation überwog in den sechziger und siebziger Jahren die Frustration weitgehender Abhängigkeit und Hilflosigkeit bei weitem.
Ein durchaus analoges Hochgefühl machte sich auch im Lager der Gesellschafts- und Wirtschaftswissenschaften breit[6]). Endlich schien diesen Disziplinen jene breite öffentliche Anerkennung zuteil zu werden, die die technischen und naturwissenschaftlichen Fächer schon lange schmückte, und die viele Experten der Wirtschafts- und Gesellschaftswissenschaften schmerzlich vermißt hatten. Dementsprechend orientierten sich diese Wissenschaftszweige mit Nachdruck in ihren Zielsetzungen, Forschungsmethoden, im Wissenschaftsverständnis sowie im Streben nach bestimmten Erkenntnissen und der Fähigkeit, diese Erkenntnisse für die Zwecke der Beeinflussung gesellschaftlicher Gebilde zu nutzen, am Vorbild der Naturwissenschaft und Technik.

11.5. Das „neue“ Wissenschaftsideal: Kenntnis aller kausalen Abhängigkeiten der Elemente der Gesellschaft

So wurde das Streben nach Kenntnis aller kausalen Abhängigkeiten der Elemente unseres gesellschaftlichen und wirtschaftlichen Systems und nach einer detaillierten Erklärung aller sozialen Zusammenhänge zum universellen Wissenschaftsideal. Eine quantitative Darstellung all dieser Zusammenhänge, wenn möglich in der Sprache der Mathematik, wurde diesem Ideal als am weitesten angemessen erachtet. Diese Denkweise

enthielt die Tendenz, daß die quantitative Erfassung und Darstellung sozialer Sachverhalte alle gesellschaftlichen und wirtschaftlichen Bereiche solange durchfluten sollten, bis eine vollständige rationale Erklärung des gesellschaftlichen und wirtschaftlichen Mechanismus möglich wäre[7]).
Freilich war dieses an den Naturwissenschaften orientierte Wissenschaftsideal in der Gesellschafts- und Wirtschaftswissenschaft schon im vorigen Jahrhundert, besonders im Gefolge des französischen Positivismus, sehr verbreitet. Hayek hat für die sklavische Nachahmung der Methoden und Zielsetzungen der Naturwissenschaft durch die Gesellschafts- und Wirtschaftswissenschaft den Begriff „Szientismus" geprägt[8]). Doch beschränkte sich dieser „frühe" Szientismus weitestgehend auf die theoretische Analyse, da das Ansinnen und das Instrumentarium dessen, was wir oben „empirische Sozialforschung" und „gesellschaftswissenschaftliche Kausaltiätsforschung" genannt haben, noch nicht bekannt waren. Die systematische Erforschung und Dokumentation besonderer, d. h. konkreter Bedürfnisse, Interessen und Folgen insbesondere von wirtschafts- und sozialpolitischen Maßnahmen, die zu einem bestimmten Zeitpunkt auftreten, ist eine Novität des zwanzigsten Jahrhunderts. Eine in diesem Sinne verstandene Verfahrensweise und ihre heraufziehende (politische) Bedeutung zeichneten sich in den zwanziger und dreißiger Jahren erstmals leicht ab, sie wurde aber erst nach dem Zweiten Weltkrieg und besonders in den sechziger und siebziger Jahren konsequent und massiv betrieben.

11.6. Der Objektivitätsanspruch der Wissenschaft und der alte Traum von der rationalen Politik

Der Politik bzw. den politischen Parteien kam der Anspruch dieser Disziplinen, ihre detaillierten Forschungsergebnisse hätten wie diejenigen der Naturwissenschaften zumindest einen Grad von objektiver Wahrheit, sehr gelegen. Denn wenn die wissenschaftlichen Ergebnisse, die die Politik in Dienst zu nehmen versucht, einen gewissen Objektivitätsanspruch geltend machen, so glaubt die Politik, die sich auf diese Ergebnisse be-

ruft, das Recht daraus ableiten zu können, denselben Objektivitätsanspruch für sich selbst zu reklamieren.
Wenn also angenommen wird, daß die Beschreibung von Bedürfnissen und ihren Merkmalen denselben wissenschaftlichen Charakter besitzt wie die Beschreibung der Merkmale eines Organes irgendeines Lebewesens, wenn weiters angenommem wird, daß die Analyse von Interessenlagen auf denselben Prinzipien beruht wie die Analyse irgendeiner chemischen Substanz und daß die Prognose der Wirkungen einer politischen Maßnahme wissenschaftstheoretisch mit einer Prognose der Wirkungen von Prozessen zur Umsetzung von Energie ident ist, dann ist klar, daß der Objektivitätsanspruch der empirischen Sozialwissenschaft und der gesellschaftswissenschaftlichen Kausalitätsforschung gerechtfertigterweise denselben Charakter besitzen muß wie jener der Naturwissenschaften.
Dann ist aber auch klar, daß der Objektivitätsanspruch der Politik, die sich auf derartige wissenschaftliche Ergebnisse beruft, massive Unterstützung erhält[9]). In diesem politisch-wissenschaftlichen Klima entsteht damit der Eindruck, als würde der alte Traum einer völlig wissenschaftlich-rationalen Politik in greifbare Nähe geraten sein. In diesem scheinbar von unbestechlicher Vernunft getragenen Klima wird die alte politische Utopie einer konfliktfreien – weil auf den objektiven Erkenntnissen der Wissenschaft beruhenden – Gesellschaft, in der die Maxime vom „größten Glück der größten Zahl" buchstäblich ihre vollständige Verwirklichung findet, noch einmal zum allgemein anerkannten Paradigma des politischen Denkens.

11.7. Verwissenschaftlichung der Politik und Verpolitisierung der Wissenschaft

Nach dem Zusammenbruch bzw. dem aufbrechenden Versagen der Methode der klassifizierenden Aggregation und der uneingestandenen aber dennoch uneingeschränkten Beibehaltung der in dieser Methode enthaltenen Denkmuster erfährt das Prinzip der totalen politischen Machbarkeit in der Symbiose von Wissenschaft und Politik seine wahre Vollendung. Durch die Verwissenschaftlichung der Politik und die Verpolitisierung der Wissenschaft scheint den Idealen einer rationalen Politik und einer praxisrelevanten Wissenschaft gleichermaßen gedient zu sein. In der wechselseitigen Förderung und gegenseitigen Indienstnahme[10]) der politischen Parteien einerseits und der empirischen Sozialwissenschaft sowie der angewandten Gesellschaftswissenschaft und -kausalanalyse andererseits verbinden sich beide Pole zu einer universellen Gesellschaftstechnik. In ihr verschmilzt die Macht der Politik mit den Kenntnissen (oder vermeintlichen Kenntnissen) der Wissenschaft.

11.8. Die politischen Verheißungen der Mikroelektronik

Wir wollen hier nur am Rande vermerken, daß die Entwicklung der Mikroelektronik in den letzten Jahrzehnten Anlaß zu der Hoffnung gab, daß sich diese Gesellschaftstechnik von ihrem Ideal einer vollkommen rationalen Politik, mit Hilfe derer „das größte Glück der größten Zahl" erzeugt werden könnte, nur noch durch quantitative Momente unterscheidet[11]). Denn die Erzeugnisse der mikroelektronischen Industrie und ihr rasanter Fortschritt stellten in Aussicht, daß das Hauptproblem einer Kopie der Methode und des Erfolges der Naturwissenschaft durch die Wirtschafts- und Sozialwissenschaft in absehbarer Zeit einer endgültigen Lösung zugeführt werden könnte[12]). Dieses Hauptproblem sahen und sehen viele Sozialwissenschaftler und Methodologen im Mangel an präzisen und rechtzeitig zur Verfügung stehenden Daten, deren Gesamtheit Aufschluß über den konkreten Zustand der Gesellschaft und ihrer Teilbereiche sowie deren ständige Veränderung geben müßte[13]).

Während es die Naturwissenschaften in dieser Beziehung leicht hätten, weil sie ihre Daten auf nachvollziehbarem Weg durch Beobachtung und Messung relativ einfach beschaffen können, hätten es die Sozial- und Wirtschaftswissenschaften in dieser Hinsicht schwerer, weil ihre relevanten Daten wegen ihrer Verstreutheit[14]) nicht aufgrund von Beobachtungen eruiert und erst mit großer Zeitverzögerung bereitgestellt werden können. Mit den Verfahren der Datenerhebung und -verarbeitung, die

durch die Mikroelektronik möglich werden, können zahlreiche Daten ohne Zeitverlust beschafft und zu theoretisch signifikanten Größen aggregiert werden. Auf diese Weise scheint man die bestimmenden Größen des gesellschaftlichen bzw. wirtschaftlichen Systems zu erhalten, dessen Verhalten man dann beobachten und messen kann. Derartige Beobachtungen und Messungen werden als eine solide Grundlage für eine rationale Politik der Bedürfnisbefriedigung angesehen.
Soweit die Neuauflage eines alten gesellschaftstechnischen Machbarkeitsideals. Wir werden auf seine Illusion noch später zu sprechen kommen.

11.9. Die wissenschaftliche Belegbarkeit jedes beliebigen politischen Standpunktes

Die Synthese von Wissenschaft und Politik in diesem spezifischen Sinn, wie wir es bisher dargestellt haben, ist ein Ansinnen, das mit der sozialistischen Denktradition am ehesten vereinbar ist. Nicht zufällig hat Marx seiner Gesellschaftsanalyse den Namen „wissenschaftlicher Sozialismus" gegeben. Eine politische Praxis, deren Entscheidungen auf offenkundig wissenschaftlichen Erkenntnissen beruhen, scheint eine späte Inkarnation des sozialistischen Ideals zu sein[15]). Doch ebenso wie die klassifizierende Aggregation von allen politischen Massenparteien zur Erkenntnis der Interessen benutzt werden mußte und muß, obwohl das Marxistische Zweiklassenschema formal ihre optimale Entsprechung ist, vermeinen alle politischen Massenparteien im Zeitalter der wissenschaftsgestützten Politik, sich der Stützung durch die empirische Sozialwissenschaft und die angewandte Gesellschaftswissenschaft bedienen zu müssen.
Auf diese Weise kann plötzlich jede Partei zu jeder ihrer politischen Forderungen und Maßnahmen eine wissenschaftliche Expertise vorweisen, die ihre Haltung bestätigt oder deren Implikationen beweist. Alles, was von den politischen Parteien unternommen wird, wird von diesen daher als „objektiv richtig", „wissenschaftlich belegbar" usw. ausgewiesen. Für jede Haltung gibt es damit eine wissenschaftliche Absicherung.
Der Glaube an die Bedeutung der wissenschaftlich legitimier-

ten politischen Entscheidungen löste zu Ende der sechziger und in den beginnenden siebziger Jahren eine derartige allgemeine Euphorie aus, daß der Verweis auf die Unterstützung durch wissenschaftliche Aussagen nicht nur in die „herkömmliche" Tagespolitik hineinwirkte, sondern auch ganze Wahlkampfkonzepte beeinflussen konnte[16]). Dabei fiel es zunächst offenbar nicht sonderlich auf, daß einander widersprechende politische Standpunkte[17]) spielend wissenschaftlich belegt werden konnten und daß es kein Problem war, für jede beliebige politische Forderung oder Maßnahme eine wissenschaftliche Rechtfertigung bereitzustellen.

Und all diejenigen, denen diese sonderbare Paradoxie auffiel, waren offenbar bestrebt, sie zu verdrängen, um nicht Konsequenzen daraus ziehen zu müssen[18]). Schließlich schienen auf der Basis dieses Politikverständnisses tatsächlich alle Probleme der zivilisierten Menschheit mit der Zeit zu verschwinden. Nicht umsonst hatte man sich in der politischen Entwicklung nach dem Zweiten Weltkrieg bemüht, für jedes gesellschaftliche und wirtschaftliche Problem eine feinsäuberliche Lösung zu finden, die die Perfektion aller früheren politischen Epochen bei weitem übertraf.

11.10. Die vermeintliche Lösbarkeit aller gesellschaftlichen Probleme

Das Sozialversicherungssystem z. B. schien ein Netz der Sicherheit und Geborgenheit aufzuspannen, in dem die medizinische Versorgung sowie die Altersversorgung in jedem Fall gewährleistet ist und der Begriff der „Armut" im engeren Sinn der Vergangenheit angehören sollte. Ebenso erweckte das Instrumentarium der wirtschaftlichen Globalsteuerung[19]) und insbesondere dasjenige der antizyklischen Budgetpolitik[20]) den Eindruck, als wäre es geeignet, das Phänomen der wirtschaftlichen Krise bzw. der konjunkturellen Schwankungen für immer aus der Gesellschaft verbannen zu können.

Durch Abbau aller vermeintlichen Barrieren, die den allgemeinen Zutritt zu den Bildungseinrichtungen erschwerten, vermeinte man, sich dem Prinzip der „Chanchengleichheit" deutlich genähert zu haben.

Schließlich glaubte man über ein ausgeklügeltes Steuer- und Abgabensystem zu verfügen, das im Zusammenwirken mit einer Reihe von Transferleistungen für geeignet gehalten wurde, das Ideal der „sozialen Gerechtigkeit" über kurz oder lang zu erreichen[21]).

Auf diesem Wege konnte man sich vornehmen, Armut, Ungerechtigkeit und Elend abzuschaffen und schrittweise eine neue, gute Gesellschaft zu bauen, die endlich auf dem Prinzip des „größten Glücks der größten Zahl" ruhen sollte, und in der die Bedürfnisse der Menschen tatsächlich auf politischer Ebene befriedigt werden konnten[22]). Politik scheint so vom unkalkulierbaren zum berechenbaren Unterfangen zu werden, in dem das Unwägbare nur mehr eine untergeordnete Rolle spielt.

11.11. Die Widersprüchlichkeiten der wissenschaftsgestützten Politik treten zutage

Aber die Periode der glatten „Lösungen" war nur von kurzer Dauer. Denn mit dem Auftauchen einiger besonders plakativer Probleme und der Notwendigkeit der Politik, nachvollziehbare Entscheidungen zu treffen, trat der Umstand, daß es im Zuge der Verwissenschaftlichung der Politik möglich geworden war, für jede beliebige politische Haltung oder zu jeder beliebigen politischen Maßnahme eine entsprechende wissenschaftliche Expertise, ein objektives Gutachten oder sonst eine Unterstützung der Wissenschaft zu bekommen, besonders deutlich zutage. Es läßt sich anhand zahlreicher Beispiele zeigen, daß das Scheitern der „wissenschaftsgestützten Politik" zu Ende der siebziger Jahre allgemein offenbar wurde. Dies gilt besonders für zahlreiche Entscheidungen im Bereich der wirtschaftlichen Struktur- und Regionalpolitik, der Konjunkturpolitik[23]), der Landwirtschaft, des Bildungs- und Ausbildungswesens und der Technologiepolitik.

Denken wir nur an die vielen Fälle konkursreifer oder zumindest defizitärer Unternehmungen, die die einen nahezu unbegrenzt zu subventionieren bereit waren, weil sie sich auf Expertengutachten stützten, die eine ausreichende „Umwegrentabilität" derartiger Unternehmungen zu zeigen glaubten bzw. einen volkswirtschaftlich unvertretbaren Schaden von Betriebsstillegungen nachweisen wollten, während die anderen – ebenso gestützt auf wissenschaftliche Analysen – von langfristig sozial und wirtschaftlich fatalen Folgen künstlicher Belebungsmaßnahmen todgeweihter Unternehmungen sprachen.

Oder erinnern wir uns der bedeutenden Fälle landwirtschaftlicher Überproduktion und mangelnder internationaler Konkurrenzfähigkeit, die von manchen – wissenschaftlich wohlunterstützten – Politikern zum Anlaß für fortgeführten Protektionismus genommen wurden, während manche andere sich auf Experten beriefen, die das Heil in einer internationalen Öffnung und Wettbewerbsverschärfung sahen.

Oder überlegen wir, welch kontroversielle Vorschläge die Experten angesichts eines sinkenden Bildungsniveaus in vielen Schultypen und einer wachsenden Akademikerschwemme unterbreiteten, wenn die einen für einen weiteren Ausbau der egalitären Bildungs- und Ausbildungsformen plädierten und die anderen sich etwa für die Einführung des „numerus clausus“ oder anderer Restriktionen im Bildungs- und Ausbildungswesen einsetzen.

Am eindrucksvollsten und offensichtlichsten sind jedoch jene Beispiele aus dem Bereich der „Großtechnologie“, deren Anwendung der Politik eine Reihe von Entscheidungen abverlangte, zu denen sie aus sich heraus überfordert war. Sie „regressierte“ sich daher – wie in allen anderen Fällen in „bewährter“ Weise bei der Wissenschaft, um die anstehenden Problemstellungen zu objektivieren. Das bedeutete in allen konkreten Fällen selbstverständlich, daß alle relevanten politischen Lager jeweils wissenschaftliche Analysen und Stellungnahmen in Auftrag gaben, die ihre jeweilige Haltung untermauerten. Und wie in allen Fällen, in denen die „angewandte Wissenschaft“ berufen wurde, politische Entscheidungen vorzubereiten, konnten auch im Bereich großtechnologischer Projekte verschiedene „wissenschaftliche Beweise“ vorgelegt werden, die für die Richtigkeit jeder der zur Diskussion stehenden, einander widersprechenden politischen Standpunkte sprachen. Jedem Leser werden sofort zahlreiche Straßen-, Brücken- und

Kraftwerksbauten gegenwärtig sein, deren Planung, Ankündigung oder Durchführung ganze Springquellen von einander widersprechenden Expertengutachten und wissenschaftlichen Analysen herausforderten, die allesamt die Güte wissenschaftlicher Objektivität für sich in Anspruch nahmen.

11.12. Die tatsächliche Objektivität einander widersprechender wissenschaftlicher Analysen

Es ist bemerkenswert und von zentraler Bedeutung für das Anliegen dieses Buches, daß sie die Güte wissenschaftlicher Objektivität in den meisten Fällen – unbeschadet ihrer unüberbrückbaren Widersprüchlichkeit – in gewissem Sinne auch tatsächlich hatten. Wir werden noch zu zeigen haben, inwiefern diese scheinbar unsinnige und paradoxe Aussage zutrifft und welches ihre Bedeutung für das Problem dieses Kapitels ist, nämlich für das Bestreben der Parteien, die gescheiterte Methode der klassifizierenden Aggregation durch andere Verfahren des Erkennens von Interessen und gesellschaftlichen bzw. wirtschaftlichen Wirkzusammenhängen zu ersetzen. Hier sei zunächst nur festgehalten, daß die in einem bestimmten Sinn tatsächlich vorhandene Richtigkeit und Wissenschaftlichkeit aller Expertisen ihren sichtbaren Ausdruck darin findet, daß die einander entgegensetzten Positionen durchaus nicht in der Lage sind, einander zu widerlegen, und zwar weder auf der politischen, noch auf der wissenschaftlichen Ebene.

Das plakativste Beispiel für eine derartige Konstellation, in der ein politisch zu entscheidendes Projekt Gegenstand völlig kontroversieller Zielvorstellungen ist, die sich alle auf die Expertisen anerkannter Wissenschaftler stützen können, ist die zivile Nutzung der Kernenergie. In keinem anderen Fall stand einem so hohen Aufgebot an wissenschaftlichen Gutachten und Stellungnahmen ein so hohes Maß an Irrationalität, Emotion und Hysterie gegenüber[24]), wobei sich aber beide Momente sehr schnell verbanden und die verschiedenen Positionen in Gestalt breiiger Formationen aufeinander trafen, in denen wissenschaftliche und irrationale Argumente nicht mehr voneinander unterschieden werden konnten.

Emotional agierende Wissenschaftler und in der Sprache der Wissenschaft formulierende Politiker kennzeichneten eine Diskussion, die immer vielgestaltiger wurde, ohne im geringsten zu einer Annäherung beizutragen oder politische Entscheidungen zu versachlichen und zu erleichtern.
Die weltweit geführte politische Schlacht um die Atomkraft, die an der Wende von den siebziger zu den achtziger Jahren einen vorläufigen Höhepunkt erreichte, signalisierte das endgültige Scheitern des Versuches, das Ideal einer rationalen Politik durch die „wissenschaftsgestützte Politik" zu verwirklichen. Nie zuvor ist die Sinnlosigkeit des in dieser Form realisierten Planes so offen zutage getreten wie im Fall der Atomkraft.

11.13. Kernenergie: Symbol des Zusammenbruches der wissenschaftsgestützten Politik

Die Atomkraftdiskussion kann daher als Symbol des Zusammenbruches jener politischen Kultur bezeichnet werden, die über einen relativ kurzen Zeitraum von zwanzig bis dreißig Jahren – nach dem gröbsten Wiederaufbau nach dem Zweiten Weltkrieg bis zum Ende der siebziger Jahre – bestimmend war. Dieser Zeitraum, in dem vorwiegend eine optimistische Grundstimmung vorherrschte[25]), kann getrost als die Epoche der totalen politischen Machbarkeit bezeichnet werden, jedenfalls was den politischen Glauben der Menschen in dieser Zeit anbetrifft. Die Atomkraftfrage führte auf drastische Weise vor Augen, daß die Idee einer Politik, die sich durch die Interessenserhebungen der empirischen Sozialforschung rechfertigt, und die ihre Wirkungen mit Hilfe der gesellschaftswissenschaftlichen Folgenabschätzung kalkuliert, immer schon eine Fiktion war.
Die Atomkraftdiskussion ist daher auch das Symbol eines Wendepunktes zwischen Wissenschaftsgläubigkeit und Wissenschaftsskeptizismus bzw. Wissenschaftsfeindlichkeit. Sie ist die Bankrotterklärung der „wissenschaftsgestützten Politik" und damit einer der großen Sargnägel des Traums von der rationalen Politik im Zeitalter des ständigen Komplexitätswachstums, der Komplexitätsspirale. Mit ihr erhielt der Begriff „Experte"

einen völlig anderen inhaltlichen und pejorativen Status. Bezeichnete er in den frühen siebziger Jahren noch eine unbestreitbare Autorität von untadeligem Ansehen, wurde nach der Wende zu den achtziger Jahren mit diesem Begriff nicht selten das Bild vom quasifaschistoiden Technokraten oder zumindest vom hinterhältigen Scharlatan verbunden.
Mit dem Scheitern der „wissenschaftsgestützten Politik" und dem Aufbrechen der von dieser Politik nicht bewältigten Probleme wandelte sich aber auch die öffentliche Meinung gegenüber der Wissenschaft und Technik überhaupt.

11.14. Wissenschafts- und Technikfeindlichkeit als Folge des Scheiterns der wissenschaftsgestützten Politik

Es ist irrig anzunehmen – wie dies sehr häufig geschieht – daß das Umschlagen des Meinungsklimas von Wissenschafts- und Technikgläubigkeit und -anhängertum zu Wissenschafts- und Technikskeptizismus Ausdruck einer neuen Romantik, einer Abkehr von materiellen Zielen zu ideellen Zielvorstellungen sei[26]). Eine „Analyse", die das behauptet, verwechselt Ursache mit Wirkung[27]). Denn tatsächlich entstand in den achtziger Jahren die „neue Romantik", die nicht selten mit heftiger Wissenschafts- und Technikfeindlichkeit verbunden ist, aus einer verzweifelten Reaktion auf das Scheitern der „wissenschaftsgestützten Politik" bei der Bewältigung anstehender Probleme[28]).
Dies liegt darin begründet, daß die Haltung der Menschen gegenüber der Behauptung der universellen Machbarkeit sich massiv geändert hat, weil die „wissenschaftsgestützte Politik" ihre überzogenen Versprechungen nicht zu halten vermochte. Indem die Sozial- und Wirtschaftswissenschaften in vielen Bereichen, in denen sie sich von den Massenparteien in Dienst nehmen ließen, scheiterten, weil sie sich am Wissenschaftsideal und an den Methoden der Naturwissenschaften und der Technik orientieren, gerieten auch Naturwissenschaft und Technik in Verruf. Gerade weil das Ideal von Naturwissenschaft und Technik so euphorisch zum Vorbild der Gesellschaftwissen-

schaften genommen wurde, schwand das allgemeine Vertrauen in die ersteren als die letzteren an vielen ihrer Ziele scheiterten.

11.15. Die alten Probleme kehren wieder zurück

Mit dem Scheitern der gesellschaftswissenschaftlichen Disziplinen an vielen ihrer Ziele geriet auch die Politik unter die Räder, die sich diesen Disziplinen gegenüber in eine hilflose Abhängigkeit begeben hatte, indem sie ihnen die Beschaffung aller Informationen über die Interessenlagen der Menschen und die Wirkungen politischer Maßnahmen auf die Lebensumstände dieser Menschen vollends übertrug. Denn an der Wende von den siebziger zu den achtziger Jahren[29]) spürten die Menschen das Desaster der „rational begründeten" Politik nur intuitiv oder sahen es am Beispiel des Symbols dieses Desasters, der Atomkraftdiskussion, bruchstückhaft, worauf sie ihre wachsende Aversion gegen alle Disziplinen, die die grundsätzliche „Machbarkeit" der Lösung von Problemen auf ihre Fahnen geschrieben hatten, intuitiv auch auf Naturwissenschaft und Technik ausdehnten. Nun aber wird uns unmittelbar bewußt, daß viele im Zeitalter der universellen Machbarkeit als gelöst angesehene Probleme plötzlich wieder virulent werden und daß sich damit viele Hindernisse, die wir auf dem Weg zum „größten Glück der größten Zahl" auf unserer Aufgabenliste bereits abgehakt hatten, plötzlich wieder deutlich bemerkbar machen.

Wir haben weiter oben angedeutet, daß die brachialen Spätfolgen, die sich für die politischen Massenparteien aus der ständig zunehmenden gesellschaftlichen Komplexität ergaben, und die im Zusammenbruch der Anwendbarkeit der Methode der klassifizierenden Aggregation ihren direkt spürbaren Ausdruck fanden, durch die Verbindung, die die Massenparteien mit der empirischen Sozialwissenschaft und der angewandten Gesellschaftswissenschaft eingegangen ist, eine zeitlang hinausgeschoben werden konnten. Die Einbuße an Selbstwertgefühl, die eine natürliche Konsequenz dieses Zusammenbruches für die Massenparteien bzw. für ihre Funktionäre gewesen wäre, konnte auf diese Weise über einige Jahrzehnte hinweg verhindert werden.

Nun aber, da es sich nicht nur erweist, daß viele als politisch gelöst angesehenen Probleme neu aufbrechen, sondern auch, daß ihre scheinbaren Lösungen unerwartete Zusatzprobleme aufwerfen, ist das Selbstwertgefühl der politischen Parteien und ihrer Funktionäre, die sich die Lösung dieser Probleme zugute gehalten hatten, ernsthaft bedroht. Tatsächlich beginnt die allgemeine Haltung der Menschen und das Meinungsklima von einem grundsätzlichen Mißtrauen gegenüber der Problemlösungskapazität der Politik überhaupt getragen zu werden.

11.16. Die durch die wissenschaftsgestützte Politik hervorgerufenen Zusatzprobleme

Die von uns genannten Beispiele aus hartnäckigen Problembereichen speisen diese Meinungsbildung zweifellos sehr deutlich:

Das Instrumentarium der Konjunkturpolitik, das den Wechsel von Hochkonjunktur und Stagnation abschwächen und eine kontinuierliche wirtschaftliche Entwicklung sicherstellen sollte, zeigte sich nicht nur hinsichtlich des zentralen Anliegens einer solchen Politik als erfolglos[30]), und zwar spätestens, als sich der als feststehend angenommene negativ korrelierte Zusammenhang zwischen Arbeitslosigkeit und Inflation als nicht existent erwies. Seine Anwendung rief vielmehr eine industrielle Strukturkrise hervor, an der wir noch lange zu tragen haben werden[31]).

Das als Endlösung für alle Fragen der sozialen Sicherheit und medizinischen Versorgung angesehene Sozialversicherungssystem ist nicht nur durch mangelnde Finanzierbarkeit in seiner momentanen Existenzform gefährdet[32]). Es hat darüber hinaus zu einer Verschärfung der Budgetkrise der öffentlichen Hand maßgeblich beigetragen[33]).

Die politische Beherrschung des landwirtschaftlichen Sektors durch Regelung der Preise für Güter aus diesem Sektor und durch garantierte Abnahmemengen hat nicht nur zur Errichtung von Überschußbergen nicht absetzbarer Produkte geführt, sondern letztlich auch zu einer gefährlichen Existenzbedrohung zahlreicher Bauern[34]).

Die egalitär ausgerichtete Schul- und Bildungspolitik versagte nicht nur in ihrem Versuch, den Kindern finanziell und sozial schwächerer Familien reelle Chancen für ihr berufliches Leben zu geben, da gerade die Hochbegabten dieser Schichten durch das Sinken des Niveaus in vielen Bereichen nicht profitieren konnten. Sie schuf zusätzlich das Problem einer Schwemme von Absolventen bestimmter Schulen und Hochschulen und die wachsende Unfähigkeit des Ausbildungssystems, den Anforderungen der Wirtschaft gerecht zu werden.

Schließlich ist die Frage unserer nationalen Identität, von der wir gedacht haben, daß sie nie wieder eine Rolle spielen wird, wieder mit besonderer Vehemenz aufgetaucht.

Zu diesen „alten“ Problemen gesellen sich neue, deren Komplexität die Problemlösungkapazität der Politik bzw. der Massenparteien offenbar ebenso übersteigt. Als Sammelbegriff für ein Problemfeld, das von besonderer Bedeutung ist, sei hier nur die „ökologische Frage“ angeführt[35]).

11.17. Das Ende der Problemlösungskapazität herkömmlicher Politik

All diesen Problemen steht die herkömmliche Politik der Massenparteien offenbar ziemlich ratlos gegenüber. Sie bleiben mehr oder minder ungelöst liegen und die Massenparteien stellen sich auf diesen Zustand in gewisser Weise ein. Dies ist eines der Kennzeichen der zeitgenössischen Szenerie, daß nämlich die dauernde oder lang anhaltende Unmöglichkeit der Lösung eines Problemes zum uneingestanden aber dennoch dominierenden Bestandteil politischer Denk- und Handlungsmuster und damit der politischen Kultur überhaupt geworden ist.

Und während zahlreiche Probleme de facto unangetastet bleiben, werden deren mediale Zerredung und die Ignoranz der tatsächlichen Problemursachen langsam zum tolerierten „Problemlösungsverfahren.“

Für das Thema dieses Kapitels ist es in erster Linie bedeutsam, daß die Prothesen, derer sich die politischen Parteien in Gestalt der empirischen Sozialforschung und der gesellschaftswissenschaftlichen Kausalitätsforschung bedienten, ihr abgestorbenes Sensorium letzlich nicht zu ersetzen vermochten. Diese Disziplinen waren aufgerufen, das Verfahren der klassifizierenden Aggregationen zu ersetzen, mit Hilfe dessen es in einer relativ einfach strukurierten Gesellschaft einigermaßen möglich war, die Interessen der Mitglieder hochgradig homogener großer Gruppen zu erkennen und zu befördern. Sie versagten aber bei ihrer Bestrebung, die politischen Parteien in ihrer Umwelt besser zu orientieren, weitestgehend.

B. Exkurs: Das Desaster der Ökonometrie

B. 1. Ökonometrie und das Exaktheitsideal szientistischen Wunschdenkens

Als besonders eindringliches Beispiel aus der Palette der Disziplinen, auf denen die „wissenschaftsgestützte Politik" ruhen sollte, sei nochmals „die Ökonometrie" betrachtet, die als Paradefall technizistischer Kausalitätsforschung angesehen werden kann. Sie galt als Hoffnungskind der politischen Massenparteien beim Ersatz der zweiten Seite jener Aufgaben, die einstens von der klassifizierenden Aggregation auf simultane Weise wahrgenommen wurden, nämlich der Beurteilung jener Wirkung auf die Interessen der Menschen, die durch den Einsatz einer politischen Maßnahme ausglöst wird.
Die Ökonometrie machte es sich zur Aufgabe, die quantitativen Beziehungen[36]) zwischen dem Einsatz eines bestimmten wirtschaftspolitischen Instruments bzw. der Durchführung einer politischen Maßnahme und der Veränderung signifikanter Meßdaten des Wirtschaftsgeschehens, die als für die Interessenlagen der Menschen relevant vorausgesetzt werden, mit den Mitteln der mathematischen Statistik zu untersuchen[37]). Ihre algorithmische Verfahrensweise und die Darstellung ihrer Ergebnisse in Form numerischer bzw. algebraischer Ausdrücke scheint dem Exaktheits- und Wissenschaftsideal der Naturwissenschaft[38]) in optimaler Weise zu entsprechen. Sie ist daher für viele diejenige Disziplin, welche Mittel hervorzubringen vermag, die als endgültige Lösung des Problems der Folgenab-

schätzung (wirtschafts-) politischen Tuns eingestuft werden können. Das ist gleichzeitig der Grund, weswegen die Ökonometrie von vornherein nicht als „wertfreie Wissenschaft" angesehen werden kann[39]). Sie ist nicht – wie etwa die Naturwissenschaft oder die theoretische Nationalökonomie – eine Disziplin zur bloßen Erklärung und Beschreibung einer vorgegebenen Wirklichkeit. Da es ihr Geschäft ist, die quantitativen Auswirkungen politischer Maßnahmen zu analysieren und der Politik ein entsprechendes Entscheidungsmaterial bereitzustellen, ist die Befürwortung politischer Interventionen im Ablauf wirtschaftlicher und gesellschaftlicher Vorgänge bereits ein Bestandteil ihrer Konzeption. Sie ist also keineswegs politisch jungfräulich oder im Hinblick auf die Wahl einer bestimmten wirtschaftspolitischen Philosophie neutral[40]).

Deshalb entspricht sie nicht nur dem Exaktheitsideal szientistischen Wunschdenkens, sondern auch dem Optimum an „Praxisrelevanz", d. h. an politischer Nutzbarkeit. Sie ist deshalb Gesellschaftstechnik in „lupenreiner" Form und Ausdruck eines kompromißlosen politischen Machbarkeitsdenkens.

Vergegenwärtigen wir uns dies an Hand ihrer Rolle in jenen Fällen, die wir bereits beispielhaft angeführt haben.

B. 2. Die Anwendungsgebiete der Ökonometrie

Für den Bereich der Konjunkturpolitik wurden zahlreiche ökonometrische Modelle entwickelt, die etwa das Ausmaß der Wirkung von staatlichen Zusatzinvestitionen auf das durch Multiplikatorprozesse vergrößerte Volkseinkommen oder die Stimulation des Investitionsvolumens durch eine bestimmte Vermehrung der Geldmenge untersuchen, und die damit die Zahl der Beschäftigten bzw. die Arbeitslosenzahl zur disponiblen Größe machen sollten.

Ähnliches gilt für eine allgemeine Untersuchung der Wirkungen der öffentlichen Nachfrage auf die Gesamtwirtschaft.

Im Sozialversicherungswesen und im Bereich der dafür vorgesehenen Budgetposten der öffentlichen Hand sollten übergreifende, auf die gesamte Volkswirtschaft ausgedehnte finanzmathematische Modelle einschlägige Prognosen ermöglichen und damit die Finanzierung der sozialen Sicherheit gewährleisten.

Ähnliches gilt für den landwirtschaftlichen Sektor, wo besonders die vermeintlichen indirekten Wirkungen der staatlichen Subventionierung diverser Produkte bzw. der Regelung der Preise etwa auf die Fremdenverkehrswirtschaft oder auf eine erhoffte Entlastung des Sozialsystems zum Gegenstand eifriger ökonometrischer Bemühungen wurden, die die politischen Interventionen rechtfertigen sollten.

In allen Fällen zeigten die entsprechenden Berechnungen konkrete Ergebnisse, aus denen eindeutige Ratschläge und Handlungsaufträge für die Politik abgeleitet wurden. Einige Begriffe schmückten die Konklusionen derjenigen, die sich auf ökonometrische Untersuchungen beriefen, besonders häufig. Zu ihnen gehören die Termini „Umwegrentabilität", „volkswirtschaftlicher oder gesamtwirtschaftlicher Nutzen", „soziale Kosten" u. ä. Bezeichnenderweise beziehen sich diese Begriffe alle auf die Interessenlagen großer Gruppen oder gar von Großteilen der Angehörigen eines volkswirtschaftlichen Systems. Dies entspricht voll und ganz dem Bedürfnis der Massenparteien, das „größte Glück der größten Zahl" auf dem Weg über die Beförderung der Interessen großer Gruppen anzupeilen und ihre Maßnahmen auf der Basis von Informationen über die Zustände und Eigenschaften derartiger Aggregate zu treffen.

B. 3. Der Grundirrtum quantitativer Kausalitätsforschung

Genau hier findet sich der Grund für das Scheitern der Ökonometrie und gleichzeitig der Grundirrtum aller sozial- und wirtschaftswissenschaftlichen Verfahren, die nach Kausalrelationen zwischen Aggregaten[41]) in sozialen Systemen oder zwischen bestimmten politischen Maßnahmen und den Veränderungen solcher Aggregate suchen und dies auf exakte quantitative Weise darstellen wollen. Denn für die Aufstellung solcher quantitativer Beziehungen sind Daten erforderlich, die einen objektiven Charakter aufweisen und in nachvollziehbarer Weise meßbar sein müssen. Die Ökonometrie bedient sich einerseits in Geldeinheiten ausgedrückter Bestands- oder Bewegungsgrößen, wie etwa Volks- oder Gruppeneinkommen[42]), Vermögen, Investitionsvolumina, Konsumausgaben etc. und kombiniert diese andererseits mit physisch bzw. demoskopisch meßbaren Größen wie Produktionsoutputs oder Beschäftigtenraten. Die in aggregierten Geldgrößen dargestellten Daten, die in ökonometrischen Modellen eine Schlüsselposition einnehmen, kennzeichnen wirtschaftliche Aktivitäten von großen Gruppen (z. B. Konsum, Investition) oder die Resultate solcher Aktivitäten in der Vergangenheit (z. B. Vermögen). Sie scheinen damit die zu Geld gewordenen Eigenschaften von sozialen Aggregaten, d. h. von Gruppen, denen ein einheitliches Bewegungsmuster im Wirtschaftsprozeß unterstellt wird, zu sein. Realistisch ist es aber, wenn wir sagen: Derartige Daten sind das Resultat einer Aggregation von individuellen, in Geldeinheiten meßbaren Aktivitäten zu globalen Geldgrößen, welche die wirtschaftlichen Aktivitäten von Gruppen kennzeichnen sollen.

Das heißt aber völlig unzweideutig, daß derartige Daten keine Angaben über die Beweggrößen des Wirtschaftsprozesses, also über die einzelnen Handlungen der wirtschaftenden Individuen und die diesen Handlungen zugrunde liegenden Motive machen, sondern nur über die Wirkungen dieser Beweggrößen (d. h. der Handlungen), die allein durch ihre gemeinsame Darstellung in Geldeinheiten zu Globalgrößen aggregiert werden können[43]). Nur auf diese Weise können verschiedene Handlungen, denen völlig verschiedene Motive zugrunde liegen und die völlig verschiedenen Interessenlagen korrespondieren, zu einheitlichen Daten zusammengefaßt werden.

Das hat zunächst einmal zur Folge, daß Beziehungen zwischen solchen Daten bestenfalls dann einen Schluß auf kausale Abhängigkeiten zulassen, wenn wir fingieren, daß die diesen Daten zugrunde liegenden Handlungsmotive bzw. Interessenlagen über den jeweiligen Betrachtungszeitraum hinweg unverändert bleiben[44]).

Was bedeutet diese Feststellung im Hinblick auf unsere Erkenntnis, daß sich die großen Gruppen im Zuge stetig wachsender gesellschaftlicher Komplexität auflösen und zu existieren aufhören? Was bedeutet es also für die Daten, die in ökonometrischen Modellen Verwendung finden, wenn die großen Gruppen der Gesellschaft, die ihre Existenz der Homogenität der Interessenlagen ihrer Mitglieder verdanken, aufhören, reale Ganzheiten zu sein, weil ihre (ehemaligen) Mitglieder – wie wir oben eingehend beschrieben haben – ihre Bedürfnisse unter zunehmend verschiedenen Bedingungen oder in zunehmend verschiedenen Situationen befriedigen, d. h. keine gemeinsamen Interessenlagen mehr besitzen?

B. 4. Daten in der Ökonometrie: keine Information über Kausalzusammenhänge

Das bedeutet, daß diese Daten keine Informationen über die Beziehungen zwischen den unterschiedlichen Interessen verschiedener Gruppen oder zwischen bestimmten politischen Maßnahmen und dem Ausmaß der Beförderung verschiedener Interessen bereitstellen, weil die zu globalen Geldgrößen aggregierten Handlungsursachen trotz ständig veränderter Handlungsmotive und Interessenlagen der mit diesen Daten erfaßten Handlungssubjekte u. U. unverändert bleiben oder sich nur unwesentlich ändern[45]). Es gibt also keinen Zusammenhang zwischen den eigentlichen Ursachen der Bewegung des Wirtschaftsprozesses, nämlich den individuellen wirtschaftlichen Handlungen bzw. den ihnen zugrunde liegenden Handlungsmotiven und Interessenlagen und den Veränderungen, die die Daten, die in ökonometrischen Modellen verwendet werden[46]), erfahren.

Die Beziehungen zwischen den Daten in solchen Modellen spiegeln daher nie Ursache-Wirkungs-Relationen zwischen Bestandteilen der wirtschaftlichen Wirklichkeit wider[47]). Wenn sich solche Beziehungen über einen bestimmten Zeitraum hinweg als konstant erweisen sollten, liegen bloß zufällig-korrelative Zusammenhänge vor, die nur so lange Gültigkeit besitzen, als bestimmte – unerkannte und uneingestandene – Randbedingungen existieren[48]).

Dies ist der Grund, weswegen die Ökonometrie als gesell-

schaftswissenschaftliche Kausalitätsanalyse auf solch desaströse Weise versagt hat. Tatsächlich mißlang es ihr vollständig und in allen praktischen Belangen, stabile Instrumente zur Beurteilung der Wirkungen wirtschaftspolitischer Maßnahmen auf die Interessen der Staatsbürger bereitzustellen, und sich damit auf Dauer als verläßliches Hilfsmittel für die Verwirklichung einer „vernunftbegründeten Politik" zu profilieren.
Das liegt jedoch keineswegs an der handwerklichen Unqualifiziertheit der Ökonometriker, etwa an der logischen Inkonsistenz ihres formalen Apparates, an der schlampigen Adaption mathematischer Methoden oder an mangelnder Akribie, mit der die erhobenen Daten in die Modelle eingearbeitet werden. Denn der Schlüssel zum Grundirrtum dieses und ähnlicher Verfahren ist im spezifisch szientistischen Verständnis dieser Art von „vernunftbegründeter Politik" gelegen, die sich der Unterstützung der empirischen Sozialforschung und der gesellschaftswissenschaftlichen Kausalitätsforschung bedient.
Da es sich dabei um ein allgemeines Problem handelt, dessen Diskussion uns in den Kernbereich der Problematik der Wirtschafts- und Sozialwissenschaften führt, wollen wir diese Frage im umfassenden Kontext eines eigenen Kapitels behandeln.

12. GESELLSCHAFTLICHE ENTSCHEIDUNGSPROZESSE: EIN SCHLÜSSELPROBLEM DER SOZIALWISSENSCHAFTEN

12.1. Das „Machbare" in den Wirtschafts- und Sozialwissenschaften

Mit unserer Kritik an der wissenschaftsgestützten Politik wollen wir keineswegs einen Aufruf zur politischen Irrationalität tätigen. Es wäre falsch, aus dem Umstand des Scheiterns jener Disziplinen, die es sich zur Aufgabe gemacht haben, die Wunschvorstellungen der Menschen zu eruieren und die Wirkungen politischer Maßnahmen auf die Lebensumstände dieser Menschen zu quantifizieren, die Unmöglichkeit jeder wissenschaftlichen und systematischen Beschäftigung mit politischen Belangen abzuleiten und für völlig willkürliche politische Entscheidungen zu plädieren, d. h. „Politik aus dem Bauch" machen zu wollen. Dies wäre mit dem Fehler ident, die Disziplinen, die sich als verlängerte Sinnesorgane der Politik zu profilieren versuchen, mit den Gesellschafts- und Sozialwissenschaften überhaupt gleichzusetzen.
Tatsächlich sind diese Fächer nur ein Teil jenes umfassenden Gebietes, das sich mit den Auswirkungen menschlicher Handlungen auf der überindividuellen Ebene beschäftigt. Dieses Gebiet umfaßt selbverständlich nicht nur die empirische Meinungsforschung, die Ökonometrie etc., sondern auch die theoretische Analyse der grundsätzlichen Zusammenhänge komplexer gesellschaftlicher Beziehungsgeflechte. Diese Disziplin kann jedoch aus wissenschaftstheoretischen Gründen, die wir hier nicht erläutern können, niemals über eine Erklärung der qualitativen Relationen und Entwicklungstendenzen des gesellschaftlichen und politischen Gefüges hinausreichen[1]) und der Politik etwa Anweisungen zur Beförderung konkreter Interessen bzw. Befriedigung konkreter Bedürfnisse geben.
Sie kann daher niemals direkte Hilfswissenschaft für die Poli-

tik im engeren Sinn des Wortes sein, nämlich als eine Disziplin, die keinen eigenständigen Erkenntniszweck besitzt, der über die konkrete Indienstnahme seitens der Politik hinausgeht. Sie kann aber der Politik sagen, welche Maßnahmen diese auf keinen Fall treffen darf und welcher Organisationsprinzipien sie sich bedienen muß, damit sie in der zunehmend komplexer werdenden Industriekultur lebensfähige Gebilde hervorzubringen vermag.

Das scheint uns als Kindern des wissenschaftlichen Zeitalters vielleicht nicht sehr viel zu sein, da wir gewohnt sind, eine exakte angewandte Sozial- und Wirtschaftswissenschaft für eine sich bald realisierende Vision zu halten, in der wir gesagt bekommen, welche konkreten politischen Entscheidungen wir zu treffen haben, um bestimmte Interessen zu fördern und bestimmte Bedürfnisse zu befriedigen. Doch ist es bedeutend mehr als das, was wir erhalten, wenn wir unsere Energie weiter mit dem Versuch verschwenden, „das größte Glück der größten Zahl" mit einer Kombination von alter Massenpartei und neuer „angewandter Gesellschaftswissenschaft" verwirklichen zu wollen.

In diesem Kapitel wollen wir einige Kernprobleme unserer modernen Industriezivilisation und ihre Relevanz für die Massenparteien diskutieren. Diese Probleme fallen mit einigen Schlüsselproblemen der Sozialwissenschaften zusammen.

Wir wollen diese Diskussion auf der Basis des methodologischen Individualismus und in Hayeks Sinn einer „Erklärung des Prinzips" durchführen.

12.2. Werte der Individuen sind Daten der Sozialwissenschaften

Das sich in der Ökonometrie widerspiegelnde Verständnis der „vernunftbegründeten Politik" basiert – wie wir bereits dargestellt haben – auf der Annahme, daß wir Daten verfügbar machen können, deren Verarbeitung uns befähigt, die anstehenden Probleme zu lösen[2]). Oder anders ausgedrückt: Die Idee dieser Art von „vernunftbegründeter Politik" besagt, daß die Lösung eines politischen Problems darin besteht, alle Daten, die das Problemfeld charakterisieren, zu sammeln und aufzuarbeiten. Jedes politische Problem ist demnach gelöst, wenn wir alle Informationen besitzen, die einem solchen Problem zugrunde liegen[3]). Die richtigen politischen Entscheidungen zu treffen ist demnach eine Frage des Besitzes des relevanten Wissens.

„Wissen ist Macht", lautet der epochemachende Wahlspruch Francis Bacons, der auch zum Leitmotiv des politischen Tuns der Massenparteien, insbesondere der Sozialisten, wurde. „Vollständiges Wissen ist vollständige politische Machbarkeit", könnte man den Kern der Idee der „vernunft- und wissenschaftsbegründeteten Politik" benennen, der ganz im Sinne der Baconschen Tradition zu verstehen ist.

Die Daten, die ein solches Wissen zu konstituieren in der Lage wären, müßten gleichzeitig objektiv erfaßbar sein und alle jene Informationen beinhalten, die das Wesen aller relevanten wirtschaftlichen und gesellschaftlichen Zustände und Prozesse ausmachen. Doch genau dies – die Erfüllung dieser beiden Bedingungen – ist im Bereich der Sozial- und Wirtschaftswissenschaften und damit im Bereich der Politik, ein Ding der Unmöglichkeit.

Denn wenn die relevanten wirtschaftlichen und gesellschaftlichen Zustände und Prozesse durch das Zusammenspiel bzw. das Spannungsfeld von Bedürfnissen und Motiven, die die Individuen innerhalb bestimmter Interessenlagen zu konkreten zielorientierten Handlungen veranlassen, bestimmt sind, sind die zentralen „Daten" aller sozialen Geflechte individuelle Werturteile[4]). Diese sind – in ausdrücklicher oder nichtausdrücklicher, in bewußter oder vorbewußter Form – der wesentliche Bestandteil aller Handlungen, in denen jedes Individum eine Reihung der Gewichte von Bedürfnissen, Motiven und Beurteilungsergebnissen relevanter Merkmale der Interessenlage vornimmt und damit aus der Vielzahl aller möglichen Handlungen eine konkrete „auswählt"[5]) und zur Durchführung bringt.

12.3. Das Aufeinandertreffen individueller Präferenzordnungen ist das zentrale Element des menschlichen Zusammenlebens

„Handeln ist Wählen“[6]), meint Ludwig von Mises und definiert damit im Grunde das Programm aller möglichen Gesellschaftswissenschaft und gleichzeitig die Grenzen aller Politik. Denn da alles, womit es die Wirtschafts- und Sozialwissenschaft zu tun hat, das Resultat des Zusammenwirkens individueller Handlungen oder das Ergebnis einer Zusammenfassung der Resultate individueller Handlungen darstellt[7]), ist das Bewerten von Dingen, sind also individuelle Präferenzordnungen und das Aufeinandertreffen solcher Präferenzordnungen das zentrale Element des menschlichen Zusammenlebens und der Politik.

Das Urproblem der modernen Politik, das sich zur Zeit der Gründung der Massenparteien ebenso stellte wie heute, nämlich die Konfrontation gegensätzlicher Interessen und die Notwendigkeit ihres Ausgleichs, ist somit ein Problem der unterschiedlichen Bewertung bestimmter politischer Konstellationen bzw. bestimmter politischer Maßnahmen und deren Auswirkungen seitens verschiedener Individuen.

Wir können feststellen, daß verschiedene Menschen bestimmte politische Konstellationen und politische Maßnahmen aus zweierlei Gründen unterschiedlich beurteilen können. Erstens weil sich diese Konstellationen und Maßnahmen – wie wir weiter oben (Kapitel 5) bereits ausgeführt haben – bei unterschiedlichen Interessenlagen auf die Befriedigbarkeit gleicher oder ähnlicher Bedürfnisse völlig verschieden auswirken. Und zweitens weil sie bei gleichen oder unterschiedlichen Interessenlagen auf Grund unterschiedlicher Bedürfnishierarchien und damit unterschiedlicher Präferenzordnungen[8]) von verschiedenen Individuen völlig verschieden beurteilt werden können[9]).

Auf diese Weise kann ein und dieselbe Maßnahme in das Nutzengefüge einer Anzahl von Menschen, denen eine bestimmte Interessenlage gemeinsam ist, in völlig unterschiedlicher Richtung und unterschiedlichem Ausmaß eingreifen. Deshalb kann

eine solche Maßnahme auf Personen mit gleicher Interessenlage und schon gar auf solche mit verschiedenen Interessenlagen eine gänzlich unterschiedliche Wirkung ausüben.
Wir haben in Kapitel 5 festgestellt, daß sich aus der Situation, in der sich eine Person befindet, mit Hilfe eines Rekurses auf die eigene Bedürfnisstruktur des Betrachters und damit auf die eines „normalen", durchschnittlich gearteten Menschen auf die Bedürfnislage dieser Person schließen läßt, wenn die Situation bestimmt genug ist, um dies zuzulassen. Wenn wir jemanden sehen, der seit Tagen keine Gelegenheit mehr hatte, etwas zu trinken, so werden wir – haben wir an dieser Stelle geschlossen – annehmen, daß ihn Durst quält und er das Bedürfnis nach Flüssigkeit hat.

12.4. Die Komplexität der Gesellschaft und die Ordnung der Wahlakte

Doch je weniger bestimmt die Situation ist, d. h. je mehr die einfach zu befriedigenden Bedürfnisse, die den meisten Menschen gemeinsam sind[10]), befriedigt sind, und je komplexer die Bedingungen sind, unter denen die Menschen ihre Bedürfnisse befriedigen, desto weniger ist es möglich, von dieser Situation unter Rekurs auf die Bedürfnisstrukturen eines typisch empfindenden Menschen auf die tatsächlichen aktuellen Bedürfnisse der von dieser Situation betroffenen Individuen zu schließen. Je komplexer eine Situation ist, desto größer ist die Zahl der möglicherweise auftretenden Bedürfnisse und damit die Zahl der Wertungen, die notwendig sind, um den Nutzen eines konkreten Gutes beurteilen und in ein konkretes Nutzenkalkül einbauen zu können. Je komplexer eine Situation also ist, desto komplexer muß auch die Ordnung der Wahlakte sein, die die Haltung eines Individuums gegenüber einem zu bewertenden Zustand bestimmt, eine Ordnung, die allein das Individuum befähigt, in dieser komplexen Situation zu handeln.
Und je weniger bestimmt eine Situation ist, desto weniger ist es möglich, aus einer Interessenlage, also aus den Bedingungen, unter denen ein Individuum handelt, auf dessen Haltung gegenüber den Wirkungen einer politischen Maßnahme zu

schließen, die – genauso wie jedes andere Gut – einer individuellen Bewertung ausgesetzt ist und in eine Präferenzordnung eingepaßt werden muß. Je weniger bestimmt eine Situation also ist, desto weniger nachvollziehbar wird für den Beobachter die spontane Bewertung von Gütern, also auch von politischen Maßnahmen, deren Wirkungen in das Nutzengefüge der Menschen eingreifen.

12.5. Der Datumscharakter von Präferenzordnungen

Wir können die Entstehung von Bedürfniskonstellationen der Menschen im Detail weder nachvollziehen noch prognostizieren, und die Entscheidungen, die die Menschen treffen, wenn sie nach Mitteln suchen, um ihre Bedürfnisse zu befriedigen, entziehen sich letztlich unserem Verständnis. Die Präferenzordnungen der Menschen haben daher für den wissenschaftlich arbeitenden Analytiker immer Datumscharakter, d. h. sie müssen als gegeben angenommen werden. Das gilt um so mehr, wenn die Präferenzordnungen einer großen Zahl von Menschen im Spiel sind, wenn also die Wertungen, die viele Menschen zu einem Problem hegen, auf der gesellschaftlichen Ebene aufeinandertreffen.

Daten dieser Art erfüllen keineswegs jene Bedingungen, die den Daten, die der Ökonometriker oder jeder anderequantitativ orientierte gesellschaftswissenschaftliche Kausalitätsforscher benötigt, zu eigen sein müssen. Sie sind zwar objektiv insofern ihre Wirkungen, die Folgen von Handlungen, die auf diesen Präferenzordnungen ruhen, objektive Wirklichkeit schaffen und im Prinzip vom Sozialwissenschaftler studierbar sind; sie sind aber gleichzeitig subjektiv, insofern sie Ausdruck individueller Bedürfniskonstellationen sind und sich damit jeder Meßbarkeit entziehen[11]).

Wenn wir nicht bereit sind, diese spezifischen Eigenschaften der Grundelemente aller gesellschaftlichen Zusammenhänge zu beachten, werden wir nie verstehen, welcher Natur die politischen Probleme sind, an denen die „wissenschaftsgestützte Politik" und ihre professionellen Prothesen, die Instrumente der angewandten Gesellschaftswissenschaften, so umfassend gescheitert sind. Und wir werden dann auch nicht verstehen, wieso die „exaktesten Analysen“ zu einer Lösung vieler großer politischer Probleme nichts beitragen konnten. Genau das meinen Hayek[12]) und auch Buchanan, wenn sie sagen, daß die wesentlichen Probleme unseres Zusammenlebens keine Probleme der Wissenschaft sind, sondern solche von Wertungen[13]).

12.6. Güter höherer Ordnung und komplizierte Wertungsketten

Die Situationen, in denen die typischen politischen Probleme zur Debatte standen, an denen die „wissenschaftsunterstützte Politik“ seit den siebziger Jahren gescheitert ist, waren und sind gemäß unserer Definition in äußerst hohem Maße unbestimmmt. Aus ihnen kann daher nicht auf konkrete Bedürfniskonstellationen geschlossen werden. Ein dichtes Geflecht von mannigfaltigen Beziehungen sorgt für einen hohen Komplexitätsgrad, und die Befriedigung vieler der Bedürfnisse, die den Menschen gemeinsam sind, ist im Alltagsvollzug gesichert und stellt daher kein Problem dar.

In einer solchen Situation wird die Haltung der Individuen gegenüber Gütern höherer Ordnung[14]), d. h. gegenüber solchen Gütern, die ein relativ entferntes Mittel zur Hervorbringung eines Gutes, das direkt zum Konsum geeignet ist, durch eine komplizierte Kette von Wertungen bestimmt[15]). Die Beurteilung eines solchen Gutes wird so in eine vielschichtige Präferenzordnung eingefügt, die nur für das bewertende Individuum vollständig evident ist.

Viele der politischen Maßnahmen, an denen die hier kritisierte „wissenschaftsgestützte Politik“ scheiterte, haben die Bereitstellung von Gütern zum Gegenstand, die als typische Beispiele für Güter höherer Ordnung betrachtet werden können. Die Diskussion um die zivile Nutzung der Atomkraft soll hier wieder als Paradefall erwähnt werden. Anhand dieses Falles kann das Problem, um das es hier geht, deshalb so klar dargestellt und verdeutlicht werden, weil sich hier nicht nur sozialwissenschaftliche Kausalitätsforscher zu Wort gemeldet haben, die sich berufen fühlten, die „objektive Notwendigkeit“ eines

Baues oder einer Verhinderung von Kernkraftwerken zu „beweisen“, sondern auch eine Vielzahl von Naturwissenschaftlern, die sich mit ihren Expertisen alle auf den neuesten Stand ihrer Disziplinen beriefen. Geologen, Topologen, Biologen, Statiker, Strahlenphysiker und Mediziner sind nur einige der Fachleute, die einen entsprechenden Beitrag leisteten.

Doch sie alle waren nicht fähig, das Entscheidungsproblem zu lösen, weil es sich dabei letztlich um ein Problem der Konfrontation unterschiedlicher Präferenzordnungen handelt. Ohne in denselben Fehler wie die sozialwissenschaftlichen Kausalitätsforscher zu verfallen und die Wertungen rational zerlegen zu wollen, möchten wir das Problem verdeutlichen, indem wir einen charakteristischen Teilaspekt einer derartigen Wertentscheidung im Prinzip betrachten, mit der der subjektive Bestandteil des Problemes offen hervortritt.

12.7. Die Entscheidung erfolgt auf der Basis subjektiver Zeit- und Risikopräferenzen

Neben vielen anderen Punkten wird von jedem Individuum in der AKW-Entscheidung letztlich auch die Frage beantwortet, was denn nun höher zu bewerten sei: billiger Strom aus Kernkraftwerken, dessen Kostenvorteil mit dem – wenn auch noch so kleinen – Risiko eines Supergaus oder anderer katastrophaler Folgen technischer Gebrechen erkauft wird, oder teurer Strom aus konventionellen Kraftwerken, unter Berücksichtigung der ökologischen Folgewirkungen, die aus deren Betrieb resultieren, oder aber noch teurere Bereitstellung von Energie durch den Verzicht auf den Bau jedes neuen Großkraftwerkes und durch starke relative Verknappung des Energieangebotes.

Es ist richtig, daß die Beantwortung dieser Frage durch Informationen seitens der genannten Disziplinen oder durch eine einseitige Berichterstattung der Medien, d. h. durch eine Aufheizung des Diskussionsklimas etc., wesentlich beeinflußt werden kann. Das ändert jedoch nichts an der Tatsache, daß die „Lösung“ des Problems ausschließlich eine Frage der Bewertung der einander gegenübergestellten Möglichkeiten ist[16]).

Und in dieser Bewertung wird neben anderen Komponenten die Frage eine dominierende Rolle spielen, ob das jeweils bewertende Individuum risikoavers oder risikofreudig ist. Die Bewertung hängt also davon ab, wie groß das geschätzte Risiko sein darf, welches das Individuum zu tolerieren bereit ist, um in den Genuß eines feststehenden, sicher zur Verfügung stehenden Vorteils zu gelangen, oder – umgekehrt formuliert – wie groß ein mit Sicherheit bereitgestellter Vorteil sein muß, damit ein bestimmtes Risiko in Kauf genommen wird.
Die Risikopräferenz ist daher der Inbegriff der Subjektivität[17]) und entzieht sich in ihrer Spontaneität vollständig einer „rationalen" Begründbarkeit. Ähnlich wie die Zeitpräferenz, in der die Haltung des Individuums gegenüber einer Abwägung von Gegenwartsgütern und Zukunftsgütern[18]), also etwa von weniger wertvollen Vorteilen der Gegenwart und wertvolleren Vorteilen in der Zukunft, kann es auch hier kein – noch so kompliziertes und exaktes – Verfahren geben, das eine diesbezügliche subjektive Bewertung durch das Individuum zu ersetzen vermag.
Jeder Glaube, wonach sich das Problem auflöst bzw. die automatisch anfallende Lösung nur noch politisch exekutiert zu werden braucht, wenn alle objektiv vorhandenen Informationen von den in Frage kommenden wissenschaftlichen Disziplinen verfügbar gemacht werden, beruht auf einer vollkommenen, grundsätzlichen Fehleinschätzung des Wesenskerns derartiger Probleme. Er ist von jener falschen Wissenschaftsgläubigkeit, die die Wesenszüge des spezifisch Menschlichen aus ihrem Programm ausklammert.
Wissenschaft und Informationsbeschaffung vermögen das Gewicht der einander gegenübergestellten Alternativen in den Augen des bewertenden Individuums zu verändern, indem sie mehr und hochwertigeres Wissen über die Wirkungen bereitstellen, die mit der Durchführung von jeweils einer der zur Auswahl stehenden Alternativen für das Individuum verbunden werden. Sie können damit wertvolle Hilfe der Entscheidungsvorbereitung sein. Sie vermögen aber niemals die möglichen Wirkungen – etwa von politischen Maßnahmen – auf das

Individuum zu bewerten und damit die Entscheidung selbst zu treffen.

12.8. Ein Grundproblem arbeitsteilig funktionierender Gesellschaften

Ein Grundproblem aller arbeitsteilig funktionierenden Gesellschaften tritt dann auf, wenn die Präferenzstrukturen verschiedener Individuen aufeinander treffen.

Für die Entscheidung über den Erwerb von Gütern, in deren Genuß nur derjenige kommt, der freiwillig als Käufer auftritt, und deren Genuß nur derjenige verliert, der sie freiwillig als Verkäufer abstößt, hat unsere Zivilisation den Marktmechanismus entwickelt, durch den die Präferenzordnungen aller beteiligten Partner in Marktpreise transformiert werden, die von allen Kontraktwilligen als Kompromiß akzeptiert werden.

Dieses Verfahren der Abstimmung individueller Präferenzstrukturen bewährt sich, wo es gilt, die Verfügungsgewalt über ein ganz bestimmtes Mittel auf eine ganz bestimmte Person zu übertragen und die (positiven und negativen) Wirkungen, die von diesem Mittel ausgehen, derselben Person zuzuordnen. Das ist bei solchen Gütern der Fall, deren technisches Wesen und juristische Stellung so geartet sind, daß ihre Nutzung oder ihr Verbrauch einerseits die ausschließliche Verfügungsgewalt voraussetzt und andererseits mit der Verantwortung für die Folgen verknüpft ist, die mit der Nutzung oder dem Verbrauch dieses Gutes verbunden sind. Dies gilt für alle Güter,

1.) von deren Genuß Personen, die dafür keine entsprechende Gegenleistung erbringen, ausgeschlossen werden können[19]),
2.) die auch dann wirtschaftlich bereitgestellt werden können, wenn sich nicht die Gesamtheit der Bürger eines Wirtschaftsraumes dem Konsum dieses Gutes anschließt,
3.) wenn die Folgen der Nutzung oder des Verbrauches nur den freiwilligen Erwerber betreffen, oder wenn sie zumindest so überschaubar sind, daß sich die Betroffenen am Verursacher schadlos halten können[20]).

Das trifft zweifelsohne für einen nicht unbeträchtlichen Teil

der in unserer technisch-industriellen Zivilisation produzierten Güter zu.
Wo die genannten Voraussetzungen gegeben sind, besteht die Tendenz, daß sich Marktpreise für diese Güter bilden, die die Bereitstellung und den Konsum dieser Güter zu Bedingungen ermöglichen, die mit den Präferenzordnungen aller Beteiligten bzw. aller von der Bereitstellung und dem Konsum dieser Güter Betroffenen vereinbar sind.

12.9. Schwierigkeiten der Präferenzabstimmung und der Omnikompetenzanspruch der Politik

Es gehört zu den Charakteristika der modernen Politik, daß sie – entsprechend ihrem Omnikompetenzanspruch und der Tendenz zur Machtausdehnung der politischen Parteien – von vornherein alles zu ihrem Gegenstand und Arbeitsgebiet erklärt, was diese genannten Vorraussetzungen nicht von sich aus und automatisch erfüllt. So wurden wir es im Zuge der Entwicklung der Industriekultur im Einflußbereich dieser Art von Politik gewohnt, daß die Bereitstellung einer neuartigen Leistung immer dann nahezu mechanisch in den Zuständigkeitsbereich der Politik verwiesen wurde, wenn eine der drei genannten Voraussetzungen nicht von vornherein gegeben war.
Das Sozialversicherungswesen, das Schul-, Universitäts- und weite Teile des sonstigen Ausbildungswesens, das Geldwesen und weite Bereiche dessen, was man heute großzügig als „Infrastruktur" zu bezeichnen pflegt – also etwa Transportnetze, Stromversorgung, Post- und Telegraphenwesen – können hier als einschlägige Beispiele angeführt werden.
Dabei wurde praktisch nie überlegt, ob es nicht auf die eine oder andere Weise möglich wäre, die vielleicht nicht von vornherein vorhandenen Voraussetzungen zu schaffen und eine Bereitstellung dieser Leistungen im Rahmen des Marktmechanismus zu ermöglichen. Auf diese Weise wurden viele neue Bereiche von der Politik absorbiert. Dies ist – neben der politischen Beförderung von Sonderinteressen und ihrem unkontrollierten Wildwuchs, wie wir ihn oben beschrieben haben, – eine weitere Ursache für die Ausdehnung der Politik in alle Lebensbereiche.

Für unsere Zwecke einer Untersuchung des Verfalls der Massenparteien und jener Art von Politik, die von ihnen getragen wird, ist es jetzt wesentlich zu fragen, wie die Einbeziehung von Bereichen, deren Eigenschaften nicht bedingungslos für eine Inkorporation in das Marktgeschehen sprechen, in den Zuständigkeitsbereich der Politik zum Scheitern dieser Politik beitrug. Wir müssen die Frage so stellen, daß der Zusammenhang zwischen dem Wesen der hier behandelten politischen Probleme und dem von uns behandelten Grundproblem, nämlich der immer deutlicher schwindenden Möglichkeit der politischen Massenparteien, die Wirkungen ihrer politischen Maßnahmen auf die Interessen der Staatsbürger feststellen zu können, deutlich wird.

Machen wir uns dazu zunächst klar, daß es in vielen der klassischen Fälle, in denen die Politik sich auf die Unterstützung der angewandten Gesellschaftswissenschaften oder anderer wissenschaftlicher Disziplinen berief, um die Bereitstellung oder Nichtbereitstellung von solchen Gütern ging, die die Voraussetzungen, die wir für eine Harmonisierung der Präferenzen im Marktgeschehen genannt haben, unter den jeweils gegebenen Bedingungen nicht von sich aus aufwiesen. Da es aber für die Politiker den Eindruck machte, daß die Bereitstellung dieser Güter etwas zum „größten Glück der größten Zahl" beitragen konnten, fühlten sie sich eingeladen, sich ihrer zu bemächtigen und die Entscheidung über die Maßnahmen, die zur Bereitstellung dieser Güter nötig sind, zu einem politischen Akt zu erklären.

12.10. Der Mangel eines politischen Verfahrens zur Abstimmung individueller Präferenzen

Ziehen wir nochmals die Frage der Nutzung der Kernkraft für zivile Zwecke als Beispiel heran, da sie alle Kriterien einer derartigen Konstellation aufweist. Unter den rechtlichen Voraussetzungen eines einheitlichen staatlichen Stromnetztes sind Kernkraftwerke nur dann (wirtschaftlich) bereitzustellen, wenn die Gesamtheit der Bürger des nationalen Wirtschaftsraumes mit Strom versorgt wird, der (auch) aus dem Kernkraftwerk stammt oder der deshalb verfügbar ist, weil ein Teil der Abnehmer mit Strom aus dem Kernkraftwerk versorgt wird. Und die Folgen bzw. Risken der Nutzung betreffen auch diejenigen, welche einer Errichtung des Kraftwerkes nicht freiwillig beigetreten sind.

Somit scheinen zwei der drei Voraussetzungen, deren Erfüllung eine Entscheidung über die Verwendung eines Gutes im Rahmen einer Marktstruktur ohne weiteres möglich macht, im Fall des Gutes „Kernkraftwerk“ nicht gegeben zu sein. Ohne weitere Voraussetzungen kann also keine marktimmanente Lösung zustandekommen, in die die Prioritätsordnungen aller Beteiligten eingegangen sind.

Der springende Punkt für uns ist aber, daß die Politik, die sich dieses Problems annimmt, und die betreffende Frage zu einer politischen Frage erklärt, ihrerseits über kein Verfahren verfügt[21]), mit Hilfe dessen den verschiedenen Präferenzordnungen der Individuen Rechnung getragen werden kann[22]). Mit dem Verlust der Effizienz der Methode der klassifizierenden Aggregation ist es den Massenparteien nicht einmal mehr möglich zu erkennen, ob die Entscheidung für eine der vorhandenen Problemlösungsvarianten auch nur einer Gruppe der Beteiligten, der Klientel dieser Massenpartei, nützt oder nicht. Das ist das Problemfeld, in dem die Politik sich genötigt sieht, die Entscheidung de facto an die „angewandten Gesellschaftswissenschaften“ abzugeben, und zwar verbunden mit allen Schwierigkeiten, die wir oben beschrieben haben.

12.11. Die Leistungen des Marktes bei der Abstimmung individueller Präferenzen

Der Markt ist immer ein Tummelplatz individueller Wertungen und Haltungen und damit von individuellen Präferenzordnungen und Zielvorstellungen. Vom seltenen Fall der einstimmigen Beschlußfassung einer großen Gruppe abgesehen ist der Markt das einzige uns bekannte Verfahren, in dem die Wertungen einer großen Zahl von Menschen simultan und gleichermaßen Berücksichtigung finden, und in dem die Präferenzordnungen dieser Menschen hinsichtlich notwendiger

Entscheidungen über die Verwendung wirtschaftlicher Güter harmonisiert werden können.

Im Marktprozeß sind „die Mengen der verschiedenen produzierten Güter und die für sie bezahlten Preise insgesamt kompromißhafte Resultate, in denen das Kräftespiel dieser Millionen Entscheidungen zum Ausdruck kommt, wobei selbstverständlich a priori keinerlei Grund zu der Annahme besteht, daß diese Entscheidungen miteinander kongruent sind und harmonieren werden“[23]).

12.12. Drei Modelle der politischen Entscheidungsfindung

Repräsentativ-governmentale Politik, d. h. jede Politik, in der einige wenige professionelle Politiker Entscheidungen „im Namen“ oder – wir sollten besser sagen – „auf Rechnung“ der Masse der Stimmbürger treffen, vermag zunächst grundsätzlich kein direktes Wissen über die Werthaltungen der von ihr vertretenen Bürger und ihre Präferenzordnungen zu mobilisieren[24]).

In gesellschaftlichen Situationen, die genügend einfach strukturiert sind, sodaß aus der Zugehörigkeit von Personen zu einer großen und homogenen Gruppe, also aus der gesellschaftlichen und wirtschaftlichen Situation dieser Personen, bereits auf die Interessenlage dieser Personen geschlossen werden kann, vermag die Politik dieses Wissen bis zu einem gewissen Grade auf indirektem Weg durch Nutzung der klassifizierenden Aggregationen aufzubieten. Denn die Bestimmtheit ihrer Interessenlage und die Aktualität von „einfachen Bedürfnissen“ enthalten bereits eine Präferenzordnung hinsichtlich relevanter politischer Maßnahmen, die die politischen Massenparteien befähigen, im Wissen einer Übereinstimmung mit den Wünschen ihres Klientels zu handeln.

In gesellschaftlichen Situationen, die komplex strukturiert sind, ist dies nicht möglich. Wie wir uns im vorhergehenden Kapitel zu zeigen bemüht haben, ist es aber über einen begrenzten Zeitraum hinweg möglich, das Auftreten einer allgemeinen Skepsis gegenüber der Politik, das im Gefolge dieses für die Politik bedrohlichen Umstandes aktuell zu werden droht, hinauszuschieben. Denn dann, wenn der Glaube an die Kompetenz der angewandten Gesellschaftswissenschaften und anderer Hilfsdisziplinen der Politik groß genug ist, können Analysen von angesehenen Vertretern dieser Disziplinen den Werturteilscharakter von Entscheidungen über große politische Vorhaben kurzfristig zudecken und den Mangel an geeigneten Verfahren zur Harmonisierung der Präferenzordnungen einer großen Zahl von Menschen scheinbar kompensieren.

In gesellschaftlichen Situationen schließlich, in denen nach der Überschaubarkeit des politisch-gesellschaftlichen Wirkgefüges auch der Glaube an die Kompetenz der angewandten Gesellschaftswissenschaften verloren gegangen ist, ist die Politik und die auf ihr gegründete Ordnung in höchster Gefahr, weil die Identifikation der Menschen mit ihren Maßnahmen schwindet. In einer solchen Situation werden politische Vorhaben, die viele Menschen betreffen, deren Präferenzordnungen divergieren, auf zweierlei Arten entschieden: entweder durch einen Willkürakt des verantwortlichen Politikers, mit dem er hofft, die Gewichtungen der unterschiedlichen Präferenzordnungen auf intuitivem Wege zu erahnen, oder durch einen besonderen Volksentscheid, in dem das anstehende Problem in der Regel auf eine binäre Entscheidung reduziert wird, und in dem eine Mehrheit einer Minderheit eine Lösung aufzwingt[25]), die deshalb mit den Präferenzordnungen einer beträchtlichen Zahl von Menschen nicht vereinbar ist[26]).

12.13. Die Lähmung politischer Entscheidungen

Das ist die gegenwärtige Situation der Politik. Wir haben noch kein Verfahren gefunden, mit dessen Hilfe (politische) Entscheidungen über die Bereitstellung von Gütern, die aus irgendeinem Grund nicht im Rahmen der Marktordnung gehandelt werden können (oder sollen), zufriedenstellend getroffen werden können, und zwar ein solches Verfahren, in dem die unterschiedlichen Päferenzordnungen einer großen Zahl von Menschen Berücksichtigung finden[27]). Es wird auf die Dauer wohl kaum ausreichen, lakonisch festzustellen, daß es eben im

Wesen derartiger Probleme liege, daß sie bestenfalls in einer Mehrheitsabstimmung der betroffenen Stimmbürger gelöst werden können, durch die ein Teil der Betroffenen dem anderen Teil einen Einbruch in seine Präferenzordnungen aufzwingt, der vielleicht mit einem großen Verlust an Lebensqualität verbunden ist[28]). Und angesichts des wachsenden Ausmaßes, in dem große politsche Vorhaben vom hier geschilderten Typ in die Interessen der Menschen eingreifen, ist es zweifellos auf die Dauer auch zu wenig zu beteuern, daß es eben die Kunst der Politik sei, in solchen Fällen Entscheidungen zu treffen, in denen die Werthaltungen der Menschen eine Entscheidung auf den ersten Blick nicht zulassen[29]).

Denn die Folge einer derartigen Problemsituation ist es all zu oft, daß Entscheidungen überhaupt nicht mehr getroffen werden und die Probleme über gefährlich lange Zeiträume hinweg einfach „liegenbleiben". Die Sanierung des Sozialversicherungssystems und des Staatshaushaltes, die Vermeidung eines Kollapses im Universitätsbereich und die Lösung dringender ökologischer Fragen zählen zu jenen kontroversiellen politischen Bereichen, die in diesem Zusammenhang beispielhaft genannt werden können.

12.14. Zwei verschiedene Typen von politischen Problemsituationen

Als Conclusio dieses Kapitels und von Teilen früherer Kapitel können wir folgendes festhalten: Die Politik hat es mit zunehmendem Abstand von der Gründungsphase der politischen Massenparteien besonders mit zwei verschiedenen Typen von Problemsituationen zu tun, denen zwei verschiedene Typen von politischen Maßnahmen korrespondieren. Der erste Typ ist dadurch charakterisiert, daß sich das betreffende Problem nur für einen kleinen Personenkreis stellt und seine Lösung daher als Sonderinteresse bezeichnet werden kann. Dieses Sonderinteresse resultiert aus den wirtschaftlichen, juristischen oder gesellschaftlichen Bedingungen, unter denen ein Individuum agiert, also aus den Bestimmgründen jenes Handlungsfeldes, das einem bestimmten Kreis von Personen gemeinsam ist. In diesem sehr eingeengten Sinn kann man davon sprechen, daß dieses Sonderinteresse aus der Zugehörigkeit zu einer bestimmten Gruppe resultiert. „Gruppen" in diesem Sinn sind etwa die „Hilfsarbeiter der Branche", „die Importeure des Produktes", „die Ausgleichszulagenempfänger", „die Ladenbesitzer des Stadtteiles" etc.

Politische Maßnahmen, mit denen die Massenparteien sukzessive auf diese Sonderinteressen einzugehen versuchen – wir haben den unkontrollierten Wildwuchs der „Gefälligkeitsdemokratie" in Kapitel 7 beschrieben – haben dementsprechend nur für jeweils eine kleine Gruppe eine positive Wirkung. Nicht selten beziehen sie sich auch nur auf einen engen Ausschnitt der Lebensinteressen selbst dieser kleinen Gruppe. Entsprechend den von uns eben zitierten Beispielen wären solche politische Maßnahmen etwa die Beeinflussung der Kollektivvertragsbedingungen der Branche X, eine Modifikation der Zolltarifsätze für die Produkte Y, eine Änderung der Sozialgesetzgebung, eine Änderung/Beibehaltung des Ladenschlußgesetzes etc.

Es ist signifikant für diese Art von Maßnahmen, daß ihre Gesamtheit und die auf die einzelnen Maßnahmen folgenden Reaktionen der betreffenden Individuen einen beträchtlichen Teil der Lebensinteressen der Menschen betreffen bzw. bestimmen. Denn daß jede einzelne dieser Maßnahmen nur für einen sehr kleinen Personenkreis planbare und beeinflußbare positive Wirkungen zeitigt, bedeutet natürlich keineswegs, daß sie nicht für viele andere Personen mit (negativen) indirekten und unvorhersehbaren Wirkungen verbunden ist und daß nicht die Wechselwirkungen all dieser Maßnahmen einen massiven Einfluß auf praktisch alle Individuen dieser Gesellschaft ausüben, was tatsächlich in überreichem Ausmaß der Fall ist.

Der zweite Typ von Problemsituationen der Politik in der Gegenwart betrifft eine große Zahl von Personen, in nicht wenigen Fällen sogar (nahezu) alle Mitglieder des gesamten Gemeinwesens. Ihre Lösung ist daher im Interesse nahezu aller gelegen. Diese formale Aussage ist aber inhaltlich praktisch irrelevant, da Problemsituationen dieses Typs gerade dadurch charakterisiert sind, daß es mehrere, einander ausschließende

Lösungsvarianten gibt, und daß die Präferenz eines Individuums für eine der denkbaren Lösungsvarianten nicht oder nur in unbedeutendem Umfang von den Bestimmgründen des Handlungsfeldes, d. h. von den wirtschaftlichen, gesellschaftlichen oder juristischen Bedingungen, unter denen ein Individuum agiert, beeinflußt wird. Diese Präferenzen sind hingegen Ausdruck individueller Werturteile oder Bedürfnisse und repräsentieren damit den Inbegriff der Subjektivität, die durch keine objektive Analyse eingeholt werden kann.

Es kann daher in keinem sinnvollen Zusammenhang davon gesprochen werden, daß die Bevorzugung einer bestimmten politischen Maßnahme, die geeignet ist, die Lösung des Problems im Sinne einer bestimmten Variante durchzuführen, aus der Zugehörigkeit zu einer bestimmten Gruppe resultiert, also aus der Zugehörigkeit zu einem über den Augenblick hinaus bestehenden Kreis von Personen, denen eine bestimmte Interessenlage gemeinsam ist.

Als Paradefall kann uns die Kontroverse um die zivile Nutzung der Kernenergie einen Eindruck von den Wesensmerkmalen eines solchen Problemtypus vermitteln. Dasselbe gilt selbstverständlich für alle Beispiele aus dem Bereich der „Großtechnologien“, etwa für alle Kraftwerks-, Autobahn-, Kanalbauten usw.

Die Einstellung für oder gegen die Errichtung eines Kernkraftwerkes hängt nicht, oder nur in sehr geringem Ausmaß von der Zugehörigkeit zu irgendeiner Gruppe, der eine bestimmte Interessenlage zu eigen ist, ab (wenn man von der Minorität derjenigen absieht, die direkt an diesem Bau verdienen). Ein und derselbe Standpunkt zieht sich durch alle Gruppen, ebenso wie alle Standpunkte in ein und derselben Gruppe gefunden werden können.

Die Haltung gegenüber politischen Maßnahmen, die Problemsituationen des zweiten Typs korrespondieren, ist somit nicht durch eine Interessenlage bestimmt, sondern durch eine davon unabhängige Präferenzordnung wertender Individuen. Es handelt sich also um solche Maßnahmen, von deren Befürwortung oder Ablehnung das inzwischen populär gewordene Schlagwort sagt, sie gehe „quer durch alle politischen Lager“.

12.15. Politische Maßnahmen scheitern in beiden Fällen aus unterschiedlichen Gründen

Die Durchführung von politischen Maßnahmen, die dem ersten Typ von Problemsituationen entsprechen, beziehen sich also im Einzelfall auf die Wünsche einer kleinen Anzahl von Personen, die Durchführung von politischen Maßnahmen, die dem zweiten Typ von Problemsituationen korrespondieren, beziehensichhingegenaufdieWünscheeinergroßenZahlvon Personen. Der erste Typ von Problemsituationen erhält seine Wesensmerkmale durch die Komplexität des Beziehungsgeflechtes der modernen Zivilistation, die eine Vielzahl kontroversieller oder unabhängiger Interessen beinhaltet. Der zweite Typ verdankt seine Spezifität der Reichweite der Folgen moderner technischer Gegenstände, d. h. den Fernwirkungen der Herstellung oder Benutzung von Produkten komplexer Technologien, mit denen praktisch alle Mitglieder der Gesellschaft – gewollt oder ungewollt – in Berührung kommen. Die Komplexität der gesellschaftlichen Beziehungsmuster und die große Reichweite der Folgen technischer Hervorbringungen können nachgerade als die Wesenszüge der modernen technischen Industriekultur angesehen werden.

Es ist tragisch für die gegenwärtige Art von Politik, daß sie angesichts beider Typen von Problemsituationen zum Scheitern verurteilt ist, weil das Konzept der politischen Massenparteien keinem der beiden Problemtypen angemessen ist.

Im ersten Fall scheitert sie, weil sie unfähig ist, die Interessen großer Gruppen von Menschen simultan zu erfassen bzw. über längere Zeiträume hinweg zu befördern. Dies ist bedingt durch die ständigen Veränderungen der Zugehörigkeit von Menschen zu verschiedenen Gruppen, durch Überlappungen der Wirkungen politischer Maßnahmen auf die Interessenlage einer Person, die durch die gleichzeitige Zugehörigkeit dieser Person zu verschiedenen Gruppen entstehen, durch eine geringe Bedeutung der Zugehörigkeit zu einer Gruppe für die Gesamtheit der Interessenlage einer Person und durch die Kompensation der positiven und negativen Effekte einer politischen Maßnahme, die sich für eine Person in vielen Fällen durch die Zugehörigkeit zu verschiedenen Gruppen ergibt.

Im zweiten Fall scheitert sie, weil sie über kein Verfahren verfügt, um die unterschiedlichen Präferenzordnungen der Betroffenen zu koordinieren.

Im ersten Fall hat es die Politik mit einer Situation zu tun, in der Menschen mit ähnlichen oder unterschiedlichen Bedürfnissen sowie mit ähnlichen oder unterschiedlichen Präferenzordnungen deshalb konfligieren, weil sie unterschiedliche oder einander kreuzende Wege bei der Beschaffung von Mitteln zur Befriedigung ihrer Bedürfnisse beschreiten, wobei verschiedene Interessenlagen aus der Beschreitung der unterschiedlichen Wege resultieren. Wir können in diesem eng begrenzten Sinn sagen, daß sie verschiedenen Gruppen angehören. Im zweiten Fall ist die Politik damit konfrontiert, daß verschiedene Personen deshalb miteinander konfligieren, weil ein und dasselbe Mittel, dessen Bereitstellung oder Nichtbereitstellung sie nur gemeinschaftlich durchführen können, eine unterschiedliche Position in ihren Präferenzordnungen einnimmt.

In beiden Fällen sind die Massenparteien weit davon entfernt, eine Strategie anbieten zu können, in der sich die Beförderung momentaner Interessen bzw. die Befriedigung momentaner Bedürfnisse mit der Vision eines gesellschaftlichen Gestaltungsauftrages verbindet. In beiden Fällen sind die Vorraussetzungen für das langfristige Überleben der Massenparteien daher nicht gegeben[30]).

Es wirkt fast grotesk, daß in jedem der beiden Fälle jeweils eine der notwendigen Voraussetzungen für das erfolgreiche Agieren der Massenparteien nicht gegeben ist, die im jeweils anderen Fall durchaus vorhanden wäre. Denn im einen Fall sind die Massenparteien mit Interessen konfrontiert, zu deren Beförderung sich eindeutige politische Maßnahmen ableiten lassen. Diese betreffen aber jeweils so kleine Gruppen von Personen, daß sich daraus keine einheitliche Programmatik und schon gar kein gesellschaftliches Gestaltungsansinnen formulieren läßt. Und im anderen Fall sind die Massenparteien zwar mit Problemen konfrontiert, die eine große Zahl von Menschen gleichzeitig betreffen, die sich aber deshalb nicht durch eine einheitliche politische Maßnahme, die aus einer programmatischen Konzeption abgeleitet wurde, lösen lassen, weil die Probleme nicht auf der Basis unterschiedlicher Interessen, sondern aufgrund unterschiedlicher Präferenzordnungen entstanden sind. Die Existenz einheitlicher Interessen ist aber – wie wir gesehen haben – die Grundbedingung für die Formulierbarkeit zielgerichteter politischer Maßnahmenkataloge.

12.16. Die gegenwärtigen politischen Problemsituationen verhindern die Erfüllung beider notwendigen Bedingungen der Massenpartei

Wenn wir nochmals die Bedingungen, unter denen die politischen Parteien zu Massenorganisationen von geschichtsmächtigem Einfluß geworden sind, rekapitulieren, so zeigt sich deutlich, daß ihnen das Wesen der Problemsituationen, mit denen sie in der Gegenwart konfrontiert sind, praktisch die Lebensgrundlage entzogen hat. Wir haben als erste dieser Bedingungen die Möglichkeit bzw. Fähigkeit der Partei zu konkreten Verbesserungen der Lebensbedingungen einer großen Gruppe von Menschen sowie die Formulierbarkeit einfacher, verständlicher Programmpunkte, die geeignet sind, diese Verbesserung auf spürbare Weise herbeizuführen, beschrieben. Nur dann, wenn diese Möglichkeit der gleichzeitigen Interessensbeförderung einer großen Zahl von Menschen im Einfluß- und Wirkungsbereich der Partei liegt, kann sie sich wirkungsvoll mit der zweiten Bedingung, nämlich mit den langfristigen Zielen eines gesellschaftlichen Gestaltungsvorhabens, verbinden. Und allein diese Verbindung sichert die kontinuierliche Lebensfähigkeit der Massenpartei.
Nichts von all dem vermögen die Massenparteien angesichts der beiden typischen Problemsituationen aufzubieten, wie wir in diesem Kapitel charakterisiert haben. Im ersten Fall können sich die Maßnahmen und Bemühungen der Politik bestenfalls auf die Interessen kleiner Gruppen beziehen und verfehlen damit die kausale Dimension der Lebensumstände großer Bevölkerungsteile. Im zweiten Fall kann die Politik bestenfalls einige konkrete Maßnahmen durchführen, mit denen sie den

Präferenzordnungen einer „zufälligen" Mehrheit von Bürgern entspricht und gegen diejenigen einer ebenso „zufälligen" Minderheit verstößt. Sie exekutiert damit auf programmlose Weise die Wünsche einer sich von Mal zu Mal ändernden Mehrheit, die jeweils mit ihrer traditionellen politischen Klientel nichts zu tun hat bzw. sich mit dieser nicht deckt. Damit betreibt die Massenpartei alles andere als die spürbare Beförderung der Interessen irgendeiner Gruppe, d. h. der aus den Bestimmgründen relativ konstanter Lebensbedingungen resultierenden Ziele eines gleichbleibenden Kreises von Personen.

beiden Fällen operiert die Massenpartei auf keiner realpolitischen Basis, die durch einen gesamtgesellschaftlichen Gestaltungsanspruch überhöht werden könnte. Das, was das Wesen der Massenpartei in der erfolgreichen Phase ihres Bestehens ausmachte, und was diese zu einem stabilen und vitalen politischen Organismus werden ließ, nämlich die Verschmelzung der langfristigen Interessen der Mitglieder oder Sympathisanten mit dem Schicksal der gesamten Gesellschaft, entbehrt somit jeder Grundlage und kann in unserer komplexen Gesellschaft nie wieder entstehen.

12.17. Politische Massenparteien: die „Ritter" des ausgehenden zwanzigsten Jahrhunderts

Während die Problemsituationen in den ersten Jahrzehnten nach dem Beginn der industriellen Revolution das Entstehen der politischen Massenparteien ermöglichten und ihr Gedeihen förderten, entziehen die politischen Problemsituationen der Gegenwart den Massenparteien die Lebensgrundlage. Doch diese sehen die Zeichen der Zeit nicht. Wie die Ritter im ausgehenden Mittelalter nicht fähig und bereit waren, sich einzugestehen, daß die Grundlagen des Feudalsystems in Auflösung begriffen waren, so sehen heute die Parteien nicht ein, daß ihr organisatorisches Wesen und ihre Ausdrucksformen ein Relikt aus vergangenen Zeiten sind. Daß sich so mancher überflüssig gewordene Exponent des Feudalwesens nun mehr ausschließlich als Raubritter betätigte, der sich die Produkte der Arbeit anderer aneignete, ohne daß er dafür einen Beitrag zum Funktionieren der gesellschaftlichen Ordnung leistete, ist eine weitere Parallele, die es wohl nicht nur aus feuilletonistischen Gründen verdienen würde, näher untersucht zu werden.

13. DER „UNMÖGLICHE TRAUM", ODER: DIE GEÄNDERTEN BEDINGUNGEN UND DIE ROLLE DER IDEOLOGIE

13.1. Das Parteiprogramm als Filtrat der Massenpartei

Wir haben gesehen, daß der geschichtlich einmalige Erfolg der politischen Massenparteien auf einer Synthese von Realpolitik und Vision beruhte. Nur dann, wenn die für den einzelnen Parteigänger merkliche Beförderung seiner Interessen mit dem gesellschaftlichen Gestaltungsansinnen verschmilzt, kann eine politische Organisation Geschichte machen und damit die Ebene einer dürren Zweckgemeinschaft überschreiten. Nur dann also, wenn jede einzelne politische Aktion zur Verbesserung der individuellen Lebensbedingungen als bedeutsam für das Schicksal der gesamten Gesellschaft angesehen wird, und wenn jede langfristige gesellschaftspolitische Äußerung der Partei als relevant für das eigene Geschick angesehen wird, vermag sich eine große Zahl von Menschen mit der Partei zu identifizieren.

Die tatsächliche Verschmelzung dieser beiden Dimensionen der Massenpartei erzielt die Ideologie, also jene gefühlsgetragene Mischung aus Glauben und Wissen, die alle komplizierten und unüberschaubar scheinenden Phänomene unter dem Blickpunkt eines einzigen Erklärungsprinzips betrachtet und beurteilt. Ihre Leistung besteht unter anderem darin, daß sie als Grundlage für die Fomulierung einer eindringlichen, unverwechselbaren und eindeutigen, ebenso einer längerfristig gültigen und stabilen Programmlinie dient, deren explizite Ausdrucksform das jeweilige Parteiprogramm darstellt.

Programmlinie und Parteiprogramm aber stellen die Anknüpfungspunkte einer möglichen Identifikation dar, sie sind gleichsam das erfaßbare Filtrat der Massenpartei und die kalkulierbare Garantie für zukünftige Maßnahmen zur Beförderung der eigenen Interessen.

13.2. Der Auseinanderfall von realpolitischer Maßnahme und ideologischer Überhöhung

In einer Situation, in der die Probleme, mit denen es die Politik zu tun hat, entweder nur für eine kleine Gruppe von Mitgliedern von Belang sind oder sich aus den subjektiven Präferenzvorstellungen der Menschen ergeben, die zu flüchtigen und – für die Erklärungsansätze der Partei – zufälligen gesellschaftlichen Frontstellungen führen, müssen der Charakter der realpolitischen Maßnahmen der Massenpartei und die ideologische Überhöhung ihres Tuns auseinanderfallen. Die Ideologie einer großen Schicksalsgemeinschaft, etwa die der Arbeiterklasse (die von Marx als einzig legitimer Fall einer Ideologie dargestellt wurde), wird zum sinnlosen Selbstzweck und verliert immer mehr ihre Beziehung zur realen Politik.
Mit dem Dominantwerden der Charakteristika der komplexen Industriekultur, die wir in den früheren Kapiteln beschrieben haben, wird die Zahl der konkreten politischen Maßnahmen, die sich aus dem ideologischen Konzept, d. h. aus der Programmlinie ableiten läßt, geringer. Dies gilt jedenfalls für jenen programmatischen Bereich, in dem die langfristige gesellschaftliche Gestaltungsvision der Beförderung langfristiger Gruppeninteressen korrespondiert.
Mit jedem Schritt, den die Massenpartei unternimmt, um in den beiden typischen Problemsituationen, die wir besprochen haben, einigermaßen angepaßt zu agieren, wird sie dem eigenen Programm und der eigenen Ideologie gegenüber immer indifferenter. Indem sie den Interessen zahlreicher kleiner Gruppen nachgibt oder die zufälligen Mehrheiten, die sich im Hinblick auf die Beurteilung von Gruppenprojekten ergeben, zu exekutieren versucht, wird sie mehr und mehr zum ideologischen Neutrum[1]), das dem eigenen programmatischen Anspruch nicht mehr genügt. Im Sog dieser Entwicklung werden selbst die Programme der Parteien einander immer ähnlicher[2]). Auf diese Weise werden die Massenparteien zu profillosen, amorphen Gebilden, die sich voneinander wechselseitig nicht mehr abzuheben vermögen und die damit jeden Zug zur Originalität einbüßen.

Sie verlassen damit ihre ideologische Domäne und verlieren sich im Kleinkrieg über programmlose Maßnahmen, die ihnen die Gunst zufälliger Mehrheiten erwerben oder sichern sollen. So kommt es, daß konkurrierende Massenparteien zu bestimmten Fragen absolut verwechselbare Standpunkte einnehmen und sich gleichzeitig darüber wundern, daß das Ausmaß der Identifikaktion ihrer Anhänger mit der Arbeit der Partei ständig sinkt. Jedem auch nur oberflächlichen Beobachter der politischen Szenerie werden genügend Beispiele einfallen, die zeigen, wie verschiedene Massenparteien mit unterschiedlicher Programmatik um ein und dieselbe Position wetteifern, weil beispielsweise plötzlich jede Massenpartei sich als der besserer Verhinderer jener Großprojekte profilieren möchte, die sie selbst noch bis vor kurzer Zeit forcierte[3]), die aber ein geänderter Zeitgeist außer Mode gebracht hat, indem er die Präferenzordnungen der Menschen beeinflußte.

13.3. Viele „politische“ Probleme sind ideologisch neutral

Während sie den flüchtigen Meinungskonstellationen nachzuspurten versuchen, verwundern sich die verantwortlichen Funktionäre der Massenparteien, warum es ihnen nicht gelingt, begeisterte Menschen für die Unterstützung ihrer Organisationen zu mobilisieren.

Sie verstehen nicht, daß es kein ideologisch überhöhbares Interesse ist, wenn man einmal für die Errichtung eines Kernkraftwerkes, das anderemal gegen den Bau einer Autobahn, einmal für die Untertunnelung eines Stadtteiles, das anderemal gegen die künstliche Regulierung eines Flusses eintritt. Sie haben noch nicht entdeckt, daß dies ebensowenig Fragen von programmatischer Dimension sind wie die Entscheidungen eines Individuums zwischen dem Kauf eines Farbfernsehers und dem einer Badezimmereinrichtung oder zwischen dem Erwerb eines neuen Autos und der Absolvierung einer Weltreise[4]).

Dasselbe gilt für die unzähligen orientierungslosen politischen Maßnahmen, mit denen sich die Massenparteien an die Sonderinteressen kleiner Gruppen anzubiedern versuchen. Die restriktive Handhabung des Konzessionswesens einer Branche, die Bereitstellung von öffentlichen Investitionsmitteln in einem wenig prosperierenden Bereich der Wirtschaft, die Subventionierung eines defizitären Staatsbetriebes usw. – all das ist ebensowenig geeignet, ideologisch überhöht und mit dem Schicksal der gesamten Gesellschaft verknüpft zu werden wie die oben genannten Beispiele.

13.4. Die Degeneration der Ideologie zum grundlagenlosen Tagtraum

Aus all diesen Bereichen vermögen die Massenparteien trotz hysterischer Suche kein Anliegen zu finden, das ihnen jenen nachhaltigen Widerhall in der Bevölkerung verschaffen würde, den sie benötigen würden, um sich wieder als vitale Kraft im gesellschaftlichen Geschehen zu verankern. Dies ist theoretisch auch gar nicht möglich, denn keiner dieser Bereiche ist Gegenstand eines langfristigen, mit anderen Bereichen dauernd verknüpften Interesses, das von einer Massenpartei ständig repräsentiert werden könnte.

Deshalb bricht die Einheit von tagespolitischer Maßnahme und programmatischer Gestaltungsvision, die für die florierende Massenpartei so charakteristisch war, mit jeder Bewegung der Massenpartei, die den typischen Problemsituationen der Gegenwart angepaßt sein soll, mehr und mehr auseinander. Das läßt die Ideologie zunehmend zu einem grundlagenlosen Tagtraum[5]) degenerieren und trägt ihr den Vorwurf einer unzeitgemäßen Gedankenspielerei ein. Trotzdem wird sie in nahezu unveränderter Form von den politischen Massenparteien weitergepflegt. Denn von der ideologischen Basis wird nach wie vor erwartet, daß sie der Partei und ihren Mitgliedern jenes Selbstverständnis verschafft, das die Partei zu einer handlungsfähigen Einheit macht. Unabhängig von ihrer Nützlichkeit für die tagespolitische Praxis und von ihrer Praktikabilität für die Funktionäre wird die Ideologie daher in einschlägigen Parteiseminaren und zu allen feiertäglichen Anlässen ins Rampenlicht gestellt und als Speerspitze der parteipolitischen Arbeit präsentiert. Daß ideologische Grundsatzdiskussionen vermehrt den Charakter von Sandkastenspielen annehmen, wird von so manchem grundsatzlosen Parteiapparatschik allerdings nicht mit Mißfallen wahrgenommen.

13. 5. Das Doppelleben der Massenparteien

So führt die Massenpartei eine Art Doppelleben: Reine Programmatik, d. h. programm- und ideologielose Tagespolitik im Dienste vordergründiger Nützlichkeitserwägungen und des machtpolitisch notwendigen Zwanges zur Mehrheitsfindung auf der einen Seite und ideologischer Denksport[6]) mit dem Zweck der Vergatterung der Anhänger auf der anderen Seite irren verbindungslos aneinander vorbei und verwirren so die politische Klientel ebenso wie die verunsicherten Funktionäre. Auf diese Weise kommt es zu einem der häufigsten Vorwürfe der Anhänger und Funktionäre gegenüber den führenden Organen der eigenen Partei, nämlich zum Vorwurf der Zusammenhanglosigkeit zwischen den langfristigen Zielen der Organisation und den alltäglichen Aktivitäten der Exponenten[7]). Mit Sicherheit ist dies einer der größten Gefahrenmomente für die Aufrechterhaltung des Motivationspotentiales der Mitarbeiter jeder Partei.

Selbstverständlich versuchen beunruhigte Parteienverantwortliche dieser Gefahr von Zeit zu Zeit entgegenzuwirken, etwa durch „Reideo logisierung" der Parteiarbeit[8]). Und es gelingt auch in mancher Hinsicht, die eine oder andere Brücke zwischen den ideologischen Parteiwurzeln und der politischen Tagesarbeit zu schlagen, etwa indem bei der Wahl der zu unterstützenden Sonderinteressen auf eine vordergründige Verträglichkeit mit den expliziten ideologischen Grundsätzen geachtet wird, soweit dies machtpolitisch vertretbar ist, oder indem die Exekution der Präferenzvorstellungen einer zufälligen Mehrheit im Hinblick auf ein bestimmtes Großprojekt nachträglich in die ideologische Beurteilungsschablone eingepaßt und auf diese Weise innerparteilich legitimiert wird.

Doch das ändert nichts an den grundsätzlichen, langfristigen Wirkungen, die für die Einheit von Pragmatik und Vision von der Veränderung der Problemtypen, mit denen die Politik in

der Gegenwart konfrontiert ist, und damit letztlich von der zunehmenden Ausprägung der Eigenschaften unserer komplexen technischen Industriekultur ausgehen. Und es ändert schon gar nichts daran, daß im Auseinanderklaffen von Ideologie und politischer Wirklichkeit eine der Hauptursachen für den Niedergang unserer Art von Parteiendemokratie zu suchen ist.
Es soll durch diese Analyse nicht der Eindruck erweckt werden, als wollten wir einer absolut ideologie- oder grundsatzlosen Politik das Wort reden. Das Gegenteil ist der Fall. Doch muß der ehrliche Analytiker herausfinden, wo und in welcher Hinsicht die Grundlagen der Ideologie abgestorben sind und in welchem Sinne Ansatzpunkte für die Pflege programmatischer Grundsätze bestehen. Das letztere wird im Abschlußkapitel versucht werden.

14. DIE ENTZAUBERUNG DER POLITIK UND DIE SYSTEMATISCHE BESTECHUNG DES STAATSBÜRGERS

14.1. Die quasireligiöse Faszination der Massenparteien in ihrer Frühzeit

Nach allem, was wir bis jetzt über die Unfähigkeit der Politik, sich auf die geänderten gesellschaftlichen Bedingungen einzustellen und einen positiven Beitrag zur Lösung der Probleme unserer komplexen Zivilisation zu leisten, gesagt haben, müßten wir erwarten, daß sie schon längst ein Bestandteil der Vergangenheit und die politischen Massenparteien aus der gesellschaftlichen Wirklichkeit abgemeldet sind. Die Parteien sind – wie wir gezeigt haben – nicht in der kausalen Dimension der gesellschaftlichen Veränderungen[1]) bzw. der damit verbundenen Friktionen, und ihre Maßnahmen können daher keine zielhafte Beeinflussung gesellschaftlicher und wirtschaftlicher Zustände hervorbringen, die eine bessere Beförderung der konkreten Interessen eindeutig definierter Gruppen beinhalten würden, ohne andere Interessen derselben oder anderer Gruppen zu benachteiligen. Hingegen zeitigen ihre Aktivitäten solche Folgen für die Lebensbedingungen der Menschen, die zu vertreten sie vorgeben, die nicht vorhersehbar oder dosierbar sind. Sie tragen damit zur Erhöhung des gesellschaftlichen Komplexitätsgrades bei, der ihre eigene Existenzgrundlage untergräbt.

Die Existenzgrundlage der Massenparteien beruhte auf den ideologischen Kräften, die jede Maßnahme der Massenparteien und jede Beförderung eines Interesses geradezu sakral überhöhte. Diese Kräfte wurden aus der Gewißheit ihrer Mitglieder und Anhänger gespeist, Teil einer pulsierenden, vitalen „Bewegung“, Mitbesitzer der Wahrheit und Angehörige des Siegerlagers in der Geschichte zu sein[2]). Diese Gewißheit fragte nicht nach dem sicheren, kurzfristigen persönlichen Vorteil oder nach dem quantitativen Anteil der eigenen Leistung an der treibenden Kraft dieser Bewegung. Sie ergab sich vielmehr aus

der Wucht der inneren Notwendigkeit, mit der sich jeder einzelne mit dem gemeinschaftlichen Ziel identifizierte.
Indem jeder einzelne mit Macht am gemeinsamen Strick zog und es für selbstverständlich erachtete, daß sein „Nachbar" (d. h. sein Gesinnungsgenosse) dasselbe tat, weil die offenkundige Bedeutung des gesellschaftlichen Gestaltungszieles die Frage einer Unterstützung gar nicht erst zur Debatte stellte, wurde der Karren der Massenpartei sicher und kraftvoll über jede Unebenheit gezogen. Eine Vorausssetzung für dieses einzigartige Phänomen in der Geschichte war, daß jedes Mitglied, jeder Anhänger in der Dynamik seiner Partei „aufging", sich vom unwiderstehlichen Strom der Massenbewegung mitreißen ließ, und daß sich ein Kern von Aktivisten fand, die von der Vision ihrer Zukunftsvorstellung so fasziniert waren, daß sie sich voll und ganz in den Dienst dieser Sache stellten.
Allein diese quasireligiöse Faszination[3]) erklärt den Einfluß der großen Ideen der Massenparteien, sei es die Konzeption der klassenlosen Gesellschaft[4]) oder die der sozialen Gerechtigkeit im linken Lager, die einer Rettung des christlichen Abendlandes in der bürgerlichen Hemisphäre oder die einer den Rassengesetzen entsprechend gesäuberte Gesellschaft von Herrenmenschen im Nationalsozialismus. Nur wenn sich diese Ideen mit individuellen Interessen verbinden, die der „ausgebeutete Arbeiter", der entwurzelte Bürger oder der vom jüdischen Konkurrenten bedrohte Freiberufler hat, kann der Puls der Massenpartei zu schlagen beginnen.

14.2. Die Entzauberung der Politik und die Dominanz individueller Nutzenkalküle

Aber nun, da die Massenparteien entzaubert sind und sich ihre Ideale ins Reich der Phantasie verabschiedet haben, sind die treibenden Kräfte, die den Massenparteien zu epochaler Durchschlagskraft verholfen haben, versiegt.
Mit dem Verlust der realpolitischen Kompetenz bröckelt auch der Glaube an jenen „messianischen Sendungsauftrag" und an jene gesellschaftliche Gestaltungsvision ab, denen die Massenpartei die kontinuierliche und nahezu unbedingte Gefolgschaft

einer großen Anzahl von Menschen verdankte[5]). Nachdem die Macht des „Wir-Gefühls“ ihre magische Wirkung eingebüßt hat, stehen die Massenparteien nun langsam vor dem dürren Gerüst der individuellen Nutzenkalküle ihrer Anhänger und Mitglieder, deren Ergebnis über eine Fortsetzung oder einen Entzug der Unterstützung entscheidet.

Das ist der Kernpunkt der Folgen der geänderten gesellschaftlichen Bedingungen für die Massenpartei: Nach dem Wegfall der Begeisterung für die ideologisch gefestigte Schicksalsgemeinschaft, die die Massenpartei im innersten zusammenhielt und nach der Ernüchterung, die sich im Zuge des Scheiterns der wissenschaftsgestützten Politik einstellte, reduzieren sich die Möglichkeiten der Massenpartei, Mitglieder bzw. Anhänger zu organisieren und auf gemeinsame Ziele zu verpflichten, auf jene Aktionsmuster, die allein allen beliebigen großen Gruppen in einer rationalistisch geprägten Welt offenstehen. Um die Unterstützung einer großen Zahl von Menschen zu erlangen, sind die Massenparteien also jenen Regeln des kollektiven Handelns unterworfen, die in einer Welt, in der jeder finanzielle und zeitliche Aufwand und jeder persönliche Einsatz, den ein Individuum leistet, auf seinen Nutzwert geprüft wird, für alle Gruppen und Organisationen ohne Ausnahme und Unterschied gelten.

Wenn wir also fragen, warum die Massenparteien immer noch Macht besitzen, obwohl sie als ideologiegetragene Bewegungen daran gescheitert sind, die Lebensbedingungen ihrer Klientel zielhaft zu gestalten, und warum sie immer noch Einfluß auf ihre Anhängerschaft ausüben[6]), so werden wir sogleich sehen, daß die Beantwortung dieser Frage sehr viel gemeinsam hat mit einer Analyse der „Logik des kollektiven Handelns“, deren Gesetzmäßigkeiten sich die Massenparteien unterwerfen. Diese Logik ist in einer Welt des rationalen Abwägens von Aufwand und Nutzen eine völlig andere als diejenige, die gilt, solange die Kräfte wirken, die wir für die Blütezeit der Massenparteien beschrieben haben. Wer dies verkennt, zieht aus den Problemen, denen sich die Politik in der Gegenwart gegenüber sieht, völlig falsche Schlüsse.

14.3. Die zunehmende Bedeutung des „Protektionsmotives“

Wir wollen uns in diesem Kapitel daher mit dem Mechanismus beschäftigen, der den Massenparteien eine Mobilisierung und Nutzung individueller Zielvorstellungen für ihre politischen Ziele ermöglicht. Bereits von Anbeginn ihres Bestehens an haben die Massenparteien neben der Ideologisierung und Emotionalisierung der Massen eine Strategie beschritten, die ihnen die Unterstützung einer großen Zahl von Menschen zu sichern vermochte. Es ist dies eine Strategie, die an jenes Motiv appeliert, das wir im 2. Kapitel als das „Protektionsmotiv“ bezeichnet haben, und das aus dem Wunsch von Anhängern bzw. Mitgliedern einer Massenpartei herrührt, Nichtmitgliedern bzw. Nicht-Sympathisanten gegenüber in bestimmten Belangen bevorzugt behandelt zu werden bzw. schneller zum Ziel zu kommen als diese. Dieser Wunsch kann aus dem Bedarf nach einem (besseren, zukunfts- und einkommensträchtigeren) Arbeitsplatz, besseren Arbeitsbedingungnen, einer adäquaten Wohnung und anderer, ähnlicher Verbesserungen der Lebensbedingungen resultieren.

Diesem Motiv, das die Massenpartei in ihrer Strategie zu Nutzen versteht, entspricht zweifellos in den meisten Fällen eine bestimmte Interessenlage. Trotzdem kann man die hier in Frage stehende Strategie nicht als Interessenpolitik in unserem Sinne bezeichnen, da sie nicht die Interessen einer (wirtschaftlichen, gesellschaftlichen) Gruppe zum Gegenstand hat, sondern nur diejenigen jenes Teils der Gruppe, der bereit ist, sich der Massenpartei anzuschließen. Obwohl dieses Verfahren der Massenpartei, Macht zu erlangen und sie zu sichern, so alt ist wie die Massenparteien selbst, wurde es mit dem Niedergang des Glaubens an die gesellschaftliche Gestaltungskraft der Partei und an ihre ideologische Vision immer bedeutsamer und stellt nunmehr eines der dominierenden Bauelemente (wenn nicht sogar das wichtigste) der Machtpolitik der Massenparteien dar.

14.4. Kollektives Handeln und kollektive Güter

Wie bereits angedeutet, ist dieses Verfahren eine Reaktion der Massenpartei auf die Gesetzmäßigkeiten, die sich aus dem Zusammenspiel von Individuen in großen Gruppen bzw. Organisationen und aus dem Spannungsfeld von individuellen und kollektiven Zielen ergeben. Genau dieses Thema ist Gegenstand einer bahnbrechenden Arbeit des amerikanischen Ökonomen Mancur Olson, der mit seinem Versuch einer Anwendung ökonomischer Methoden auf das Gebiet der politischen Analyse eine Theorie der großen Gruppen entwickelte und damit einen fundamentalen Beitrag zur „Public Choice Theorie" geleistet hat. Das Buch, das als Titel eine Wendung trägt, die wir bereits oben zitiert haben, nämlich „die Logik des kollektiven Handelns", enthält eine klare wie geschlossene Analyse, die von so weitreichender Bedeutung ist[7]), daß wir unseren weiteren Überlegungen eine knappe Darstellung seines Inhaltes vorausstellen wollen.

Olsons Analyse kreist um die Frage, wie sich Individuen in großen Gruppen verhalten, wenn es gilt, das Handeln auf ein gemeinsames Ziel zu richten. Die Erreichung dieses gemeinsamen Zieles kann als kollektives Gut bezeichnet werden, ein Gut also, daß durch zwei wichtige Kriterien charakterisiert und von anderen Gütern unterschieden ist: Für Kollektivgüter gilt erstens nicht das Prinzip der Ausschlußfähigkeit, d. h. sie sind niemandem vorzuenthalten, wenn und sobald irgendjemand aus der Gruppe sie konsumiert. Sie stehen also entweder jedem oder niemandem zur Verfügung. Und zweitens besteht Verbundenheit des Angebotes, das bedeutet, daß es ein unteilbares, gemeinsames Interesse am Kollektivgut gibt, aber nicht notwendig, daß das Gut nur durch das gemeinschaftliche Zusammenwirken aller Gruppenmitglieder hervorgebracht werden kann.

Unter dem Gesichtspunkt dieser formalen Gemeinsamkeit können die Mechanismen, die bei der Bereitstellung sehr verschiedener Kollektivgüter, d. h. bei der Verfolgung sehr verschiedener gemeinsamer Ziele, wirksam werden, fruchtbar untersucht werden. Die Errichtung und Pflege des Straßennetzes ist für die Gruppe der Autofahrer dann ebenso ein Kollektivgut wie die Aufrechterhaltung eines Rechts- und Sicherheitswesens oder die Gewährleistung der Landesverteidigung für den Staatsbürger. Dasselbe trifft für die Erhaltung und den Betrieb von Kultureinrichtungen im Hinblick auf die davon profitierenden Tourismusbetriebe zu, oder für den Betrieb eines kostenlosen Schulwesens, das ein Kollektivgut für die Eltern schulpflichtiger Kinder darstellt.

Wir sehen bereits, daß ein Kollektivgut seine Charakteristika nicht notwendigerweise seinem geborenen Wesen verdankt, sondern in vielen Fällen auch den organisatorischen Bedingungen, unter denen es hergestellt und angeboten wird.

Für unsere Zwecke ist von Bedeutung, daß die Erreichung aller erklärten Ziele von Gruppen, Organisationen und Vereinigungen aller Art – und damit auch von politischen Parteien – Kollektivgüter sind. Die Erreichung institutioneller Macht und der Fähigkeit programmatische Vorstellungen und jene Pläne, die den Interessen der Gruppen, die die Partei zu vertreten angibt, sind also für alle jene, die davon profitieren (bzw. profitieren würden), Kollektivgüter. Diese können mit dem Instrumentarium, das zur Untersuchung des Zusammenhanges zwischen gemeinsamen Interessen und kollektivem Handeln zur Verfügung steht, nutzbringend betrachtet werden.

14.5. Die Logik des kollektiven Handelns

Was sind nun die Charakteristika der „Logik des kollektiven Handelns"? Olson geht von einer Kritik der allgemein verbreiteten Annahme aus, daß Gruppen, deren Mitglieder gemeinsame Interessen haben, sich ungefähr so verhalten wie Einzelpersonen, die ihre persönlichen Interessen verfolgen[8]). Gruppen, so lautet die Fortsetzung dieser kritischen Annahme, handeln im Gruppeninteresse, da ihre Mitglieder vom Selbstinteresse geleitet werden. Sie tun dies, weil ihre Mitglieder so handeln, daß das gemeinsame Ziel erreicht wird.

Der grundsätzliche Fehler der Theorien, die diese Vorstellung zu ihrem Ausgangspunkt machen, besteht in einer Universalisierung des Verhaltens kleiner Gruppen, „also in einer Übernahme der Verfahren, mit denen kleine Gruppen Mitglieder gewinnen und für ihre Ziele mobilisieren, für die Zwecke der Beschreibung großer Gruppen"[9]). In Anlehnung an die Integrationsmechanismen in kleinen Gruppen behaupten viele dieser Theorien, daß der Grad des Gruppenkonsenses für die Bereitschaft der Mitglieder zur freiwilligen Mitarbeit und Unterstützung maßgeblich sei[10]). Mitglieder würden geradezu automatisch dazu veranlaßt, ihren Beitrag zu leisten, wenn dieser Grundkonsens vollständig ist und das Ziel der Gruppe sich mit einem ihrer persönlichen Ziele deckt.

Auf unser Problem angelegt, würden diese – von Olson kritisierten – Theorien annehmen, daß die Mitglieder einer Gruppe, deren Interessen von einer bestimmten Partei repräsentiert werden, und die übereinstimmende Auffassungen hinsichtlich der Gestaltungsziele der zukünftigen Gesellschaft haben, freiwillig und aus sich heraus bereit sind, dieser Partei beizutreten und sie in der notwendigen Form zu unterstützen.

Genau das dürfen wir nicht erwarten, wenn wir Olsons allgemeiner Analyse großer Gruppen folgen. Olsons zentrale These ist, daß große Gruppen auch bei vollständiger Übereinstimmung nicht im Gruppeninteresse handeln[11]). Vielmehr entwickeln sie ein Aktivitätenmuster, dessen Folgen dem von allen einzelnen Mitgliedern der Gruppe gebilligten und für nützlich befundenen Zweck zuwiderlaufen und dessen Erreichung beeinträchtigen. Das klingt, wie wenn es mit vernünftigem Denken nicht in Übereinstimmung zu bringen wäre, ja geradezu paradox und verworren.

Dennoch ist diese scheinbare Paradoxie für alle Beziehungen der Gruppe zu ihren Mitgliedern charakteristisch. Sie findet sich bereits dann, wenn ein Angehöriger einer unorganisierten großen Gruppe von Personen mit gleichem Interesse bzw. gleichem Ziel – Olson nennt dies eine „latente Gruppe" – vor der Entscheidung steht, einer Organisation zur Wahrnehmung dieses gemeinschaftlichen Zieles beizutreten oder nicht.

Für Olson beantwortet sich diese Frage in der gestellten Form eindeutig negativ. Denn „wie vorteilhaft die Erfüllung von Funktionen auch sein mag, die man von großen freiwilligen

Vereinigungen erwartet, es besteht für ein einzelnes Mitglied einer latenten Gruppe dennoch kein Anreiz, einer solchen Vereinigung beizutreten"[12]).

Ebenso hat ein einmal beigetretenes Individuum – aus welchen Gründen immer der Beitritt erfolgt sein mag – zunächst keine Veranlassung, zur Bereitstellung des Kollektivgutes, d. h. zur Erreichung des Zieles der Vereinigung durch Mitarbeit u. ä. beizutragen.

Tatsächlich ist das, was eine Gruppe tut, vom Verhalten der einzelnen abhängig, und dieses richtet sich wiederum nach den relativen Vorteilen bei alternativen Handlungsweisen[13]). Diese sind es, die wir mit Mancur Olson betrachten müssen, wenn wir Aufschluß über die Funktionsweise großer Gruppen erhalten wollen.

14.6. Alternative Handlungsweisen in Gruppen und ihre relativen Vorteile

Diese relativen Vorteile ergeben sich aus der Gegenüberstellung der Vorteile und der Kosten, die sich bei alternativen Handlungsweisen, also bei Nicht-Beitritt, Beitritt oder Mitarbeit in einer Organisation für das Individuum ergeben. Die Gegenüberstellung von Vorteilen und Kosten bei alternativen Handlungsweisen zeitigt bei Kollektivgütern, also auch im Fall von Gruppenzielen, ein anderes Ergebnis als bei nichtkollektiven Gütern. Bei Kollektivgütern besteht in der Regel ein gemeinsames Interesse am kollektivem Vorteil, aber keines, die Kosten für die Beschaffung dieses Kollektivgutes zu tragen[14]). Dies hat angesichts der Unteilbarkeit von Kollektivgütern und der Nichtgültigkeit des Ausschlußprinzips eminente Folgen. Denn diese beiden Charakteristika kollektiver Güter sorgen dafür, daß die Kosten gewöhnlich nicht so verteilt sind wie der Nutzen, d. h. daß die Lasten der Bereitstellung eines solchen Gutes mehr oder minder willkürlich aufgebürdet werden[15]).

Wir beginnen langsam zu erahnen, worauf der Ansatz Olsons zur Beschreibung des Gruppenverhaltens hinausläuft: In den Genuß von Kollektivgütern kommen alle Mitglieder jener Gruppe, für die das betreffende Gut kollektiver Natur ist, und

zwar unabhängig davon, ob sie einen Beitrag zu dessen Bereitstellung leisten oder nicht. Ob sie das tun, ist offenbar von der Größe der Gruppe abhängig, weil es eine Beziehung zwischen der Größe einer Gruppe und dem Anreiz für den einzelnen, zum Gruppenziel beizutragen, gibt.
Dies ist nicht nur deshalb der Fall, weil die Beziehungen der Mitglieder in einer kleinen Gruppe persönlicher und konkreter Natur sind und ein Mitglied, das sich seiner Beitragspflicht entzieht, unter sozialen Druck gerät und leicht als parasitär stigmatisiert werden kann, während die Säumigkeit eines Mitgliedes in einer anonymen, unübersichtlichen Großgruppe meist nicht weiter auffällt, sondern auch deshalb, weil die Vorenthaltung einer Beitragsleistung in einer Kleingruppe durchaus spürbar ist und das Kollektivgut vielleicht sogar überhaupt gefährdet, wohingegen sie in der Großgruppe praktisch nicht registriert wird, weil die Einzelleistung keine Bedeutung besitzt. Die Wahrnehmbarkeit der individuellen Handlungen – wie immer diese im Einzelfall aussehen mag – ist also maßgeblich für das Verhalten von Gruppenmitgliedern.

14.7. Kleine Gruppen: die Chancen der Bereitstellung von Kollektivgütern

Je größer daher die Gruppe ist, umso weniger wird sie in der Lage sein, die optimale Menge eines Kollektivgutes bereitzustellen[16]). Bereits in der kleinen Gruppe besteht eine Tendenz zur sub-optimalen Versorgung mit Kollektivgütern[17]), weil es keine lineare Beziehung zwischen der Inanspruchnahme dieser Güter und der Notwendigkeit, eine Gegenleistung zu erbringen, gibt, wie das bei nichtkollektiven (marktmäßig handelbaren) Gütern der Fall ist. Dennoch spricht in der Kleingruppe die Integrationskraft der persönlichen Bande dafür, daß „freiwilliges und auf einen gemeinsamen Zweck gerichtetes Handeln möglich“[18]) ist und das Kollektivgut hervorgebracht wird, vorausgesetzt, es kann ein dafür nötiger Gruppen-Konsens erzielt werden.
Es gibt in der Kleingruppe noch einen zweiten Fall, in dem das Kollektivgut freiwillig und selbständig bereitgestellt wird und

der von der Existenz eines „Gruppengeistes“ bzw. eines sozialen Drucks, der über genügend Integrationskraft verfügt, unabhängig ist. Dieser Fall ruht vielmehr auf den Eigeninteressen einzelner Gruppenmitglieder und auf dem darauf bezogenen Rationalverhalten. Er tritt dann ein, d. h. das Kollektivgut wird in einer Kleingruppe unter im Eigeninteresse rational handelnden Individuen dann angeschafft, wenn der Gruppennutzen die Gesamtkosten um einen größeren Betrag übersteigt als einen Einzelnutzen eines beliebigen Individuums[19]). Dies ist deshalb der Fall, weil dann der Einzelnutzen dieses Individuums die Gesamtkosten übersteigt.

Das betreffende Individuum fühlt sich dann veranlaßt, die gesamten Kosten des Kollektivgutes allein zu bestreiten und allen Gruppenmitgliedern damit die kostenlose Nutzung des Kollektivgutes zu ermöglichen, und zwar deshalb, weil sein eigener Nutzen, der aus dem Kollektivgut für dieses Individuum erwächst, so groß ist, daß er es vorzieht, die anderen Gruppenmitglieder an den Früchten seines Einsatzes (unverdient) partizipieren zu lassen, anstatt selbst auf den Vorteil zu verzichten[20]). Dieser Zusammenhang gibt gleichzeitig die Grenze für die Größe einer Gruppe von relativ homogenen Mitgliedern an, innerhalb derer eigennützige Motive zu freiwilligem Handeln der Gruppenmitglieder Anlaß geben, das Gruppenziel
anzustreben.

Ein kurzer Gedanke genügt, um festzustellen, daß eine solche Grenze in den allermeisten Fällen recht niedrig, nämlich etwa bei der Zahl einer völlig überschaubaren Gruppe von Beteiligten verlaufen wird. Diese Konstellation hat daher für politische Organisationen mit Sicherheit keinen Belang.

Für die kleine Gruppe haben wir aber gesehen, daß die Chancen der Bereitstellung kollektiver Güter aus rationalen wie aus emotionalen Gründen sehr groß ist, wenngleich sie auch nicht im optimalen Ausmaß erfolgen wird.

14.8. Große Gruppen: Die Unmerklichkeit des Einflusses individueller Beiträge vereitelt die Bereitstellung kollektiver Güter

„Dagegen wird in einer großen Gruppe, in der der Beitrag keines einzelnen sich auf die Gruppe als Ganzes oder auf die Belastung bzw. den Gewinn irgendeines Mitgliedes fühlbar auswirkt, ein Kollektivgut sicher nicht bereitgestellt werden"[21]), es sei denn durch Zwang[22]) oder äußere Anreize.

Denn in einer Gruppe rational kalkulierender Individuen ist die notwendige Bedingung für eine optimale Versorgung mit einem Kollektivgut durch freiwilliges und selbständiges Handeln, daß die Grenzkosten, d. h. jene Kosten, die mit der Bereitstellung einer weiteren Einheit des Kollektivgutes verbunden sind, in derselben Weise aufgeteilt werden wie die zusätzlichen Nutzen[23]). Nur dann wird jene Menge des Kollektivgutes bereitgestellt werden können, bei der die Gesamtkosten dem aggregierten Grenznutzen[24]) gleich sind, was die Optimalitätsbedingung für die Menge des Kollektivgutes darstellt.

Je größer die Gruppe ist, desto unwahrscheinlicher bzw. unmöglicher ist es bei selbständigem Handeln, daß die Grenzkosten entsprechend dem individuellen Grenznutzen verteilt sind, da mit wachsender Anonymität der soziale Druck abnimmt, sich entsprechend dem Nutzen, den das Individuum aus der Bereitstellung des Kollektivgutes zieht, freiwillig an den Lasten zu beteiligen.

Mit zunehmender Gruppengröße verlieren die einzelnen Beiträge der Individuen auch an relativer Bedeutung für das Gruppenziel, sodaß rational entscheidende Individuen geneigt sind, ihre Mittel zur Anschaffung nicht-kollektiver Güter zu verwenden, anstatt sie im Strom der anonymen Beiträge zur Bereitstellung des Kollektivgutes untergehen zu lassen.

14.9. Große Gruppen und die Notwendigkeit selektiver Anreize oder der Ausübung von Zwang

Wenn die Anstrengungen des einzelnen keinen merklichen Einfluß auf die Situation der Organisation bzw. der Gruppe haben, sich der einzelne aber jeder Verbesserung des Angebotes an Kollektivgütern oder jeder Annäherung an das gemeinsame Ziel erfreuen kann, sind Anreize notwendig, die mit der Bereitstellung des Kollektivgutes selbst nichts zu tun haben, um den einzelnen zu bewegen, die Lasten des Kollektivgutes mitzutragen[25]). Diese Anreize müssen selektiver Natur sein, wenn sie gruppenorientiertes Handeln hervorbringen wollen[26]), d. h. sie dürfen Vorteile nur für jene Nutznießer des Kollektivgutes in Aussicht stellen, die bereit sind, sich der Organisation, die das Kollektivgut bereitstellt, anzuschließen und die Leistungen zu erbringen, die diese von ihren Mitgliedern erwartet.

Auf diese Weise – durch die Errichtung und den Betrieb einer Organisation – werden Mitglieder einer latenten Gruppe zu Organisationsangehörigen und unterstützen so die Verwirklichung eines Zieles, dessen Nutznießer sie nur in einem solchen Ausmaß sind, das ohne zusätzlichen äußeren Anreiz nicht ausreichen würde, um von ihnen spontan und ohne Zwang unterstützt zu werden.

Gewerkschaften, Unternehmerverbände und eben auch Parteien – so meint Olsen – würden keine Unterstützung von rationalen, im Eigeninteresse handelnden Individuen bekommen, ohne selektive Anreize zu bieten, und zwar selbst dann nicht, wenn alle das vorgeschlagene Programm für in ihrem Interesse gelegen halten[27]). Tatsächliche Lobbies erhalten ihre Anhängerschaft nicht aufgrund der erfolgreichen Beeinflussung der Gesetzgebung, also der Erreichung des Kollektivzieles, sondern sie gewähren „daneben" exklusive, nichtkollektive Vorteile, die sie Nicht-Mitgliedern vorenthalten[28]). Denken wir an die zahlreichen Dienste, die Gewerkschaften ihren Mitgliedern neben ihrer Tätigkeit als Kollektivvertragspartner anbieten, wie billige Versicherungen, Erholungsurlaube, Kredite, Fortbildungskurse usw. Ähnliches gilt für Unternehmerverbände, die etwa mit diversen Beratungsdiensten aufwarten.

Durch diese Andersbehandlung von Mitgliedern vermögen Organisationen latente Gruppen zu mobilisieren[29]). In vielen Fällen reichen derartige zusätzliche Anreize nicht aus, sodaß jede große organisierte Gruppe dazu tendiert, Zwang ausüben zu wollen, um ihr Kollektivgut bereitstellen zu können[30]). Das Paradebeispiel für diese Vorgangsweise ist das machtvolle Kammerwesen, durch das die Ausübung von Berufen ohne Erwerb der einschlägigen Mitgliedschaft überhaupt unmöglich ist.

Das, was die Organisationen, deren Zweck die Bereitstellung kollektiver Güter ist[31]), zusammenhält, ist also tatsächlich in vielen Fällen nicht diese ihre grundlegende Funktion der Verfolgung eines gemeinsames Zieles, sondern die verschiedenen nicht-kollektiven Vorteile, die ein Mitglied aus seiner Zugehörigkeit zieht. Große Lobbies und Organisationen können deshalb als Nebenprodukt eines derartigen Anreizsystemes betrachtet werden[32]).

14.10. Politische Parteien und die Logik des kollektiven Handelns

Was können wir aus alldem für die Beschreibung des Verhaltens der politischen Massenpartei in einer Zeit, in der die emotionale Identifikation mit der Interessenpolitik und dem gesellschaftlichen Gestaltungsziel einem nüchteren Kalkül gewichen ist, ableiten? Zunächst, daß sich in dieser politischen Epoche der Dominanz des Strebens nach vorhersehbaren persönlichen Vorteilen die Einsicht durchsetzt, daß selbstlose Mitarbeit in einer politischen Massenpartei niemandem einen nennenswerten Gewinn bringt und daher nutzlos ist[33]). Selbst dann, wenn es den Massenparteien gelänge, ihren Mitgliedern den Eindruck zu vermitteln, daß sie – die Massenparteien – in der kausalen Dimension politischer Veränderungen sind, die die Interessenlage ihrer Anhänger ebenso positiv beeinflussen, wie den Gesamtzustand der Gesellschaft und selbst dann, wenn über diese gemeinsamen Ziele völlige Übereinstimmung herrscht, könnten sie ihre potentielle Klientel bzw. ihre Mitglieder dadurch nicht mobilisieren. Denn in fast allen Fällen sind die konkreten individuellen Aufwendungen der Anhänger bzw.

der Mitglieder für eine Unterstützung zumindest subjektiv größer als das, was sie dadurch konkret an positiven Effekten für die Organisation zu zeitigen vermöchten.

Das gilt bereits für die einfachsten Akte der Bekundung einer aktiven Parteizugehörigkeit. Die Mitglieder wünschen etwa, daß alle an den Parteiversammlungen teilnehmen, sind aber selbst nicht bereit dazu[34]). Dies ist keineswegs inkonsequent, sondern der Modellfall rationalen Verhaltens in einer großen Gruppe[35]).

Dieses rationale Verhalten bedeutet nichts anderes, als das die Menschen „eigenützige und uneigenützige Ziele mit geeigneten und wirksamen Mitteln verfolgen“[36]). Die politischen Massenparteien haben es bisher völlig verabsäumt, Strukturen zu schaffen, in denen idealistisch gesinnte Mitarbeiter uneigennützige Ziele im Dienste einer politischen Idee mit wirksamen Mitteln verfolgen können. Hingegen haben sie es verstanden, ein mächtiges System selektiver Anreize zu errichten, mit dessen Hilfe sie sich die Mitgliedschaft und Unterstützung jener Sympathisanten verschaffen, die sonst keine Veranlassung hätten, dem politischen Geschehen in einer aktiveren Rolle beizuwohnen als in der des Zaungastes und Wählers.

14.11. Universelles Anreizsystem und die Andersbehandlung durch politische Parteien

Die Zahl der Beispiele, die die Funktionsweise eines solchen Systems selektiver Anreize demonstrieren, ist groß. Nahezu jeder Staatsbürger kann einige Beispiele – wenn schon nicht aus eigener Erfahrung, so doch aus eigener Anschauung – anführen. Die bekanntesten und gleichzeitig wirksamsten Instrumente zur bewußten Andersbehandlung und Bevorteilung von Parteimitgliedern sind zweifellos die bevorzugte Vergabe von Wohnungen im Besitz oder Einflußbereich der öffentlichen Hand an Parteibuchbesitzer des jeweils dominierenden Coleurs und die bevorzugte Beschäftigung parteitreuer Mitarbeiter im Staatsdienst bzw. in staatsnahen oder parteinahen Unternehmungen. Ähnliches gilt für die Beförderung des beruflichen Weiterkommens, die Zuteilung verschiedener Subventionen für wirtschaftliche und kulturelle Zwecke, den Erhalt von Lehr- und Ausbildungsplätzen, den Zuschlag für Aufträge im Bereich öffentlicher Vorhaben sowie eine Vielzahl von kleineren oder größeren Protektionsakten, die die Menschen vom termingerechten Spitalsbett in der präferierten Entbindungsklinik bis zur Zuweisung einer Grabstätte in einem öffentlichen Friedhof während ihres ganzen Lebens begleiten und in praktisch alle Lebensbereiche hineinreichen[37]).

Besonders bemerkenswert und für das System unserer Art von Parteiendemokratie bedeutungsvoll ist der Umstand, daß die Parteien ihre als selektive Anreize dienenden nicht-kollektiven Güter nicht – wie andere organisierte Gruppen – aus ihrem eigenen Budget finanzieren und damit letztlich wieder ihren eigenen Mitgliedern aufbürden, sondern daß die Vorteile, die sie zu vergeben haben, fast durchwegs aus Mitteln der Allgemeinheit stammen, über die sie nur deshalb verfügen, weil sie den gesamten öffentlichen Sektor beherrschen.

Hier schließt sich der Kreis zwischen dem traditionellen neuzeitlichen Politikanspruch des „größten Glücks der größten Zahl" und dieser Praxis der Vergabe von Sondervorteilen durch die politischen Massenparteien. Denn alles, was unter dem Interdikt des Omnikompetenz- und Omnipotenzanspruches der Politik im Namen der umfassenden politischen Befriedigung der menschlichen Bedürfnisse hervorgebracht und installiert wurde, wird nun von den politischen Parteien verwaltet und beherrscht. Nichts ist im Bereich des politischen, was nicht gleichzeitig unter dem Einfluß und Zugriff der politischen Parteien stünde.

Und alles davon kann von den Massenparteien als selektiver Anreiz und Mittel zur Attraktion von Mitgliedern und Mitarbeitern genutzt werden.

Auf diese Weise wird das, was – zumindest dem Namen nach – im Dienste der Allgemeinheit geschaffen wurde, vom öffentlichen Gut zum nicht-öffentlichen Gut umfunktioniert und als Druckmittel zur Herstellung von Unterstützung für die politischen Parteien eingesetzt. Mit diesem relativ simplen Verfahren umgehen die Massenparteien die Notwendigkeit, Ersatz für die Funktion der klassifizierenden Aggregation schaffen zu müssen, die in Zeiten relativ geringer Komplexität Aufschluß über die Interessenskonstellationen und die Wirkungen der politischen Akte auf die Lebensbedingungen der verschiedenen Gruppen gab. Sie tun dies, indem sie eine Reihe von wirtschaftlichen Bereichen, in denen Grundvoraussetzungen des Lebens in unserer modernen Zivilisation bereitgestellt werden, politisch monopolisieren oder dominieren und unter ihre Herrschaftshoheit bringen. Diese Bereiche sind etwa das Gesundheits- und Sozialversicherungswesen, das Wohnungswesen, das Schul- und Hochschulwesen, der Kunst- und Kultursektor usw. Sie erstrecken sich tatsächlich von der Wiege (öffentlichen Geburtskliniken) bis zum Grabe (öffentliche Friedhöfe). In all diesen Belangen bietet sich die tausendfache Gelegenheit zur bewußten Andersbehandlung von Parteiangehörigen und -günstlingen gegenüber parteilosen Staatsbürgern und damit die Etablierung eines dichten Netzes selektiver Anreize.

14.12. Die Basis der Parteienmacht: monopolistische Verfügung über grundlegende Dienste

Hier beantwortet sich die Frage, wie es den politischen Parteien trotz des Zusammenbruches der klassifizierenden Aggregation, trotz des Scheiterns zahlreicher Rettungsstrategien und trotz der Auflösung emotionaler Bindungen an die politischen Lager gelingt, auch heute der bestimmende öffentliche Faktor zu sein. Wir stoßen dabei auf ein Problem, dessen wir uns in Kapitel 15 noch genauer annehmen müssen:

Bedingt durch die staatsmonopolistische- oder monopolhafte Stellung der genannten Bereiche und die Tatsache, daß die im Rahmen dieser Bereiche bereitgestellten Dienste de facto oder sogar de jure praktisch von niemandem umgangen werden können, stellt sich für die Betreiber von Institutionen zur Bereitstellung derartiger Dienste – und damit für die Massenparteien – das Problem eines Ersatzes für die Leistung der klassifizierenden Aggregation, nämlich des Erkennens von Interessen und des adäquaten politischen Reagierens, in diesem Zusammenhang nicht. Denn der Betrieb all dieser Institutionen, seien es jetzt Sozialversicherungen, Krankenhäuser, Schulen, Theater, Museen, Wohnhausanlagen usw., erfordert keine Kenntnis von Interessenlagen in unserem Sinne, also von jenen gegensätzlichen Vorstellungen bei der Verwirklichung von individuellen Zielen bzw. gegenläufigen Ansprüchen an knappen Mitteln, die das Kräftefeld des gesellschaftlichen Gefüges aufspannen und ihre Entwicklungsdynamik begründen. Der Betrieb dieser Institutionen bedingt kein Verständnis des komplexen gesellschaftlichen und wirtschaftlichen Prozesses, in dem Gruppen von Menschen mit gemeinsamen Interessen entstehen, verschwinden, sich von anderen absplittern oder in anderen Gruppen aufgehen.

Niemand der an der Leitung und Organisation solcher Institutionen Beteiligten bedarf daher eines Modells gesellschaftlicher Wirkkräfte, um diese Institutionen überhaupt betreiben zu können. Er bedarf bloß eines Auftrages, der klar genug ist, um erfüllt werden zu können.

Probleme, die mit der Abwicklung des Betriebes solcher Institutionen zusammenhängen, sind administrativer bzw. betriebswirtschaftlicher Natur und nicht politischer, wenngleich diese Institutionen fraglos das Ergebnis früherer politischer Entscheidungen bzw. Maßnahmen darstellen.

Diese Unterscheidung ist bedeutsam. Denn im Rahmen von einmal existierenden, monopolistischen oder monopolhaften Institutionen zur politischen Bereitstellung von grundlegenden Diensten des alltäglichen Lebens sind all die Probleme, die wir im ersten Teil dieser Arbeit als im Gefolge des wachsenden Komplexitätsgrades der Gesellschaft entstehend und für die Politik als Ganzes existenzgefährdend beschrieben haben, kurzfristig nicht spürbar. Kliniken, Sozialversicherungen, Schulen, Museen etc. existieren und funktionieren „eigendynamisch", unabhängig von der Fähigkeit oder Unfähigkeit der sie beherrschenden politischen Massenparteien, in ihrer komplexen gesellschaftlichen Umgebung adäquat zu agieren. Sie stellen daher mit ihren vielfältigen lebensnotwendigen Dienstleistungen ein stabiles Fundament für ein umfassendes, selektiv verfahrendes Anreizsystem dar, das den politischen Parteien jenen Einfluß und jene Macht sichert, die sie aufgrund ihres Unvermögens, Interessen unter komplexen gesellschaftlichen

Bedingungen zu befördern und realistische Gestaltungsziele zu vefolgen, längst eingebüßt hätten.

14.13. Politische Parteien: Abfallprodukt eigennutzorientierter Vorteilskalküle

Allein dieses Anreizsystem und diese breitgestreute Palette zur bewußten Andersbehandlung von Parteimitgliedern und Nicht-Parteimitgliedern hat die Massenpartei – auf künstlichem Wege – in ihrer ursprünglichen und traditionellen organisatorischen Form und in ihrem strukturellen Wesen bis zum heutigen Tag erhalten. Wären die Massenparteien weiterhin auf die Grundlagen ihres Entstehens und ihres Aufstieges angewiesen, deren Nutzung und Ausgestaltung wir als die beiden Dimensionen der Massenpartei – wirksame Beförderung von Interessen und emotionsgelandene Mobilisierung für einen gesellschaftlichen Gestaltungsauftrag – bezeichnet haben, so wären sie längst ein Relikt einer vergangenen Epoche. Nur mit Hilfe dieses Systems der „Zwangsrekrutierung" von Mitgliedern und Mitarbeitern durch die parteipolitische Vergabe von öffentlichen Gütern an bevorzugte Personen gelingt es den Parteien, ihre alte Mitgliederzahl einigermaßen zu halten und mit dem Gerüst der unveränderten organisatorischen und strukturellen Verfaßtheit den Schein der ungebrochenen Vitalität und Präsenz zu wahren. Dies ist die Basis der Macht, über die die politischen Massenparteien nach wie vor verfügen.

Zweifellos wird dies von ihren Funktionären nicht gern eingestanden, die in ihren Sonntagsreden immer noch davon phantasieren, daß in ihren Organisationen „alle an einem Strang ziehen" um die Gesellschaft der großen Vision entgegenzuziehen und dabei gleichzeitig für eine Beförderung der Interessen der der Partei anbefohlenen (benachteiligten) Gruppen zu sorgen.

Nichts ist weniger der Fall als das. Aber es ist für die Verantwortlichen einer Organisation, deren offizieller Zweck die Verfolgung eines gemeinsamen gesellschaftpolitischen Zieles ist, kaum zu verkraften zuzugeben, daß das vermeintliche Ergebnis scheinbar idealistischer Bestrebungen, nämlich der politische Stellenwert der Partei, nichts anderes ist als das Abfallprodukt einer Reihe von im Eigeninteresse getroffenen Entscheidungen, die auf die Erzielung von Sondervorteilen abzielen und auf der Basis individueller Nutzenkalküle gefällt werden[38]). Sie beklagen weinerlich den Umstand, daß ihre Anhängerschaft den emotionalen Bezug zur Partei mehr und mehr einbüßt, und daß es praktisch nicht mehr möglich ist, eine größere Zahl von Menschen für eine politische Idee zu begeistern und für den Einsatz zu mobilisieren.

14.14. Politik als Selbstbedienungs-Warenhaus

Dennoch haben die Parteien einen nicht unbeträchtlichen Teil jener Entwicklung, die dazu führte, daß die Menschen der Politik nur mehr mit rationalen Gegenüberstellungen ihrer Vorteile und Aufwendungen gegenübertreten und kaum eine Identifikation mit ideologischen Inhalten herbeizuführen ist, selbst verursacht. Indem sie ihren Angehörigen unter dem Leitmotiv des „größten Glücks der größten Zahl" mit immer neuen Leistungen winkten, die eine Befriedigung zahlreicher Bedürfnisse auf politischem Wege ermöglichen sollten, gestalteten sie die moderne Politik schrittweise zum Selbstbedienungs-Warenhaus aus und luden das Wählerpublikum zum ausgiebigen Einkauf ein. Mit der Etablierung des Allzuständigkeitsanspruches der Politik wurde auch die Zahl der Bereiche, in denen persönliche Vorteile und eine Steigerung des individuellen Wohlstandsniveaus in Aussicht gestellt wurden, immer größer[39]). So wurden die Menschen an den Warenhauscharakter der Politik gewöhnt, sodaß die Angebote an politisch vermittelten Vorteilen geradezu inflationär anwachsen mußten, um der ständig steigenden Erwartungshaltung der solcherart betreuten Wähler gerecht zu werden und deren zum materiellen Anspruch gewordenen Verlangen zu befriedigen[40]).

Es ist nicht verwunderlich, daß die Massenparteien mit dieser beinahe als Zwangserziehung zum Utilitarismus bezeichenbaren Einflußnahme auf die Einstellung der Wähler gegenüber der Politik eine der beiden Wurzeln, aus denen die Massenparteien sprossen, die wir als die zweite Dimension der Massenpartei bezeichnet haben, austrockneten und zum Absterben brachten. Dieses Absterben der emotionalen Überhöhung der Tätigkeiten der politischen Massenparteien bzw. das Dominantwerden individueller Nutzenkalküle ist natürlich keineswegs ident mit einem Rationalwerden oder einer „Versachlichung" der Politik insgesamt. Die Gründe, die einer solchen Versachlichung entgegenstehen, haben wir im vorigen Kapitel im Zusammenhang mit einer Kritik der „wissenschaftsgestützten Politik" angegeben.

14.15. Politische Parteien als verhaßte und verachtete Zwangsverwalter öffentlicher Güter

Am Ende dieser „Entzauberung" der Politik triumphiert nun die Allgegenwart individueller Ansprüche und Vorteilserwartungen, dem das dürre Gerüst eines weitverzweigten, selektiven Anreizsystems korrespondiert, das die Wechselwirkungen der beiden Dimensionen der Massenpartei ersetzen und ohne die Wirkungen des emotionalen Zusammenhaltes auskommen muß.

In diesem Anreizsystem spielen die Massenparteien die Rolle des vielgehaßten, hochverachteten und unsympathischen, aber doch viel gebrauchten und unabdingbar notwendigen Zwangsverwalters der öffentlichen Güter, welche von den Individuen flugs in nicht-öffentliche, individuell nutzbare Güter umfunktioniert werden können, wenn sie den Parteien nur jene Macht und jene Rechte zugestehen, die diese für sich in Anspruch nehmen, und wenn sie bereit sind, einer der Parteien den ihr zukommenden Teil an Unterstützung zu gewähren.

Deshalb ist das Verhalten der Menschen gegenüber den Parteien durchaus ambivalent:

Einerseits vermeidet man emsig jede Berührung mit den Parteien und ist bestrebt, den Eindruck parteipolitischer Zugehörigkeit oder Affinität zu verhindern. Parteipolitisches Bekennertum zählt mehr und mehr zu den gesellschaftlichen Kuriosa und wird nur mehr von schrulligen Fanatikern gepflegt. Vielmehr nutzt man jede Gelegenheit, um die Parteien verächtlich zu machen und die Qualität ihrer Funktionäre in Grund und

Boden zu kritisieren[41]). Es gehört nachgerade bereits zum guten Ton, die Parteien anläßlich aller möglicher gesellschaftlichen Gelegenheiten mit einer Mischung aus Abneigung und Spott zu überschütten und ihre Überflüssigkeit sowie die Schädlichkeit ihres Tuns hervorzuheben. Besonders die Jugend umgeht jeden parteipolitischen Kontakt, als wäre dieser mit der Gefahr der Übertragung von Aussatz oder anderer Pestilenzen verbunden[42]).

Galt die Zugehörigkeit zu einer politischen Partei früher als Zeichen staatsbürgerlichen Pflichtbewußtseins, und war die Übernahme einer parteipolitischen Funktion früher mit Achtung und Ansehen verbunden[43]), weil sie selbstlose Einsatz- und Opferbereitschaft signalisierte, so steht heute beides im Geruch des Unehrenhaften oder zumindest des Tölpelhaften.

Andererseits pflegt man verschämte Kontakte mit den Parteiapparaten, um gegenüber der Konkurrenz der Masse der um Sondervorteile buhlenden Protektionskindern nicht ins Hintertreffen zu geraten[44]). Eine damit verbundene Unterstützung der bei anderen Gelegenheiten heftig diffamierten Parteien kann vor dem Gewissen desjenigen, der auf die selektiven Anreize der Parteien reagiert und sich seiner bevorzugten Behandlung erfreut, jederzeit gerechtfertigt werden, da der Wunsch nach Erfolg und die monopolistische Verfügungsgewalt der Parteien über viele notwendige Mittel des alltäglichen und des kommerziellen Lebens eine Alternative nicht offenlassen. Einen Erpressungsversuch – so scheinen nicht wenige Günstlinge bei sich zu denken – kann man eben nur mit einer Scheinunterstützung quittieren.

Wie innig diese Scheinunterstützung ist und wie sehr die politischen Massenparteien auf derartige „Anhänger“ tatsächlich bauen können, braucht hier nicht näher ausgeführt zu werden[45]). Tatsache ist, daß die weltanschauliche Schicksalsgemeinschaft zwar zu pathetischen Anlässen immer noch beschworen wird, daß sie als reales Faktum aber längst der Vergangenheit angehört.

15. DIE MASSENPARTEIEN AM WENDEPUNKT: KOLLAPS ODER NEUBEGINN?

15.1. Skandale, Verfilzung und Korruption sind die Substanz unserer politischen Kultur

Wie wir im letzten Kapitel gesehen haben, sind die politischen Massenparteien gleichzeitig Opfer und Nutznießer dieser Entwicklung zum eigennützigen individuellen Vorteilskalkül, die sie mit ihrer auf Verbesserung der Lebensbedingungen abzielenden und unter dem Leitmotiv des „größten Glücks der größten Zahl" stehenden Strategie selbst entscheidend mitbeeinflußten. Opfer, insoweit sie dadurch einen Großteil ihrer Vitalität, ihres Begeisterungspotentiales und ihrer Autorität eingebüßt haben und ihre Macht nur mehr auf der labilen Basis scharf kalkulierter Gegengeschäfte erhalten können, ohne sich auf das Sicherheitsnetz des ideologiebedingten Wohlwollens von sich nahezu bedingungslos identifizierenden Anhängern verlassen zu können. Nutznießer, weil gerade das Engagement der Parteien bei der Hervorbringung und Verwaltung von kollektiven Gütern, deren Inanspruchnahme die individuellen Nutzenniveaus steigern soll, jene Grundlage für das selektive Anreizsystem darstellt, ohne das die Parteien keinerlei Möglichkeit der Machtentfaltung und Einflußnahme auf die Gesellschaften mehr hätten.

All das, was wir als polit-wirtschaftliche Verfilzung, als öffentliche Skandale, als Schmiergeld- oder sonstige Korruptionsaffären, als Schieberei und Freunderlwirtschaft lauthals beklagen, hat seine Wurzeln und Ursachen ausschließlich in diesem weitverzweigten System selektiver Anreize und ist ohne eine Analyse seiner Wirkungsweise nicht verständlich. Es ist völlig sinnlos, diese Schattenseiten der modernen Politik als abschaffbares Beiwerk oder als Auswuchs der politischen Kultur zu bezeichnen, oder es etwa als finsteres Machwerk einiger besonders korrupter Politiker darstellen zu wollen, wie dies von den Medien so gerne (und öffentlichkeitswirksam) getan wird.

All dies – von der Verfilzung bis zum öffentlichen Skandal – ist nicht Auswuchs oder Beiwerk dieses Systems der Massenparteien und ihrer ausgedehnten Verfügungsgewalt über öffentliche Einrichtungen und Werte – es ist dieses System, ist mit ihm ident[1]). Das selektive Anreizsystem, das die Massenparteien und ihre Arbeitsfähigkeit am Leben erhält und das an die Herrschaft der Parteien über große Teile der Ressourcen des Landes geknüpft ist, ist die Substanz unserer gegenwärtigen politischen Kultur und vom Wesen unseres Typus von Parteiendemokratie nicht zu trennen. Alle hier von uns zitierten Übelstände sind bloß andere Namen für besondere Teilaspekte dieses Systems.

Denn in einem System, in dem das zentrale funktionale Moment im Gewähren von Sondervorteilen besteht, existiert kein qualitativer Unterschied zwischen der Bevorzugung einer weniger geeigneten, aber parteipolitisch willkommenen Arbeitskraft bei der Besetzung irgendeiner relativ unwichtigen Position und der Vergabe eines öffentlichen Milliardenauftrages an den letzlich teuersten Anbieter, der sich dafür mit einer angemessenen Parteispende bedankt[2]). Bestenfalls ist es bequemer, auf die „großen“ Korruptionisten zu verweisen und die „kleinen“ zu übersehen, um nicht die Totalität dieses Verfahrens eingestehen zu müssen. Auch ist es durch eine solche Personalisierung eines solchen Übels dann möglich, die Problematik auf die Ebene der politischen Moral zu verlagern[3]) und so die eigentlichen Ursachen der Gefälligkeitsdemokratie zu umgehen und die Augen vor ihren langfristigen Konsequenzen zu verschließen.

Gewiß ist die eine oder andere politische oder wirtschaftliche Aktivität in der Grauzone der moralischen Regeln durch eine Verbesserung der „öffentlich-politischen“ Moral zu verhindern[4]). Aber es ist ein romantischer Irrtum von großer Tragweite zu vermeinen, daß all diese Skandale, Schiebereien und Korruptionsaffären, also alles, was man fälschlich als „Auswüchse“ bezeichnet, auf irgendeine Art beseitigt werden kann, ohne den herrschenden Typus der Massenpartei und damit die herrschende Form der Parteiendemokratie zu liquidieren.

Wir dürfen uns keiner Illusion hingeben: Solange das Hauptcharakteristikum des selektiven Anreizsystems der politischen Parteien erhalten bleibt, das darin besteht, daß die systematische Andersbehandlung von Mitgliedern bzw. Sympathisanten nicht aus dem Budget der Parteien selbst bestritten, sondern durch eine manipulative Vergabe der Leistungen aus dem gesamten Bereich der öffentlichen Wirtschaft und Verwaltung berwerkstelligt wird, solange sind Skandale und Korruption ein fester, weil notwendiger Bestandteil politischer Kultur. Wir können diesen Umstand bewerten wie wir wollen – ändern können wir ihn nur, wenn wir bereit sind, die Ausrichtung und die Struktur unserer Massenparteien vollkommen zu reformieren.

15.2. Das relative Kräftegleichgewicht der Politik und die Gruppierung privater Aktivitäten um den starren Raster öffentlicher Leistungen

Dieser Darstellung könnte von den Befürwortern des gegenwärtigen Parteiensystems hinzugefügt werden, daß das Verfahren zur Absicherung der politischen Macht der Parteien immerhin eine Art politisches Kräftegleichgewicht garantiere, in dem einige wenige große und mächtige Organisationen die zahlreichen gesellschaftlichen Strömungen und unausgegorenen Zielvorstellungen integrieren und so politischen Radikalismus und das Abgleiten in politisches Chaos oder in die Gefahr einer Diktatur verhindern. Und sie könnten hinzufügen, daß der Preis für diese Leistung eben in der Akzeptierung dieser sogeannten „Auswüchse" bestehe.

Zu all dem kommt noch ein Faktor, dessen reale Gestaltungskraft unter keinen Umständen übersehen werden darf: Obwohl die Politik zum Oberflächenphänomen geworden ist und ihre Fähigkeit, die Gesellschaft bewußt und zielhaft zu gestalten, ständig abnimmt, ist das kompakte System der parteipolitischen Beherrschung öffentlicher Güter und ihres Einsatzes als selektive Anreize eine stabile Basis zur Formveränderung der Bewegungsabläufe der spontanen Ordnung, deren Oberflächenphänomen die Politik an sich ist. Dieser scheinbar widersprüchliche Gedanke muß näher erläutert werden.

Mit dem dichtem Netz öffentlicher Güter und ihrer selektiven Vergabe erzeugt die Politik ein starres, realtiv unveränderliches Raster wirtschaftlicher und gesellschaftlicher Rahmenbedingungen[5]), deren Faktizität die individuellen Entscheidungen und Handlungen mitprägt, weil sie für diese Datumscharakter aufweist.

Für zahlreiche einzelwirtschaftliche Akte ist der allgegenwärtige öffentliche Bereich von nachhaltiger Bedeutung. Die öffentlichen Institutionen beeinflussen maßgeblich die Wege, die die Individuen beschreiten, wenn sie ihre Bedürfnisse befriedigen wollen. Es läßt sich daher sagen, daß sich ein Teil der die spontane Ordnung konstituierenden Akte gleichsam um die Elemente dieses Rasters öffentlicher (und meist monopolistisch angebotener) Leistungen gruppiert und damit eine bedeutende Formveränderung in den Bewegungsabläufen dieser spontanen Ordnung herbeiführt.

15.3. Das selektive Anreizsystem und die Polarisation von Bewegungsabläufen der spontanen Ordnung

Das zeigt sich besonders in jenem bedeutsamen Bereich, in dem die Massenparteien mit den professionellen Standes- und Interessenvertretungen verflochten sind, also mit den Gewerkschaften und Kammerorganisationen. Eine Analyse dieses Zusammenhanges würde freilich den Rahmen dieser Arbeit bei weitem sprengen, weswegen seine Wichtigkeit hier nur angedeutet werden kann. Mit dem folgenden einfachen Beispiel aus dieser Sphäre kann aber vielleicht verdeutlicht werden, was es heißt, wenn wir sagen, daß sich ein Teil der einzelwirtschaftlichen Bewegungsabläufe um den Raster der öffentlichen Leistungen gruppiert, weswegen die spontane Ordnung eine Formveränderung erfährt:

Mit der Entscheidungsgewalt der öffentlichen Verwaltung über die Frage, wer unter welchen Bedingungen zu welcher Zeit an welchem Ort ein bestimmtes Gewerbe ausüben darf, also mit der Herrschaft des Verwaltungsapparates über das Konzessions- und Gewerbeberechtigungswesen, sind zwei für die wirtschaftliche und gesellschaftliche Wirklichkeit bedeutungsvolle Aspekte verbunden. Es liegt damit nämlich nicht nur ein weites Feld für selektive Anreize vor, denn die parteipolitisch besetzten Kammerorganisationen haben im einzelnen ausgedehnte Möglichkeiten der Einflußnahme bei der Vergabe von Gewerbeberechtigungen und Konzessionen, sondern auch ein Angelpunkt zur Präformierung bestimmter Bereiche der spontanen Ordnung durch die Politik.

Denn mit der Schaffung und Aufrechterhaltung einer Demarkationslinie zwischen priviligierten Konzessionsinhabern bzw. Gewerbescheinbesitzern einerseits und den von gewerblicher Tätigkeit Ausgeschlossenen andererseits werden zahlreiche wirtschaftliche Entscheidungen und Maßnahmen getroffen, die ohne dieses System der Einschränkung wirtschaftlicher Freizügigkeit unterbleiben oder eine andere Form annehmen würden.

Unter anderem werden dabei auf künstlichem Wege genau jene Interessen etablierter Gewerbetreibender geschaffen, die die Kammerorganisationen zu vertreten vorgeben. Durch die Ausübung von Zwang (zur Gewerbeberechtigung und zum Kammerbeitritt) entsteht eine Gruppe von Handlungsträgern, die in einer konkreten Hinsicht durch ein gemeinsames Ziel verbunden sind, das sie kollektiv verfolgen. Die institutionelle Schließung von Märkten und die Verhinderung von potentiellem Wettbewerb sei hier nur als Stichwort für dieses kollektive Ziel genannt. Auf der Basis der kollektiven Verfolgung eines gemeinschaftlichen Zieles werden ganze Ketten von Folgeentscheidungen gefällt, deren konkrete Ausprägungen und Wirkungen natürlich von niemandem überblickt werden können.

Fest steht aber, daß durch diese künstliche Schaffung von Gruppen mit bestimmten Interessenlagen eine Polarisation in den Bewegungsabläufen der spontanen Ordnung eintritt, die auf die Politik und ihre unbewegliche Organisationsform stabilisierend zurückwirkt.

Die Existenz des starren Rasters öffentlicher Leistungen verzerrt also die Struktur der spontanen Ordnung und nimmt insofern auf diese einen formgebenden Einfluß. Das ändert

selbstverständlich nichts an der Oberflächenhaftigkeit der Politik und ihrer Unfähigkeit zur bewußten Gestaltung gesellschaftlicher Abläufe.
Aber es zeigt, daß es Mechanismen gibt, die das Ableben unserer momentanen Art von Politik hinauszögern, indem sie den Komplexitätsgrad der ständig in Entwicklung befindlichen technisch-industriellen Gesellschaft in einzelnen Bereichen beträchtlich reduzieren.
Die Gruppierung einzelwirtschaftlicher Akte um die bestehenden Institutionen des öffentlichen Sektors ist zweifellos ein solcher Mechanismus. Er untertützt die Beibehaltung bestehender Machtkonstellationen und hilft den Massenparteien, sich in ihrer bestehenden Form über Wasser zu halten.

15.4. Das Unbehagen mit der Politik und die zweifache Abhängigkeit des Staatsbürgers

Es ist also wahr, was wir weiter oben angedeutet haben, nämlich daß das selektive Anreizsystem mit einer Art von Gleichgewicht der großen politischen Blöcke verbunden ist, wenngleich dieses auch auf sehr tönernen Füßen steht. Tatsächlich ist es den politischen Massenparteien durch die Kombination der Monopolisierung vieler ausschließlich gemeinwirtschaftlich bereitgestellter Leistungen mit der willkürlichen Bevorzugung parteipolitischer Günstlinge bei der Vergabe dieser Leistungen gelungen, eine wirksame Strategie zur Beibehaltung ihrer Macht zu entfalten und so den Verlust, den sie mit dem Scheitern der Methode der klassifizierenden Aggregation am Komplexitätsgrad der modernen Zivilsation hinnehmen mußten, zumindest vordergründig wettzumachen.
Aber es ist völlig unstatthaft, daraus zu schließen, daß der labile Gleichgewichtszustand dieses politischen Konfliktlösungsverfahrens dauerhaft sein könnte, und daß wir uns auf ihn langfristig verlassen könnten. Niemand kann annehmen, daß die große Mehrheit der Bevölkerung die Massenparteien in ihrem eminenten Einfluß auf alle Lebensbereiche auf Dauer nur deshalb duldet, weil sich die Parteien diesen Einfluß durch die Verfügungsgewalt über die öffentlichen Güter erzwingen. Nie-

mand kann daher ernsthaft erwarten, daß sich die Parteien in ihrer gegenwärtigen Form am Leben erhalten, obwohl sie allseits verhaßt sind und sich nahezu niemand mit ihnen identifiziert.

Die große Mehrheit der Bevölkerung wird nicht mehr lange bereit sein, als Bittsteller aufzutreten, wenn es gilt, jene öffentlichen Leistungen in Anspruch nehmen zu wollen, die sie selbst finanziert hat und deren Produzenten im Besitz der Öffentlichkeit sind[6]). Es wird bis zu den Gedankensphären selbst der politisch am wenigsten Interessierten durchsickern, daß sich die Menschen für den Erhalt ein und derselben Leistung in eine zweifache Abhängigkeit begeben müssen: Einmal gegenüber der offiziellen staatlichen Hoheitsverwaltung in der Rolle des Steuerzahlers, der gehalten ist, die Bereitstellung von öffentlichen Gütern und Leistungen finanziell mitzutragen bzw. die Defizite staatlicher Betriebe mitabzudecken; und das zweitemal als serviler Protektionsheischer, der sich einer Partei anschließen oder diese auf eine andere Art unterstützen muß, wenn er den einen oder anderen dieser Dienste tatsächlich in Anspruch nehmen will. Es ist nur eine Frage der Zeit, daß die Mehrheit, die diese Problematik bereits jetzt intuitiv spürt und mit dumpfem Unbehagen an der Politik insgesamt quittiert, diese Art von politischer Ausbeutung für unerträglich hält und sich dagegen massiv zur Wehr setzt.

Auch wenn sie das nicht in offener Konfrontation mit der Oberhoheit der Parteien tut, was angesichts ihrer Unfähigkeit, sich wirksam zu akkordieren und zu artikulieren, sehr wahrscheinlich ist[7]), wird die passive Resistenz der Staatsbürger gegen das System der gezielten politischen Bevorzugung solche Ausmaße annehmen, daß die Funktionsfähigkeit der Parteiendemokratie ernsthaft in Frage stehen wird.

15.5. Die Eigendynamik von Institutionen auf Grund ihrer Einbettung in die spontane Ordnung

Aber selbst dann, wenn die Bevölkerung sich auf längere Sicht mit dem Mechanismus multipler Protektionen – zumindest nach außen hin – abfinden würde, weil sie auf Grund langjähriger Gewöhnung an die politische Vormundschaft und auf Grund des Mangels an im öffentlichen Bewußtsein ausreichend verankerten Alternativen zu gelähmt ist, um dagegen merkbar zu opponieren, wird dieses System mit dem Virulentwerden eines Problemfeldes scheitern, das wir weiter oben angedeutet, aber zunächst ausgespart haben. Wir haben dort behauptet, daß der Betrieb der öffentlichen Institutionen, die jene Leistungen hervorbringen, die von den Parteien im Dienste einer Rekrutierung von Mitgliedern und Mitarbeitern bewußt auf selektive Weise vergeben werden (also Krankenhäuser, öffentliche Wohnhausanlagen, staatliche Unternehmungen, Sozialversicherungsanstalten etc.), ein administratives bzw. betriebswirtschaftliches Problem ist und kein politisches (Kapitel 14.12.). Er setzt kein unmittelbares Verständnis der Bewegung der konkreten gesellschaftlichen Interessenlagen und damit kein Modell der gesellschaftlichen Dynamik voraus, wie wir es am Anfang dieser Arbeit als Bedingung für politisches Tun im modernen Sinn beschrieben haben. Der Betrieb derartiger Institutionen ist daher auch nicht akut mit jenen Problemen konfrontiert, die wir als Folge des Scheiterns der klassifizierenden Aggregation an der wachsenden Komplexität der modernen technischen Industriekultur und als Ursache für den Verfall der politischen Massenparteien bezeichnet haben. Er ist vielmehr eingebettet[8]) in das Geflecht der spontanen Ordnung unserer dezentral koordinierten modernen Zivilisation und zwar ebenso, wie das für private Institutionen oder Individuen gilt. Institutionen dieser Art beziehen daher wie ihre privatrechtlich organisierten Pendants Informationen über ihre Umwelt[9]) aus dieser spontanen Struktur (mehr oder weniger viele – je nach ihrer Organisationsform) und entwickeln daher eine Eigendynamik, die sie in gewisser Weise befähigt zu existieren, ohne auf Entscheidungen der Politiker angewiesen zu sein.

Ist das nicht ein Widerspruch zu dem, was wir über die zunehmende Unfähigkeit der politischen Parteien und der Politik überhaupt ausgeführt haben, Bedürfnisse zu befriedigen bzw. die auf sie gerichteten Interessen zu erkennen? Liegt mit der Fähigkeit all dieser Institutionen nicht ein Bereich vor, in dem

Politik sehr wohl nach wie vor funktioniert, in dem also öffentliches Tun möglich ist, ohne daß irgendjemand im Besitz der Kenntnis der sich ständig ändernden Interessenskonstellationen ist? Hat sich nicht im Gefolge von früheren politischen Entscheidungen über die Etablierung dieser Institutionen ein funktionierendes Subsystem der spontanen Ordnung entwikkelt, dessen sich die politischen Massenparteien als Anreizmechanismus bedienen können und so ihr langfristiges Überleben zu sichern vermögen? - Keineswegs.

Denn unbeschadet der Tatsache, daß alle Institutionen der öffentlichen Verwaltung und Wirtschaft in die spontane Ordnung eingebettet sind, fehlen ihnen doch die Hauptmerkmale von langfristig funktionstüchtigen Elementen dieser spontanen Ordnung. Sie vermögen aus sich heraus ihre konkreten Aufgaben nicht zu verändern, wenn dies erforderlich ist, sie können sich in der Art der Bewältigung dieser Aufgaben nicht selbständig den geänderten Bedingungen ihrer gesellschaftlichen Umwelt anpassen, und sie besitzen nicht die Fähigkeit zu sterben, wenn das ihr Obsoletwerden erfordern würde. All das vermögen sie nur (wenn überhaupt) kraft politischer Entscheidungen jener Instanzen, die sie ins Leben gerufen haben. Denn als das Ergebnis eines politischen Willens- und Gestaltungsaktes zum Zeitpunkt ihrer Gründung bzw. Konstruktion sind sie die institutionalisierte Entsprechung der Beförderung ganz bestimmter Interessen innerhalb der Interessenskonstellationen zu diesem Zeitpunkt. Der Auftrag, der allein diese Institutionen befähigt, ihr Eigenleben im Rahmen administrativer und organisatorischer Aktivitäten zu entfalten, ist die manifest gewordene Reaktion auf ein Problem oder ein Bedürfnis einer ganz bestimmten Gruppe von Personen, eine Reaktion also, die im Dienste eines ganz bestimmten Interesses gezeitigt wurde.

Diese Gruppe kann in vielen Fällen solcher Institutionen sehr groß gewesen sein oder nahezu die ganze Bevölkerung umfaßt haben, was natürlich keineswegs heißt, daß die konkrete Lösung des Problems in Form der Schaffung einer bestimmten Institution dem Interesse aller Mitglieder dieser Gruppe entsprochen haben muß. So etwa sind Schulen oder Sozialversicherungsanstalten die politische Reaktion auf ein Problem bzw. Bedürfnis nahezu der gesamten Bevölkerung, wenngleich ihre konkrete und öffentliche bzw. öffentlichrechtliche Organisation keineswegs den Interessen aller Betroffenen entspricht. Es sei angemerkt, daß die Ausgedehntheit der Gruppe und die grundlegende Funktion der Leistungen, die von vielen der hier in Frage stehenden Institutionen bereitgestellt wird, die Grundlage für die relative Lebensfähigkeit solcher Institutionen und damit für ihre Eignung als Instrument des selektiven Anreizes durch die Parteien (Stichwort: Postenvergabe) sind.

15.6. Öffentliche Institutionen sind die Widerspiegelung einer Momentaufnahme bestehender Interessenlagen

Für unser Problem ist aber bedeutsam, daß die konkrete Ausformung dieser Institutionen die Entsprechung einer Momentaufnahme der herrschenden Interessen darstellt, und diese daher im besten Fall solange funktionieren kann, als sich die den Interessenlagen zugrunde liegenden Beziehungen der Menschen untereinander nicht ändern. Das ist der Kern des Problemfeldes und weist auch auf das Zentrum unseres Argumentes hin, daß die Behauptung von der zunehmenden Unfähigkeit der Politik, ihren traditionellen Aufgaben gerecht zu werden, keinen Widerspruch zur relativen Leistungsfähigkeit von durch die Politik geschaffenen Institutionen darstellt. Das wird sofort einsichtig, wenn wir uns an die Struktur jenes gesellschaftlichen Vorganges erinnern, in dem ständig neue Beziehungsgefüge zwischen den Individuen entstehen, womit sich die Interessenlagen dieser Individuen ändern und schließlich tendenziell so sehr atomisiert werden, daß es praktisch nicht möglich ist, größere Gruppen von Menschen zu konstruieren, die dieselben Interessenlagen aufweisen.

An dieser Stelle bricht das Dilemma der Politik offen zutage: Die hier diskutierten Institutionen können nur durch einen politischen Akt (auch wenn dieser im einzelnen noch so versteckt sein mag) an die sich ändernden Interessenlagen angepaßt werden. Im Prozeß der Aufsplitterung von Interessen wird es aber immer schwieriger, eine politische Maßnahme zu ergreifen, die das Interesse einer Gruppe befördert, welche groß genug ist, um eine tragfähige Politik zu begründen. Es zeigt sich also deutlich, daß die von der Politik zur Erfüllung grundlegender Aufgaben des täglichen Lebens hervorgebrachten Institutionen kein Ausnahmefall der folgenschweren Probleme sind, die wir für die Politik im ersten Teil dieses Buches beschrieben haben, sondern – ganz im Gegenteil – das diese eine der Hauptfronten bilden, an denen die genannten Probleme akut werden[10]).

15.7. Öffentliche Institutionen sind von politischen Entscheidungen abhängig

Wir wollen diesen vielleicht etwas abstrakten Gedankengang auf einfache Weise beispielhaft darstellen. Betrachten wir den Betrieb einer Schule bzw. des Schulwesens als erstes Beispiel: Wenn – etwa für einen bestimmten Schultyp – ein politischer Auftrag formuliert ist, der definiert, welche Altersgruppe in dieser Schule erfaßt werden soll, welches Intelligenzniveau angesprochen werden soll, welche Wissensinhalte dargeboten werden, ob der Schulbesuch entgeltlich sein soll und wenn ja zu welchem Betrag, wie das Ausbildungsziel lautet, welche Maßnahmen zur Disziplinierung bereitstehen, welche Ausbildung die Lehrkräfte besitzen müssen, wie die Zahl der Schulstunden auf die einzelnen Gegenstände verteilt wird etc., und wenn von politischer Seite eine budgetäre Grundlage festgelegt ist, entwickelt der Betrieb der einzelnen Schulen eine uns selbstverständlich scheinende Eigendynamik, die den Ablauf aller dem Auftrag entsprechenden Vorgänge garantiert. Auf diese Weise erfüllt der Schulbetrieb seine Funktion unabhängig von politischen Maßnahmen und basiert im Konkreten auf einer administrativen und pädagogischen Tätigkeit der Landesschulbehörde, der Direktion, der Lehrkräfte.
So bedarf die Direktion einer bestimmten Schule keiner politischen Maßnahme oder Entscheidung, um zum jeweiligen Marktpreis neue Tafeln anzuschaffen, den Turnsaal auszugestalten, die abbröckelnde Fassade zu renovieren usw.

Sie ist in diesem Zusammenhang in die spontane Ordnung eingebettet, die ihre diesbezügliche Handlungsfähigkeit begründet. Weiters bedarf es keines politischen Aktes, wenn die Lehrkräfte zwischen verschiedenen approbierten Lehrbehelfen wählen, das Ziel einer Exkursion bestimmen und sich die Stoffdarbietung in jeweils zweckmäßiger Form einteilen.
Nahezu alle Fragen, die über die Problemebene dieser Art – in oft nur geringem Ausmaß – hinausgehen, bedürfen aber einschlägiger politischer Akte, um einer Lösung zugeführt werden zu können. Sollen die Schulbücher kostenlos verteilt werden und soll der Schulbesuch weiterhin unentgeltlich erfolgen? Soll der Religionsunterricht Pflichtfach sein oder vielleicht überhaupt abgeschafft werden? Sollen Ganztags- und Gesamtschule zum durchgängigen Schultyp werden? Wie sollen die Lehrpläne geändert werden, welche neuen Inhalte sind aufzunehmen, welche alten auszusondern?
Während die ersten Fragen etwa einer konventionellen politischen Willensbildung und Entscheidung zugänglich sind – schließlich beinhalten sie auch einige „klassische Schulthemen" – ist die letzte Frage typisch für ein Problem, das die Politik und ihre Parteien bei weitem überfordert. Zu viele Detailprobleme sind mit der Frage der Lehrplaninhalte verbunden, zu viele Sonderinteressen werden dadurch berührt, zu viele Werturteile stecken in ihnen, und zuviele Elemente wirtschaftlicher Nachfrage werden dadurch betroffen, als daß eine politische Entscheidung Grundlage solcher Lehrpläne sein kann, die ein lebendiges Bindeglied zwischen dem ständig in Bewegung befindlichen Prozeß der wirtschaftlichen und gesellschaftlichen Entwicklung und den heranzubildenden jungen Menschen sein kann.
Vielleicht noch einfacher, aber noch dramatischer zeigt sich die Unfähigkeit der Politik, Institutionen als stabile Elemente der spontanen Ordnung zu bewahren, an Hand der öffentlichen Sozialversicherungsanstalten. Während sie über einen gewissen Zeitraum hinweg relativ zufriedenstellend ihre Aufgaben zu wahren schienen und sich dabei gleichzeitig als exzellente Basis eines wirksamen selektiven Anreizsystems erwiesen (etwa bei der Postenvergabe), zeigt nun die Unmöglichkeit der künftigen

Finanzierung des bestehenden Apparates die vollkommene Ratlosigkeit der Politik, die in diesem Problem steckenden Interessenskonflikte zu lösen oder auch nur merkbar anzupakken.

15.8. Die Parteien am Rande des Abgrundes

Was in den Beispielen zutage tritt und durch – vielleicht geschickter gewählte – andere Beispiele wahrscheinlich noch deutlicher gemacht werden könnte, ist der Umstand, daß die öffentlichen Institutionen trotz ihres – häufig vorhandenen – besonderen rechtlichen Status' und der meist gegebenen Monopolstellung ihrer Leistungen im Getriebe der Weiterentwicklung der spontanen Ordnung zerrieben werden können. Daraus folgt mit Sicherheit, daß die Grundlage jenes Systems selektiver Anreize, das wir als die einzige verbliebene Überlebensgarantie der politischen Massenparteien beschrieben haben, beträchtlich wankt und dieses System auf mittlere Sicht zum Zusammenbruch verurteilt ist.
Das heißt nicht mehr und nicht weniger, als daß nach dem Absterben der Kräfte, die die beiden Dimensionen der Massenpartei – wirksame Interessenpolitik und gesellschaftliches Gestaltungsziel – gespeist hatten, nun auch die letzte leidlich funktionierende Hilfsstrategie der Massenparteien an der Grenze ihrer Wirksamkeit und Nützlichkeit steht und die Massenparteien damit am Rande des Abgrundes angelangt sind.
Das mag so manchen, der den Parteien und ihrem politischen Einfluß schon immmer mit Distanz und Skepsis gegenübergestanden ist, nicht sonderlich stören oder beunruhigen. Aus liberaler Sicht könnte vielleicht sogar bemerkt werden, daß mit der Auflösung der Massenparteien und dem Tod der traditionellen Politik endlich jener wünschenswerte Zustand eintreten kann, in dem das spontane und zwanglose Zusammenwirken der individuellen Handlungen alle Bereiche des menschlichen Le-

bens umfaßt und die Probleme der Individuen auf herrschaftslose – weil politiklose Weise gelöst werden.

15.9. Die Politik am Wendepunkt: Drei mögliche Szenarien der Zukunft

Aber in dieser ernsten Frage sollten wir uns keinen Täuschungen und keinem bloßen Wunschdenken hingeben: Wenn wir mit geschlossenen Augen und unvorbereitet in eine Epoche der gesellschaftlichen Entwicklung hineinstolpern, die völlig neue Anforderungen an die Organisationsformen des politischen Lebens und Handels stellen wird, überlassen wir es dem Zufall, auf welche Weise das Machtvakuum, das mit dem Verschwinden der traditionellen Massenparteien notwendigerweise entsteht, aufgefüllt wird, und von wem die in diesem Vakuum unbestimmt gewordenen gesellschaftlichen Faktoren festgelegt oder zur eigendynamischen Entwicklung sich selbst überlassen werden.

Die Geschichte ist ein offener Prozeß, der durch kein Entwicklungsgesetz determiniert ist, das uns etwa eine strenge Abfolge von Zivilisationsstufen vorgibt, die wir nicht umgehen können, und die wir willenlos und passiv auf mechanische Weise wechseln. Das gilt besonders für eine Situation, in der ein wirkmächtiger Bestimmfaktor relativ abrupt und plötzlich ausfällt bzw. verschwindet. Das wird in allernächster Zeit mit dem endgültigen Verfall und Zusammenbruch der herkömmlichen politischen Massenparteien der Fall sein, und zwar sehr wahrscheinlich innerhalb des nächsten Jahrzehntes.

Dann werden einige Möglichkeiten offenstehen, deren Realisation bzw. Auswahl nicht zuletzt davon abhängig sein wird, ob es vernünftige Kräfte gibt, die für diese Situation gerüstet sind oder nicht. Folgende Szenarien sind im wesentlichen denkbar:

1.) Völlige öffentliche Degenerationen

Keine Gruppe von Rang bringt die intellektuelle Brillanz und die gesellschaftliche Autorität auf, um die Zeichen der Zeit zu erkennen und eine politische Organisationsstruktur durchzusetzen, mit der den gemeinsamen Problemen der Mitglieder der Gesellschaft wirksam begegnet werden kann. Das öffentliche Leben degeneriert vollends zu einer „Als-ob-Gesellschaft“, in der die rudimentären Reste der politischen Parteien sich gegenseitig – vielleicht medial sehr publikumswirksame – Scheingefechte[11]) liefern oder ihre bedeutungslosen Konflikte in öden, unbeachteten Geplänkeln ritualisieren und so den krampfhaften Eindruck fortzusetzen trachten, „als ob“ ihre Arbeit irgendwie von Belang wäre. Während die repräsentative Demokratie formal bestehen bleibt, ist ihre Existenz für die gesellschaftliche Wirklichkeit völlig belanglos. Ihre Vertretungskörper vegetieren als Relikte einer längst vergangenen Periode ohne konkrete Aufgaben dahin.

Sie agieren auf einem unendlich primitiven Niveau und entziehen sich durch gegenseitiges Zuschieben der Kompetenz und der Verantwortung der Notwendigkeit, Entscheidungen treffen zu müssen. Auf diese Weise bleiben die großen Probleme der Gesellschaft weiterhin auf lange Sicht ungelöst, womit sich die Staatsbürger aber längst abgefunden haben. Die Frustration über die Unfähigkeit der Politik, wie sie noch für unsere Tage charakteristisch ist, weicht der Resignation, und die gesellschaftliche Totallähmung wird zum Hauptmerkmal einer ganzen Epoche.

Die öffentliche Lähmung wirkt auf die privaten Aktivitäten der Bürger zurück, nicht nur, weil Unlust ansteckend ist, sondern besonders deshalb, weil die Rahmenbedingungen für einzelwirtschaftliches Tun immer unklarer und die juristische Basis individueller Bemühungen immer schwankender wird.

So verkümmert nicht nur das Gemeinwesen, sondern der ganze Organismus des nationalen Verbandes zu einem kretinösen Gebilde, dessen Produktivität um Jahrzehnte zurückgeworfen wird, und in dem sich die Menschen auf totale Privatheit zurückziehen.

2.) Ökosozialismus

Das Machtvakuum, die öffentliche Lähmung sowie das Unbehagen der Bevölkerung an der großen Zahl der unlösbaren Probleme wird von einer schlagkräftigen und wohlorganisierten

Gruppe von radikal denkenden Personen, die schon seit langer Zeit in den Löchern scharren, genützt, um die Macht an sich zu reißen und die spontane Ordnung mit allen Mitteln in eine totalitäre Organisation zu verwandeln. Die neuen Machthaber gehen mit dem publikumswirksamen Anspruch, das „Chaos der unkoordinierten und egoistisch motivierten individuellen Aktivitäten" umgehend zu beenden und das Handeln auf „gemeinschaftliche, soziale Ziele und langfristige Perspektiven" zu verpflichten daran, die offenen Probleme, für die sie alle eine schnelle Patentlösung besitzen, zu beseitigen. Sie unterbinden mit dem notwendigen Nachdruck die Entfaltung der für das „nationale Ganze unvernünftigen und schädlichen Sonderinteressen" und können dabei zunächst auf die Unterstützung weiter Teile der Bevölkerung zählen, die schon lange kein Verständnis mehr aufbringt, daß die Beseitigung völlig augenscheinlicher Probleme und Hindernisse durch „Profitinteressen und überflüssige Verkomplizierungen" verhindert wird. Um beispielsweise den „Wahnsinn eines kollektiven Selbstmordes"[12]) durch die übertechnisierte „Verschwendungsgesellschaft"[13]) hintanzuhalten, wird ein umfassender Ökosozialismus[14]) errichtet, in dem jede technische Erfindung, jede Innovation, jeder Produktions- und jeder Konsumakt eingehend auf seine soziale und ökologische Verträglichkeit hin überprüft wird. Die längst fälligen Verbesserungen der Infrastruktur werden rasch durchgezogen, für die Eliminierung der strukturell bedingten technologischen Arbeitslosigkeit werden großzügige öffentliche Beschäftigungsprogramme bereitgestellt. Dennoch ist das Budget spielend konsolidierbar, da besonders die besser verdienenden Schichten angehalten sind, einen größeren Beitrag für die Öffentlichkeit zu leisten als bisher.

Mit diesen und ähnlichen Maßnahmen gelingt es in kurzer Zeit, den Komplexitätsgrad unserer Zivilisation drastisch zu reduzieren. Die geringfügigen (?) Einschränkungen der persönlichen Freiheit werden von den meisten – so sagt man – gerne in Kauf genommen und nur von einigen Unbelehrbaren kritisiert.

Die Folgen der Beschränkung der Handlungsfreiheit und des

Fortschrittes sind in den allerersten Jahren kaum zu spüren . . .

3.) Die „Vorreiter-Partei“

Eine der traditionellen Massenparteien erkennt die Notwendigkeiten der fortgeschrittenen technischen Industriekultur und verändert ihre Organisationsstruktur so weit, daß sie dadurch ein wirksames Instrument zur Bewältigung der Problemtypen wird, die das öffentliche Leben dominieren. Aus Konkurrenzgründen sehen sich die anderen Parteien veranlaßt, die erfolgreichen Reformen der „Vorreiter-Partei“ zu imitieren, sind aber auf Grund ihrer mangelnden geistigen Vorbereitung für längere Zeit stark im Hintertreffen und müssen an die Vorreiter-Partei beträchtliche Stimmenanteile abgeben.

Die Vorreiter-Partei hat erkannt, daß die Komplexität der modernen Zivilisation eine eminente Selbstbeschränkung der Politik erfordert und geht systematisch daran, diese langfristig institutionell abzusichern. Gleichzeitig versteht sie es im Hinblick auf die nach wie vor nur politisch zu bewältigenden Probleme, die Kompetenzen neu zu verteilen und so die bisher hilflose Politik wieder in die kausale Dimension des öffentlichen Geschehens zu befördern. Damit gelingt es, viele Menschen, die sich längst frustriert aus dem öffentlichen Leben zurückgezogen haben, wieder für die Politik zu interessieren und zu mobilisieren.

Der Aufschwung des öffentlichen Lebens zu einer neuen Gemeinschaftlichkeit hat fruchtbare Auswirkungen auf die private Initiativkraft und stabilisiert die Randbedingungen für einzelwirtschaftliches Tun.

15.10. Drei Argumente für eine tiefgreifende Reform der politischen Parteien

Es ist selbstverständlich keineswegs gleichgültig, welches der drei Szenarien Wirklichkeit wird. Drei voneinander unabhängige Punkte sprechen massiv dafür, daß die dritte Variante wünschenswert ist, und daß die traditionellen Parteien ohne weitere Verzögerung alles daran setzen sollten, radikale innerparteiliche Reformen durchzusetzen, um wieder eine aktive Rolle in der Gesellschaft spielen zu können:

1.) Mit dem Scheitern der Politik an der hochgradigen gesellschaftlichen Komplexität in vielen Problemzonen ist ein Verschwinden der Politik aus den meisten Lebensbereichen nicht nur zweckmäßig, sondern wird über kurz oder lang – wenn es nicht bewußt durchgeführt wird – mit Sicherheit völlig von selbst durch ein unaufhaltsames Absterben der verschiedenen politischen Subsysteme stattfinden, wie wir das in dieser Arbeit bis jetzt zu begründen und darzustellen versuchten. Dies wird vollständig unabhängig davon der Fall sein, ob es den maßgeblichen politischen Instanzen behagt oder nicht bzw. ob sie bereit sind, diese Entwicklung mitzutragen oder nicht.
Aber die Ergebnisse und Fernwirkungen werden nicht die gleichen sein, wenn dieser Vorgang gleichsam wildwüchsig durch sanftes Entschlummern oder abruptes Kollapieren der politischen Institutionen über uns hereinbricht, oder wenn wir die der normalen gesellschaftlichen und wirtschaftlichen Entwicklung entwöhnten und über lange Jahrzehnte durch die öffentliche Beherrschung deformierten Bereiche systematisch auf eine Inkorporation in das Koordinationsmuster der spontanen Ordnung vorbereiten. Die Bewältigung dieser Aufgabe wäre eine historische Leistung von epochalem Ausmaß und kann nur von einer vitalen und staatstragenden Kraft vollzogen werden. Sie bietet zweifellos viele Möglichkeiten der Profilierung beim Wähler, weil sie mit spürbaren Verbesserungen der Lebensumstände der meisten Staatsbürger verbunden ist.
Zur Inangriffnahme dieser Aufgabe ist gewiß viel eher das bürgerliche Lager prädestiniert, das auch bis jetzt schon – allerdings viel zu zaghaft – die maßgebliche Kraft aller Bemühungen zur Reprivatisierung und Entstaatlichung war.

2.) Wie wir im Kapitel 13 beschrieben haben, gibt es ein Feld von Problemen, die nur auf politischem Wege gelöst werden können oder für deren Lösung politische Bedingungen geschaffen werden müssen, weil ihre Struktur so geartet ist, daß der Markt in seiner gegenwärtigen Organisationsform keine Lösung bereitstellen kann. Wir haben Kraftwerke, Autobahnbauten und andere Vorhaben der „Großtechnologie" beispielhaft als solche Probleme behandelt, wobei aber alle Vorhaben, die eine große Anzahl von Menschen betreffen, wie z. B. die Frage des Ankaufes von hochtechnologischem militärischem Gerät (Abfangjäger!), die Einführung neuer Steuern, die Abschaffung eines Schultyps zugunsten der Erweiterung oder Schaffung eines neuen etc., in dieselbe Kategorie gehören. Viele dieser Probleme sind ebenso drängend wie kontroversiell, weswegen ihre prinzipielle Lösung über Gedeih und Verderb der ganzen politischen Kultur entscheidet.

Obwohl es theoretisch undenkbar ist, derartige Probleme durch eine politische Entscheidung auf allseits befriedigende Weise zu lösen oder die für derartige Vorhaben maßgeblichen Präferenzen so zu aggregieren, daß die kollektive Nutzenfunktion sich mit den Vorstellungen aller Betroffenen deckt, ist es ein politisches Gebot der Stunde, ein suffizientes Hilfsverfahren zu entwickeln, durch das kollektive Güter wenigstens auf der Basis maximal möglicher Berücksichtigung der individuellen Bewertungen bereitgestellt werden können. Das Instrumentarium der direkten Demokratie ist dazu – jedenfalls in seiner herkömmlichen Form – nicht geeignet.

Ohne ein solches Verfahren aber ist Politik ganz und gar sinnlos und erzeugt Spannungen, die für das Gemeinwesen auf die Dauer nicht zu verkraften sind.

Probleme mit kollektivem Charakter haben wohl in der sozialistischen Hemisphäre eine größere Tradition, weswegen diese vielleicht einen gewissen Startvorteil bei der Antriebsenergie hat, die notwendig ist, diesen Problemtypus in Angriff zu nehmen. Da derartige Probleme aber nur unter zentraler Berücksichtigung der individuellen Wertungen gelöst werden können, kann der richtige Ansatz durchaus im bürgerlichen Lager hervorgebracht werden.

3.) Die langfristigen Gefahren, die für unsere Freiheit, für die Sicherung unseres Wohlstandes und für die Erhaltung der Fortschrittsdynamik entstehen, wenn das Machtvakuum im Gefolge eines Zusammenbruches der konventionellen Politik der Massenparteien von einer entschlossenen Gruppe mit „raschen Patentlösungen" genutzt wird, sind nur sehr unvollständig abzuschätzen. Es ist durchaus denkbar, daß das Zusammenspiel von totalitären Planungsabsichten und den Möglichkeiten der modernen Technologien (z. B. der Kommunikationstechnologie) eine Art von Herrschaft hervorbringt, deren Dichte unsere momentane Vorstellungskraft übersteigt.

Allein diese Dimension unseres Problemkomplexes müßte schon Motiv genug sein, um eine echte und tiefgreifende Reform der politischen Parteien mit allen zur Verfügung stehenden Kräften zu verfolgen.

16. ZUSAMMENFASSUNG DER BISHERIGEN ANALYSE

16.1. Die Bedingungen vitaler Massenparteien und die „klassifizierende Aggregation"

Bevor wir daran gehen, uns zu fragen, wie sich die Eigenschaften der fortgeschrittenen Industriekultur in den Parteien selbst auswirken und welche organisatorischen und strukturellen Konsequenzen daraus zu ziehen sind, wollen wir die wichtigsten Aspekte unserer Analyse zusammenfassen.
Wir sind in unserer Untersuchung von den Bedingungen ausgegangen, unter denen die Massenparteien in der zweiten Hälfte des vorigen Jahrhunderts entstehen konnten. Diese bestanden im historischen Ausnahmefall einer relativ sehr einfach strukturierten Gesellschaft, die als Folge der beginnenden industriellen Revolution zahlreiche traditionelle Verhaltens- und Beziehungsmuster abgeworfen hatte, und die noch zu jung war, um in ihrer neuen Gestalt einen hohen Grad an Komplexität entwickelt zu haben. Wir haben als Maß dieser Komplexität die Zahl der Gruppen angegeben, deren Mitgliedschaft die Interessenlagen eines durchschnittlichen Individuums definiert, und festgestellt, daß die Interessenlagen der Menschen in den ersten Jahrzehnten nach dem Aufbrechen der industriellen Revolution in hohem Maße als durch die Zugehörigkeit zu sehr großen gesellschaftlichen Gruppen bestimmt beschreibbar waren, die sich im Verteilungskampf der feudalistisch-kapitalistischen Übergangswirtschaft antinom gegenüberstanden.
In dieser einfach strukturierten gesellschaftlichen Situation konnte ein gesellschaftstechnisches Verfahren erfolgreich Anwendung finden, das die Menschen durch Klassifizierung bestimmter gesellschaftsrelevanter Merkmale zu Blöcken zusammenfaßt, welche als Grundelemente der Gesellschaft betrachtet werden, und die alle Kräfte enthalten, die das Spannungsfeld gesellschaftlicher Zustände und Vorgänge darstellen. Wir haben dieses Verfahren daher als „klassifizierende Aggre-

gation" bezeichnet. Indem die aufkommenden Massenparteien gemäß ihrem Vorhaben, die Bedürfnisse ihrer Anhänger auf politischem Wege zu befriedigen, im großen und ganzen die Interessen der Menschen im wirtschaflichen Verteilungsprozeß zum Klassifizierungsmerkmal für gesellschaftliche Formationen machten, bedienten sie sich – wenn auch unreflektiert – der Methode der klassifizierenden Aggregation.

In dieser Vorgangsweise fallen die Möglichkeit des Erkennens bestimmter Interessen und die Beschreibung funktioneller gesellschaftlicher Abhängigkeiten in einem geschlossenen Gesellschaftsmodell auf genial einfache Weise zusammen. Auf diese Weise war es den Massenparteien möglich, große Massen von Menschen für ihre Zwecke zu mobilisieren.

Für diese Massenmobilisierung und -motivation mußten die Massenparteien aber zwei wichtige Aufgabenbereiche abdekken, deren programmatisches Zusammenspiel das Wesen und den Erfolg der Massenparteien ausmachte und die wir daher als die zwei Dimensionen der Massenpartei bezeichneten: Sie mußten erstens konkrete politische Maßnahmen in Aussicht stellen, die mit einer greifbaren Verbesserung der Lebensumstände der angesprochenen politischen Klientel in Verbindung gebracht werden konnten. Und sie mußten zweitens einen gesamtgesellschaftlichen, visionären Gestaltungsauftrag zu ihrem Leitbild erklären, dessen Ziel für alle Angesprochenen attraktiv genug erscheinen mußte, um die Bereitschaft aufzubringen, den dafür notwendigen Kampf zu unterstützen.

Erst das Zusammenspiel dieser beiden Dimensionen konnte die Grundlage einer ideologischen Überhöhung der Partei zu einer quasireligiösen Schicksalsgemeinschaft sein, mit der sich die Mitglieder und Anhänger auf Dauer identifizieren konnten, und für die sie sich trotz eines Mangels an kurzfristig erzielbaren Vorteilen einzusetzen bereit waren.

Zwei Bedingungen korrespondieren diesen beiden Dimensionen und müssen erfüllt sein, wenn die Massenpartei als vitale und machtvolle Kraft in Erscheinung treten will:

1.) Die Möglichkeit konkreter Verbesserung der Lebensumstände einer großen Zahl von Personen muß sich im Wirkungs- und Einflußbereich der politischen Partei befinden, und es

müssen sich relativ einfache politische Forderungen formulieren lassen, die diese Ziele programmatisch umfassen.
2.) Die überwiegende Mehrheit der angesprochenen Bürger muß der Meinung sein, daß sich der gesellschaftliche Gestaltungsauftrag der Partei im Wirkungs- und Einflußbereich der Partei im Hinblick auf die Dynamik der gesamtgesellschaftlichen Entwicklung befindet.

16.2. Wachsende gesellschaftliche Komplexität höhlt die Politik der Massenparteien aus

Beide Bedingungen stehen offenbar – wie die Methode der klassifizierenden Aggregation – im Zusammenhang mit dem Komplexitätsgrad der gesellschaftlichen Situation. Wenn diese Bedingungen erfüllt sind – und das war im ausgehenden neunzehnten Jahrhundert zweifellos der Fall – besteht die Gelegenheit für eine politische Organisation mit einem einfachen organisatorischen Aufbau, in welchem eine schmale Linie von Berufsfunktionären von einer breiten, ungegliederten Masse getragen wird, zu einem bestimmenden gesellschaftlichen Faktor aufzusteigen.

Den strukturellen Erfordernissen dieser Konstellation entsprach die sozialistische Bewegung marxistischer Herkunft exakt, deren einfaches Modell einer Zweiklassen-Gesellschaft geradezu paradigmatisch für das Verfahren der klassifizierenden Aggregation ist. Ihr politischer Erfolg und ihre Fähigkeit, Massen zu mobilisieren, ist in erster Linie diesem Umstand zu verdanken.

Aber mit dem – geradezu exponentiellen – Anwachsen der gesellschaftlichen Komplexität im Verlauf der Entwicklung der modernenen Industriegesellschaft wurde die Existenz dieser beiden Bedingungen schrittweise aufgelöst und verschwand schließlich völlig. Die Etablierung eines ausgedehnten Preissystems, die Entwicklung folgenreicher technischer Gegenstände und das Zusammenwirken der individuellen Reaktionen auf die sich ständig ändernden Handlungsbedingungen zu kompakten, scheinbar eigendynamischen gesellschaftlichen Ganzheiten sind die für die Zunahme der gesellschaftlichen Komplexität hauptverantwortlichen Faktoren.

Diese haben zur Folge, daß das Ausmaß abnimmt, in dem die Lebensumstände der Menschen und damit ihre Interessenlagen durch die Zugehörigkeit zu einer bestimmten Gruppe, der sie durch die Politik zugezählt werden, also durch ein fixes Beziehungsmuster, beeinflußt werden. Mit der Zunahme der Zahl der abstrakten und konkreten Beziehungen, die die Menschen zueinander haben, lösen sich nämlich die alten Großgruppen auf und werden durch ein dichtes, vielfach überlappendes System ständig wechselnder kleiner Gruppen bzw. Beziehungsmuster ersetzt.

In diesem multiplen und variablen Beziehungsgeflecht werden die Lebensinteressen der Menschen durch eine Vielzahl von Handlungsfeldern, in denen sie stehen, konstituiert. Es ist deshalb unmöglich, diese Interessen mit Hilfe der herkömmlichen einfachen Modelle zu erfassen, wie sie von der klassifizierenden Aggregation bereitgestellt werden, und es ist ebenso unmöglich, die Wirkungen von politischen Maßnahmen und deren Bedeutung für bestimmte Gruppen von Menschen abzuschätzen oder gar vorauszusagen.

16.3. Die Hilfsstrategien der Massenparteien

Die intuitive Wahrnehmung des Scheiterns des grundlegenden Instruments zur Interessenerkennung am Fortschreiten der arbeitsteiligen Industriekultur hat die Massenparteien zur Entwicklung einiger Hilfsstrategien veranlaßt, die ihr Überleben in ihrer ursprünglichen strukturellen Verfaßtheit sicherstellen sollen. Diese beziehen sich auf beide Dimensionen der Massenpartei und auf beide Funktionen der klassifizierenden Aggregationen.

Auf die erste Dimension, nämlich die der wirkungsvollen politischen Betreuung von individuellen Interessen, verweist der Versuch, die Auflösung der alten, traditionellen Großgruppen durch eine gesonderte Erfassung einer großen Zahl von kleinen Gruppen zu unterlaufen und die Programme und politischen Maßnahmen auf diese – zielgruppenspezifisch – abzustimmen. Dies geschieht entweder durch Zersplitterung der alten Großgruppen oder durch die Fiktion von solchen (Klein-) Gruppen, die aufgrund völlig neuer, oft naheliegend scheinender Unterteilungsmerkmale entstehen.

In beiden Fällen werden durch eine Großzahl sukzessiver politischer Zugeständnisse und Begünstigungen zahlreiche Sonderinteressen berücksichtigt bzw. Sonderwünsche befriedigt, und zwar in einem solchen Ausmaß, das der agierenden politischen Partei die Hoffnung gibt, eine tragfähige Mehrheit zur Erlangung oder Absicherung ihrer Macht sicherstellen zu können.

Auf die zweite Dimension der politischen Massenpartei, nämlich die Verfolgung eines ideologisch überhöhten gesamtgesellschaftlichen Gestaltungsauftrages, bezieht sich die unaufhörliche Penetration der Forderung nach „Solidarität". Mit diesem – in der Substanz völlig inhaltslosen – „Zauberwort" versuchen die Massenparteien einerseits jeden Widerstand gegen bestimmte profane und materielle Sonderinteressen zu lähmen, indem sie diese zur ideellen und moralischen Kategorie erheben und andererseits ihre eigene Machtposition abzusichern, indem sie mit der Fingiertheit der Sinnhaftigkeit von „Solidarität" den Umstand unterschlagen, daß sie bereits längst aus der kausalen Dimension der gesellschaftlichen Entwicklung herausgefallen sind.

Das Scheitern der klassifizierenden Aggregation hingegen haben alle Hilfsstrategien zum Ausgangspunkt, die wir unter dem Begriff der „wissenschaftsgestützten Politik" subsummiert haben, die ein letzter großer Versuch ist, das Leitmotiv des „größten Glücks der größten Zahl" auf der rationalen Ebene der angewandten Sozialwissenschaften zum Maßstab alles politischen Tuns zu machen. Dabei sollte jene Funktion der klassifizierenden Aggregation, die in der Bereitstellung von Wissen über die Interessen der Menschen besteht, durch die empirische Sozialforschung, besonders auch durch jenen ihrer Teile ersetzt werden, den man etwas mißverständlich als „Meinungsforschung" bezeichnet.

Demgegenüber sollte jene Funktion der klassifizierenden Aggregation, die den politischen Massenparteien Aufschluß über die Bedeutung ihrer Maßnahmen für die Interessen ihrer Anhänger gab, durch die sozialwissenschaftliche Kausalitätsforschung substituiert werden, die ihren Exaktheitsanspruch nicht selten an dem der Naturwissenschaften orientiert und damit einem irrigen Wissenschaftsideal nachhängt.

16.4. Die unterschiedlichen Typen von politischen Problemsituationen

All diese Strategien scheitern letztlich an der wachsenden gesellschaftlichen Komplexität, die sie in vielen Fällen noch durch die Errichtung zahlreicher Beziehungen und durch die Auslösung zahlreicher Reaktionen auf die Folgen ihrer Entfaltung beträchtlich vermehren. Sie liefern damit das Gegenteil jenes Ergebnisses, zu dessen Hervorbringung die Massenparteien sich ihrer bedienen, nämlich der Reduktion von Komplexität zur besseren Beherrschbarkeit des gesellschaftlichen Geschehens durch die Politik.

So kommt es, daß sich die gesellschaftlichen Situationen zum Zeitpunkt der Gründung und des beginnenden Erfolges der Massenparteien und zum heutigen Zeitpunkt des Reifestadiums der spontanen Ordnung der technischen Industriekulturen gravierend voneinander unterscheiden, und daß die Typen von politischen Maßnahmen bzw. Entscheidungen, die unter diesen beiden verschiedenen Konstellationen anfallen, kaum zu vergleichen sind. Während die typische politische Maßnahme damals die ökonomischen Interessen einer großen Zahl von Personen in einem relativ hohen Ausmaß betraf (z. B. 8-Stundentag), die Gesamtheit der Wirkung aller politischen Maßnahmen sich aber in Grenzen hielt, haben wir es heute mit zweierlei politischen Maßnahmenkonstellationen zu tun: Im ersten Fall betrifft die Maßnahme die ökonomischen Interessen nur eines kleinen Teils der Bevölkerung und auch diese nur in sehr bescheidenem Umfang (z. B. Sozialversicherungsgesetznovelle), wobei sich aber die Gesamtheit aller Maßnahmen dieses Typs längst zu einem undurchdringlichen Gebilde verdichtet hat, das nahezu alle Lebensbereiche der Menschen umfaßt und bestimmt. An ihr scheitert die politische Massenpartei, weil diese Maßnahme völlig ungeeignet ist, um zum Kristallisationspunkt der ideologischen Identifikation großer Menschenmassen gemacht zu werden.

Im anderen Fall hingegen berührt die zur Diskussion stehende Maßnahme die Lebensumstände vieler oder gar aller Menschen, läßt sich aber nicht unter dem Gesichtspunkt ökonomischer Interessen, d. h. relativ feststehender wirtschaftlicher Beziehungsgefüge und Gruppenzugehörigkeiten, die den Weg der Beschaffung knapper Güter vorzeichnen, beurteilen. Vielmehr ist die Beurteilung solcher Maßnahmen nur in der subjektiven Perspektive des wertenden und präferierenden Individuums verständlich (z. B. Großkraftwerk).
In diesem Fall scheitert die Politik, weil sie über kein Verfahren zur gemeinschaftlichen Bewertung kollektiver Güter mit großer Folgenreichweite verfügt.

16.5. Politikverdrossenheit und die letzte Strategie zur Sicherung parteipolitischer Macht

Ebenso wie die sozialistische Bewegung marxistischer Herkunft der einfachen gesellschaftlichen Konstellation des ausgehenden neunzehnten Jahrhunderts formal am ehesten entsprach, geht sie unter den radikal geänderten Gegebenheiten der reifen technischen Industriekultur am weitesten an der Wirklichkeit vorbei und ist von allen Massenparteien die bei weitem obsoleteste. Sie ist daher in ihrer inhaltlichen Substanz längst abgestorben und nun auch als Organisation zum baldigen Absterben verurteilt.
Nachdem die Politik in der gesellschaftlichen Wirklichkeit längst aus der kausalen Dimension der bewußten Beeinflußbarkeit des Geschehens herausgefallen war, wird dieser Umstand nun langsam breiten Bevölkerungskreisen – zumindest intuitiv – bewußt, die die mangelnde Reaktionsfähigkeit der politischen Massenparteien mit weitgehender Politikverdrossenheit und -abstinenz quittieren. Mit dem Scheitern der wissenschaftsgestützten Politik, in der jede Partei für jede beliebige Forderung eine wissenschaftliche Expertise mobilisieren konnte, verliert das Prinzip der totalen politischen Machbarkeit seinen positiven Bezug und schlägt in eine Erwartung universeller Machtlosigkeit und Lähmung um. Dieses Gefühl der Machtlosigkeit hat seinen realen Hintergrund in der wachsenden Zahl

„liegengebliebener“ Probleme, zu deren Lösung sich die Politik als völlig unfähig erwiesen hat. Nachdem die Massenpartei immer weniger Gelegenheit hat, die Interessen ihrer Klientel wirksam zu befördern, müssen die beiden Dimensionen der Massenpartei – realpolitische Wirksamkeit und ideologische Überhöhung – auseinanderfallen. Die Zahl der Maßnahmen, die aus dem ideologischen Konzept einer politischen Partei ableitbar sind, wird immer kleiner. Die Ideologie einer „großen Schicksalsgemeinschaft“ wird damit zum sinnlosen Selbstzweck. Indem sich die Massenparteien den Folgen dieser Auflösung anzupassen versuchen, wandeln sie sich tendenziell zu völliger ideologischer Neutralität und werden zu profillosen, amorphen Gebilden, deren einziger Handlungsmaßstab ein flüchtiger Zeitgeist ist.

In dieser Situation ruht ihre Macht nur noch auf der letzten, gerade noch funktionstüchtigen Hilfsstrategie, die sich nach der vollzogenen Entzauberung der Massenparteien am Ziel der Mobilisierung und Nutzung individueller Zielvorstellungen für politische Zwecke orientiert. In einer allumfassenden Indienstnahme der von ihnen verwalteten öffentlichen Güter für die Zwecke eines weitverzweigten Systems selektiver Anreize, in dem der bevorzugte Zutritt zu den Leistungen der öffentlichen Hand nur an Bürger gewährt wird, die bereit sind, eine Partei zu unterstützen, gelingt ihnen die Zwangsrekrutierung von Mitgliedern und Förderern.

In diesem System der bewußten Andersbehandlung von Parteibuchbesitzern ist der politische Stellenwert der Parteien nichts als ein Abfallprodukt einer Reihe von im Eigeninteresse getroffenen Entscheidungen. Korruption, Verfilzung und öffentliche Skandale sind dabei nicht etwa ein abschaffbares Beiwerk der Gefälligkeitsdemokratie, sondern die Substanz unserer nunmehrigen politischen Kultur.

Mit der allgemein empfundenen Unerträglichkeit dieses Verfahrens und der Unfähigkeit der Politik, die für die Befriedigung von Sonderinteressen genutzten Institutionen den sich ändernden Notwendigkeiten anzupassen, wird auch diese Hilfsstrategie in Kürze zum Absterben verurteilt sein.

Damit steht das Gefüge der Gefälligkeitsdemokratie und ihrer ausführenden Organe – der politischen Massenparteien – am Rande des Abgrundes.

17. DER ZUSTAND DER PARTEIEN ALS FOLGE DER SINNLOSIGKEIT POLITISCHEN ENGAGEMENTS

17.1. Akausalität als Hauptcharakteristikum unserer politischen Epoche

Wir wollen in diesem Abschnitt die Analyse der allgemeinen Strukturmomente der reifen technischen Industriekultur und ihrer Wirkungen auf die Möglichkeit von Politik abblenden und den Scheinwerferkegel unseres Interesses in die Massenparteien selbst hineinschwenken. Dabei werden wir in erster Linie die Frage zu beantworten haben, wie sich der Umstand, daß die Massenparteien trotz extrem veränderter gesellschaftlicher Bedingungen im wesentlichen denselben organisatorischen Aufbau und dieselbe Struktur aufweisen wie zum Zeitpunkt ihrer Entstehung, auf den innerparteilichen Zustand dieser Organisationen auswirkt.
Das Hauptcharakteristikum unserer Epoche der gesellschaftlichen Entwicklung besteht in der Akausalität zwischen planvollem politischem Handeln und den Ereignissen und Vorgängen in unserer Gesellschaft[1]). Dieses ist bereits zur zentralen Wurzel der meisten Probleme der Politik geworden. Wir haben bis jetzt noch nicht realisiert, daß sich Politik nur mehr an einer hauchdünnen Oberfläche eines immer kompakter werdenden Gewebes von individuellen Handlungen und ihrer verzweigten Folgen bewegt, obwohl sie immer noch einen universellen Gestaltungsauftrag für sich in Anspruch nimmt[2]).

17.2. Die heutige Krise der Gesellschaft und ihre Unterschiede zu derjenigen der 68er Generation

Genau das begründet die gegenwärtige Krise des öffentlichen Lebens, wobei Krise im buchstäblichen Sinn zu verstehen ist. Das ist es auch, was die gegenwärtige Krise von der vermeintlichen oder tatsächlichen Krise des „Establishments" unterscheidet, die die politisch hochaktive Generation der ausgehenden sechziger und beginnenden siebziger Jahre zum Gegenstand ihrer Angriffe machte[3]). Während die Aktivitäten der 68er Generation sich gegen eine Krise der politischen Apparate richteten, ist die gegenwärtige Krise eine solche der Politik überhaupt. Der Begriff der „Parteienverdrossenheit" verschleiert nur die viel tiefer liegende allgemeine Verdrossenheit mit der mangelnden Problemlösungskapazität dessen, was wir heute Politik nennen[4]).

Die 68er hingegen waren eine politische Bewegung, und zwar im engsten Sinn des Wortes. Sie glaubten an politische Veränderbarkeit der Ergebnisse des privaten Sektors und reflektierten über Möglichkeiten zur Beendigung der spontanen Ordnung. Ihr Unwillen richtete sich gegen die als „strukturelle Gewalt" empfundene Eigendynamik und Unbeherrschbarkeit der Hervorbringungen unserer dezentral koordinierten Gesellschaft sowie gegen die Reste traditioneller Moral und Lebensart. Ihre Antwort war nicht nur die kontemplative „Hinterfragung aller Werte", sondern auch die aktive „Demokratisierung aller gesellschaftlichen Bereiche". Damit war nicht nur der klassische Rahmen des öffentlichen Lebens gemeint, sondern auch der Bereich der Schulen, Universitäten, Betriebe, des Bundesheeres, der Kirchen, der Familie und der Zweierbeziehung. Ihr Ansinnen war damit eine Politisierung des bislang Unpolitischen, eine Veröffentlichung des bislang Privaten.

Als wirtschaftlich abgesicherte und materiell sorglose Kinder der ersten Nachkriegs- und damit der Wiederaufbaugeneration stellten sie sich gegen die Zwänge des Erwerbs- und Geschäftslebens, deren Bedingungen und Gesetzmäßigkeiten sie nie kennengelernt hatten. Ihre Parolen richten sich gegen die „Überflußgesellschaft" und den „Konsumterror", und sie predigten „die große Verweigerung". Auch hier waren es offensiv-politische Rezepte, die sie anzubieten hatten: Die Beseitigung privatwirtschaftlichen Überflusses auf der einen und öffentlicher Armut auf der anderen Seite und die dafür notwendige Schaffung von bedürfnis- statt profitorientierten Unternehmungen. Das war natürlich nur durch eine öffentliche Beherrschung des gesamten Wirtschaftslebens, gegebenenfalls auch durch eine bedingungslose „Sozialisierung" (sprich: Enteignung) privaten

Vermögens denkbar. Dies verstand sich als selbstverständliche Konsequenz eines radikaldemokratischen Ansatzes.
Die eminent politische Dimension dieser Epoche ist nicht zuletzt anhand der Literatur erkennbar, die unter den Jugendlichen oder Berufsjugendlichen damals hoch im Kurs stand. Marx und Mao wurden glühend verehrt, ihre politische Botschaft begierig rezipiert. Und mit dem Einfluß von John Kenneth Galbraith, Vance Packard, der Frankfurter Schule und den Vertretern des radikalen „Consumerism" gingen Ideen in die Gedankengänge der Bewegung ein, deren reale Umsetzung mit einer Vergrößerung des öffentlich-politischen Bereichs einhergehen mußte. Galbraiths Forderung nach Ausweitung des Sozialstaates gibt davon ebenso Zeugnis wie der Ruf des Konsumerismus nach öffentlicher Kontrolle der privaten Produktion und Einschränkung der Produktionsfreiheit der Unternehmen. Ebenso muß mit Packards Kritik an der Allmacht der „geheimen Verführer" und ihrer Fähigkeit zur Schaffung unerwünschter, weil künstlicher Bedürfnisse eine politische Einschränkung der Werbefreiheit und eine Steuerung der Wirtschaft zu „sozial wünschenswerten" Zielen einhergehen. Was genau als sozial wünschenswert zu gelten hat, wird etwa als im Modell einer umfassenden Dialoggesellschaft des „Frankfurter" Philosophen Habermas beantwortbar angesehen, in dem praktisch jeder Belang von interpersoneller Dimension einem gesellschaftlichen Diskurs unterworfen wird.

17.3. Die tagespolitischen Konsequenzen der 68er Generation

Das politische Wesen der 68er Generation zeigt sich nicht zuletzt in ihren tagespolitischen Konsequenzen und in ihren Auswirkungen auf die politischen Machtverhältnisse. Denn der Macht- bzw. Regierungswechsel von den bürgerlichen zu den sozialistischen Kräften, der sich in Europa an der Wende von den 60er zu den 70er Jahren vollzog, ist ohne die Prägung des Zeitgeistes durch die Gedankenwelt der 68er unerklärbar[5]). Was von den sozialistischen Regierungen in ihren ersten Amtsperioden in Angriff genommen wurde, entstammt nicht selten direkt dem Repertoire der 68er Bewegung. Die Liste derartiger Programmpunkte ist lang und reicht von der Freigabe der Abtreibung bis zur universitären Mitbestimmungsforderung.

Die 68er waren von der Wirksamkeit der Politik beseelt und wurden in diesem Glauben von den Veränderungen der Gesellschaft unter der sozialistischen Regierung bestärkt. Sie waren Kinder der Machbarkeit, auch wenn ihre antitechnische Diktion das auf der verbalen Ebene nicht zum Ausdruck brachte bzw. zu verschleiern suchte.

Die Parole vom „Marsch durch die Institutionen" ist ein unmittelbarer Hinweis auf diesen Glauben der Machbarkeit. Sie zeugt von der Annahme direkter Kausalität zwischen individuellem und kollektivem Engagement und der Beeinflussung der gesellschaftlichen Bedingungen.

17.4. Doppelte politische Ohnmacht und der „Auszug aus den Institutionen"

Für die junge Generation der späten 80er Jahre ist jedoch der „Auszug aus den Institutionen" charakteristisch. Ihr Denken kreist nicht um Machbarkeit und Veränderung, sondern um die Sinnlosigkeit politischen Tuns[6]) und die Bewahrung der von der Eigenmächtigkeit der modernen Zivilisation vermeintlich oder tatsächlich bedrohten Sphären[7]).

Dieses politische Sinnlosigkeitsgefühl korrespondiert der realen Verfaßtheit der Parteien und ihren innerorganisatorischen Wirkzusammenhängen. Denn die Riesenorganisationen der Massenparteien sind ein verkleinertes Spiegelbild vom Kosmos der Gesellschaft. Für den durchschnittlichen Funktionär ist die Bedeutungslosigkeit seines Beitrages für das Wohl der Partei ebenso evident wie die sich dem Gesellschaftsanalytiker darstellende Belanglosigkeit der Politik für die gesellschaftliche Wirklichkeit. Die mangelnde Machbarkeit ist also eine doppelte: Mit der Einflußlosigkeit plan- und absichtsvoller Politik potenziert sich die Einflußlosigkeit des durchschnittlichen politischen Funktionärs auf die Linie und den Erfolg seiner Partei zur völligen Sinnlosigkeit politischen Engagements.

Tatsächlich kann – so grotesk das klingen mag – alle (etwa medial) sichtbare Politik einer Partei, die mehrere hunderttausend Mitglieder umfaßt, von einer Handvoll Berufspolitiker durchgeführt werden, was auch tatsächlich der Fall ist[8]). Dies gilt umsomehr, als die Massenpartei außer in der medialen Sphäre als wirkmächtiger Faktor gar nicht existiert[9]). Und weder die Quantität noch die Qualität dieser Partei würde maßgeblich darunter leiden, wenn die Legionen von (kleinen) Funktionären ihre sinnentleerten Aktivitäten völlig einstellen würden.

17.5. Die Sinnlosigkeit politischen Engagements und der Überfluß an Parteifunktionären

Diese Formulierung mag etwas übertrieben erscheinen, und tatsächlich gibt es gewisse Mindestverpflichtungen in einer Partei, die an der Basis von kleinen Funktionären wahrgenommen werden müssen (wie etwa die Tätigkeit als Wahlzeuge oder Wahlbeisitzer u. ä.), aber im Grunde ändert dies nichts an der Tatsache, daß es allein die winzige Führungsgruppe der hauptverantwortlichen Parteipolitiker ist, deren Leistungen und deren Arbeitsweise den Anteil der Partei an der noch verbliebenen, sehr spärlichen Identifikation der Bevölkerung mit der Politik und das jeweilige Wahlergebnis beeinflussen. Diese kleine Führungsgruppe gibt letztlich die inhaltlichen Richtlinien der tagespolitischen Arbeit vor, sorgt für die Medienpräsenz der Partei[10]) und erstellt gemeinsam mit bezahlten und professionellen Kontrahenten Werbekonzepte und Wahlkampfstrategien.

In all diesen Belangen, die das relative Gewicht der Partei ausmachen und über ihre institutionelle Stärke entscheiden, besitzt der Unter- und Mittelbau der Partei keine – wie immer geartete – Funktion. Die kleine Führungsgruppe symbolisiert die Partei daher nicht nur optisch[11]), sie ist mit ihrem Apparat, soweit dieser ein handlungs- und bewegungsfähiger Mechanismus ist, ident.

Es ist sinnlos, diesen Umstand zu bedauern oder gar negieren zu wollen. Gewiß sind die erwähnten Funktionen zu allen Zeiten von einer kleinen Funktionärsgruppe wahrgenommen worden und werden im großen und ganzen auch in Zukunft von einer solchen wahrgenommen werden. Aber der Wegfall des unbändigen Gefühls, tragender Bestandteil einer vitalen Bewegung – etwa in die „neue Zeit" – zu sein, macht diesen Umstand erst bewußt und löst die momentane Krise der Massenparteien und ihrer Politik aus. Die zahlreichen Mitglieder, die zu repräsentieren die eigentliche Stärke der Exponenten politischer Massenparteien ist, sind für diese ansonsten kein positiver Faktor, keine notwendige Bedingung zur Durchführung ihrer Politik, sondern stellen nur eine lästige Masse dar, deren einzige Funktion darin besteht, daß sie in irgendeiner Form dieser Politik zustimmt oder den Eindruck vermittelt bekommt, ihr zuzustimmen[12]). Denn darin besteht in diesem Spiel der Gefälligkeitsdemokratie die einzig bedeutsame Rolle der großen Zahl der Mitarbeiter und Mitglieder, nämlich Claqueure zu sein für ein möglichst medienwirksames Auftreten ihrer Gladiatoren.

Es gehört daher zu den lästigen Nebenpflichten der Spitzenpolitker, diese Masse irgendwie bei Laune zu halten, um nicht durch einen allzu offensichtlichen Mangel an Repräsentativität ihre eigene Legitimation einzubüßen.

Diese Darstellung eines von den offiziellen politischen Instanzen schon zu lange verdrängten Sachverhaltes ist weder zynisch noch übertrieben. Sie entspricht lediglich der einzig denkbaren Verfahrensweise, mit der unter den gegenwärtigen Bedingungen der Verfaßtheit politischer Massenparteien überhaupt Politik gemacht werden kann.

Es gehört zu den notwendigen Eigenschaften dieser Verfaßtheit und des strukturellen Aufbaues politischer Massenparteien, daß es kein sinnvolles Betätigungsfeld für den Idealismus aufrecht gesinnter und die Gestaltungskraft kreativer Mitarbeiter gibt. Die politischen Massenparteien sind nachgerade die einzigen Organisationen von längerem Bestand, denen es grundsätzlich nicht gelingen kann, die Mitarbeiter auch nur annähernd ihren Fähigkeiten und Möglichkeiten entsprechend einzusetzen. In fast allen Fällen kann die freiwillige Mitarbeit in einer politischen Massenpartei nicht attraktiv sein. Dennoch leiden die Parteien an keinem Mangel, sondern an einem eklatanten Überfluß an Mitarbeitern[13]). Dies deshalb, weil es die meisten dieser Menschen auf Grund ihrer langjährigen traditionellen Anhängerschaft und der Gewohnheit ihrer emotionalen Bindung nicht wahrhaben wollen, daß es in ihrer politischen Heimat keine Verwendung mehr für sie gibt. Es ist nur eine Frage der Zeit, bis sich die letzten von ihnen diese schmerzliche Erkenntnis bewußt machen. Allein dieses Spannungsfeld zwischen dem Überfluß an Mitarbeitern und ihrer mangelnden Verwendbarkeit ist Sprengstoff genug, um die Massenparteien über kurz oder lang zugrunde zu richten.

17.6. Die Parteistruktur beginnt, die Themen zu bestimmen

Dieser Gefahr können die Massenparteien auf Dauer nicht durch die Zuteilung von Scheinaktivitäten[14]) für ihre Funktionäre entgegenwirken, deren Durchführung für Erfolgserlebnisse sorgen soll. Wir haben die Veranstaltung von Arbeitskreisen, die Erstellung von Arbeitspapieren, die Durchführung von Straßenaktionen und den regelmäßigen Sitzungstrott in Kapitel 3 bereits angesprochen. Diese politische Subkultur hat in Zeiten einer emotionalen Restbindung an die Parteien ihre Aufgabe leidlich erfüllt. In einer Zeit jedoch, in der eine einzige Fernsehsendung, etwa ein Wahlkampfduell, eine maßgebliche Wirkung auf die Einstellung der Menschen haben kann[15]), und in der sogar ein einziger schlampig recherchierter Artikel eines zweitklassigen Journalisten in einer auflagenstärkeren Zeitung einen größeren Einfluß auf das Wählerverhalten oder auf die Einstellung der Menschen gegenüber einer Partei ausübt als alle beliebigen Aktivitäten der großen Zahl kleiner Funktionäre, hat eine derartige Arbeitstherapie, wie sie die genannten Aktivitäten letztlich nur mehr darstellen, ihre Existenzberechtigung vollends verloren[16]).

Aber die Maschine der Massenparteien muß weiterarbeiten. Sie muß ihre Bedeutung, ihre Stärke und ihre Daseinsberechtigung durch immer neue Bewegungen, immer neue Akte des politischen Engagements und des Versuches der Verbesserung der Lebensumstände unter Beweis stellen. Und sie muß ihre Mitglieder durch die Vorgabe immer neuer Ziele von der Wich-

tigkeit ihre Fortbestandes und der Überwindung etwaiger Durststrecken überzeugen. Denn je mehr die Mitglieder und Mitarbeiter die Belanglosigkeit ihrer persönlichen Beiträge realisieren, desto mehr erwarten sie von der Parteispitze die Präsentation des lang ersehnten neuen „Superthemas" bzw.„ Superprogramms", desto begieriger betrachten sie jede neue politische Modeerscheinung und prüfen sie auf ihre Eignung zur Mobilisierung und Emotionalisierung der Massen und zur Wertsteigerung und Sinnerfüllung ihrer eigenen politischen Tätigkeit[17]).
In dieser Situation beginnt das Werkzeug zu bestimmen, was der Handwerker zu tun hat. Die Parteien – einst geschaffen als Mittel zur Verwirklichung bestimmter Ziele, als Werkzeug zur Gestaltung gesellschaftlicher Wirklichkeit – haben ihre ursprüngliche Eignung längst eingebüßt und würden in der Dimension dieser Eignung nur mehr museale Bedeutung aufweisen. Wenn aber ihr unveränderter Fortbestand auf künstlichem Wege gesichert wird, so erzwingen nun sie die Wahl der Ziele in Abhängigkeit von ihren strukturellen Bedürfnissen. Die Ziele der Massenparteien und ihre Themen sind also nicht mehr autonom gewählte Ausprägungen einer bestimmten Ideologie, an denen die Partei ausgerichtet wird und für die alle ihre Organe in Dienst genommen werden, sondern in vielen Fällen Derivate der Parteistruktur, deren Erfordernisse die Verantwortlichen zu exekutieren haben. Die Organisationsform der Partei und die mit ihr verbundenen Übelstände im Bereich der Wirksamkeit und Motivation von Mitarbeitern sind es also, die in nicht geringem Maße die Inhalte diktieren, mit denen die Politiker ihre mediale Präsenz zu erhalten hoffen[18]).

17.7. Persönlichkeitswahlrecht

Unter dem Druck ihrer Anhänger und Mitarbeiter sind die Parteienverantwortlichen in einer ständigen verzweifelten Suche nach zugkräftigen und das Energiepotential der Mitarbeiter absorbierenden Themen befangen. Ein derartiges, der ungünstigen Struktur der Massenpartei und ihrer beängstigend geringen Problemlösungskapazität korrespondierendes Thema ist die häufig und mit religiösem Eifer vorgetragene Forderung nach Installierung eines Persönlichkeitswahlrechtes oder zumindest nach Anreicherung des repräsentativ-governmentalen Systems durch persönlichkeitsdemokratische Komponenten. Dieser Versuch, den anonymen und hinsichtlich der Verantwortlichkeiten undurchschaubaren politischen Apparat übersichtlicher und menschlicher zu gestalten, ist in der Tat nichts anderes als das Eingeständnis der Aufgabe des Anspruchs kompetenter Sachentscheidungen in der Politik.

In einer Situation, in der verschiedene politische Strategien sich auf der inhaltlichen Ebene nicht voneinander unterscheiden und die programmatische Linie immer bedeutungsloser wird, und dies alles deshalb, weil die in unserer Analyse beschriebenen Konsequenzen des hohen Ausmaßes an gesellschaftlicher Komplexität für die Undurchführbarkeit konkreter politischer Maßnahmen sorgen, scheint die Personalisierung, d. h. die Erhebung des Politikers zum einzigen von der Massenpartei angebotenen Produkts, den einzig denkbaren Ausweg darzustellen[19]). Damit wird die Beliebigkeit der Sachinhalte zur offiziellen Doktrin der repräsentativen Demokratie.

Für die große Zahl der Funktionäre, die sich an ihren großen politischen Vorbildern orientieren, hält die Personalisierung auch die Fiktion aufrecht, einzelne politische Persönlichkeiten könnten die gesellschaftliche Wirklichkeit planvoll verändern und gestalten. Ohne allzu sehr in psychologische Spekulationen abzugleiten, läßt sich daher sagen, daß der Ruf nach Persönlichkeitswahlrecht auch die Projektion einer Machtphantasie auf die Mandatare ist, die dem eigenen Gefühl der Ohnmächtigkeit entgegenwirken soll. Tatsächlich aber würde die offizielle Etablierung eines Persönlichkeitswahlrechtes kaum wirkliche politische Änderungen herbeiführen, da die Wahlen auf höherer politischer Ebene de facto auch heute bereits im hohem Maße Entscheidungen zwischen Persönlichkeiten sind[20]).

17.8. Klubzwang

Eine ähnliche Rolle spielt das Thema „Klubzwang", dessen hitzige Bekämpfung ebenso wie das Thema „Persönlichkeitswahlrecht" bereits eine große Menge innerparteilicher Energien für sich in Anspruch genommen hat. Die Gegner des Klubzwanges halten es für unerträglich, daß ein Abgeordneter genötigt ist, gegen sein „Gewissen" für oder gegen einen Antrag zu stimmen, nur weil dies der offiziellen Linie des Klubs seiner Partei entspricht. Auch hier sucht sich die in der unzeitgemäßen Parteistruktur verfangene Mitarbeitsbereitschaft ein Ventil für ausgedehnte Diskussionen über persönliche Verantwortung und individuellen Einfluß auf das politische Geschehen. Die Gestaltung kollektiver Entscheidungen als Ergebnis des Zusammenwirkens „ehrlicher" und „selbstverantworteter" individueller Wahlakte wird als hochwertiger angesehen als die künstliche Harmonie eines monolithisch gesteuerten Verhaltens aller Klubmitglieder, die mit parteioffiziellen programmatischen oder pragmatischen Richtlinien diszipliniert werden.
Durch derartige Scheingefechte werden die tatsächlichen Probleme und Schwächen unseres demokratischen Gemeinwesens – wie etwa die Unmöglichkeit sachgerechter Entscheidungen über kollektive Güter mit großer Folgenreichweite – überlagert und verdeckt. Mit der Errichtung einer politischen Zwischenebene – der der „freien" Meinungsbildung der Mandatare in ihren Vertretungskörperschaften – wird zwar das gesamtgesellschaftliche Problem der Akkordierung divergierender Ansichten in eine beherrschbare Sphäre verlegt und damit die Fiktion der grundsätzlichen Durchführbarkeit von gesellschaftlichen Entscheidungen genährt; die realen Schwierigkeiten der Politik werden davon aber nicht berührt.
Dies gilt umso mehr, als der Ruf nach Abschaffung des Klubzwanges am demokratischen Grundprinzip vorbeigeht, welches besagt, daß die Mandatare gewählt werden, um ein Programm zu exekutieren, zu dem sich die Wähler anläßlich ihres Urnenganges bekannt haben, und daß die persönliche Ansicht des Mandatars demokratiepolitisch im Grunde nicht sehr erheblich ist[21]).

Es gibt noch eine Reihe von Beispielen für die These, daß das Werkzeug den Handwerker, also daß die Partei und ihre Struktur die politischen Inhalte bestimmt, weil ihr Aufbau und ihre Verfaßtheit als Massenpartei zu künstlicher Dynamik, zu einer selbstzweckhaften Lebendigkeit führen muß, die wir Binnenvitalität nennen wollen. Das gilt für die endlos geführten Personaldiskussionen, die für viele Funktionäre eine kaum überbietbare Attraktivität aufweisen, ebenso wie für die Forderung nach Schaffung eines neuen Bewußtseins, in dem die Anliegen der Partei besser verwirklicht werden können[22]), oder nach mehr Beteiligung der Jugend[23]) und der Frauen[24]) an den politischen Entscheidungen.

All diese Scheinthemen entspringen der Notwendigkeit, wichtige Teile der Parteibasis bei Laune und in Bewegung zu halten, um die alten Strukturen der Massenpartei konservieren zu können.

18. DIE MASSENPARTEIEN ALS STRUKTURELLE ENTSPRECHUNG BESTIMMTER CHARAKTERE

18.1. Die große, aber bedeutungslose Gruppe der ursprünglich weltanschaulich Motivierten

Wir haben das 2. Kapitel dieser Arbeit mit einer Typologie der Motive begonnen, in der wir die ausschlaggebenden Beweggründe aufgelistet haben, die ein Individuum zum Beitritt oder zur Mitarbeit in einer Partei veranlassen können. Nun, da wir die wirkmächtigen Bedingungen des fortgeschrittenen industriell-technischen Gesellschaftsgefüges und ihre Folgen für die Parteien untersucht haben, müssen wir uns Rechenschaft darüber abgeben, welchen dieser Motive eine strukturelle Entsprechung in der Parteienwirklichkeit korrespondiert d. h. welche dieser Motive unter den nun geltenden parteipolitischen Voraussetzungen ausgelebt werden können und welche nicht.

Zunächst ist festzuhalten, daß es zweifellos in jeder Partei nach wie vor eine zahlenmäßig gar nicht so schwache Gruppe von Mitgliedern und Funktionären gibt, die dereinst beigetreten sind, weil ihnen die Werte und Ziele der Partei ein ernstes Anliegen waren, und die ihre Mitgliedschaft und Mitarbeit noch heute aufrecht erhalten, weil ihnen ihre treue Gesinnung, ihr Traditionsbewußtsein oder die freundschaftlichen Kontakte, die sie innerhalb der Partei eingegangen sind, eine Auflösung der Bande zu ihrer Organisation verbieten. Wir haben ihr ursprüngliches Motiv „Weltanschauungsmotiv", ihre nunmehrigen Motive „Gewohnheits- oder Traditionsmotiv" und „Gesellschaftsmotiv" genannt. Davon werden jene Menschen geleitet, die mit wachsender Trauer die Sinnlosigkeit ihrer Unterstützung einsehen, aber (noch) nicht bereit sind, daraus Konsequenzen zu ziehen. Diese Gruppe ist zwar umfangreich, aber sie bestimmt das Gepräge der Partei aufgrund der Zurückhaltung, der geringen Aktivitäten und der Frustration ihrer Mitglieder nur in sehr geringem Ausmaß. Dennoch stellt diese Gruppe das Reservoir dar, aus dem allein für eine wirklich umfangreiche und tiefgehende Parteireform geschöpft werden kann.

Darüber hinaus aber läßt sich aufgrund unserer Analyse hinsichtlich der dominierenden Motivlagen wenig Positives sagen.

Knüpfen wir an den beiden charakteristischesten Merkmalen des Wesens der gegenwärtigen Parteien und ihrer Beziehung zum Gefüge der fortgeschrittenen Industriekultur an. Es sind dies die Einflußlosigkeit[1]) der Politik auf die Entwicklung der Gesellschaft und die Einflußlosigkeit des Mitglieds auf die Parteilinie und die daraus resultierende Überflüssigkeit seiner Tätigkeit.

18.2. Die dauerhaft Frustrierten weiden sich an der Fruchtlosigkeit ihres Tuns

Nun ist die Möglichkeit für den durchschnittlichen Parteimitarbeiter, „etwas in Bewegung zu setzen" und die Ergebnisse seiner Anstrengung im Erfolg der Partei wiederzufinden, so gering und dieser Status der Einflußlosigkeit so beständig, daß das Scheitern an der politischen Wirklichkeit zum Dauerzustand, die Frustration zur permanenten und einzig normalen Gefühlsregung wird. Von denjenigen Mitarbeitern, denen dies auf Dauer nicht genügend Anlaß ist, um sich aus ihren Funktionen zu verabschieden, wird die Frustration so sehr internalisiert, daß sie bald zu den Hauptbestandteilen ihres Wesens gehört.

Diese Struktur spricht jene Personen an, die in derartigen Frustrationen ihrer weinerlichen und pessimistischen Grundeinstellung frönen können. Sie gefallen sich in der Rolle der gequälten Kreatur und beklagen sich mit masochistischem Genuß über die Fruchtlosigkeit ihrer Bemühungen, mit der sie trotz größtem persönlichen Einsatz konfrontiert sind. Mit einer dumpfen Mischung aus Selbstmitleid und dem Bedürfnis nach Beachtung wälzen sie sich förmlich im lähmenden Pfuhl des innerparteilichen Geschehens.

Wir haben in Kapitel 2 vom „Ich-Gefühl-Motiv" gesprochen, dem der Wunsch zugrunde liegt, persönlich unersetzbar und von merkbarer Bedeutung für andere Personen zu sein. Dieses wird hier in besonders perverser Art und Weise ausgelebt. Gerade in einer Zeit, in der die meisten Bemühungen um den Erfolg der Partei durch völlige Wirkungslosigkeit gekennzeichnet sind und dieser Umstand von allen Beteiligten zumindest intuitiv wahrgenommen wird, empfinden es nicht wenige Funktionäre als ihren persönlichen Sendungsauftrag, die Partei durch ihr Ausharren in eine bessere Periode hinüberzuretten. Mit zusammengebissenen Zähnen tragen sie die Last des Alltagstrotts im Funktionärsleben und trösten sich mit der irrealen Perspektive langfristiger Visionen.

Alles, was sie tun, steht so unter dem Motto einer unausgesprochenen Durchhalteparole des Parteiapparates. In dieser Denkungsart kann jemand, dessen persönliche Selbsteinschätzung von seinem beruflichen Status bzw. Erfolg stark nach oben divergiert, genügend Anknüpfungspunkte für eine Rechtfertigung rastloser innerparteilicher Betriebsamkeit finden, die ihm das Gefühl eigenständiger Wichtigkeit vermittelt. Das unaufhörliche Spiel innerparteilicher Aktivitäten kann so ungestört seinen Lauf nehmen, weil sich in dieser Struktur niemand aufrafft, das sinnlose Treiben der beruflich unerfüllten Funktionäre zu stoppen.

Nur allzu gern vermischt sich diese Motivlage mit der oben beschriebenen Geisteshaltung der zum salonfähigen Dauerzustand entwickelten, vollständig internalisierten Frustration. G'schaftlhubertum, das seiner eigenen Nutzlosigkeit huldigt, wird damit zum typischen Verhaltensmuster der Binnenkultur der Massenparteien. Solcherart beginnen Charaktere zu dominieren, die in paradoxer Weise die Sinnlosigkeit des Funktionärstrotts zu ihrem hauptsächlichen Lebenssinn gemacht haben.

18.3. Die Züchtung von Karrieristen und Protektionskindern

Es ist nicht verwunderlich, daß unter diesen Bedingungen neu hinzukommende, insbesondere jugendliche Mitarbeiter das sinkende Schiff rasch wieder verlassen, nachdem sie die Destruktivität des Parteimechanismus erkannt oder verspürt haben. Die große Fluktuationsrate[2]) und die immer kürzer werdenden Zeitabschnitte, in denen sich besonders junge Menschen für eine Funktion zur Verfügung stellen, sind ein äußeres Zeichen dieses Zusammenhanges von dominierenden Motivlagen und den Eigenschaften der Massenparteien bzw. ihrer politischen Wirkungslosigkeit.

Wir wollen uns noch einer zweiten bedeutsamen Wirkung widmen, die von der Einflußlosigkeit und mangelnden Möglichkeit zur Gestaltung der gesellschaftlichen Umwelt und damit vom Mangel an Gelegenheit zur Entfaltung eigener Ideen und Vorstellungen in politischen Massenparteien auf die Hervorbringung bestimmter vorherrschender Motive von Parteimitarbeitern ausgeht. Ein Mangel an Möglichkeiten zur Entfaltung eigener Ideen und zur Verwirklichung von Werten, denen man sich verbunden fühlt, führt zweifelsohne – besonders bei intelligenten und kreativen Menschen – zur Lustlosigkeit, zum berühmten Umstand, daß „Politik keinen Spaß mehr macht". Wie wir gesehen haben, werden aber zahlreiche Routinearbeiten und Aktivitäten zur Aufrechterhaltung einer selbstzweckhaften Binnenvitalität ständig unternommen, und zwar offenbar auch von Leuten, von denen die objektive Sinnlosigkeit erahnt oder verspürt wird. Denken wir nur daran, in welchem Ausmaß arbeitswillige Parteiangehörige zum Kuvertieren von Aussendungen, Vervielfältigen von Flugblättern, Aufbauen von Straßenständen, Absitzen von Alibibesprechungen, Verteilen von Informationsmaterial und vielen anderen Tätigkeiten herangezogen werden, die in den allermeisten Fällen weit unter ihrem Intelligenzniveau und ihrer Bereitschaft zu substanziellen Beiträgen liegen.

Warum nehmen intelligente Menschen, die etwas auf sich halten, und von deren Vorstellungen einer angenehmen und sinnvollen Freizeitbeschäftigung derartige Tätigkeiten unendlich weit entfernt sind, all das auf Dauer in Kauf, und zwar auch dann, wenn es unverändert den überwiegenden Teil ihrer Parteiarbeit ausmacht? Warum unterziehen sich Funktionäre auf allen Ebenen der altbekannten „Ochsentour", auf der sie mit zahllosen Unannehmlichkeiten belästigt werden und ihre

Energie für ergebnislose Kleinarbeit verschwenden müssen? Die Antwort ist einfach, und doch wird sie in Parteikreisen nicht ausgesprochen. Sie lautet, daß die meisten der beschriebenen Personen die Erduldung derartiger Unbilden nur als Mittel zur Erreichung eines bestimmten, persönlichen Zieles betrachten, zur Erreichung eines Zieles also, das mit dem Ziel der Partei überhaupt nichts gemein hat. Von der Inanspruchnahme parteipolitischer Protektion zum bevorzugten Erhalt öffentlicher Güter (Wohnungen etc.) haben wir in Kapitel 15 bereits ausführlich gesprochen. Hier geht es uns in erster Linie um das „Karrieremotiv“, das ehrgeizige Mitarbeiter dazu veranlaßt, bestimmte Positionen im Parteigefüge anzustreben, um zu Macht und Ansehen zu gelangen[3]).

In dem Ausmaß, in dem sich der Mitarbeiter unter das Joch sinnloser und unangenehmer Tätigkeiten zwingen läßt und sein Bedürfnis nach angenehmer Freizeitgestaltung disziplinieren muß, tritt das Karrieremotiv in seiner „reinen“ Form auf, d. h. ohne daß es von einem weltanschaulichen Ziel, von einer idealistischen Komponente begleitet wäre. Die Verfaßtheit des Parteienapparates als eines Gebildes, das tendentiell nur unsinnige Aktivitäten und solche, bei denen jede Freude an der Arbeit selbst ausgeschlossen ist, zuläßt, führt zu einer negativen Selektion d. h. zu einer üblen Auswahl der Mitarbeiter, im Zuge derer die Berechnendsten und Karriereorientiertesten am schnellsten und höchsten in der Hierarchie emporkommen und die ehrenhaftesten und idealistisch Gesinnten ausscheiden. Auf dem Durchmarsch „nach oben“ werden so die Besten gesiebt, und ihre Motive bleiben unberücksichtigt. Das sollte als eine von mehreren richtigen Erklärungen dafür herangezogen werden, daß das moralische Qualitätsniveau von Berufspolitikern – besonders in den mittleren Rängen (denn ganz oben gelten oft andere Kriterien) – oft so sehr zu wünschen übrig läßt.

Wir wollen es nochmals betonen: Der Zusammenhang zwischen dem Typus der Parteistruktur und der massiven Häufung von Personen mit primär karriereorientierten, auf das eigene Fortkommen bezogenen Motiven, ist kein zufälliger, sondern ein notwendiger. Er besteht im rationalen Nutzenkalkül, das der Funktionär anstellt, wenn er die Unannehmlichkeiten des öden Funktionärsalltags gegen die Vorteile einer gehobenen parteipolitischen Position abwägt und die letztere für sich als gewichtiger bewertet. Der Wirkung eines solchen Zusammenhanges auf die Mitarbeiterstruktur kann auch durch künstliche Appelle an die idealistische Gesinnung aller Parteimitglieder nicht entgegengetreten werden.

18.4. Die Massenparteien als geistige Sanatorien für soziale Randerscheinungen

Welche Typen von Menschen neben den bereits geschilderten für die Parteien noch übriggeblieben sind, zeigt am deutlichsten ein Besuch der einen oder anderen, mittleren oder kleineren Parteiveranstaltungen (Diskussionen, Bürgerparlamente, Informationsabende usw.). Dort sehen sich die Organisatoren und diejenigen Funktionäre, die zur Anwesenheit bei der Veranstaltung mehr oder minder verpflichtet sind, neben einigen unbelehrbaren Idealisten einer immer größer werdenden Gruppe einer Parteiklientel gegenüber, die man beim besten Willen nur als soziale Randerscheinung bezeichnen kann.
Wer sich öfters auf derartige Veranstaltungen bemüht, wird beipflichten, daß es nicht übertrieben ist, festzustellen, daß der Ablauf solcher Veranstaltungen zunehmend von schrulligen, halbumnachteten oder gestrandeten Existenzen oder gar von echten Kretins dominiert wird, ohne daß die Veranstalter etwas dagegen unternehmen bzw. unternehmen können.
In Ermangelung echter Anliegen, bedeutsamer Themen oder hochkarätiger Auseinandersetzungen gelingt es diesen Menschen in Gegenwart der hilflosen Veranstaltungsleiter, die Gestaltung der Veranstaltung unversehens an sich zu reißen und diese für ihre devianten Zwecke zu nutzen. Sie, die keine Gelegenheit für die Knüpfung und Pflege normaler Sozialkontakte haben, oder die ein großes Forum für die wortreiche Präsentation ihrer abstrusen Hingespinste benötigen, füllen mit ihren Wortmeldungen, Zwischenrufen und Vorschlägen die Veranstaltungszeit und bringen die anderen Teilnehmer durch absonderliche Fragen und Ideen in Zugzwang, sodaß der Charakter

dieses Spektakels sich ganz dem ihrem unterwirft. Würde man sich zwingen, derartige Vorgänge als repräsentativ zu betrachten – was sie tatsächlich im wachsenden Ausmaß werden – so müßte man sagen, sie sind die neuen Stars der politischen Massenparteien.

Es darf nicht übersehen werden, daß die Regelmäßigkeit solcher Darbietungen eine eminente Rückwirkung auf die Partei bzw. ihre Arbeitsweise und Inhalte hat. Nicht nur werden die Veranstaltungen auf die Bedürfnisse dieser treuen Klientel zugeschnitten, es werden auch Teile ihrer inhaltlichen Arbeit direkt oder indirekt von dieser Mitgliedergruppe bestimmt. Man denke dabei nur an die Bestrebungen zur innerparteilichen Demokratie, deren Ergebnisse durch die Zurückhaltung „normaler" Mitglieder und die Dominanz sozialer Devianten stark verzerrt werden.

Dies alles festzuhalten, hat nichts zu tun mit einer Geringschätzung des Eigenwertes, der angesichts des Respekts vor jeder menschlichen Existenz, allen Menschen ungeachtet ihrer Eigenschaften und Fähigkeiten zukommt. Weiters darf es nicht mit einer Kritik an der sozialen Aufgabe und der Integrationsfunktion der Massenpartei verwechselt werden. Was mit diesem Exkurs in die Veranstaltungswelt der Massenparteien bezweckt wurde, ist lediglich die Andeutung jener Überwucherung der Parteien mit Niveaulosigkeit und geistigem Verfall, die den Parteien unzweifelhaft zum Problem werden.

Aber auch hier darf der Qualitätsverfall der Mitgliederstruktur nicht als isoliertes Phänomen gesehen werden, sind die Zusammenhänge zwischen Gesellschaft und Parteienkultur zu beachten: Es ist ein unmittelbarer Ausdruck der Themenlosigkeit in den Parteien, und damit der Einflußlosigkeit der Politik auf die Entwicklung der Gesellschaft, daß die enthusiastischen Anhänger einer bedeutsamen Idee sukzessive durch eine Reihe selbstgefälliger Sonderlinge ersetzt werden, die ihren pathologischen geistigen Exhibitionismus ausleben und die Früchte ihrer versponnenen Ideenwelten zur Schau stellen wollen. Im Zuge dieses Vorganges drohen die Massenparteien von geistigen Zentren, die zu sein sie bislang beanspruchten, zu geistigen Sanatorien zu degenerieren[4]).

18.5. Die Dominanz des Negativen und das idealistische Potential

In diesem innerparteilichen Klima ist es durchaus üblich, daß die Arbeitskraft fähiger Leute über Jahre hinweg völlig brachliegt, obwohl diese Mitglieder idealistisch gesinnt sind und durchaus grundsätzlich bereit wären, sich zur Mitarbeit zur Verfügung zu stellen. Dies geschieht oft nur deshalb, weil entscheidungsbefugte Karrieristen Angst vor persönlicher Konkurrenz haben, oder kleine Geister mit neuen Gedanken nicht behelligt werden wollen. Die unzeitgemäße Organisationsform der Massenparteien erzwingt dementsprechend eine Verschwendung von personellen Ressourcen, wie sie nicht einmal in verstaatlichten Betrieben an der Tagesordnung ist.

Wenn wir nun zusammenfassen, welche Motive unter den gegenwärtigen Bedingungen in den Massenparteien ausgelebt werden können, weil ihnen günstige Strukturen korrespondieren, so kommen wir zu folgendem Ergebnis: Das Weltanschauungsmotiv verliert zunehmend an Boden, ebenso das Interessenvertretungsmotiv, und zwar beide auf Grund unterschiedlicher Wirkungen politischer Einflußlosigkeit. Demgegenüber besitzt sowohl das Karrieremotiv als auch das Protektionsmotiv eine massive Entsprechung. Eine tragende Rolle spielt ebenso das Ich-Gefühl-Motiv, das vom Traditions- und Gewohnheitsmotiv flankiert wird. Das Gesellschaftsmotiv hat ebenfalls eine untergeordnete verbindende Rolle.

Dementsprechend gestaltet sich die Struktur der aktiven Mitglieder und Funktionäre[5]). Während die idealistisch eingestellten Mitglieder, die früher gewohnt waren, den Ton anzugeben oder maßgeblich berücksichtigt zu werden, sich in Ermangelung ernstzunehmender Anliegen in eine Art innere Emigration zurückgezogen haben, so weit sie ihrer Partei nicht bereits vollständig den Rücken gekehrt haben, bevorzugt das Wesen der Massenpartei eher unerfreuliche Existenzen, deren relative Bedeutung zunehmend größer wird. Sie können im wesentlichen in drei große Gruppen eingeteilt werden:

1.) Die Materialisten, Streber und Karrieristen, die primär auf ihr persönliches Fortkommen bedacht sind und die Partei als Mittel zur billigen Verfolgung ihrer Ziele betrachten.
2.) Die frustrierten, von Selbstmitleid geplagten, superbetriebsamen Apparaterhalter und die G'schaftelhuber, die mit der Ausübung ihres Amtes ihre berufliche Mittelmäßigkeit oder ihre privaten Probleme kompensieren wollen.
3.) Die Randerscheinungen des gesellschaftlichen Gefüges, die der Partei ihre absonderlichen Ideen aufdrängen wollen, und die in den Foren, die sich ihnen anläßlich von Parteiveranstaltungen in ausreichendem Maße bieten, die Erfüllung ihrer Kontaktbedürfnisse oder ihres Dranges nach Selbstdarstellung sehen.

Diese Bilanz ist wahrhaftig für niemanden Anlaß zur Freude. Aber ihre Darstellung sollte nicht als Aufforderung zur Resignation mißinterpretiert werden. Denn noch gibt es Menschen, besonders unter Jugendlichen, die grundsätzlich begeisterungsfähig sind, die darauf warten, sich für ein wertvolles Ziel zu verwenden, ohne dessen vordergründige Nützlichkeit zu kalkulieren. Noch gibt es Menschen, die neben ihrem gesunden Ehrgeiz in privaten und beruflichen Belangen, neben ihrer berechtigten Sorge um ihr individuelles materielles Wohlergehen, neben ihrem Streben nach Unterhaltung und Muße, nach persönlicher Anerkennung und gemeinschaftlicher Geborgenheit, nach Immanenz und Transzendenz, die neben all diesen Dingen bereit sind, sich in den Dienst einer gemeinsamen Sache zu stellen, und die durchaus fähig wären, wertvolle Beiträge für die Gemeinschaft und ihre Glieder zu liefern.
Wir meinen dabei keine verkrampften Altruisten, keine Don Quichote-haften Idealisten und versponnene Phantasten, sondern normale Bürger, die neben ihren eigenen Bedürfnissen auch diejenigen der anderen Menschen sehen und beachten.
Aber es wäre verfehlt zu erwarten, daß diese Menschen in den gegenwärtigen Massenparteien aktiv werden könnten. Sie finden in ihren Strukturen kein Betätigungsfeld und können in ihnen daher weder Fuß fassen, noch der Partei ihren Stempel aufdrücken.

Es gilt daher, danach zu fragen, wie der organisatorische Aufbau eines neuen Parteitypus aussehen müßte, mit dem das Kräftepotential wertvoller Menschen auf sinnvolle Weise mobilisiert werden kann. Dem Versuch, einige Grundlinien dazu zu entwerfen und die Richtung eines solchen Unternehmens anzugeben, ist der letzte Teil dieses Buches gewidmet.

19. LÖSUNGSANSÄTZE ZUR KRISE DER POLITIK

19.1. Mangelnder Dialog: Versäumnis von Politik und Theorie

Man wirft den Philosophen und den Vertretern der theoretischen Wirtschafts- und Sozialwissenschaften in politischen Kreisen gerne vor, daß ihre Arbeiten im luftleeren Raum schweben und ihr Denken keinen Bezug zur Wirklichkeit hätte[1]). Ihre als „graue Theorie“ bezeichneten Forschungsergebnisse könnten bestenfalls praxisferne Köpfe anziehen oder schöngeistige Bedürfnisse befriedigen.

Nachdem wir die Zusammenhänge zwischen den Wirkprinzipien der fortgeschrittenen Industriekultur und dem Wesen der Politik und ihren großen Repräsentanten, den Massenparteien, untersucht haben, können wir die Frage stellen, was denn der Gestaltungsanspruch und die Durchhalteparolen der Politiker mit der Wirklichkeit zu tun haben. Tatsächlich haben „die Praktiker“, die Befürworter einer „realistischen Politik der aktuellen Möglichkeiten“ und die Protagonisten einer „Ablehnung verkrampfter weltanschaulicher Bindungen“ die politische Wirklichkeit der letzten Jahrzehnte dominiert. Sie haben durch das Gewirr ihrer unreflektierten und grundsatzlosen Einzelaktivitäten, die in jedem isolierten Fall gewiß eine bestimmte Art von Nutzen zu stiften geeignet waren, einen Prozeß gespeist, der die Politik und ihre Parteien an den Rand des Abgrundes gebracht hat.

Auf der anderen Seite ist aber auch denjenigen, die eine richtige Analyse des Wirkgefüges der modernen Zivilisation zuwege gebracht haben, den großen Nationalökonomen und Sozialphilosophen, die am Forschungsprogramm des methodologischen Individualismus orientiert waren, ein bedeutsames Versäumnis vorzuwerfen: Als Theoretiker der spontanen Ordnung gelang es ihnen zwar in unübertroffener Weise, die Zusammenhänge zwischen individueller Freiheit und gesellschaftlicher Dynamik herauszuarbeiten, die Gefahren zu analysieren, die der Funktionstüchtigkeit des komplexen gesellschaftlichen Gefüges durch eine falsche Art von Politik erwachsen und sogar rechtliche – besonders verfassungsrechtliche[2]) – Normen auszuarbeiten, deren Installierung eine optimale Berücksichtigung der Gesetzmäßigkeiten der spontanen Ordnung gewährleisten und den Schaden, den unüberlegte politische Aktivitäten stiften, minimieren würde. Aber sie haben übersehen, daß es, um diese optimalen Bedingungen für die Durchsetzung einer dem Komplexitätsgrad unserer Gesellschaft entsprechenden Ordnung herzustellen, eines politischen Willens und einer politischen Macht, also eines Instrumentes bedarf, das den Gegebenheiten der momentanen Verfaßtheit unserer Politik angemessen ist und auf diese einwirken kann.

Angesichts der politischen Faktizität der Parteien und der Macht ihrer Apparate kann ein solches Instrument nur eine Partei selbst sein. Solange die Theoretiker der spontanen Ordnung von der Wirklicheit der politischen Parteien als des einzigen Instruments, das in unserer politischen Kultur gegenwärtig für die Realisierung großer politischer Ideen zur Verfügung steht, abstrahiert, wird sein liberales Gesellschaftsideal immer Utopie bleiben. Und solange der Parteienverantwortliche nicht bereit ist, die Grundlagen der modernen Industriekultur und die daraus folgenden Notwendigkeiten für die Politik zu akzeptieren, werden er und seine Organisation sich immer weiter von der Dimension des gesellschaftlichen Geschehens entfernen. Eine Synthese der Anliegen beider kann also nur in der Adaption der Analyseergebnisse der Theorie für die Zwecke der Neukonstruktion einer bestehenden Partei vorgefunden werden, die die Kraft aufbringt, sich diesem revolutionären Unterfangen zu unterziehen.

19.2. Das Gesetz der Komplementarität zwischen Gesellschafts- und Parteistruktur und der systematische Rückzug der Politik

Das Wissen um die Gesetzmäßigkeiten der spontanen Ordnung muß also sosehr in die Struktur, Organisation und in das Programm der Partei einfließen, daß diese wieder zum dienstbaren Werkzeug einer wirkmächtigen Beeinflussung der gesellschaftlichen Wirklichkeit wird. Diese wirkmächtige Beeinflussung ist natürlich nicht im Sinne eines konstruktivistischen Gestaltungsplanes für die einzelnen Bereiche der Gesellschaft zu verstehen, etwa um das Glück der Menschen auf politischem Wege zu befördern, wie es für die Massenparteien des ausgehenden 19. Jahrhunderts und ihre Nachfolgeorganisationen immer galt und bis heute gilt, sondern im Sinne einer bewußten Anpassung des politischen Sektors an die Dynamik der Gesellschaft, um dem individuellen Streben der Menschen nach Verwirklichung ihrer Ziele möglichst stabile Randbedingungen geben zu können.

Diese Art der wirkmächtigen Beeinflussung der gesellschaftlichen Wirklichkeit als Ausdruck des Verständnisses der Gesetzmäßigkeiten der spontanen Ordnung ist mit dem Programm einer „Entthronung der Politik"[3]) ident, im Zuge derer der überzogene und de facto längst nur mehr auf einer Fiktion beruhende Führungsanspruch der Politik aufgegeben, ihr systematischer Rückzug eingeleitet wird und ihre eigentlichen Aufgaben neu definiert werden. Diesem Programm und damit den Gesetzmäßigkeiten unserer modernen Industriekultur muß die Struktur und Organisationsform der zukünftig bestimmenden politischen Partei entsprechen. Dies ist es, was wir als Gesetz der Komplementarität zwischen Gesellschafts- und Parteistruktur bezeichnen wollen. Es besagt, daß jede Diskussion über inhaltliche und formale Belange einer Partei, und sei es eine – vordergründig noch so spröde – Statutendiskussion, immer in Abhängigkeit von ordnungspolitischen Prinzipien geführt werden muß.

Das bedeutet, daß jeder konkrete programmatische Inhalt nach einer ganz bestimmten Struktur der Partei verlangt, in der und

mit der allein er verwirklicht werden kann, und daß es keineswegs gleichgültig ist, mit welchen Mitteln dieser Inhalt „transportiert“ wird. Die momentanen politischen Parteien sind darauf angelegt, möglichst viel Macht zu verwalten. Es ist daher illusorisch zu erwarten, daß diese Apparate in ihrer bestehenden Form eine „Entthronung der Politik“ zu tragen befähigt sein könnten.
Die Aufgabe, die eine Partei der Zukunft daher lösen muß, ist die Ausbildung einer Organisationsform, die den universellen politischen Eingriff in alle menschlichen Lebensbereiche und den Allzuständigkeitsanspruch der Politik nicht zur Bedingung für ihr eigenes Überleben hat.

19.3. Kader- oder Massenpartei?

Nach allem, was wir bisher gesagt haben, kann die Partei der Zukunft sicher keine Massenpartei sein. Parteien werden heute nicht mehr unterstützt, weil sie es verstehen, eine undifferenzierte Masse als Kollektiv zu emotionalisieren und den Mitgliedern dieses Kollektivs das Gefühl zu geben, Teil einer Bewegung zu sein, in der sie aufgehen und deren Charakter den ihren bestimmt. Und sie werden nicht mehr gewählt, weil der Wähler Mitglied ist oder im Dickicht der politischen Protektion einen persönlichen Vorteil erwerben konnte und sich aus diesem Grund mit der Partei identifiziert.
Die Partei der Zukunft kann aber auch keine Kaderpartei sein, in der sich einige gut funktionierende Parteiprofis dem Primat der Partei bedingungslos unterordnen, um sich zu einer nach außen hin schlagkräftigen politischen Kampfmaschine vereinigen zu lassen. Denn eine derartige Vereinigung würde viel zu wenig Rückhalt in der Bevölkerung besitzen, um als staatstragende Kraft die Entthronung der Politik durchzusetzen.
Die Partei der Zukunft muß vielmehr in breiten Bevölkerungskreisen verankert sein, deren Angehörige sich ihr in loserer oder engerer Form verbunden fühlen und zur Mitarbeit zur Verfügung stehen. Egal, welches Ausmaß diese Mitarbeit oder sonstige Unterstützung annimmt und auf welcher Ebene sie

verrichtet wird, sie muß – im Gegensatz zur Massenpartei – auf der Basis einer individuellen Bindung des Mitgliedes an seine Partei erfolgen. Diese individuelle Bindung kann nur daraus resultieren, daß das Mitglied seine Ziele als Angehöriger der Partei mit wirksameren Mitteln verfolgen kann als in der Rolle des Parteilosen. Dennoch muß – und das ist im Grunde der springende Punkt – die Partei so strukturiert sein, daß nur bestimmte Ziele in ihr verwirklicht werden können, nämlich jene, die sich mit ihren programmatischen Vorstellungen dekken oder zu jenen in einer langfristig sinnvollen Weise komplementär sind.

19.4. Der Startvorteil des bürgerlichen Lagers bei der Anpassung der Partei an die geänderten gesellschaftlichen Bedingungen

Das zuletzt Gesagte ist dann der Fall, wenn das Mitglied die politische Idee der Partei zu der seinen machen will bzw. seine Denkwelt in der Programmatik der Partei (annähernd) wiederfindet oder aber, wenn das Mitglied von solchen am Eigeninteresse orientierten Motiven geleitet wird, die moralisch legitim und dem Gemeinschaftsleben der Partei förderlich sind.
In diesen Rahmen hat sich ein Vorschlag zur Strukturreform einzufügen, dessen Wesensmerkmale aus unserer Analyse der Bedeutung der Wirkfaktoren unserer reifen Industriekultur für die Politik abgeleitet werden sollen. Es sei an dieser Stelle angemerkt, daß die großen bürgerlichen bzw. konservativ-liberalen Parteien der westlichen Demokratie eine bedeutend größere Chance besitzen, eine solche Neuorganisation zu bewältigen, weil ihre Ausgangslage dazu bedeutend günstiger ist als die der sozialistischen Parteien. Immerhin besitzt die Skepsis gegenüber der staatlichen Allmacht und dem Allzuständigkeitsanspruch der Politik hier zumindest theoretisch eine gewisse Tradition, obwohl diese oft von gegenläufigen Ideen verschüttet wurde und besonders, obwohl sie, wie alle anderen Parteien, nicht in der Lage waren, sich dem Zwang zur schleichenden Totalverstaatlichung auf dem Weg über die sukzessive Befriedigung von Sonderinteressen zu entziehen. Den sozialistischen

Parteiorganisationen fällt es hingegen aus prinzipiellen Gründen viel schwerer, sich auf die neuen gesellschaftlichen Bedingungen einzustellen, wenn es ihnen nicht sogar völlig unmöglich ist. Jedenfalls müßten sie sich dazu einer kompletten „Geschlechtsumwandlung" unterziehen, die ihr Wesen von Grund auf ändern würde[4]).

19.5. Theoretische Analyse und praktische Vorschläge

In einer Arbeit, deren Hauptanteil – schon rein umfangmäßig – einer strengen Analyse gewidmet ist, stellt die Formulierung konkreter praktischer Vorschläge immer eine etwas heikle Aufgabe dar. Dies ist nicht deswegen der Fall, weil die Aufgabe an sich grundsätzlich schwieriger wäre, sondern, weil sie andere Denk- und Verfahrenswerkzeuge und daher insgesamt einen anderen Arbeitsstil erfordern, als sie der geisteswissenschaftlichen Methode entsprechen. Wollen konkrete Vorschläge nämlich ebenso theoretisch richtig wie praktisch belangvoll sein, müssen sie einerseits logisch aus den Prinzipien der theoretischen Analyse deduziert und andererseits mit den Details des Zustandes des zu behandelnden, real existierenden Soziosystems – in unserem Fall der Partei –, aber besonders auch mit den Meinungen, Wünschen, Geschmäckern und Präferenzen der Mitglieder in Einklang gebracht werden. Das letztere kann wahrscheinlich nur durch die emsige Zusammenarbeit eines gut abgestimmten Teams erreicht werden.
Trotzdem lassen sich auch im Rahmen dieser Arbeit einige konkrete Vorschläge entwickeln, mit Hilfe derer die Grundzüge einer Partei der Zukunft skizziert werden können. Wir wollen diese Vorschläge in zwei Gruppen einteilen, die sich in bestimmter Hinsicht voneinander unterscheiden. Die erste Gruppe umfaßt Maßnahmen, die völlig unzweideutig und bedingungslos auf Verwirklichung drängen, weil sie sich auf die Beseitigung von Faktoren beziehen, die in einem notwendigen Widerspruch zur gesellschaftlichen Realität stehen. Die zweite Gruppe hingegen beinhaltet Vorschläge, die einer weiteren Diskussion bedürfen, und die noch systematisch konkretisiert

werden müssen, um durchgeführt werden zu können, wobei sich ihre Richtung aber aus der Analyse zwingend ergibt.

19.6. Zehn Sofortmaßnahmen zur Rettung der sterbenden Parteien

1.) Verabschiedung von einer Illusion

Jeder Neubeginn ist mit einem Einschnitt in die bisherige Entwicklung verbunden, mit dem Fehler der Vergangenheit entfernt werden sollen. Ein solcher Neubeginn erfordert daher zunächst das Eingeständnis, daß das Streben nach immer mehr Mitgliedern und Mitarbeitern bzw. das krampfhafte Halten eines hohen Standes in diesen Bereichen ein unsinniges Unterfangen war, und zwar nicht nur, weil es die Partei nicht gekräftigt oder ihren Zielen näher gebracht hat, sondern auch, weil den Mitgliedern und Mitarbeitern völlig falsche Erwartungen hinsichtlich ihrer objektiven Nützlichkeit suggeriert wurden. Menschen mit großartigen Zielen und einer ideellen Einstellung wurden daher über eine gewisse Zeit hinweg an die Partei gebunden, um sich von ihr in vielen Fällen frustriert und mit einer langfristig wirkenden negativen Grundeinstellung gegenüber allen Fragen der Öffentlichkeit und des Gemeinschaftslebens abzuwenden.

Von einer Partei der Zukunft wird man daher erwarten dürfen, daß sie die Ehrlichkeit aufbringt, gegenwärtigen und potientiellen Mitgliedern zu sagen, daß sie nur begrenzte Möglichkeiten bietet, den Menschen durch direkten individuellen Einsatz zu dienen. Sie muß den Mut besitzen, die zu keinem kleinen Teil von den Parteien absorbierten Idealisten, deren Neigungs- und Begabungsschwerpunkt in einer direkten Betreuung von Menschen, die wirklich Hilfe nötig haben, besteht, endlich in diejenigen karitativen und philanthropischen Organisationen zu entlassen, die zu einer systematischen Unterstützung bei der Lösung oder Linderung ihrer Probleme befähigt sind.

Die Partei der Zukunft wird sich und der Öffentlichkeit klar machen müssen, daß die wirklich großen Sorgen und Probleme der Menschen trotz der fanatischen Beteuerung milieutheoretisch orientierter Ideologen immer individueller Natur sind und niemals politisch gelöst werden können. Krankheit, Alter, Tod und seelischer Schmerz aller Art können nur von Mensch zu Mensch bewältigt und in einer Zivilisation, der die traditionalen Bindungen abhanden gekommen sind, nur durch die individuell ansetzende Hilfe einer größeren Zahl von einsatzbereiten Helfern in ihrer gellenden Wirkung abgeschwächt werden.

2.) Aufgabe des Allzuständigkeitsanspruches

Spiegelbildlich zu der Einsicht, daß die Politik bei der Bewältigung der größten Probleme der Menschen bestenfalls bescheidene Hilfsdienste leisten kann, ist dem Umstand Ausdruck zu verleihen, daß die Politik es auch nicht direkt unternehmen kann, das Glück der Menschen zu befördern, da die individuellen Vorstellungen in dieser Frage so unterschiedlich sind, daß keine kollektive Antwort auf sie gegeben werden kann. Es ist der Politik bestenfalls vergönnt, in einem ganz bestimmten Bereich, nämlich demjenigen der Bereitstellung von öffentlichen Gütern, Mittel hervorzubringen und bereitzuhalten, die von den Individuen für die Erfüllung ihrer eigenen Ziele, d. h. für die Befriedigung ihrer eigenen Bedürfnisse in Dienst genommen werden können, wenn sie dabei sind, ihre Vorstellung von Glück zu realisieren.

Die Partei der Zukunft muß daher dem Allzuständigkeitsanspruch der Politik, der in der Realität neben seiner Wünschbarkeit auch seine Machbarkeit längst eingebüßt hat, offiziell abschwören[5]), um ihre grundsätzliche Glaubwürdigkeit angesichts des Komplexitätsgrades der fortgeschrittenen Industriekultur wiederzuerlangen.

3.) Rückzug aus vielen Bereichen von Wirtschaft und Gesellschaft

Um diese Erklärung nicht zum bloßen Lippenbekenntnis verfallen zu lassen, muß ihr ein sofortiger und eiliger Rückzug der Partei aus jenen wirtschaftlichen und gesellschaftlichen Bereichen folgen, die über die eigentlichen Aufgaben der öffentlichen Verwaltung hinausgehen. Das gilt besonders für die große Zahl jener Aktivitäten, die Parteifunktionäre und Mandatare in öffentlichen und halböffentlichen Institutionen betreiben,

um ein verzweigtes System selektiver Anreize bereit stellen zu können, das den Bürger in Abhängigkeit von seiner Parteiloyalität bevorzugt oder benachteiligt und so eine fortgesetzte Unterstützung der Partei sicherstellt.
Eine „einseitige Abrüstung" in diesem Sinne, also der einseitige Verzicht auf eine systematische Einflußnahme bei der Vergabe öffentlicher Leistungen, hat – im Gegensatz zur Unsinnigkeit dieses Prinzips in militärischen Belangen – gute Chancen auf Erfolg. Dies ist deshalb der Fall, weil die Prämisse, daß der parteipolitisch protegierte Bürger sich mit seiner Wählerstimme oder durch seine ehrlich gemeinte Unterstützung revanchiert, längst nicht mehr gilt, und die Betroffenen dieses Verfahren im Gegenteil als einen Akt der Erpressung empfinden. Der Rückzug aus der parteipolitischen Vergabe von Leistungen des öffentlichen Sektors ist nicht zuletzt aus der Erkenntnis heraus in die Wege zu leiten, daß das System der Finanzierung der selektiven Anreize der Massenparteien aus dem Budget der Allgemeinheit vor dem Zusammenbruch steht, wie wir in Kapitel 15 gezeigt haben.

4.) Verzicht auf Unterstützung von Sonderinteressen

Ebenso wichtig wie der Rückzug der Partei aus den der Politik nicht zustehenden Lebensbereichen ist die Fähigkeit der Partei, dem Drängen zahlreicher Sonderinteressen, die nach einer günstigen politischen Maßnahme rufen, standzuhalten, um so der schleichenden Totalverstaatlichung Einhalt zu gebieten. Nur wenn alle Parteiinstanzen auf die Regel verpflichtet werden, daß auch die Durchführung kleiner, scheinbar harmloser Vergrößerungen des staatlichen Einflusses und Aufgabenbereiches zu unterlassen ist, weil die Summe all dieser vordergründig unschädlichen Maßnahmen ein kompaktes Geflecht ergibt, dessen Einfluß auf den Lebensablauf der Menschen universell ist, kann das Thema „Entstaatlichung" ein sinnvoller programmatischer Anspruch sein.

5.) Die Schaffung einer „Parteiverfassung"

Es wäre kindisch anzunehmen, daß sich die „Entthronung der Politik", wie wir sie in den beiden letzten Punkten angesprochen haben, in der Partei nur deshalb durchsetzt, weil sich etwa die Parteispitze zu einigen einschlägigen Appellen aufrafft oder diesen Wunsch auf eine andere plakative Weise kundtut. Vielmehr ist eine Art Parteiverfassung auszuarbeiten, die weitaus strikter formuliert ist als die bisherigen Programme, und in der das „Prinzip der permanenten Entstaatlichung" eine tragende Rolle spielt. In Übereinstimmung mit der Theorie der spontanen Ordnung muß diesem Prinzip die Funktion eines ständig gültigen Auftrages und Handlungsrahmens zukommen, der für alle Funktionäre, also auch für die Spitzenfunkionäre, gültig ist. Wie wir noch sehen werden, bringt allein dieses Prinzip dermaßen viel lohnende Aufgaben für einsatzbereite Mitarbeiter, daß sich die Partei über mangelnde Vitalität nicht beklagen könnte.

6.) Es kann keine „offene Partei" geben

Aus den drei letzten Punkten ergibt sich, daß die Idee der „offenen Partei"[6]) ein schädliches und undurchführbares Konzept beinhaltet, das alles zerstört, was es selbst intendiert hat: Die inhaltliche Originalität und die Handlungsfreiheit der Funktionäre. „Die offene Partei" ist das Produkt überzogener permissiver Phantasien und des Mangels an konsistenter Überlegung.

Eine Partei, die an Inhalten grundsätzlich alles zuläßt, was in irgendwelchen Kreisen schick ist und ankommt, kann ihren Funktionären letztlich überhaupt keine Handlungsbevollmächtigung übertragen und ihnen Komptenzen nach außen einräumen. Will sie sich nicht im Gestrüpp permanenter Widersprüche auflösen, muß sie alle Fragen in einem strikt hierarchisch organisierten Funktionärsmechanismus zur Diskussion stellen und muß alle Entscheidungen auf diese Weise mit formaler Autorität versehen, was in den Massenparteien gegenwärtig tendenziell der Fall ist.

Eine Partei hingegen, deren programmatische Regeln sehr klar und sehr exklusiv formuliert sind, und die sich daher von ihren Konkurrenzorganisationen deutlich und eindeutig unterscheidet, kann es sich erlauben, den Funktionären und Mitarbeitern bei der Wahl ihrer konkreten Aktivitäten und Ziele sehr viel Handlungsfreiheit und Kompetenz zu übertragen. Wir werden auf dieses Prinzip noch zurückkommen.

7. Mitgliedsbeiträge drastisch erhöhen

Mit dem Rückzug der Partei aus den illegitimen Betätigungsfeldern der Politik fällt selbstverständlich das Problem des Systems selektiver Anreize nicht weg, das mit dem Absterben der Partei als emotionsgetragene „Bewegung" notwendig geworden war. Auch in Zukunft wird es notwendig sein, den Mitgliedern und Funktionären Leistungen anzubieten, von denen Nichtmitglieder ausgeschlossen sind, wenngleich sich diese Leistungen nicht auf primitive materielle Vergünstigungen erstrecken sollten (was nicht alle „materiellen" Vergünstigungen grundsätzlich ausschließt).

Aber es wird unmittelbar notwendig sein, all diese Leistungen aus dem Budget der Partei selbst zu finanzieren und nicht – wie bisher – aus demjenigen der Allgemeinheit. Das bedingt, daß die Mitgliedsbeiträge drastisch zu erhöhen sind, was auch im Interessen einer höheren Wertschätzung der Parteimitgliedschaft gelegen ist, die nicht durch unmerklich niedrige Beiträge gefördert werden kann.

Allerdings ist dann ein wohlüberlegtes, gerechtes und motivierendes Beitragssystem zu entwickeln. Ob die Beitragshöhe dabei nach Einkommenshöhe, Alter, Teilorganisationen oder einem sonstigen Kriterium zu staffeln und zu differenzieren ist, muß gründlich überlegt werden. Beispielsweise wäre eine Beitragsleistung denkbar, die proportional mit dem Steigen der Mitarbeitsintensität sinkt, um dem Mitglied in diesem Bereich eine zumindest symbolische Anerkennung zuteil werden zu lassen.

8.) Die Forcierung bezahlter Parteiarbeit

Die Forderung von Punkt 7 ist auch die Voraussetzung für die unbedingt erforderliche Maßnahme, geistlose, öde, und unangenehme Tätigkeiten, wie sie in großem Maß in einer verzweigte Organisation, wie es die Partei ist, anfallen, grundsätzlich nur von bezahlten und politisch ambitionslosen Kräften erledigen zu lassen. Wenn wir verhindern wollen, daß berechnende und in erster Linie karrieristisch orientierte Personen den Parteiapparat dominieren, weil allein sie eines späteren persönlichen Vorteils wegen bereit sind, einen großen Teil ihrer Freizeit auf die Abwicklung von Arbeiten zu verwenden, die ihnen unangenehm sind oder weit unter ihrem intellektuellen Niveau stehen, so müssen wir diese Aufgaben an solche Mitarbeiter vergeben, die ihre sofortige Belohnung in Form einer angemessenen Bezahlung erhalten.

Dies gilt für alle Ebenen des Parteiwesens. Es beginnt mit der Abwicklung irgendwelcher Aussendungen, der Herstellung von Verteilungsmaterial, der Erledigung einfacher Anschaffungen und endet mit der Abwicklung spröder, sezernierender Aufgaben auf höchster Ebene.

In diesem Zusammenhang ist auch Bedacht darauf zu legen, daß die für diese Tätigkeiten entlohnten Personen ihre Insiderstellung nicht dafür benutzen, um leichter in politische Positionen einsickern zu können. Um das sicherzustellen, könnte etwa eine obligate Frist eingeführt werden, die zwischen dem Ende der Ausübung einer administrativen Tätigkeit oder sonstiger bezahlter Hilfsfunktionen und der Übernahme eines Mandates oder einer parteipolitischen Funktion verstreichen müßte.

9.) Die Errichtung einer Prinzipien- und Programmkommission

Die Forderungen der letztgenannten Punkte, insbesondere diejenige nach einem strikten, verfassungsähnlichen Programm, wären völlig wirkungslos, wenn ihre Verwirklichung nicht durch strenge Prüfung aller Handlungsträger der Partei kontrolliert werden würde. Es ist daher eine Prinzipien- und Programmkommission[7]) einzurichten, die für eine Orientierung aller Maßnahmen an den Grundsätzen der Partei sorgt, indem sie diese – etwa stichprobenartig – ex post auf ihre programmatische Konsistenz untersucht und so der ständig bestehenden Tendenz zur Beförderung einzelner Sonderinteressen entgegenwirkt.

Diese Prüfung hat deswegen nach den Aktivitäten zu erfolgen und nicht etwa bereits in der Planungsphase einzugreifen, weil ein anderes Verfahren das Ideenpotential einschränken und den Enthusiasmus der Mitarbeiter beträchtlich hemmen würde.

Dieser Kommission müßten alle Parteiebenen untergeordnet sein, also auch die Spitzenpolitiker, die damit zwar in ihrer Souveränität theoretisch eingeschränkt werden würden, aber praktisch von einer großen Entlastung im Bereich ihres bis heute erfolglosen Widerstandes gegen die Macht der Sonderinteressen profitieren würden (soweit sie ihn bis jetzt überhaupt geleistet haben).

10.) Die Ermöglichung eines starken Obmannes

Trotz aller programmatischen Regeln, denen auch die Führungsspitze unterworfen ist, und trotz aller Bemühungen zur Eindämmung der Macht der Politik bleibt ein wichtiger öffentlicher Bereich, in dem Probleme nur auf der staatlichen Ebene gelöst werden können (Außenpolitik, Rahmen für Gesundheits-, Schul- und Sozialwesen, bestimmte Belange der Umweltpolitik etc.).

Nur ein starker, selbstbewußter Parteiobmann kann diesem Auftrag gerecht werden und gleichzeitig das Programm einer Entthronung der Politik repräsentieren. Und nur ein solcher Obmann kann der personale Bezugspunkt und die Leitfigur der Mitglieder sein, ohne die eine große und vitale Organisation nicht auskommt.

Der Obmann sollte sich auch vor spektakulären politischen Auftritten nicht scheuen, die ihn aus der Eintönigkeit der Tagespolitik hervorheben, wobei er dabei seine fachliche Autorität und seine moralische Integrität natürlich nicht der Gefahr aussetzen darf, Schaden zu nehmen. Dem dabei angesprochenen – von uns so genannten – Showmotiv, wonach von der Politik ein gewisser Unterhaltungswert erwartet wird und die Spitzenpolitiker als Gladiatoren in der Arena aufgefaßt werden, kann in diesem Zusammenhang ohne weiteres Rechnung getragen werden, wenn ihm bei der Ausgestaltung der Partei keine dominante Rolle zuerkannt wird.

Nur ein kraftvoller, charismatischer Stil ist geeignet, Außenstehende, besonders junge Leute mit hochgesteckten Erwartungen, zu attrahieren und für die Mitarbeit zu gewinnen. Denn besonders idealistisch eingestellte Jugendliche sind nicht durch die mosaikartige Kleinarbeit für die Politik zu interessieren, die den Parteialltag zweifellos dominiert, sondern nur durch eine Orientierung an „der großen politischen Linie“, wie sie im Zeitalter des Wegfalls der Grundlagen der Massenpartei nur von einer Führungspersönlichkeit mit überzeugender Strahlkraft repräsentiert werden kann. Diesen Forderungen kann auch die stärkste Führungspersönlichkeit nicht entsprechen, wenn sie von den kleinkarierten Querelen und den unvermeidbaren Routineverpflichtungen zugedeckt wird. Es ist daher ein Konzept zu entwickeln, mit Hilfe dessen der Obmann aus dem Gestrüpp unerquicklicher und banausiger Konflikte zu befreien und herauszuhalten ist.

Um die Beachtung dieser zehn Punkte, die wir als einen ersten Schritt bezeichnet haben, wird eine Partei, die Zukunft haben will, nicht herumkommen. Doch damit allein wird keine Partei zu konsolidieren sein. Vielmehr bedarf es einiger weitreichender struktureller Veränderungen, die der Partei ihre Handlungsfähigkeit zurückbringen. Bevor wir weitere Vorschläge unterbreiten können, müssen wir noch einige Knoten lösen, die beträchtliche Verwirrung stiften.

20. DIE PARTEI DER ZUKUNFT

20.1. Die Funktion der „Weltanschauung“

Es gilt, die Ebenen der ersten und der zweiten Dimension der politischen Massenpartei zu entwirren und ihre aktuellen Bezüge zu klären. Nachdem diese beiden Dimensionen, die ursprünglich aufeinander bezogen waren und eine Einheit bildeten, auseinandergefallen waren, weil ein Scheitern des Versuches, Interessen auch unter komplexer werdenden gesellschaftlichen Bedingungen politisch zu befördern, die ideologische Überhöhung der Realpolitik sinnlos werden ließ, bestehen oft völlig falsche Vorstellungen über das Wesen der politischen Problemlösungen und dasjenige der Ideologie.

Nach dem Auseinanderfallen der beiden Ebenen gilt folgendes: Ideologie ist kein Konzept zur Lösung gesellschaftlicher Probleme. Da sie kein Korrelat eines die Realität abbildenden Modells zur Erklärung der Gesellschaft mehr sein kann, in dem einige Interessen einander gegenüberstehen, die das Kräftefeld der Gesellschaft aufspannen, können aus ihr keine Maßnahmen zur Beförderung irgendwelcher Interessen abgeleitet werden.

Das soll die Rolle der Ideologie, die wir in ihrer von der Realpolitik der Interessensbeförderung abgehobenen Daseinsform besser als „Weltanschauung“ bezeichnen sollten, aber keineswegs verächtlich machen. In einer komplexen Gesellschaft, deren mannigfache abstrakte Beziehungen und Zusammenhänge von niemandem mehr überschaut werden können, befriedigt sie das legitime Bedürfnis nach einem übergreifenden, umfassenden Weltbild, auf dessen Basis sich das Individuum jene aktuellen Meinungen zu konkreten Ereignissen bildet, die eine Orientierung im sozialen Umfeld gestatten und aus dem jene Werturteile abgeleitet werden, die gerichtetes Handeln überhaupt möglich machen.

Ideologie bzw. Weltanschauung hat mit der Verfolgung konkreter Ziele nicht das mindeste zu tun. Sie bedarf daher keines Faktenwissens und wird auch durch die gesellschaftliche Komplexität, d. h. durch das Anwachsen der Fernwirkungen der menschlichen Handlungen grundsätzlich nicht obsolet, wie aus ihr auch umgekehrt keine konkreten Maßnahmen zur Erreichung eines bestimmten Zieles abgeleitet werden können. Sie ist eben nicht mehr, aber auch nicht weniger als ein Mechanismus zur emotionalen Einordnung der Phänomene, mit denen der Mensch in der abstrakten Industriegesellschaft konfrontiert ist.

20.2. Weltanschauung ist wertvolles „Über-Wissen"

Das, was eine Weltanschauung ausmacht, ist ein Geflecht metarationaler (keineswegs irrationaler!) Dispositionen, die vom „Besitzer" dieser Weltanschauung als richtig empfunden werden, ohne von diesem explizit vollständig begründet werden zu können. Wie andere verwandte und vermutlich auf ähnlichen gehirnphysiologischen Operationen beruhende Denkmuster[1]) stellt die Weltanschauung eine Art von Wissen dar, das in seiner hierarchischen Stellung über unseren bewußten Denkvorgängen angesiedelt ist und diese regiert[2]). Sie gehört zu jenem Über-Wissen, ohne das wir zu bewußtem Denken und Handeln gar nicht fähig wären. Die Art von Wissen, die die Weltanschauung umfaßt, stellt ein Gebilde dar, in das im Laufe unse res Lebens Einzelinformationen eingehen und dort zu einer Gänze miteinander verschmelzen, die wir als einheitliches Ideengebäude, als ein in sich geschlossenes Sinngefüge erleben bzw. empfinden. Sie ist eine Voraussetzung, um bestimmte Dinge überhaupt erkennen und auf sie reagieren zu können. Man könnte sie etwas mißverständlich als „intuitives Wissen" bezeichnen, mit Hilfe dessen wir unsere Umwelt verstehen, ohne sie im einzelnen analysieren zu können.

Die Beschäftigung mit mentalen Phänomenen dieser Art ist so alt wie die Philosophiegeschichte selbst und erfordert meist komplizierte Erklärungen. Sie reicht von Platons Idee[3]) über David Humes Diskussion des Phänomens „Moral"[4]) bis zu den Arbeiten der Gestaltpsychologie[5]), Gilbert Ryles „Concept of Mind"[6]) und Hayeks Auseinandersetzung mit der theoretischen Psychologie[7]). Für uns hat die richtige Einordnung des Wesens der „Weltanschauung" aber eine höchst praktische Bedeutung.

Sie zeigt uns, daß die Weltanschauung kein Instrumentarium zur politischen Veränderung der gesellschaftlichen Welt ist (wenngleich sie sich als durchaus geeignet erweisen kann, die logischen Lücken eines solchen – scheinbar rationalen – Instrumentariums zu füllen bzw. auszugleichen), sondern die Basis für eine gemeinsame Sicht der Welt, die die unterschiedlichsten Menschen in eine gemeinsame Erfahrungswelt integriert, die von der Erfahrungswelt einer anderen Weltanschauung klar abgegrenzt ist.

20.3. Die drei Sphären der Politik

Es ist daher irrig zu glauben, daß die Weltanschauung vollständig rationalisiert, d. h. in ihre bewußt verstehbaren Komponenten zerlegt werden kann, oder daß sie gelehrt bzw. gelernt werden kann[8]), etwa im Zuge eines „Ideologieseminars", wenngleich der Nutzen einer solchen Veranstaltung als eines Impulses neben vielen anderen nicht in Abrede gestellt werden soll.

Das zeigt sich deutlich bei jedem Versuch eines Vertreters einer Weltanschauung, einen Vertreter einer anderen von der Richtigkeit seiner Sicht zu überzeugen. Auch dann, wenn die Argumente noch so stichhaltig und brillant sind, trennen sich die beiden Exponenten mit denselben gegensätzlichen Auffassungen, die sie vor ihrer Disputation hatten, einfach deshalb, weil nur ein kleiner Teil des Wissens, das wir Weltanschauung nennen, verbalisierbar ist.

Vielmehr muß die Weltanschauung – soll sie tradiert werden – gelebt und gepflegt werden, muß sie im Verhalten ihrer Träger wahrgenommen werden können.

Diese Erkenntnis ist bedeutsam für die Organisation und den Aufbau der Partei. Weltanschauung und das von ihr vermittelte Sinngefüge errichten erst das, was wir als einen geistigen Lebensraum bezeichnen können und sind daher die Voraussetzung für das Bestehen einer lebendigen Gemeinschaft, die nicht nur einfach wünschenswert ist, sondern ohne die jede freiwillige, nicht auf konkreten Nutzenkalkülen aufbauende Vereinigung auf Dauer funktionsuntüchtig ist. Auf diesen Um-

stand ist bei der Schaffung geeigneter innerparteilicher Kommunikationsstrukturen Bedacht zu nehmen.
Wenn wir diesen kurzen Exkurs zum Thema „Weltanschauung" mit den Leitgedanken dieses Buches zusammenfassen, kommen wir zu folgendem Resumee: Das, was heute mit dem Begriff der „Politik" zusammengefaßt wird, d. h. alles, was mit einer aktiven Teilnahme am öffentlichen Leben zu tun hat, zerfällt grundsätzlich in drei Sphären, die gedanklich strikt auseinandergehalten werden müssen:

1.) Die Analyse des gesellschaftlichen Gefüges und der systematische Versuch, für die Lösung gesellschaftlicher Probleme (z. B. die Bereitstellung öffentlicher Güter) optimale Verfahren zu entwickeln bzw. bereitzustellen.
2.) Die als reales Faktum nicht wegzudenkende Bestrebung, Sonderinteressen zu befördern und die Gesellschaft für diese in Dienst zu nehmen.
3.) Die Weltanschauung, die grundsätzlich von den beiden ersten Punkten unabhängig ist, und die den Rahmen einer spezifischen Denk- und Erlebniswelt bildet.

Ohne die zweifellos gegebenen Wechselwirkungen dieser drei elementaren Faktoren leugnen zu wollen, deren Untersuchung wohl eine eigenständige Arbeit notwendig machen würde, müssen diese als grundsätzlich wesensunterschiedlich erkannt werden. Dies ist nicht nur notwendig, um die – häufig verworrenen – Versuche einer „Reideologisierung" oder „Programmatisierung" der Partei in die richtigen Geleise zu bringen und die daraus erwachsenden Erwartungen in eine realistische Dimension zu führen[9]), sondern auch, um die destruktiven innerparteilichen „Flügelkämpfe" in ihrer wahren Natur als auf Mißverständnissen beruhende Scheingefechte zu erkennen und beenden zu können.

20.4. Die drei Sphären des bürgerlichen Lagers

Die letzte Behauptung wollen wir kurz einlösen. In vielen bürgerlichen Parteien der westlichen Welt stehen einander liberale, konservative und christliche Kräfte – teilweise feindlich oder mindestens skeptisch – gegenüber und beanspruchen jeweils für sich den geistigen Primat in der Partei. Sie sehen dabei offenkundig nicht, daß sie auf völlig unterschiedlichen Ebenen argumentieren und daß ihre Argumente auf diejenigen der anderen Flügel keine oder nur sehr wenig sinnvolle Antworten zu geben imstande sind.

Liberalismus ist – wenn er nicht mit Libertinage oder Libertarianismus verwechselt wird – keine Ideologie oder Weltanschauung, sondern der Versuch einer gesellschaftlichen und wirtschaftlichen Analyse und der Ableitung ihrer Ergebnisse für die Belange der Politik[10]). In seiner höchst entwickelten Form korrespondiert er dem Konzept der spontanen Ordnung, das die Wirkmechanismen der modernen Industriegesellschaft in einer objektiv nachvollziehbaren, auf der sprachlichen Ebene tendentiell vollständig vermittelbaren Weise zu rekonstruieren versucht.

Konservativismus hingegen ist eine wertende Grundeinstellung gegenüber der Welt, in der wir leben. Er ist Ausdruck einer permanenten Haltung gegenüber den Vorgängern in der Gesellschaft und kann als typisches Beispiel für Attitüden[11]) bezeichnet werden. Konservativ zu sein bedeutet, ein bestimmtes Verhaltensmuster internalisiert zu haben[12]), das die Bevorzugung bewährter Traditionen gegenüber unabgesicherten, nur scheinbar rationalen Experimenten zum Inhalt hat[13]).

Die unglückliche Unterscheidung in Strukturkonservativismus und Wertekonservativismus wird dieser Tatsache nicht gerecht. Sie faßt alle Sonderinteressen, denen an einer strukturellen Beharrung gelegen ist, weil damit bestimmte wirtschaftliche Ziele (leichter bzw. fortgesetzt) erreicht werden können, unter dem Begriff des Strukturkonservativismus zusammen, obwohl diese mit einer bestimmten Grundhaltung überhaupt nichts zu tun haben. Sie ordnet damit einen Teil der interessenpolitischen Bemühungen, die auf konkrete persönliche Vorteile gerichtet sind, und die es in Wahrheit in völliger struktureller Analogie in allen Parteien gibt, dem Konservativismus zu und ist somit geeignet, sein Ansehen insgesamt zu schädigen.

Tatsächlich gibt es keine bestimmte sozial abgrenzbare Schicht,

Gruppe oder Klasse, die vom Konservativismus in diesem Sinne profitieren würde[14]).

Dementsprechend gibt es auch keine „konservative Wirtschaftspolitik“, will man dem Wesen des Konservativismus als einer wertenden Grundeinstellung keine Gewalt antun.

Die christliche Komponente einer Partei schließlich ist ein moralisches Prinzip, das an das Gewissen der politisch Tätigen appeliert. Sie beinhaltet einen individualethischen Imperativ, der den Schutz des Menschenlebens, seiner individuellen Würde und Unantastbarkeit zum Gegenstand hat[15]). Sie stellt damit die Grundlegung der personalistischen Ausrichtung der Partei dar. Ebenso wie der konservative Bestandteil besitzt auch der christliche nicht das Wesen eines analytischen oder pragmatischen Konzeptes. Vielmehr ist der Personalismus christlicher Provenienz eine Randbedingung politischen Tuns, ein Maß, gegen das die Politik nicht verstoßen darf.

20.5. Die Sphären der Politik und ihre je eigenständige Bedeutung für die Struktur einer Partei der Zukunft

Kehren wir zu unserer Unterscheidung der drei Bereiche, in die Politik heute zerfällt, zurück. Wir haben festgehalten, daß der Bereich der Gesellschaftsanalyse und der Problemlösung bei der Bereitstellung kollektiver Güter, derjenige der Verfechtung von besonderen Interessen und derjenige der Weltanschauung grundsätzlich wesensunterschiedlich sind, und daß sie verschiedene Funktionen erfüllen. Dieser Unterschied muß auch eine institutionelle bzw. strukturelle Entsprechung im Aufbau der Partei haben.

Bevor wir eine statutenmäßige Empfehlung ausarbeiten, die diese Entsprechung beinhaltet, wollen wir die drei genannten Bereiche im Hinblick auf elementare Bestandteile durchforsten, die eine solche statutenmäßige Empfehlung beeinflussen sollten. Aus Gründen der Zweckmäßigkeit wollen wir dabei die einzelnen Punkte in umgekehrte Reihenfolge behandeln.

1.) Weltanschauliche Gemeinschaft und die Basis eines neuen Systems selektiver Anreize

Beginnen wir also mit dem Bereich der Weltanschauung. Da sie den Mitgliedern der Partei als einziger der drei Bereiche eine greifbare Erfahrungs- und Erlebniswelt zu vermitteln vermag, ist sie die Grundlage der Gemeinschaft und damit das lebendige Gewebe im Organismus der Partei. Und da sie nicht durch das bloße Lesen von programmatischen Schriften und das Abhalten von Seminaren vermittelbar ist, bedarf es einer Gelegenheit innigerer persönlicher Kontaktpflege als sie gegenwärtig üblich ist.

Die Basis solcher Kontaktpflege sollten Clubs oder clubähnliche Einrichtungen sein, in denen die Angehörigen einer lokalen Einheit der Partei regelmäßig zusammenkommen, um einen Teil ihrer Freizeit ihren Wünschen entsprechend gemeinsam zu verbringen.

Eine lokale Parteieinheit, die kein über die Zusammenkünfte zu Sitzungen oder zu gelegentlichen Einzelveranstaltungen hinausgehendes Gemeinschaftsleben kennt, ist als tot zu betrachten.

Um den gemeinschaftlichen weltanschaulichen Grundtenor nicht zu gefährden, sollte die Aufnahme in derartige Clubs eher restriktiv gehandhabt werden.

Es ist anzustreben, daß auch alle Spitzenfunktionäre und Mandatare in je eine dieser Clubeinrichtungen integriert werden. Dies fördert nicht nur das gegenseitige Verständnis der Mitglieder und Funktionäre völlig unterschiedlicher Ebenen, sondern stellt auch einen informellen Informationsfluß sicher, der die Mitglieder mit „Insider-Wissen" ausstattet und ihnen einen gewissen Vorsprung gegenüber jenen Staatsbürgern sichert, die sich auf eine Inanspruchnahme der Massenmedien beschränken. Damit wird das, was wir als „Informationsvorsprungsmotiv" bezeichnet haben, auf legitime Weise angesprochen.

Solche Clubeinrichtungen sollten nicht nur als „Basislager" für einschlägige politische Aktivitäten eingesetzt, sondern auch als infrastrukturelle Voraussetzung für die Errichtung eines Bündels von Angeboten genutzt werden, die von den Mitgliedern je nach Wunsch in Anspruch genommen werden können. Diese -

Angebote müssen attraktiv genug sein, um die Funktion des bisherigen Systems individueller Anreize zumindest teilweise zu ersetzen, da dieses der Partei mit ihrem Rückzug aus den Belangen, für die die Politik ungeeignet ist, nicht mehr zur Verfügung steht.

Angebote dieser Art werden – je nach Art und Mentalität der den jeweiligen Club tragenden Gruppe – sehr verschieden sein und können bei Unterhaltungs-, Vortrags- und Diskussionsveranstaltungen beginnen und bei der Offerierung kostengünstiger Gruppenreisen, Zusatzversicherungen, und Kapitalanlagen enden. Es wäre nicht undenkbar, daß die Partei sich auf diese Weise für den Gedanken der breiten Vermögensstreuung auf praktische Art und Weise verwendet.

Ein solches System selektiver Anreize zum Beitritt oder zur aktiven Teilnahme am Partei- bzw. Clubgeschehen sollte in seiner Bedeutung nicht unterschätzt werden, ohne allerdings im Clubleben eine allzu dominante Rolle einzunehmen. Vielmehr müßte es einen Teil des als selbstverständlich empfundenen Hintergrundes der Gemeinschaft bilden, deren weltanschauliche Basis von den materiellen Aspekten dieses Hintergrundes unabhängig ist. Das kann nur gewährleistet werden, wenn diese Dienste auf professionelle Art und Weise von hauptamtlichen, angemessen bezahlten Mitarbeitern bereitgestellt werden. Wir kommen an dieser Stelle wieder auf unsere im vorigen Kapitel erhobene Forderung zurück, nichtpolitische Tätigkeiten, egal auf welcher Ebene, nur durch bezahlte Kräfte abwickeln zu lassen.

Dieses Konzept ist soweit ausbaubar, daß als Querschnitt durch die gesamte Parteiorganisation eine quasikommerzielle Substruktur installiert wird, die nach betriebswirtschaflichen Grundsätzen arbeitet, und deren lokale Niederlassungen von den jeweiligen Parteiclubs in Anspruch genommen werden. Dieser Dienstleistungsapparat könnte all jene Leistungen hervorbringen und über die lokalen Parteiniederlassungen anbieten, die von einer großen Zahl von Personen nachgefragt werden und deren Charakter nicht auf die jeweiligen lokalen Umstände abgestimmt werden muß. Alle anderen, darüber hinausgehenden quasikommerziellen Dienste, die ein Bestand teil des neu zu errichtenden, innerparteilichen Anreizsystems sein sollen, müßten auf dezentralem Wege aufgeboten werden.

Um keine Mißverständnisse aufkommen zu lassen, sei die Begründung für die Errichtung eines solchen Systems, das in der Lage ist, den Mitgliedern individuell nutzbare Vorteile anzubieten, nochmals hervorgehoben: Sie besteht nicht in der Bestrebung, einen innerparteilichen Utilitarismus zum Hauptprinzip der Organisation zu machen, sondern in der unabdingbaren Notwendigkeit, das durch den Verzicht der Partei auf die willkürliche Vergabe öffentlicher Leistungen entstehende Vakuum an selektiven, individuell nutzbaren Anreizen durch ein innerparteilich finanziertes und organisiertes Gefüge solcher Anreize zu ersetzen.

All das darf jedoch – wir haben es bereits gesagt – nie mehr sein, als ein materielles Fundament für eine lebendige Gemeinschaft weltanschaulich Gleichgesinnter. Diese muß den Kern und das Kraftzentrum der Partei darstellen.

Nachdem eine solche Gemeinschaft nach der Blütezeit der Massenparteien nur mehr – wenn überhaupt – in fragmentarischer Form bestand und heute so gut wie inexistent ist, dürfte es Jahre dauern, bis ein solches Gebilde ein natürliches Leben entwickelt. Dieses muß dennoch geduldig und behutsam gefördert werden. Denn es stellt die einzige Chance dafür dar, daß die Partei eine einigermaßen konsistente Wertekultur ausbildet, die allein ihr langfristiges Überleben garantiert. Ohne Wertekultur ist trotz eines noch so ausgeprägten Systems individueller Anreize mit brauchbarer freiwilliger Mitarbeit bzw. selbständigen Aktivitäten nicht zu rechnen.

2.) Gesellschaftsanalyse und das Prinzip des evolutionären Provisoriums

Wenden wir uns als zweitem Bereich dem der Gesellschaftsanalyse zu. Diese hat es mit der Untersuchung der Gesetzmäßigkeiten individuellen und kollektiven Handelns zu tun, wobei sie auch im zweiten Fall die individuellen Wurzeln als analytischen Ausgangspunkt zu betrachten hat.

Im ersten Fall geht es um die Frage der Bereitstellung optimaler Rahmenbedingungen für individuelles Handeln, im zweiten Fall um die Frage der Problemlösung für die Bereitstellung kollektiver Güter.

Beide Fragen gehören in dieselbe Kategorie, weil sie nur als Gegenstand rationaler, ideologieloser Analysen suffizient beantwortet werden können. Und beide Probleme sind – wie wir gezeigt haben – primär solche des Wertens und Entscheidens durch Individuen und nicht etwa der wissenschaftlichen Nutzbarmachung von Sachinformationen auf der gesellschaftlichpolitischen Ebene.

Wir haben den Schlußfolgerungen aus der Gesellschaftsanalyse bereits durch die Forderung einer Parteiverfassung und einer Prinzipienkommission Rechnung getragen. Dies hat sich zunächst auf die Nutzung der Kräfte der spontanen Ordnung für eine optimale Koordination dezentraler individueller Handlungen beschränkt und in dem Prinzip der „Entthronung der Politik" seinen Ausdruck gefunden.

Wir müssen jetzt auch ein aus der Gesellschaftsanalyse folgendes Prinzip für die Problemlösung der Bereitstellung öffentlicher Güter in den Vorschlag einer Parteiverfassung einbauen. Dieses kann angesichts der Tatsache, daß die Bereitstellung von öffentlichen Gütern zwar eine Aufgabe der Politik, aber nicht eine solche der Parteipolitik sein kann, nur lauten, daß die Befürwortung oder Ablehnung der Bereitstellung eines bestimmten öffentlichen Gutes niemals zum programmatischen Anliegen der Partei werden darf. Die Partei darf es (aus den in Kapitel 12.16. angegeben Gründen) niemals als ihr inneres Anliegen ausgeben, für oder gegen die Errichtung eines Atomkraftwerkes, eines Autobahnteilstückes oder eines anderen Großprojektes einzutreten.

Repräsentanten der Partei, d. h. Funktionäre, die zu einer Vertretung der Partei nach außen grundsätzlich legitimiert sind, wären demnach nicht berechtigt, Projekte der genannten Art von sich aus zu bewerten oder ihre Durchführung oder Zurückweisung im Namen Partei zu fordern.

Die Partei muß dies durchhalten, auch auf die „Gefahr" hin,

im einen oder anderen Thema eben nicht medienpräsent zu sein. Angesichts der Tatsache jedoch, daß die einzelnen Mitglieder der Gesellschaft öffentliche Güter des genannten Typs unabhängig von ihrer parteipolitischen Zugehörigkeit oder Orientierung beurteilen und bewerten, ist mit einem solchen Verzicht auf die bisherige Gepflogenheit, zu jeder Frage von öffentlicher Qualität irgendeine Meinung zu bekunden, sicher kein Einbruch in der Wählergunst verbunden.

Das genannte Prinzip bildet keinen Widerspruch zu einem Verfahren, in dem die Mitglieder ihre Bewertung großer und folgenreicher öffentlicher Projekte einbringen und dessen Ergebnis zur Generallinie der Partei in dieser Frage erklärt wird. Im Gegenteil: Könnten dabei doch wertvolle Erfahrungen für die Grundsatzfrage der Entscheidung in Zusammenhang mit der Bereitstellung öffentlicher Güter gewonnen werden. Es müßten dabei nur zwei unabhängig voneinander bestehende Problemfelder beachtet werden:

a) Die Entscheidung über öffentliche Projekte des genannten Typs wird mit ihrer Legitimierung durch die breite Parteibasis nicht zu einem weltanschaulichen Anliegen, denn ihr Gegenstand, das betreffende Kollektivgut, ist auch durch eine solche Legitimierung nicht mehr, als es auch vorher war, nämlich ein Projekt, das geeignet ist, das individuelle Nutzenniveau der verschiedensten Personen zu beeinflussen. Die öffentliche Befürwortung oder Ablehnung eines solchen Projektes ist daher trotz ihrer Legitimation durch die Parteibasis kein Thema, mit dem sich die Partei von ihren Konkurrenzorganisationen grundsätzlich und inhaltlich abzugrenzen vermag.

   Die Beschäftigung mit öffentlichen Problemen dieser Art muß sich daher in jedem Fall in Grenzen halten. Keineswegs darf sie einen so großen Anteil der Parteiarbeit für sich beanspruchen, daß die Verfechtung der Positionen, in denen ein echter Kontrast zur politischen Konkurrenz gegeben ist, zu kurz kommt.

b) Das Instument der herkömmlichen direkten Demokratie, also die einfache Abstimmung über die in Frage stehenden Alternativen, ist – wie wir in Kapitel 12 bereits festgestellt haben – für die Bewertung öffentlicher Güter des genannten Typs ungeeignet[16]). Es müssen daher Modelle entwickelt werden, die diesem Problem angemessener sind und die suffizientere Hilfsstrategien für die Annäherung an das fiktive Ideal der Aggregation individueller Nutzenvorstellungen zu einer kollektiven Wohlfahrtsfunktion darstellen. Da es keine Verfahren gibt, die derartig brisante Probleme befriedigend effizient lösen, und die gleichzeitig an einem individualistischen Konzept orientiert sind, ist es wünschenswert, die Partei in diesem Problemfeld als „Versuchsstation" für die Hervorbringung kreativer Lösungen zu profilieren.

Während also verschiedene Verfahren zur innerparteilichen Entscheidung über die Haltung der Partei in der Frage großer kollektiver Projekte getestet und schrittweise verbessert werden, kann die Partei die Konzeption eines anerkannten Modells vorbereiten, das sie für die gesamtgesellschaftliche Behandlung derartiger Probleme als verbindlich fordert und dessen rechtliche Verankerung sie zu betreiben versucht. Die überaus wichtige Phase der Suche nach einer befriedigenden Lösung könnte unter das Motto eines „Prinzips des evolutionären Provisoriums" gestellt werden.

Ohne das Ergebnis der sicherlich sehr arbeitsaufwendigen Bemühungen, die für die Entwicklung einer solchen Lösung notwendig wären, vorwegnehmen zu wollen, sei grundsätzlich angemerkt, daß ein funktionstüchtiges Modell darauf abzielen wird müssen, den objektiven Unterschieden des Ausmaßes an positiven und negativen Einflüssen, denen die Individuen im Zusammenhang mit einem bestimmten Kollektivgut ausgesetzt sind, durch eine unterschiedliche Gewichtung der Stimmen dieser Individuen bei der Entscheidung über dieses Kollektivgut Rechnung zu tragen[17]).

3.) Die Auslagerung der Interessenspolitik

Gehen wir zur letzten der drei Sphären über, derjenigen der Verfechtung besonderer Interessen. Wir haben festgehalten, daß es sich dabei um eine politische Wirklichkeit handelt, die wir nicht ungestraft ignorieren können, auch wenn wir nachgewiesen haben, daß die Massenpartei niemals mehr in der Lage sein wird, irgendwelche Interessen in einer Form zu befördern, die ihr eine mehrheitsfähige Stärke sichert. In absehbarer Zeit wird es immer eine gewisse Zahl von Mitgliedern und Funktionären geben, die sich für bestimmte Sonderinteressen einsetzen, denen sie sich aus dem einen oder anderen Grund verpflichtet fühlen. Dagegen kann die Partei nichts unternehmen, und wahrscheinlich sollte sie es auch gar nicht.

Aber sie sollte sich mit wirksamen Mitteln dagegen schützen, daß sie weiterhin in einem Prozeß aufgezehrt wird, in dem ihr die Wahrnehmung von Sonderinteressen aufgezwungen wird und in dem sie in Summe eine gesellschaftliche Entwicklung nährt, die am besten als Universalisierung des Einflusses der Politik bezeichnet wird. Das kann nur erreicht werden, wenn es unmöglich gemacht wird, die Gesamtpartei für die Beförderung von Sonderinteressen in Dienst zu nehmen.

Bei der Beförderung solcher Interessen ist daher auf eine strikte Einhaltung des Subsidiaritätsprinzips zu achten. Das bedeutet, daß Interessen nur auf der Ebene und in dem Bereich vertreten werden dürfen, in dem sie entstehen und in dem sie die Betroffenen berühren. Kein Mitglied oder Organ, das sich mit der Unterstützung bestimmter Interessen beschäftigt, darf sich mit seinen Anliegen an die nächsthöhere hierarchische Instanz wenden oder gar Spitzengremien der Partei befassen. Ebenso unstatthaft muß es sein, Funktionäre derselben Ebene für ein bestimmtes Interesse zu mobilisieren, mit dessen Beförderung diese an sich nicht befaßt sind, um sie – etwa unter dem Schlagwort der „Solidarität" – zur Schaffung einer innerparteilichen Lobby einzusetzen.

Umgekehrt darf kein Organ das Ansinnen eines untergeordneten oder gleichgestellten Funktionärs oder Mitgliedes entgegennehmen, wonach ein partiales Interesse zu einem Anliegen der gesamten Partei erhoben werden soll. Ein entsprechender Passus in der Parteiverfassung, wie wir ihn bereits im vorigen Kapitel gefordert haben, würde es den entsprechenden Funktionären erleichtern, massiven Interventionsversuchen zu widerstehen.

Das bedeutet – um ein Beispiel zu nennen – daß der Funktionär eines Gremiums einer Kammerorganisation, der auch gleichzeitig Parteimitarbeiter ist, keine Gelegenheit haben darf, den gesetzgeberischen oder administrativen Einfluß der Partei für die Verwirklichung eines auf Sonderinteressen bezogenen Zieles einzusetzen. Vielmehr muß er versuchen, sein Ziel mit den ihm selbst zur Verfügung stehenden Mitteln zu verfolgen oder aber die höherrangigen Gremien seines Kammerverbandes zu aktivieren.

Dieses Verfahren würde zu einer systematischen Auslagerung von kurzfristigen und weltanschaulich irrelevanten Zielen aus der Partei führen und eine schärfere Trennung zwischen der Partei und den Einrichtungen zur Interessenvertretung zur Folge haben.

Das würde die Interessenvertretungen effizienter machen, weil sie dann auf parteipolitische Aspekte keine Rücksicht mehr zu nehmen gezwungen wären. Aber das ist in diesem Zusammenhang nicht unser Thema, weil die Verfaßtheit der Parteien unser Betrachtungsgegenstand ist. Für diese würde sich eine weitgehende Trennung von Interessenpolitik und einer Politik, die auf Gesellschaftsanalyse bzw. Weltanschauung fußt, sehr wohltuend auswirken. Könnten sich doch in der Partei Personen auf der Basis einer gemeinsamen Weltsicht zusammenfinden, ohne daß ihre unterschiedlichen und sogar kontroversiellen Interessen eine ständige klimatische Gefährdung darstellen bzw. einen permanenten, aufreibenden innerparteilichen Interessensausgleich notwendig machen.

Interessen sind eine Frage individueller Nutzenkalküle. Gesellschaftsanalyse und Weltanschauung sind davon unabhängig. Auf der Basis dieser Erkenntnis müßte die Partei in einen Organismus umgewandelt werden, von dem fruchtlose Interessenskonflikte ferngehalten werden, indem Sonderinteressen innerparteilich nicht umgesetzt werden dürfen.

20.6. Der unmittelbare Aktionsbereich der Partei der Zukunft

Wenn wir nun die drei dargestellten Sphären – Gesellschaftsanalyse, Weltanschauung und Interessenpolitik – im Hinblick auf eine wünschenswerte Richtung der Parteitätigkeit zusammenfassen, so läßt sich folgendes sagen: In Übereinstimmung mit der Rolle, die die Parteipolitik in unserer hochkomplexen Industriegesellschaft spielen kann, darf die Partei der Zukunft ihre Ziele und Themen nur der Dimension der liberalen Gesellschaftsanalyse und derjenigen der Weltanschauung entnehmen, niemals aber in Abhängigkeit von Interessenskonstellationen auswählen. Angesichts der Tatsache, daß die Vernachlässigung der Pflege der Weltanschauung dazu geführt hat, daß eine tragfähige und anerkannte Kultur in diesem Bereich völlig fehlt, die es ermöglichen würde, die parteipolitische Unterstützung und Förderung gesellschaftlicher Werte als von einer lebendigen Gemeinschaft getragen zu erkennen, scheint es empfehlenswert zu sein, in der ersten Phase der Reorganisation einer Partei mehr Gewicht auf die Ziele und Themen zu legen, die sich aus der Gesellschaftsanalyse in Übereinstimmung mit den Notwendigkeiten der tagespolitischen Wirklichkeit ergeben.

Das „Prinzip der permanenten Entstaatlichung" etwa ist operational genug, um von allen Parteiebenen zum Motto einer äußerst vielgestaltigen Entfaltung von Aktivitäten gemacht zu werden.

Hingegen ist der Mangel an weltanschaulicher Kultur keine gute Basis für den Einsatz der Partei für die Unterstützung und Förderung gesellschaftlicher Werte, die nur von wenigen Mitgliedern innerlich mitgetragen werden. Der Schutz des ungeborenen Lebens, die Betonung der Familie als Höchstwert, der Kampf gegen geistige und kulturelle Subversion und vieles andere mehr können nur von einer weltanschaulich gefestigten und lebendigen politischen Gemeinschaft getragen und erfolgreich verfochten werden, und nicht von einer losen Vereinigung von weltanschaulich praktisch indifferenten Personen. Mit der Penetration derartiger Themen sollte also so lange zugewartet werden, bis die Weltanschauung wieder zu einem lebendigen Gebilde geworden ist.

20.7. Das Prinzip einer statutarischen Grundlage: die Wiederherstellung der kausalen Dimension

Nachdem die inhaltliche Richtung, auf die sich die Partei der Zukunft verpflichten müßte, in groben Zügen geklärt ist, wollen wir einen Schritt auf die Konzeption solcher statutarischer Grundlagen zugehen, die unserer Analyse der Gesellschaft und der Partei Rechnung tragen.

Wir haben dargelegt, daß die Akausalität zwischen dem Einsatz politischer Energie und den Gegebenheiten der Gesellschaft zum universalen Problem der Politik geworden ist. Mit diesem potenziert sich die Einflußlosigkeit des durchschnittlichen Mitgliedes und Funktionärs zu einem Status der völligen Ohnmacht. Dieser wird den Mitarbeitern bewußt und offenbar, sobald der Wegfall ihrer emotionalen Bindung an die Partei das Gefühl, ein unabdingbar wichtiges Glied einer erfolgreichen Bewegung zu sein zum Erlöschen bringt.

Die Antwort auf das zentrale Problem der Politik muß unter dem Motto der Herstellung der kausalen Dimension zwischen dem Einsatz der Mitarbeiter und einem für diese greifbaren und politisch sinnvollen Ergebnis zu suchen sein. Den Rahmen hierfür gibt uns die Zurückweisung der „Idee der offenen Partei“ im inhaltlichen Sinne und unsere daraus abgeleitete Forderung nach einer relativ strengen Formulierung der politischen Grundsätze in einer Art „Parteiverfassung“. Eine solche erlaubt es, den einzelnen Mitgliedern bei der Wahl ihrer Aktivitäten einen bedeutenden Spielraum zu bieten und auf die Beachtung zahlreicher formaler Kriterien zu verzichten. Die konkreten Vorschläge für die Lösung dieses Problemes lauten:

1.) Die Handlungsfreiheit aller Mitglieder

Alle Mitglieder und Funktionäre dürfen auf ihrer Ebene jederzeit namens der Partei in die Öffentlichkeit gehen und in ihrem Namen Aktivitäten veranstalten und Forderungen stellen, wenn sie sich dabei an der Parteiverfassung orientieren. Sie bedürfen dazu keines besonderen Beschlusses und auch keiner Erlaubnis durch die nächsthöhere hierarchische Ebene. Im Zuge ihrer Aktivitäten sind sie berechtigt, die adminstrative und organisatorische Infrastruktur, die mit der Existenz hauptberuflicher und bezahlter Mitarbeiter zur Verfügung steht, in Anspruch zu nehmen.

2.) Die Indienstnahme vorgelagerter Gremien durch einzelne Mitglieder

In Anbetracht der Tatsache, daß viele Probleme, die auf einer relativ „niedrigen" politischen Ebene registriert und verspürt werden, nur auf einer – oft viel – höheren politischen Ebene gelöst werden können, sind „kleine" Mitglieder bzw. Funktionäre befugt, jene parteipolitischen Gremien zu „zwingen", sich ihrer Anliegen anzunehmen, die jener staatlichen Ebene korrespondieren, auf der allein eine – oftmals rechtlich relevante – Lösung des betreffenden Problems möglich ist. Unter der Voraussetzung, daß ihre Forderung mit der Grundsatzposition der Partei übereinstimmt, können Mitglieder der „Parteibasis" auf diese Weise ein Handeln der Partei direkt und bedingungslos bewirken.

Ein reaktionsloses Übergehen derartiger Basisaktivitäten darf ebensowenig möglich sein wie eine begründungslose Zurückweisung. Vielmehr müssen die Spitzengremien bzw. führenden Funktionäre Apparate einrichten, die es ihnen gestatten, die von „unten" kommenden Forderungen schnell zu bearbeiten und in ihre Arbeit eingehen zu lassen.

Um nicht den Eindruck entstehen zu lassen, daß die Vorschläge der Basis unberücksichtigt in staubigen Archiven verschwinden, müssen die Initiatoren aller Vorschläge über den Fortgang der Bearbeitung auf dem Laufenden gehalten werden, und muß die zum Handeln aufgerufene Instanz Rechenschaft über den Erfolg der Arbeit ablegen.

Die denkbaren Fälle, in denen ein solches Modell funktioniert, sind überaus zahlreich. Im Hinblick auf das Prinzip der permanenten Entstaatlichung beispielseise gibt es unzählige Vermögensgüter im Staatsbesitz, wie Liegenschaften und Betriebe, und unzählige staatliche Aktivitäten, die privatisierungswürdig sind, denen die Parteispitze aber keine Beachtung schenkt, weil ihr im einzelnen oft die Informationen fehlen. Diese Bereiche können durch eine dezentrale Inangriffnahme einer schnellen Entstaatlichung zugeführt werden.

Ähnlich verhält es sich mit den Mißständen im Bereich von Dienststellen der öffentlichen Verwaltung, die von höheren politischen Instanzen oft gar nicht wahrgenommen werden, und deren Aufdeckung und Meldung von der Basis im Bewußtsein der Konsequenzenlosigkeit derartiger Bemühungen unterlassen werden, selbst wenn die Lösung des Problems auf der Hand liegt. Eine systematische Verpolung der unteren mit der oberen Parteiebene würde auch hier das berechtigte Gefühl kausalen Einflusses entstehen lassen und ein beträchtliches Handlungspotential mobilisieren. Der Leser kann sich selbst sicher eine Reihe von Beispielen vorstellen, in denen dieses Modell eine wohltätige Wirkung hätte.

Die Verwirklichung dieses Modells ist mit einer teilweisen Umkehr der Anweisungsbefugnisse verbunden. In den Beziehungen, in denen es wirksam ist, ist nicht die obere Parteiebene berechtigt, der unteren Anweisungen zu geben, sondern ist umgekehrt die untere Ebene befugt, die obere zum Tätigwerden zu bewegen. Dieses Verfahren bezieht seine logische Rechtfertigung aus der Tatsache, daß es praktisch immer die obere parteipolitische Instanz ist, die über den nötigen legislativen oder administrativen Einfluß verfügt, um konkrete Probleme, die auf einer regionalen oder lokalen Ebene entstehen oder virulent werden, tatsächlich lösen zu können.

In diesem Modell hätte auch die – bislang de facto funktionslose – Einrichtung des Betreuungsmandatars endlich eine sinnvolle Bedeutung. Als Drehscheibe zwischen Parteispitze und -basis könnte er als Anlaufstelle und Aktionspartner für die Vorschläge und Ziele der einzelnen Mitglieder und Funktionäre fungieren.

3.) Die Indienstnahme höherer Ebenen durch niedrigere Ebenen

Ebenso wie einzelne Initiatoren den Parteiapparat in Bewegung zu setzen imstande sein sollen, müssen auch die Gremien an der Parteibasis, wie Sektions- und Bezirksparteileitungen, berechtigt sein, ihre Entscheidungen über die Haltung gegenüber Kollektivgütern, deren Wirkung nicht über ihren eigenen politischen Radius hinausgeht, als verbindlich für die nächsthöhere politische Ebene an diese weiterzugeben. Diese muß sich um die Verwirklichung der Forderung bemühen, unabhängig davon, ob ein Beschluß des Gremiums dieser Ebene dies vorsieht oder nicht.

Da aber – im Unterschied zu einer der programmatischen Parteilinie von vornherein entsprechenden Aktivität, die etwa im Rahmen des Prinzips der permanenten Entstaatlichung steht, – bei einer Forderung im Zusammenhang mit einem Kollektivgut nicht automatisch die Gewähr einer entsprechenden Repräsentativität gegeben ist, muß diese von den Initiatoren gesondert nachgewiesen werden. Damit soll verhindert werden, daß der Wunsch einer kleinen Gruppe als Anliegen aller Betroffenen dargestellt wird.

Dies kann geschehen, indem derartige Forderungen nur im Zusammenhang mit dem Ergebnis der Befragung aller Betroffenen und einem Expertengutachten über die technische Durchführbarkeit des Projekts von der nächsthöheren Parteiebene akzeptiert werden müssen.

Auch hierzu ein Beispiel: Eine Sektion wünscht eine bestimmte Ausgestaltung eines Platzes oder Parks, dessen Sanierung – etwa nach baulichen Veränderungen in der Umgebung – öffentlich zur Diskussion steht. Wenn sie nachweist, daß die Betroffenen (Anrainer im weitesten Sinn des Wortes) mit ihrer Ansicht übereinstimmen, daß weiters Fachleute bestätigen, daß die angestrebte Lösung nicht mit Nachteilen verbunden ist, die über den lokalen Bereich hinausreichen, und schließlich daß die hierfür anfallenden Kosten die für dieses Projekt vorgesehenen Budgetmittel nicht überschreiten, so darf einer Akzeptierung durch die nächsthöhere Parteiebene nichts mehr im Wege stehen.

Das in diesem Punkt vorgeschlagene Verfahren ist in der Praxis freilich um einiges komplizierter als dasjenige des Punktes 2, was aber in der Natur der jeweiligen Probleme liegt. Aber obwohl die in Punkt 2 angesprochenen Problemfelder in nächster Zeit vorrangig behandelt werden sollten, ist eine Beschäftigung mit lokalen Kollektivgütern nicht aus den Augen zu verlieren.

4.) Die Sammlung alter und neuer Forderungen
In vielen Fällen wird die Gesamtpartei auf Grund der für sie ungünstigen Machtverhältnisse in den Gebietskörperschaften und deren einzelnen Dienststellen nicht in der Lage sein, die an sie herangetragenen Forderungen (aus Punkt 2 und Punkt 3) sofort oder in der nächsten Zukunft zu verwirklichen. Um die darauf verwendete Energie nicht verpuffen zu lassen, sind daher unbefriedigte Anliegen bzw. ungelöste Probleme systematisch zu sammeln und bei allen Gelegenheiten zu penetrieren. Solange sie aktuell sind, müssen sie daher in einen periodisch erscheinenden Katalog von Maßnahmen aufgenommen werden, der das Insgesamt der unmittelbaren Ziele der Partei widerspiegelt.
Indem sie ihre eigenen Ideen in diesem Konvolut wiederfinden und für den Fall eines Wahlerfolges mit deren Verwirklichung rechnen können, sind die Mitarbeiter aller Ebenen beträchtlich motivierter, sich für die Gesamtpartei – etwa im Zuge eines Wahlkampfes – einzusetzen, als dies gegenwärtig der Fall ist. Auf diese Weise kann der Eindruck bekämpft werden, die „kleinen Funktionäre" werden um die Früchte ihrer Arbeit betrogen. Eine derartige Gesamtdokumentation der Anstrengungen aller Parteiebenen ist auch geeignet, den einzelnen Funkionären eine realistische Einschätzung des Stellenwertes ihrer Arbeit zu vermitteln, ohne den Eindruck der Sinnlosigkeit individueller Anstrengungen zu erzeugen.

20.8. Das Modell einer Partei der Zukunft

Wir haben in den vorangegangenen Kapiteln aus unserer Analyse einige Vorschläge zur Reform der Parteistruktur abgeleitet, die mit den Erfordernissen einer Partei im reiferen Industriezeitalter in Übereinklang stehen. Insbesondere tragen diese Vorschläge dem Umstand Rechnung, daß die Partei der Zukunft keine Massenpartei sein kann, also eine solche, deren Mitglieder als undifferenziertes Kollektiv emotionalisiert und in den Strom der politischen Bewegung inkorporiert werden. Vielmehr sind diese Vorschläge geeignet, die Mitglieder individuell anzusprechen und zum Einsatz anzuspornen und ihnen gleichzeitig eine vitale, geistige und gesellschaftliche Heimstätte zu bieten.

Im folgenden wollen wir das Modell einer Partei der Zukunft zusammenfassend darstellen, das sich durch die Kompilation der Vorschläge der letzten beiden Kapitel ergibt. Die dazu gehörige Graphik (Seite 303) soll den dafür notwendigen Überblick über die einzelnen Zusammenhänge optisch unterstützen.

Selbstverständlich ist diese Darstellung unvollständig, weil jene strukturellen Bestandteile, die von der bestehenden Ordnung entlehnt werden können, bzw. jene, um die das Modell im einzelnen komplettiert werden muß, und die erst neu zu entwickeln sind, keine Berücksichtigung finden können. Sie darf daher nicht mit der Präsentation eines kompletten Statutenvorschlages oder einer geschlossenen Programmgrundlage verwechselt werden.

Beginnen wir mit den gesatzten Rahmenbedingungen, auf deren Basis sich die Partei umgestalten soll. Sowohl in programmatischer als auch in statutarischer Hinsicht sind einige gravierende Veränderungen vorzunehmen.

1.) Die Parteiverfassung

Wir haben betont, daß der Partei ein festes Regelfundament zugrunde liegen muß, das niemand verlassen darf, der im Namen dieser Partei auftritt. Dieses muß über den Charakter von Absichts- und Wünschbarkeitsbekundungen in seiner Strenge bei weitem hinausgehen und sollte den Charakter einer verbindlichen „Parteiverfassung“ tragen.

In dieser Parteiverfassung sollten folgende Elemente unbedingt enthalten sein:

A. Dem Allzuständigkeitsanspruch der Partei ist offiziell und unmißverständlich abzuschwören.

B. Die „Entthronung der Politik“ ist zu proklamieren und eine “einseitige Abrüstung“ der Partei, d. h. ein freiwilliger, alsbaldiger Rückzug der Partei aus dem systematischen Interventionismus der Gefälligkeitsdemokratie ist für alle Funktionäre als verpflichtend auszurufen.

C. Insbesondere ist eine gezielte Auslagerung der Interessenpolitik aus den Belangen der Gesamtpartei zu statuieren, wobei eine Weitergabe von Sonderinteressen an höhere Parteiebenen ebenso zu untersagen ist, wie eine Protegierung von Sonderinteressen nachgeordneter Ebenen durch höhere Funktionsträger. Ansinnen zur Beförderung solcher Sonderinteressen dürfen nicht angenommen und so zum programmatischen Ziel der Gesamtorganisation gemacht werden.

D. Das „Prinzip der permanenten Entstaatlichung“ ist zur Handlungsmaxime für alle Parteiebenen zu erklären, nach der der Kampf gegen die bewußt errichtete oder sich wildwüchsig ausbreitende Allmacht und Übermacht des Staates in all seinen Ausprägungen zu einem zentralen Auftrag wird.

Diese Parteiverfassung beendet die Fiktion einer inhaltlich „offenen Partei“, der in der Wirklichkeit nur entweder eine militärisch disziplinierte Koordination der Parteimitarbeiter oder aber eine handlungsunfähige Massenerscheinung entspricht. Anstatt dessen erschließt sie den einzelnen Mitgliedern und Funktionären die Basis für einen überaus großen Handlungsspielraum und ein beträchtliches Maß an Eigenverantwortung, deren Möglichkeiten durch ein entsprechendes Statut zu aktualisieren sind.

2.) Die Parteistatuten

Das zentrale Anliegen dieses Statutes muß die Herstellung eines kausalen Zusammenhanges zwischen den individuellen Anstrengungen des einzelnen Mitarbeiters und eines für ihn sichtbaren und für die Partei wirksamen Erfolges dieser Anstrengungen sein. Dabei muß davon ausgegangen werden, daß die Prinzipien der Massenpartei nicht mehr gelten und nicht mehr gelten können.

A. Jedem Mitglied bzw. Funktionär ist die Berechtigung zuzusprechen, die Partei auf der Ebene, auf der er tätig ist, nach außen hin zu repräsentieren, in deren Namen Forderungen zu erheben, politische Verpfichtungen einzugehen und Stellungnahmen abzugeben, ohne sich dabei eines einschlägigen Beschlusses irgendwelcher Gremien rückversichern zu müssen. Es muß allerdings gewährleistet sein, daß er ausschließlich auf der Basis und im Rahmen der Parteiverfassung agiert.
Dasselbe gilt auch für Parteigremien aller Ebenen, die ebenfalls autonom, d. h. ohne die Bewilligung durch eine übergeordnete Instanz vorzugehen befugt sind.

B. Wenn die Ziele eines Funktionärs, einer Funktionärsgruppe oder eines Gremiums zwar deren Aktionsbereich entstammen, aber mit den Mitteln ihrer politischen Ebene nicht zu verwirklichen sind, so kann die untere Parteiebene die jeweils höhere, wenn nötig die höchste Parteiebene zwingen, in ihrem Sinn tätig zu werden.

C. Alle Ziele und Ideen sind systematisch zu sammeln, regelmäßig zu publizieren und ehebaldigst zu verwirklichen.

Im Rahmen dieses prinzipiellen und statutarischen Gerüstes ist folgende Gremien- bzw. Instanzenstruktur zu verwirklichen.

3.) Die Gremien der Partei

A. Die Prinzipien und Programmkommission wacht über die Einhaltung der Parteiverfassung. Sie ist in dieser Hinsicht allen Mitgliedern und Funktionären, einschließlich des Parteiobmannes, übergeordnet.

B. Der Parteiobmann ist die charismatische Leitfigur der Organisation, die mit den Unbilden kleinkarierter Querelen nicht behelligt werden darf.

C. Die Bundes- und Landesgremien repräsentieren nicht nur die Gesamtpartei auf dieser Ebene, sondern haben auch für die Verwirklichung der Ziele nachgeordneter Aktivisten zu sorgen, soweit dies in ihren Einflußbereich fällt. Zu diesem Zweck sind sie mit administrativen Apparaten ausgestattet, die die Anfragen und Vorschläge dieser Aktivisten bewältigen können.

D. Die lokalen Clubeinrichtungen sind die multifunktionalen Keimzellen des Parteiorganismus. Ihr grundlegendes Ziel ist es, die weltanschaulichen Gemeinsamkeiten zu pflegen und eine tragfähige Wertekultur zu entwickeln.
Der Club dient als Rahmen für die Entfaltung eines entsprechenden Gmeinschaftslebens, zu dem auch gesellschaftliche und politische Veranstaltungen aller Art gehören.
Auf dieser Basis dienen sie aktionswilligen Migliedern als „Basislager" für politische Aktivitäten aller Art, bei denen u. a. auch übergordnete Gremien in Dienst genommen werden.
Für eine reibungslose Abwicklung routineartiger Tätigkeiten bzw. für die notwendige Infrastruktur sorgt ein Stab hauptamtlicher und angemessen entlohnter Mitarbeiter.
In diesen Clubs können sich auch spontane Gruppen zur Unterstützung bestimmter Sonderinteressen bilden oder diese ständig betreuen, ohne allerdings je die Partei in Anspruch nehmen zu dürfen.

E. Quer durch alle Clubeinrichtungen zieht sich als „materielle Basis" ein System selektiver Anreize, das den Mitgliedern individuell nutzbare Vorteile – von der Gruppenreise bis zur Zusatzversicherung – anbietet. Der größte Teil davon wird zentral und wie ein Betrieb, d. h. nach kommerziellen Gesichtspunkten, verwaltet. Dieser wird durch ein Set dezentral günstiger bereitstellbarer Leistungen komplettiert.

Die Struktur der Partei der Zukunft

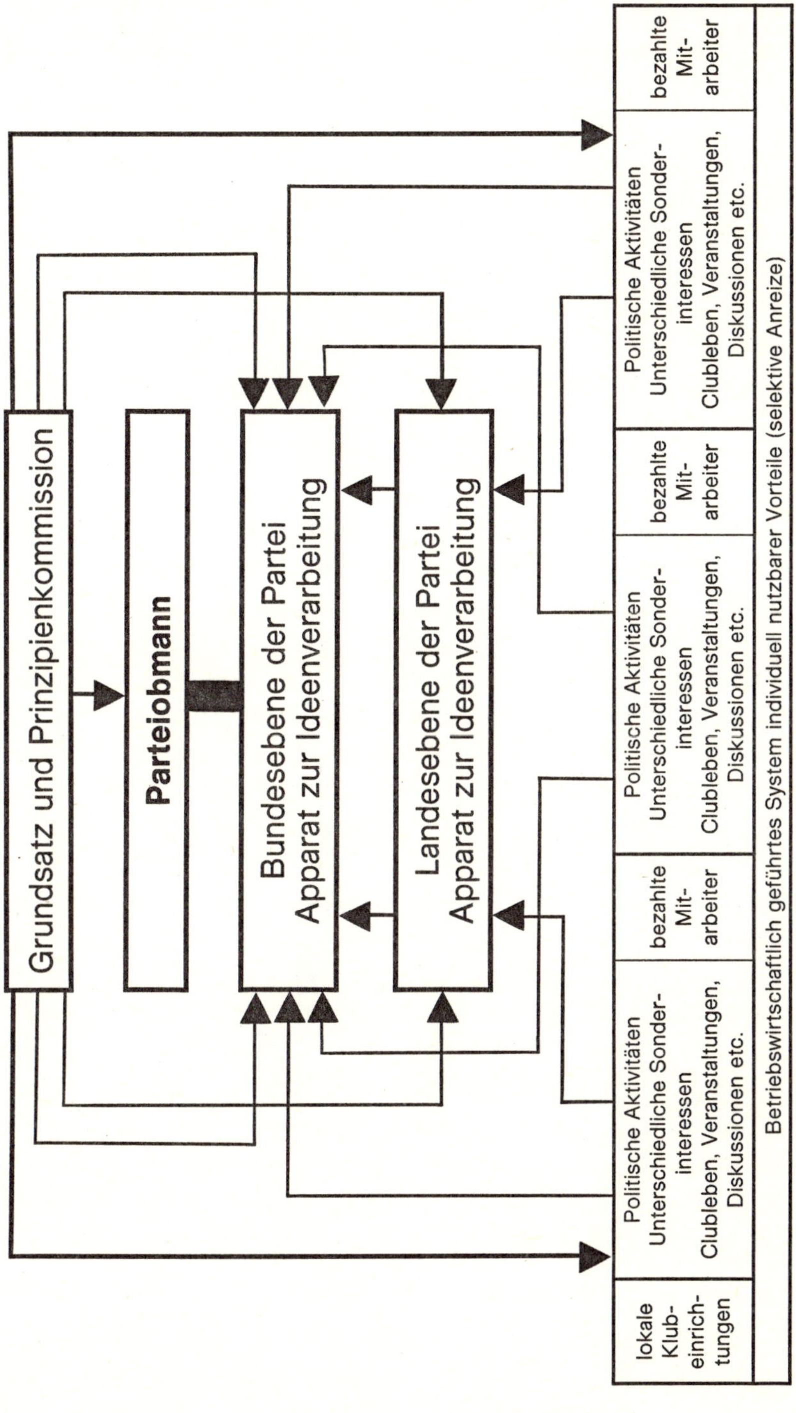

SCHLUSSBETRACHTUNG

Es ist gewiß ein Wagnis, den Versuch zu unternehmen, in ein und derselben Arbeit eine theoretische Analyse durchzuführen und einen Vorschlag zur praktischen Lösung eines Problems zu präsentieren. Zu sehr verstößt eine Arbeit, in der neben einer wertfreien Untersuchung der Wirklichkeit auch konkrete Strategien zur Realisierung politischer Ziele angeboten werden, gegen die Tradition ehrwürdiger akademischer Gepflogenheiten. Zu diesen gehört – jedenfalls innerhalb eines gewissen Wissenschaftsverständnisses –, daß deskriptive Analysen und normative Empfehlungen unabhängig voneinander sind und dargestellt werden müssen.

Diese Ansicht ist auch unterstützenswert, wenn es gilt, eine unterschwellige Einflußnahme subjektiver Wertungen und Präferenzen auf den analytischen Apparat selbst zu verhindern. Aber sie führt zu verhängnisvollen Ergebnissen, wenn sie soweit überzogen wird, daß die Beziehungen zwischen den analytischen Erkenntnissen und den Konzepten zur Beeinflussung sozialer Systeme als vernachlässigbare Randerscheinungen empfunden werden. Dann nämlich koppeln sich Theorie und Praxis im buchstäblichen Sinn voneinander ab.

Für die Beziehungen der Theorie von den sozialen Gebilden und der Praxis der politischen Parteien ist eine solche Abkopplung besonders verhängnisvoll. Deshalb wurde mit dieser Arbeit das Risiko in Kauf genommen, auf der Basis einer wertfreien Analyse die Skizze eines praktischen Organisationskonzeptes zu zeichnen, auch auf die Gefahr hin, daß die Beschäftigung mit den Problemen einer Partei mancherorts als „unfein“ kritisiert werden könnte.

Wenngleich ich mir in der grundsätzlichen Stoßrichtung der Analyse ziemlich sicher bin, muß der Versuch eines organisatorischen Rahmens für die Partei der Zukunft notwendigerweise unkomplett sein. Schließlich wäre es geradezu grotesk, wenn nicht sogar beunruhigend, wenn das jahrzehntelange Versäumnis, das Wesen und die Struktur der Massenpartei systematisch zu verändern und diese an die Bedingungen der fortgeschrittenen Industriekultur anzupassen, durch eine einzige Arbeit kompensiert werden könnte. Zu viele Probleme harren einer hochwertigen Lösung und bedürfen eines äußerst großen Ausmaßes an qualifizierten Denkleistungen. Stellvertretend für sie wollen wir nur erwähnen, daß es suffizienter Modelle zur Lösung kollektiver Entscheidungsprobleme (in der Partei und im Staat) bedarf, ebenso einer Neudefinierung der Rolle der Wissenschaft bei der Bewältigung von gesellschaftlichen Schwierigkeiten, der Integration alter und neuer Bestandteile der Parteien, also eines umfassenden und optimalen Konzepts zur Neuorganisation der Partei, welches von einer Diskussion des Stellenwertes innerparteilicher Demokratie über die Entwicklung eines Planes zur Optimierung eines kommerziellen Systems der Befriedigung bestimmter individueller Wünsche bis zur Neugestaltung der Parteifinanzierung und der Aufbringung der Mitgliedsbeiträge reicht.

All diese Fragen sind zu komplex und von zu großer Tragweite, um einer Reihe von losen und zufällig zusammengewürfelten Arbeitskreisen zur Beantwortung zugewiesen bzw. überlassen zu werden, in denen ehrenamtliche Teilnehmer in salopper Weise einzelne Gedanken zusammensteuern, und niemand für die (fehlenden) Ergebnisse zur Rechenschaft gezogen werden kann.

Eine Partei der Zukunft, die all diese Probleme ernst nimmt und sich ihnen stellen will, wird nicht umhin können, ein eigenes Institut zu gründen, in dem diese Fragen der Zukunft systematisch auf seriöse und professionelle Weise ausgearbeitet und einer Lösung zugeführt werden können. In einem solchen Institut müßten die ökonomischen, handlungstheoretischen, psychologischen und weltanschaulichen Dimensionen dieser Probleme ebenso wie die dringenden Fragen der Organisationstheorie und -entwicklung und der Finanzierung von kompetenten Fachleuten ausgeleuchtet und durch wohlkoordinierte Zusammenarbeit in einem schlüssigen Konzept zusammengefaßt werden.

Angesichts der horrenden Beträge, die von den Massenparteien jährlich für aufwendige Festivitäten, selbstzweckhafte Aktionen und wirkungsloses Werbematerial verausgabt werden, wäre es naheliegend zu meinen, daß die Finanzierung eines solchen Institutes kein Problem sein dürfte. Doch jede Erfahrung mit der Starrheit und strukturellen Beharrlichkeit der Parteiapparate und mit den Widerständen der Vertreter von Sonderinteressen führt zu einer skeptischeren Beurteilung dieser Aussichten.

Doch der Idee dieses Buches liegt die Hoffnung zugrunde, die Bereitschaft zu einer radikalen Erneuerung der Parteien und damit der Politik in breiteren politischen Kreisen zu wecken und so zu einer neuen Vitalität des öffentlichen Lebens beizutragen. Was wir mit einer Publikation erreichen können, soll nicht überschätzt werden, aber wenn wir Glück haben, ist es nicht zuwenig: Geschriebene Gedanken können den Anstoß zu einer Diskussion geben und ein Klima vorbereiten, in dem tatsächliche Lösungen leichter zu verwirklichen sind. In diesem Buch haben wir das versucht, indem wir alte Illusionen über die Machbarkeit in der Politik einreißen und lähmende Lebenslügen über die Sinnhaftigkeit der momentanen Massenparteien entlarven wollten.

Es fing alles so verheißungsvoll an. Mit dem Wahlspruch „das größte Glück für die größte Zahl" wurde im neunzehnten Jahrhundert eine Periode eingleitet, in der die universelle und letzte Verantwortung der Politik für alle wichtigen Belange des menschlichen Lebens de facto von keiner politischen Kraft in Abrede gestellt wurde.

Nun, am Ende dieser mehr als hundertjährigen Periode stehen die Massenparteien vor dem Trümmerfeld des Glaubens an ihre eigene Allmacht. Und keine von ihnen ist momentan gerüstet, der Herausforderung durch die „Komplexitätsspirale" unserer Gesellschaft zu entsprechen.

Wenn die Massenparteien verhindern wollen, daß ihr burlesker Todeskampf endgültig zum Micky Maus-Film des ausgehenden zwanzigsten Jahrhunderts wird, so müssen sie die Zusammenhänge der modernen gesellschaftlichen Realität akzeptieren und daraus für sich die Konsequenzen ziehen.

Viel gibt es dabei zu tun: An intellektueller Analysearbeit, an kreativer organisatorischer Arbeit und an politischer Überzeugungsarbeit. Denn die Partei der Zukunft fällt nicht vom Himmel.

Wir haben nicht mehr viel Zeit. Wird es gelingen?

FUSSNOTEN

0. Einleitung

[1]) Zweifellos gab es etwa im deutschsprachigen Raum eine landesfürstliche Fürsorgepolitik, die für die Zeit vom 16. bis hinein ins 19. Jahrhundert nicht unterschätzt werden sollte. Diese war eine Fortsetzung der ständisch gebundenen Sozialpolitik des Mittelalters (vgl. Anton Tautscher: Wirtschaftsgeschichte Österreichs, Berlin 1974, S. 368 ff). Aber natürlich ruhte diese auf der freiwilligen Bereitschaft des absoluten Landesherren oder auf der „Selbsthilfe" einzelner gesellschaftlicher Gruppen und war kein systematisches Unterfangen eines Staates.

[2]) Das gilt heute in mindestens demselben Ausmaß wie damals. Vgl. z. B. einige Passagen des Zukunftsmanifestes der ÖVP, zweiter Diskussionsentwurf, Wien 1984, wo von Selbstwertgefühl, sozialem Wohlbefinden, Gesundheit und persönlichem Glück die Rede ist (S. 6), ebenso wie vom Sinn des Alltags und der Freizeit (S. 17 f) etc Ähnliches meint die SPÖ in ihrem Programm, wenn sie für „die freie Entfaltung der menschlichen Persönlichkeit in der Gemeinschaft" eintritt (Punkt 1) und davon spricht, bedürfnisgerechte Güter und Leistungen durch einen staatlich geplanten wirtschaftlichen Prozeß sicherstellen zu können (Punkt 3.2.).

[3]) Zu einer Definition dieses Prinzips vgl. das Katholische Soziallexikon, hrsg. von Alfred Klose, Wolfgang Mantl, Valentin Zsifkovits, 2. Aufl., Innsbruck-Graz 1980, Sp. 2994 ff.

[4]) Max Weber betrachtet völlig andere Facetten der geschichtlichen Entwicklung, wenn er den hauptberuflichen Politiker als ein Produkt des Kampfes zwischen dem Fürsten und den Ständen bzw. zwischen den Beamten und dem Parlament und als Folge der fachlichen Überforderung des Herrschers darstellt. Vgl. Politik als Beruf, in: Gesammelte politische Schriften, Tübingen 1958, S. 505 – 560, hier S. 518 ff.

[5]) Ein solcher „liberaler Skeptiker", der in großartiger Weise viele Aspekte des modernen Wohlfahrts- und Massenstaates verausgesehen hat, ist Alexis de Torqueville. Vgl. B. Uwe Weller: Schlüssel zur Politik, Wien-New York 1987, S. 87.

[6]) Ganz im Gegenteil: Unter dem Schlagwort „Realpolitik statt Idealpolitik" wandten sich im letzten Drittel des 19. Jahrhunderts viele Liberale von ihren klassischen Idealen ab und verzichteten bewußt auf einen Kampf gegen „die ohnehin unaufhaltbare innere und äußere Entfaltung des Machtstaates". Als maßgeblicher Vertreter dieser Strömung im deutschsprachigen Raum kann Ludwig August von Rochau angesehen werden. Vgl. Rainer Koch: Liberalismus und liberale Ideen vom Vormärz bis zum ersten Weltkrieg, in: Verfall oder Renaissance des Liberalismus? Hrsg. von Hans Vorländer, München 1987, S. 37 – 56, hier S. 47.

[7]) Friedrich A. von Hayek stellt fest, daß die omnipotente und omnikompetente demokratisch legitimierte Politik in alle Lebensbereiche vorgedrungen ist, um Unzufriedenheit der Anhänger der Mehrheit zu verhindern. Vgl. Recht, Gesetzgebung und Freiheit, Bd. 3, Die Verfassung einer Gesellschaft freier Menschen, Landsberg/Lech 1981, S. 188 ff.

[8]) Norbert Leser warnt ausdrücklich davor, die Parteienkrise zu bagatellisieren und nicht mit der Möglichkeit einer Demokratiekrise in Verbindung bringen zu wollen. Vgl. Parteienkrise oder Demokratiekrise? Das wachsende Unbehagen. Immer mehr Probleme, immer weniger Lösungen, in: Mut zum Morgen. Konturen der Zukunft, hrsg. von Theo Faulhaber, München 1987, S. 85 – 98, hier S. 85. Es ist in diesem Zusammenhang auch völlig sinnlos, darauf zu verweisen, daß es „immer schon" Parteienverdrossenheit gegeben hätte, wozu viele Autoren inklinieren. Vgl. Rainer Nick: Schwesterparteien, CDU, CSU und Österreichische Volkspartei – Ein Vergleich, Innsbruck 1984, S. 40 f.

1. Kapitel

[1]) In Anthony Downs' „Ökonomische Theorie der Demokratie", Tübingen 1968, sind es allein dieses und das nächste Motiv (Protektionsmotiv), die zur Begründung politischer Aktivitäten herangezogen werden, wenn es heißt: „Macht, Prestige, Einkommen und der Reiz des politischen Spiels" sowie der „Wunsch, ihre eigene Stellung in der Gesellschaft zu verbessern" sind für Politiker einzig ausschlaggebend. Siehe S. 286, 85. Siehe auch S. 27, 290.

[2]) Vgl. Max Weber: Politik als Beruf, in: Gesammelte politische Schriften, a. a. O., S. 545 f.

[3]) Mit dieser Thematik beschäftigten sich beispielsweise Eugen Semrau: Entertainment für Einsiedler, in: Demokratierituale, hrsg. von Fritz Plasser, Peter A. Ulram, Wien-Köln-Graz 1985, S. 61 – 74 und Roland Burkhart: Medienereignis „TV-Duell". Die Entlarvung eines Mythos, in: Demokratierituale, a. a. O., S. 75 – 82.

[4]) Diese wird von Josef A. Schumpeter unter dem Begriff „klassische Lehre der Demokratie" pointiert dargestellt. Schumpeters Darstellung läßt sich dahingehend zusammenfassen, daß die „klassische Lehre" auf drei wichtigen Annahmen fußt: der Existenz eines klar umrissenen „Gemeinwohls", dem Prinzip eines „allgemeinen Willens" des Volkes, und der Bereitschaft der Regierung, diesen und nur diesen durchzusetzen. Vgl. Kapitalismus, Sozialismus und Demokratie. 4. Aufl., München 1975, S. 397 ff.

[5]) Als Paradefall einer solchen Haltung kann folgende Formulierung von Robert A. Dhal und Charles Lindblom angesehen werden: „Regierungsentscheidungen müssen durch die Mehrheit kontrolliert werden, die ihre Präferenzen zum Ausdruck bringt und das 'letzte Wort' hat." Zitiert bei Anthony Downs: Ökonomische Theorie der Demokratie, a. a. O., S. 31.

2. Kapitel

[1]) Für eine ideologische Rückbesinnung plädieren diejenigen, die sich als „Gewissen" ihrer Partei verstehen. Für die SPÖ vgl. z. B. Josef Hindels, der sich „gegen ideologische Verwahrlosung" ausspricht. Austromarxismus und die SPÖ-Linke: Verändern statt bewahren. In: Roter Anstoß, hrsg. von Josef Hindels und Peter Pelinka, Wien 1980, S. 15 – 30, hier S. 30.

[2]) Demgegenüber ist der Beitrag gehobener Funktionäre meist nicht bedeutungsvoller, wenngleich deren Ritual vielleicht eine etwas distinguiertere Form besitzt: Herbert Krejci nennt die Ritualfixpunkte „Pressefrühstück", „Zukunftskonferenzen", „Symposien", „Sägen am eigenen Ast" etc.. Vgl. Weder Yuppie- noch Sumper-Partei, in: Conturen. Quo vadis Volkspartei? Wien April 1987, S. 26 – 30, hier S. 29 f Mit der Ritualisierung der politischen Aktivität beschäftigt sich in sehr subtiler Weise Manfred Drennig: Die Krise sind wir selbst, Wien 1984, S. 212 f.

[3]) Manfried Welan kritisiert zu Recht die vielen sinnlos produzierten Papiere und verweist auf deren frustrierte Produzenten. Vgl. Liberalität und Offenheit, in: Conturen, a. a. O., S. 37 – 45, hier S. 43.

[4]) Eine Kritik an diesen „Bunten Hunden" getrauen sich in der Öffentlichkeit oft nur diese auszusprechen, die in der Partei selbst nicht eingebunden sind. Vgl. z. B. Kurt Diemann: Selbstgespräche beim Zeitungsordnen, in: Conturen, a. a. O., S. 65 – 78, hier S. 70.

[5]) Andreas Khol spricht vom Theorie-Praxisproblem. Vgl. Hick Rhodos, nunc salta: Die ÖVP muß jetzt springen . . ., in: Conturen, a. a. O., S. 17 – 25, hier S. 20.

3. Kapitel

[1]) In diesem Punkt sind sich oft auch Geistes- und Gesellschaftswissenschaftler einig, die sonst völlig kontroverse Positionen vertreten. Vgl. z. B. Othmar Spann: Der wahre Staat, 5. Aufl., Graz 1972, S. 78: „Einer menschlichen 'Gesellschaft' als solches begegnen wir nirgends."

Friedrich A. von Hayek: Szientismus und das Studium der Gesellschaft, in: Mißbrauch und Verfall der Vernunft. Ein Fragment, Frankfurt 1959, S. 11 – 142, hier insbes. S. 70 ff Dasselbe hat auch Walter Eucken im Auge. Vgl. Grundlagen der Nationalökonomie, 4. Aufl., Jänner 1944, S. 22: „Das Ganze in seinen Zusammenhängen zu erkennen, ist aber der unmittelbaren Anschauung ... nicht möglich."

[2]) Wie Hayek meint, reproduzieren wir komplexe gesellschaftliche Gebilde systematisch durch die Kombination der Begriffe, die die Handlungen der einzelnen bestimmen. Vgl. Szientismus und das Studium der Gesellschaft, a. a. o. S. 47 f.

[3]) Karl Popper kritisiert die „ganzheitlich"-holistische Betrachtungsweise dessen, was er unter dem Begriff „Historizismus" zusammenfaßt. Dieser insistiert darauf, daß soziale Gruppen mehr sind als „bloße Aggregate", die durch die Elemente und deren Beziehungen hinreichend definiert sind, und möchte auf dieser Basis die universalen Triebkräfte und Gesetze der gesellschaftlichen Veränderungen ergründen Vgl. Das Elend des Historizismus, Tübigen 1965, S. 14 ff, 33.

[4]) Vgl. dazu z. B. das 4. Buch von „Der Staat", hier zitiert nach der Jubiläumsausgabe zum 2400. Geburtstag, Zürich–München 1974, S. 209 ff. Aus dieser Konstruktion leitet Platon auch seinen Gerechtigkeitsbegriff ab. Gerechtigkeit sei erreicht, wenn jedes Mitglied dieser Gruppen seine ihm zugedachte Aufgabe für den Staat erfüllt. Vgl. ebenda S. 233 f.

[5]) Vgl. Anne Robert Jaques Turgot: Betrachtungen über die Bildung und Verteilung des Reichtums, 2. Aufl., Jena 1914, S. 42, 44, 47 ff.

[6]) Vgl. ebenda S. 43, 72. Es soll nicht verschwiegen werden, daß Turgot neben diesen sehr fragwürdigen Bestandteilen seiner Theorie auch eine Reihe heute noch belangvoller Erkenntnisse zutage förderte. Über die Wirkungsweise der Konkurrenz oder das Zusammenwirken individueller Handlungen beispielsweise vgl. ebenda S. 59, 69.

[7]) Vgl. Adam Smith: Der Wohlstand der Nationen. Eine Untersuchung seiner Natur und seiner Ursachen. Tb-Ausg., München 1978, S. 56 ff, 70 ff, 125 ff.

[8]) Vgl. ebenda, S. 369, 371, wo sich die berühmte Stelle findet, an der das Streben nach eigenem Gewinn mit der unsichtbaren Hand in Verbindung gebracht wird.

[9]) Vgl. ebenda, S. 582

[10]) Vgl. Karl Marx: Das Kapital, Bd. 2, Dietz-Verlag, Berlin Ost 1963, S. 193 ff.

[11]) Vgl. Karl Marx: Das Kapital, Bd. 1, Dietz-Verlag, Berlin Ost 1962, S. 249 ff.

[12]) Josef A. Schumpeter hält diese Beschreibung und ihre Schlüsse für eine „geniale Tautologie". Indem Marx das Definitionskriterium des Privatbesitztes an Produktionsmitteln wählt und damit einen untergeordneten Gegensatz zum Hauptthema seiner Arbeit macht, gelingt es ihm, den Klassenkampf und damit den unauflöslichen Antagonismus des Kapitalismus als dessen hauptsächliche Eigenschaft darzustellen. In: Kaptitalismus, Sozialismus und Demokratie, a. a. O., S. 401.

[13]) Siehe Karl Marx im „Manifest der kommunistischen Partei": „Alle bisherige Gesellschaft beruhte ... auf dem Gegensatz unterdrückender und unterdrückter Klassen." Zitiert nach: Progress-Ausgabe, Moskau o. J., S. 41

[14]) Viele marxistische Autoren bezeichnen diese Verfahrensweise mißverständlich als Abstraktion, d.h. als „gedankliche Aussonderung der wesentlichen Elemente des Wirtschaftsprozesses". Oskar Lange: Politische Ökonomie, Bd. 1, Allgemeine Probleme. Frankfurt/Main Wien 1963, S. 135.

[15]) Darin sieht der Marxistische Theoretiker gerade die methodische Überlegenheit seiner Konzeption, denn er will die „antagonistische Betrachtungsweise der bürgerlichen Ökonomie" (die „Robinsonade") überwinden. Vgl. z. B. Eduard März: Einführung in die Marxsche Theorie der wirtschaflichen Entwicklung, Wien 1976, S. 17 Vgl. auch Paul Sweezy: Theorie der kapitalistischen Entwicklung, 6. Aufl., Tb-Ausg., Frankfurt/Main 1981, S. 15 ff.
Diesen unsinnigen Vorwurf widerlegt übrigens bereits Carl Menger klar. Siehe: Un-

tersuchungen über die Methode der Socialwissenschaften, und der politischen Ökonomie insbesondere, Wien 1883, S. 263
Vgl. dazu auch Ludwig von Mises in seinem Kapitel „Der Einzelne in der Gesellschaft“, Nationalökonomie. Theorie des Handelns und Wirtschaftens, zweite Aufl., München 1980, S. 134 ff.

[16]) Vgl. Paul Sweezy: Theorie der kapitalistischen Entwicklung, a. a. O., S. 29 Vgl. auch Wladislaw Kelle, Matjew Kowalson: Der Historische Materialismus, Moskau 1975, S. 46 ff
Vgl. auch Predrag Vranicki: Geschichte des Marxismus, 1. Bd., Tb-Ausg., Frankfurt/Main 1983, S. 169 f.

[17]) Das wird vielleicht an folgender Stelle besonders deutlich, an der Marx die „Polarisation des Warenhandels“ als die „Grundbedingung der kapitalistischen Produktion“ darstellen will: „Geld und Ware sind nicht von vornherein Kapital . . . Sie bedürfen der Verwandlung in Kapital“. Diese bedarf „zweierlei sehr verschiedener Sorten von Warenbesitzern . . . einerseits Eigner von Geld, Produktions- und Lebensmitteln, . . . andererseits freie Arbeiter“. Das Kapital, Bd. 1, a. a. O., S. 742
Über diese klassifizierende Aggregation der Menschen zu zwei einander entgegenstehenden Polen definiert Marx den Begriff „Kapital“ und damit den des Kapitalismus. Indem er aber das Ergebnis seiner gedanklichen Operation zur „Grundbedingung der kapitalistischen Produktion“ erklärt, erhebt er es in den Status eines real existierenden, wirkmächtigen Gebildes.

[18]) Siehe z. B. Karl Marx: Das Kapital, Bd. 3, Dietz-Verlag, Berlin Ost 1964, S. 884 ff.

[19]) Wladislaw Kelle, Matjew Kowalson: Der Historische Materialismus, a. a. O., S. 53 f.

[20]) Vgl. Karl Marx: Das Kapital, Bd. 3, a. a. O., S. 799 ff.

[21]) Vgl. Karl Marx: Vorwort zur ersten Auflage des ersten Bandes des „Kapitals“, zitiert nach der Dietz-Ausg., a. a. O, S. 15.

[22]) Zu den klassischen marxistischen Formulierungen gehört es, daß „das gesellschaftliche Sein das gesellschaftliche Bewußtsein determiniert“. Vgl. Wladislaw Kelle, Matjew Kowalson: Der Historische Materialismus, a. a. O., S. 34 ff.

[23]) Wladimir I. Lenin: Ausgewählte Werke, Moskau 1977, S. 19

[24]) „Für die bürgerliche Moral ist das Prinzip des Individualismus und Egoismus kennzeichnend.“ Gustav A. Wetter: Sowjetideologie heute, Bd. 1, Dialektischer und Historischer Materialismus, 17. Aufl. , Frankfurt/Main 1979, S. 261.

[25]) Die bürgerliche Ideologie ist ein „Überbauphänomen“, dem Marx besondere Bedeutung beimißt. Er lehnt sich dabei an Feuerbach an. Siehe „Thesen über Feuerbach“, MEW Bd. 3, Berlin Ost 1958, S. 533 ff, sowie Marx über Feuerbach: ebenda S. 538 ff Zum Thema „Ideologie als notwendig falsches Bewußtsein in der bürgerlichen Gesellschaft aus der Sicht von Marx“
vgl. auch Hans-Joachim Lieber, Helmuth G. Bütow: Ideologie, in: Ideologie und Philosophie 2, Frankfurt/Main-New York 1973, S. 80 – 107, hier S. 90 f.

[26]) „Die Zertrümmerung der bürgerlichen Staatsmaschinerie wird auf die Tagesordnung gesetzt“, sagt Lenin in seiner wahrscheinlich bekanntesten Arbeit „Staat und Revolution“, denn: „Solange es einen Staat gibt, gibt es keine Freiheit.“ Zitiert nach der Ausgabe des Verlages für fremdsprachige Literatur, Peking 1976, S. 69, 119.

[27]) Gustav A. Wetter: Sowjetideologie heute, a. a. O., S. 242.

[28]) „Die Religion . . . ist . . . ein bequemes Mittel in den Händen der Ausbeuterklassen, um durch die Vertröstung auf ein besseres Leben im Jenseits die Volksmassen in Untätigkeit zu halten.“ Gustav A. Wetter: Sowjetideologie heute, a. a. O., S. 264.

[29]) Otto Bauer: Die alte und die neue Linke, in: Der Kampf, Jahrgang 13, Nummer 7 (Juli 1920), S. 259.

[30]) Wladislaw Kelle, Matjew Kowalson: Der Historische Materialismus, a. a. O., S. 71.

[31]) Ebenda S. 50

[32]) Ebenda S. 44

[33]) Ebenda S. 47

[34]) Ebenda S. 42

[35]) Vgl. z. B. Adam Müller: Die heutige Wissenschaft der Nationalökonomie (1816), in: Ausgewählte Abhandlungen, Jena 1921, S. 17 – 23, hier S. 19.

[36]) Zu den Zitaten der Sozialenzykliken siehe das Staatslexikon, hrsg. von der Görres-Gesellschaft, 7. Bd., 6. Aufl., Freiburg 1962, Sp. 655 ff.

[37]) Vgl. z. B. Othmar Spann: Der wahre Staat, a. a. O., S. 327

[38]) Ebenda S. 225 ff

[39]) Zur universalistischen Betrachtung der Gesellschaft siehe z. B. Othmar Spann: Gesellschaftslehre, 4. Aufl. , Graz 1969, besonders S. 163 ff.

[40]) Vgl. Ernst Nolte: Der Faschismus in seiner Epoche, 2. Aufl., München 1965, S. 351 ff und besonders S. 355, wo eindeutig offenbar wird, daß in der Rassenlehre die Rassen eine ähnliche Rolle spielen wie die Klassen bei Marx, nämlich die der „Beweger des geschichtlichen Prozesses", die „Basis" der Gesellschaft.

[41]) Der Nachweis des gemeinsamen Ideengutes von Nationalsozialismus und dem Sozialismus marxistischer Prägung ist eine der großen Leistungen von Friedrich A. von Hayeks „Bestseller" „Der Weg zur Knechtschaft", 5. Aufl., Landsberg/Lech 1982. Siehe besonders das 2. Kapitel „Die großen Illusionen", S. 44 ff.

[42]) Über die Schwächen des aristotelischen Substanzbegriffes siehe Wilhelm Windelband: Lehrbuch der Geschichte der Philosophie, 15. Aufl., Tübingen 1957 S. 121

[43]) Siehe insbesondere Thomas von Aquin z. B. bei Bernhard Geyer (Hrsg.): Grundriß der Geschichte der Philosphie, 12. Aufl., Graz 1951, S. 433 ff.

[44]) Vgl. Johannes Hirschberger: Geschichte der Philosophie, Teil 2, 11. Auflage, Freiburg-Basel-Wien 1981, S. 102 ff. Dies verwundert nicht, da Descartes einer spätscholastischen Schule entstammt.

[45]) Siehe dazu Carl Menger: Grundsätze der Volkswirtschaftslehre, Wien 1871, S. 2, 108, 173.

[46]) Dieser erkenntnistheoretische Fixpunkt spielt auch eine Schlüsselrolle in Hayeks Werk. Hayeks Auffassung, daß die Suche nach einer essentiellen Natur, nach einem absoluten Wesen der Dinge, von dem aus unsere Sinnesordnung ein Bild formt, auf einer unwissenschaftlichen Fiktion beruht, diskutiert in ihrer Verwandtschaft zu Kant John N. Gray: F. A. Hayek and the Rebirth of Classical Liberalism. Literature of Liberty. Vol. 5, No. 4, Winter 1982, S. 22 ff.

[47]) Den Begriff „compositve Methode" hat Carl Menger zur Charkterisierung seiner Methode der „Zurückführung der socialen Phänomene auf ihre Elemente, auf die individuellen Faktoren der Verursachung" eingeführt. Siehe Untersuchungen, a. a. O., S. 182
Zu dieser Methode und dem methodologischen Individualismus siehe [0]ie nach wie vor unübertroffene Arbeit Friedrich A. von Hayeks: Szientismus und das Studium der Gesellschaft, in: Mißbrauch und Verfall der Vernunft, a. a. O., besonders S. 44 ff, S. 118.

[48]) Eine knappe und prägnante Definition dieser Position gibt auch Karl Popper, nach dem der methodologische Individualismus darin besteht, daß wir versuchen müssen, „alle kollektiven Phänomene als auf Aktionen, Interaktionen, Zielsetzungen, Hoffnungen und Gedanken von Individuen zurückführbar zu verstehen und als Resultat von Traditionen, die von Individuen geschaffen und bewahrt werden." In: Das Elend des Historizismus, a. a. O., S. 107.

4. Kapitel

[1]) Als Schlagworte dazu seien genannt: Bevölkerungsexplosion zu Ende des 18. Jahrhunderts, Aufbrechen gewachsener Familienverhältnisse, veränderte Arbeitsweisen, tiefgreifender gesellschaftlicher Normenwandel. Vgl. Ploetz. Epochen der modernen

Geschichte, hrsg. von Gerald Niemetz und Uwe Uffelmann, Würzburg 1986, S. 55 ff.

[2]) Das begann mit der Gründung von Gesellenorganisationen im späten 18. Jahrhundert und setzte sich mit frühsozialistischen Geheimbünden im Vormärz fort, denen nach der Formulierung einschlägiger Vereinigungsrechte im Jahre 1861 freie Vereine einzelner Gruppen von Arbeitern und Gewerbetreibenden folgten, aus denen bald branchenübergreifende Vereinigungen entstanden. Nachdem diese schnell relativ hohe Organisationsgrade erreichten, war die Grundlage zur Konstituierung übergreifender Massenparteien gelegt. Siehe Ernst Bruckmüller: Sozialgeschichte Österreichs, Wien 1985 S. 405.

[3]) Allein, weil wir wissen, daß es diesen festen Sinnzusammenhang zwischen Absichten, Handlungen, Bedürfnissen und den für diese in Dienst genommenen Gegenständen gibt, können wir bestimmte Handlungen mit Bedürfnissen in Zusammenhang bringen bzw. umgekehrt von bestimmten Gegenständen analytisch auf die sie bewegenden Handlungen schließen. Vgl. Friedrich A. von Hayek: Szientismus und das Studium der Gesellschaft, a. a. O., S. 105 f und besonders: Die Tatsachen in den Sozialwissenschaften, in: Individualismus und wirtschaftliche Ordnung, 2. Aufl., Salzburg 1976, S. 78 – 102, hier S. 85.

[4]) Vgl. ebenda S. 86 f, wo Hayek klarlegt, daß wir bewußtes Handeln anderer immer in Analogie zu unserem eigenen Denken interpretieren, indem wir dessen nicht direkt beobachtbare Bestandteile mit Hilfe unseres eigenen Klassifizierungssystems ergänzen.

[5]) Zum Begriff der „Introspektion“ siehe Friedrich A. von Hayek: z. B. Szientismus und das Studium der Gesellschaft, a. a. O., S. 57.

[6]) Diese „Bedürfnistheorie“ ist wissenschaftlich gesehen viel zu salopp formuliert und könnte daher Anlaß zu berechtigter Kritik geben, weswegen sich der Autor in anderen Arbeiten näher mit dem Bedürfnisbegriff auseinandersetzt. Für den hier darzustellenden Sachverhalt ist sie aber völlig zureichend und beeinträchtigt das Ergebnis der Analyse keinesfalls.

[7]) Diese Analyse ist natürlich sehr grob und darf – wie bereits gesagt – nur rein pragmatisch aufgefaßt werden. Sie darf keinesfalls mit dem Anspruch einer wissenschaftlichen Aussage über die Nachvollziehbarkeit konkreter psychischer Vorgänge und ihrer Ergebnisse durch „außenstehende“ Personen verwechselt werden.

[8]) Wir folgen in diesem Konzept dem Gruppenbegriff der Soziologen insoweit nicht, als dieser die Existenz eines Gefühls der Zusammengehörigkeit und eines kontinuierlichen Kommunikations- und Interaktionsprozesses als Definitionskriterium voraussetzt. Vgl. Bernhard Schäfer (Hrsg.): Einführung in die Gruppensoziologie, Heidelberg 1980, S. 20 Vgl. auch derselbe (Hrsg.): Grundbegriffe der Soziologie, Opladen 1986, S. 117 Vgl. auch Anton Burghardt: Einführung in die Allgemeine Soziologie, 3. Aufl., München 1979, S. 205.

[9]) Das wird auch von zeitgenössischen Führern des sozialistischen Lagers so gesehen. Bruno Kreisky: „Die materialistische Geschichtsauffassung ist, wie immer man es sieht, die eindeutig wirksamste Methode der Analyse.“ In: Die Zeit, in der wir leben, Wien 1978, S. 148.

[10]) Alois Brusatti sagt, daß es für die Ausbreitung des Marxismus entscheidend war, daß Marx' Theorie eine Anweisung zum Handeln für viele Menschen wurde. Vgl. Wirtschafts- und Sozialgeschichte des industriellen Zeitalters, Wien-Köln-Graz 1979, S. 137.

[11]) Diese traditionelle Aufteilung blieb im großen und ganzen bis zum Ende der 1. Republik erhalten und löste sich erst nach dem 2. Weltkrieg langsam auf. Vgl. Anton Staudinger: Christlichsoziale Partei, in: Erika Weinzierl, Kurt Skalnik (Hrsg.), Österreich 1918 – 1938. Geschichte der 1. Republik, Wien-Graz 1981, S. 249 – 276, hier S. 251, 253, 255, 263, sowie Rudolf Neck: Sozialdemokratie, in: ebenda, S. 225 – 248, hier S. 235 ff.

5. Kapitel

[1]) Vgl. Alois Brusatti: Wirtschafts- und Sozialgeschichte des industriellen Zeitalters, a. a. O., S. 106 ff Vgl. Anton Tautscher: Wirtschaftsgeschichte Österreichs, a. a. O., S. 419 ff Karl Marx beschreibt die negativen Aspekte dieser Umbruchphase zweifellos sehr anschaulich. Vgl. Das Kapital, Bd. 1, a. a. O., 8. Kapitel. Der Arbeitstag besonders S. 258 ff.

[2]) Vgl. z. B. Heinz Lempert: Sozialpolitik, Berlin, Heidelberg-New York 1980, S. 37.

[3]) Vgl. Heinz Lempert: Sozialpolitik, a. a. O., S. 49 ff Vgl. auch Alois Brusatti: Wirtschaftsgeschichte des industriellen Zeitalters, a. a. O., S. 42 ff.

[4]) Vgl. Heinz Lempert: Sozialpolitik, a. a. O., S. 69.

[5]) Vgl. dazu besonders die gegen den Liberalismus gerichtete Literatur der „romantischen Schule". Z. B. Adam Müller: Die heutige Wissenschaft der Nationalökonomie in: Ausgewählte Abhandlungen, Jena 1921, S. 17 – 23, Von der Gewerbefreiheit, in: ebenda, S. 34 – 39

Für weitere Quellenangaben siehe meinen Aufsatz „Zwischen Allmacht und Ohnmacht", in: Österreichische Ingenieur- und Architekten-Zeitschrift, Heft 10, Jg. 132 (1987) S. 327 ff.

[6]) Vgl. Heinz Lempert: Sozialpolitik, a. a. O., S. 54 ff.

[7]) Dazu, daß die verschiedenen „Klassen" bzw. „Lager" nicht immer so homogen und einfach strukturiert waren, wie es von ihren politischen Vertretern gern vorgegeben wurde, siehe Ernst Bruckmüller: Sozialgeschichte Österreichs, a. a. O., S. 441 ff.

[8]) In den späten 40er Jahren des 19. Jahrhunderts entstanden die ersten Vorboten einer organisierten Arbeiterschaft (vgl. z. B. Helmut Konrad: Das Entstehen der Arbeiterklasse in Oberösterreich, Wien 1981, S. 125 ff). Im Revolutionsjahr 1848 entstand bereits ein „Allgemeiner Arbeiterverein" in Wien (vgl. Johannes Hawlik: Der Bürgerkaiser. Karl Lueger und seine Zeit, Wien 1985, S. 56)

Bereits nach der Revolution von 1848 formierte sich in Österreich eine kräftige Arbeiterbewegung, wobei diese erst ab 1867 (mit dem Wiener Arbeiterbildungsverein) eine wirklich einflußreiche politische Grundlage bekam. In Deutschland setzt diese Entwicklung mit Lasalles „Allgemeinem Deutschen Arbeiterverein" etwas früher ein (1863). Vgl. Norbert Leser: Zwischen Reformismus und Bolschewismus, 2. Aufl., Wien-Köln-Graz 1985, S. 45 ff

Etwas später zogen konservative und christliche Kräfte nach, Vereinigungen zu bilden, die über bloße Interessenvertretungen hinausgingen. Mit ihrem „Österreichichischen Reformverein" (1882), dem unter dem Einfluß Carl von Vogelsangs gegründeten „Christlich- sozialen Verein" (1887) und dem Kampfbündnis der „Vereinigten Christen" bahnte sich eine christlichsoziale Bewegung an, die direkt in die Gründung einer zur Massenpartei geeigneten Organisation mündete. Siehe Heinrich Benedikt: Geschichte der Republik Österreich, Wien 1954, S. 307 ff.

[9]) Wir wollen einige Beispiele anführen, um zu zeigen, was wir unter „einfachen Programmen" verstehen (die Seitenangaben in Klammer beziehen sich auf Klaus Berchtold: Österreichische Parteiprogramme 1868 – 1966, Wien 1967):

Für das christlichsoziale Lager können z. B. folgende Programmpunkte angegeben werden: Aus dem „Schindler-Programm" von 1891 (S. 165 ff): Besteuerung des mobilen Kapitals, Dienstpragmatik für öffentliche Beamte, Förderung des bäuerlichen Genossenschaftswesens, gesetzliche Erschwerung der Konzessionserteilung, stärkere Besteuerung der Großindustrie, Verbot des Trucksystems, Festsetzung und Einhaltung der Fabriksordnung etc.

Für das sozialistische Lager sollen einige Forderungen aus dem „Hainfelder Programm" von 1888/89 angeführt werden (S. 137 ff): Achtstündiger Maximalarbeitstag, Verbot der Nachtarbeit, volle Sonntagsruhe, Ausschluß der Frauenarbeit bei gefährlichen Tätigkeiten, Verbot der Beschäftigung von Kindern unter 14 Jahren, unentgeltliche Schulbildung, vollständige Trennung von Schule und Kirche etc.

[10]) Unter den vielen Menschen, die durch die plötzlichen wirtschaftlichen und sozialen

Veränderungen verunsichert oder persönlicht beeinträchtigt waren, mußte der Kernsatz des christlichsozialen Programms von 1895 notwendigerweise verfangen: „Die Christlichsoziale Partei strebt demgemäß als Hauptziel an, das durch die unheilvolle Herrschaft des Liberalismus zerrüttete gesellschaftliche und wirtschaftliche Leben, gemäß den Lehren unserer christlichen Religion, zu erneuern.“ Zit. nach: Klaus Berchtold: Österreichische Parteiprogramme, a. a. O., S. 168.

[11]) Als Marx diese Forderung im „Kapital“ perpetuierte, war sie bereits nicht mehr neu. Siehe z. B. Das Kapital Bd. 1, a. a. O., S. 318 f
Thomas Morus hatte sie in seinem „Utopia“ bereits zu Anfang des 16. Jahrhunderts eindringlich gestellt.
Aber selbst in den ersten Jahren des 20. Jahrhunderts bot diese Frage noch genügend Sprengkraft, um in Verbindung mit den Maifeiern zu turbulenten politischen Manifestationen Anlaß zu geben. Vgl. Helmut Konrad: Das Entstehen der Arbeiterklasse in Oberösterreich, a. a. O., S. 40.

[12]) Das heißt selbstverständlich nicht, daß die Folgen ihrer Verwirklichung nicht etwa auf der Arbeitgeberseite komplizierte Reaktionsmechanismen in Gang setzen, die eine Verarbeitung dieser Folgen ermöglichen. Dies aber ist für unser Argument nicht bedeutsam.

[13]) Marx’ klassische Formulierung dazu ist, daß die Arbeiterklasse „die Zukunft in ihren Händen“ trägt. In: Das Manifest der kommunistischen Partei, a. a. O., S. 42.

[14]) Vgl. Ludwig Brügel: Geschichte der österreichischen Sozialdemokratie, Bd. 3, Wien 1922, S. 81 ff.

[15]) Vgl. Fritz Kaufmann: Sozialdemokratie in Österreich, Wien-München 1978, S. 18 f.

[16]) Zitiert nach Fritz Kaufmann: Sozialdemokratie in Österreich, a. a. O., S. 26.

[17]) Vgl. Klaus Berchtold: Österreichische Parteiprogramme 1868 – 1966, a. a. O., S. 24 ff.

[18]) Vgl. ebenda S. 27

[19]) Vgl. ebenda S. 48 ff

[20]) Zu diesem Kontakt siehe Johannes Hawlik: Der Bürgerkaiser, a. a. O., S. 67 f.

[21]) Vgl. Franz Horner: Konservative und christdemokratische Parteien in Europa, Wien-München 1981, S. 29 f

[22]) Dennoch kam es 1894 zu einer grundsätzlichen Auseinandersetzung mit dem Episkopat, im Zuge derer aber Papst Leo XIII. das Programm der Christlichsozialen ausdrücklich billigte, welches zu fomulieren sich der Moraltheologe Martin Schindler große Verdienste erworben hatte. Vgl. Klaus Berchtold: Österreichische Parteiprogramme 1868 – 1966, a. a. O., S. 51

[23]) Ein wörtlicher Abdruck dieses „Schindler-Programms“ findet sich bei Klaus Berchtold: Österreichische Parteiprogramme 1868 – 1966, a. a. O., S. 165 ff oder bei Friedrich Funder: Aufbruch zur christlichen Sozialreform, Wien 1953, S. 67 ff.

[24]) Vgl. Karl Marx: Manifest, a. a. O., S. 46

[25]) Daß die Voraussetzung für die Existenz einer lebensfähigen Massenpartei eine über die Repräsentanz enger Berufsinteressen hinausgehende Anziehung breiter Massen ist, haben vorausblickende Parteienverantwortliche bald erkannt. So etwa Karl Lueger, der anläßlich erster Erosionserscheinungen der Christlichsozialen in seinem Sterbejahr (1911) warnte: „Die Partei möge sich hüten, irgendeine spezifische Berufspartei zu werden, sie darf weder eine agrarische noch eine andere spezifische Partei sein, sondern sie muß ihr Augenmerk ebenso auf die großstädtische Bevölkerung und Intelligenz richten wie auf den Bauernstand.“ Zitiert bei Heinrich Benedikt: Geschichte der Republik Österreich, a. a. O., S. 315 f.

[26]) In der Sprache des Marxisten etwa lautet dieser Zusammenhang so: „. . . indem die Arbeiterklasse ihre eigene soziale und politische Emanzipation durchsetzt, befreit

sie auch die gesamte menschliche Rasse von den alten Gespenstern der Not, der Unsicherheit und der moralischen Degeneration." Eduard März: Einführung in die Marxsche Theorie der wirtschaftlichen Entwicklung, a. a. O., S. 23.

[27]) Diesen Vorteil hat Norbert Leser offenbar im Auge, wenn er sagt: „In der österreichischen Arbeiterbewegung wurde von Revolution immer nur geredet, um sie nicht machen zu müssen, um sie auf unbestimmte Zeit vertagen zu können." In: Zwischen Reformismus und Bolschewismus, a. a. O., S. 92 Vgl. auch Rudolf Neck: Sozialdemokratie, a. a. O., S. 231.

[28]) Genau darum war die österreichische Sozialdemokratie in der frühen Zwischenkriegszeit vehement bemüht, wenn sie nach ihrem Austritt aus der Regierung (1920) den Massen begreiflich machen wollte, „wie groß die geschichtlichen Möglichkeiten der Zeit ... und wie klein ... die politischen Möglichkeiten des Tages sind." Siehe Norbert Leser: Zwischen Reformismus und Bolschewismus, a. a. O., S. 277.

[29]) Oskar Pollak in einer solchen Situation während der 1. Republik: „... wenn die Macht des Proletariats in dieser Zeit weniger wächst, als seine Bewegung sich ausbreitet: So liegt doch in dem Gesetz der Geschichte die Sicherheit beschlossen, daß es anders werde." Zitiert ebenda S. 276.

[30]) Das geht soweit, daß die Möglichkeit zur konkreten Beeinflussung der Lebensumstände zeitweilig zugunsten des Erhalts eines feurigen ideologischen Klimas aufgegeben wird, wofür die bewußte Sprengung der Koalition durch die Sozialdemokraten 1920 wohl ein Paradebeispiel ist. Vgl. ebenda S. 187, 189.

[31]) Vgl. z. B. Ernst Glaser: Im Umfeld des Austromarxismus, Wien-München-Zürich 1981, S. 139 ff.

[32]) Alte Links-Recken phantasieren noch heute von der lebensverändernden und heroisierenden Wirkung eines Parteibeitritts. Josef Hindels sagt, ein beitretender Arbeiter wurde „ein anderer: Ein Sozialist aus Gesinnung, der sich Genosse nennen durfte und von den anderen mit diesem Ehrentitel angeredet wurde." Austromarxismus und SPÖ-Linke, a. a. O., S. 15 – 30, hier S. 20.

[33]) Vgl. Ernst Glaser: Im Umfeld des Austromarxismus, a. a. O., besonders S. 380 ff Von den vielen Literaten des proletarischen Selbstbewußtseins der Zwischenkriegszeit gilt heute noch Jura Soyfer als überragende Erscheinung. Bezügl. der Bildhauerei und Malerei siehe: ebenda S. 457 ff.

[34]) Zur Ausbildung von Arbeiterbildungsvereinen und Arbeiterbüchereien siehe z. B. Helmut Konrad: Das Entstehen der Arbeiterklasse in Oberösterreich, a. a. O., S. 325 ff, 329 f.

[35]) Rudolf Neck: Sozialdemokratie, in: Österreich 1918 – 1938. Geschichte der 1. Republik, a. a. O., S. 225 – 248, hier S. 236 Vgl. auch besonders Max Adlers berühmte Bemerkungen zu diesem Thema: Der neue Mensch ist die Voraussetzung, um den Klassenstaat in eine solidarische Gesellschaft umzuformen. Siehe Ernst Glaser: Im Umfeld des Austromarxismus, a. a. O., S. 317 ff.

[36]) „Eine Klassenideologie wirkt stärker als der Gedanke einer sozialen Partnerschaft", sagt Alfred Klose, in: Die Interessenverbände, in: Erika Weinzierl, Kurt Skalnik (Hrsg.): Österreich 1918 – 1938, a. a. O., S. 331 – 361, hier S. 331
Zur Feindbildwirkung von Vorurteilen siehe: Zeitgeschichte im Aufriß. Österreich von 1918 bis in die 80er Jahre, Wien 1981, S. 105 ff.

[37]) Der Frage, was geschieht, wenn die „Anreiz-Beitrags Balance" in einer politischen Partei gestört ist, steht eine einseitig rationalistische Theorie der Politik relativ hilflos gegenüber. Der nicht näher umschriebene Faktor „Partei-Loyalität" muß dann für die Erklärung nicht eintretender Parteiaustritte bei kurzfristigen Mißerfolgen der Partei im Bereich der Interessensbeförderung herhalten, um das Unerklärliche zu erklären. Solches ist bei Philip Herder-Dorneich, Manfred Groser: Ökonomische Theorie des politischen Wettbewerbs, Göttingen 1977, S. 201 ff, zu beobachten.

[38]) Siehe z. B. die Tätigkeit der „Ethischen Gemeinde", die im Schnittpunkt vom Freimaurertum und Sozialdemokratie entstand und in der Zeit der 1. Republik wirkte. Vgl. Friedrich Stadler: Spätaufklärung und Sozialdemokratie in Wien 1918 – 1938, in: Franz Kadrnoska (Hrsg.): Aufbruch und Untergang, Wien 1981, S. 461 – 473, hie S. 449
Wilhelm Börner, einer der Leiter dieser Ethischen Gemeinde, meinte charakteristischerweise: „In all diesen (ethischen) Fragen können wir uns nur auf eine einzige große Partei voll und ganz verlassen, und das ist die sozialdemokratische." Zitiert in: Ernst Glaser: Im Umfeld des Austromarxismus, a. a. O., S. 124.

[39]) Zu den Ausprägungen einer christlich-konservativen Kulturbewegung in der 1. Republik vgl. z. B. Heinrich Benedikt: Geschichte der Republik Österreich, Wien 1954, S. 351 ff.

[40]) Zum Lagerbegriff siehe Anton Pelinka: Stand oder Klasse? Die christliche Arbeiterbewegung 1933 – 1938, Wien–München–Zürich 1972, S. 14.

[41]) Das ist selbst für die Führer der Massenparteien von nicht untergeordneter Bedeutung. Zu der Auffassung, für Otto Bauer wäre die Partei ein Familienersatz gewesen, siehe Mark E. Blum: The Austro-Marxists, Kentucky 1985, S. 75 ff. Ebenda, S. 144 ff, ist davon die Rede, daß Friedrich Adler die Partei immer mit seinem Vater Victor identifizierte.

[42]) Der Begriff der „Entlastung" spielt in der Sozialanthropologie von Arnold Gehlen eine zentrale Rolle. Er analysiert festgelegte Verhaltensformen als soziale Institutionen, die es gestatten, grundlegende Bedürfnisse auf einfache Weise zu befriedigen. Siehe: Urmensch und Spätkultur, 5. Aufl., Wiesbaden 1986, 1. Teil, S. 7 ff
In diesem Sinn kann auch die gemeinsame Meinung in einer Massenpartei als „soziale Institution" interpretiert werden.

[43]) Wir wollen dies anhand einiger, willkürlich herausgegriffener Beispiele untermauern
Die zu Ende des 19. Jahrhunderts (1896) gegründete „Sozialpolitische Partei" konnte sich auf eine Reihe höchst profilierter und qualifizierter Persönlichkeiten (z. B. Julius Ofner, Engelbert Pernerstorfer, Eugen von Philipowich, Ferdinand Kronawetter) stützen und verfügte über ausgefeilte und logisch konsistente Programme. Da sie aber nie eine ideologische Überhöhung entwickelte, konnte sie sich bei den Massen nie verankern. Siehe Eva Holleis: Die Sozialpolitische Partei, Wien 1978, S. 31 ff, 35 ff, 43 ff
Ähnliches gilt für die „Demokratische Mittelpartei", die sich auf qualifizierte Weise dem liberalen Gedankengut verschrieb, und der in der 1. Republik nicht einmal der Einzug in das Parlament gelang. Siehe H. Benedikt: Geschichte der Republik Österreich, a. a. O., S. 299
Dasselbe trifft für zahlreiche Parteien in anderen Ländern zu, etwa für die 1954 in Frankreich von Pierre Poujade gegründeten Bauern-, Handwerker- und Händlerpartei oder für die von Gustav Heinemann 1952 gemeinsam mit Erhard Eppler gegründete „Gesamtdeutsche Volkspartei".

[44]) Ein übersichtliches Organigramm des Aufbaues der österreichischen Sozialdemokraten findet sich bei Mark E. Blum: The Austro-Marxists, a. a. O., S. 12.

[45]) Vgl. z. B. Rolf Wunderer, Wolfgang Grunwald: Führungslehre, Bd. 1, Berlin-New-York 1980, S. 327 ff.

[46]) Eduard März erahnt, daß es zwei Bedingungen sind, die erfüllt sein müssen, „damit der Sozialismus zur Idee wird, die die Massen ergreift": Erstens müssen Produktivkräfte entstanden sein, die den Übergang von der althergebrachten Wirtschaft des Mangels zu der Wirtschaft des Überflusses ermöglichen. Und zweitens muß eine Klasse mit einer Einsicht in ihre Fähigkeit zur revolutionären Umgestaltung der alten Gesellschaft vorhanden sein. Vgl. Einführung in die Marxsche Theorie der wirtschaftlichen Entwicklung, a. a. O., S. 22 f. Er begeht im Hinblick auf den ersten

Punkt aber den Fehler aller Marxisten, indem er die Bedingungen des frühen Kapitalismus mit dem Kapitalismus überhaupt gleichsetzt.

6. Kapitel

[1]) Genau das ist das Problem, das Eduard Bernstein und seine „Revisionisten" in einer Situation der machtpolitischen Abstinenz der deutschen Arbeiterpartei durch Vernachlässigung der revolutionär-marxistischen Phraseologie und die Proklamation eines sozialpolitischen Reformismus innerhalb des parlamentarischen Systems zu überwinden versuchten. Vgl. Predrag Vranicky: Geschichte des Marxismus, 1. Bd., a. a. O., S. 289 ff Das bloße Warten auf die Revolution mache blind für die Chancen der Reform. Vgl. Anton Pelinka: Sozialdemokratie in Europa, Wien-München 1980, S. 28.

[2]) Vgl. W. Wieser: Organismen, Strukturen, Maschinen, Frankfurt/Main 1959, S. 26.

[3]) Vgl. Klaus Liebscher: Was ist, was soll die Kybernetik? Leipzig-Jena-Berlin 1968, S. 31.

[4]) Vgl. Friedrich A. von Hayek: Die Theorie komplexer Phänomene, Tübingen 1972, S. 12 ff.

[5]) Allgemein bezeichnet der Pionier der Management-Kybernetik, Stafford Beer, ein System als einfach, wenn es leicht überschaubar ist und beschrieben werden kann. Vgl. Kybernetik und Management, Hamburg 1962, S. 26 f.

[6]) Eine Anzahl von Maßnahmen, welche Mitglieder der Gruppe besser stellen, ohne andere Mitglieder schlechter zu stellen, kann also als nachträgliche Rechtfertigung für eine klassifizierende Aggregation in der im betreffenden Fall angewandten Form angesehen werden.

[7]) Für die austromarxistisch ausgerichtete Sozialdemokratie der Zwischenkriegszeit formuliert Walter B. Simon, daß die „Synthese von pragmatischem Reformismus mit utopischen gesellschaftspolitischen Zielen" darin besteht, „Reformen nicht bloß als Selbstzweck, sondern als Schritte in die Richtung der sozialistischen Gesellschaft" anzusehen. Österreich 1918 – 1938. Ideologie und Politik, Wien–Graz–Köln, 1984, S. 73

[8]) Ernst Bruckmüller: Sozialgeschichte Österreichs, a. a. O., S. 435.

[9]) Das Prinzip der Mehrheitsfähigkeit ist der zentrale analytische Angelpunkt in Anthony Downs' Ökonomischer Theorie der Politik, wo die Parteien unter dem Blickwinkel der „Stimmenmaximierung" untersucht werden. Vgl. a. a. O., S. 30, 50.

[10]) Dieser „Sprung ins technische Zeitalter" ist Gegenstand einer Arbeit, die der Autor demnächst fertigzustellen und veröffentlichen zu können hofft.

[11]) Der Nachweis einer solchen spontanen Ordnung, in der sich die Menschen abstrakten, schädliche Handlungstypen ausschließenden Regeln unterwerfen, im übrigen aber ihre eigenen Ziele verfolgen, damit aber gleichzeitig zum gesellschaftlichen Wohle beitragen, ist jene große Idee Friedrich A. von Hayeks, die sich durch dessen gesamtes Werk wie ein roter Faden durchzieht. Eine magistrale Darstellung der Prinzipien dieser Ordnung findet sich im 1. Bd. von Recht, Gesetzgebung und Freiheit. Regeln und Ordnung, München 1980. Zu den besonderen Kennzeichen dieser Ordnung siehe S. 60 ff.

[12]) Dieser Themenkomplex, der einige der brennendsten Probleme unserer modernen Gesellschaft umfaßt, ist Gegenstand einer technikphilosophischen Arbeit, an deren Fertigstellung der Autor zur Zeit arbeitet. Der Leser möge nicht ungehalten sein, wenn ihm diese zentralen Fragen unserer modernen Zivilisation, die hier in extrem komprimierter Form wiedergegeben werden, durch diese Darstellung nicht völlig einsichtig werden. Dieser Überblick hat lediglich den Zweck, die Behauptung der sich steigernden Komplexität unter Beweis zu stellen.

[13]) Marx behauptet das genaue Gegenteil:„Die Interessen, die Lebenslagen innerhalb des Proletariats gleichen sich immer mehr aus, indem die Maschinerie mehr und mehr die Unterschiede der Arbeit verwischt ...", Manifest der kommunistischen

Partei, a. a. O., S. 41. Auf diesem Irrtum ruht Marx' ganzes Denksystem.
Auf diesem Irrweg folgen ihm alle doktrinären Marxisten. Siehe z. B. Leonid I. Breshnew: „Der wissenschaftlich technische Fortschritt führt überall zu einem Wachstum der Arbeiterklasse, so auch durch neue Berufe, die aus der Produktion erwachsen." In: Auf dem Wege Lenins, Bd. 3, zitiert in: Die Sowjetunion. Handbuch, Moskau 1979, S. 105
Dieser Irrtum ist wohl nur durch die tautologische Fassung des Klassenbegriffes erklärbar, wie sie auch Schumpeter kritisiert. Siehe Kapitel 3.4., FN 12 dieser Arbeit.

[14]) Zur entgegengesetzten, nach der hier vertretenen Aufgabe völlig unhaltbaren Vorstellung, wonach das Komplizierterwerden der sozialen Verhältnisse und der rasche Wandel umgekehrt eine Erweiterung der staatlichen Daseinsvorsorge erheische, siehe Johano Strasser: Grenzen des Sozialstaates? 2. Aufl., Köln 1983, S. 36. Die Auffassung der Sozialdemokratie geht dann dahin, „eine Erweiterung der Informationsbeschaffungs- und verarbeiterkompetenz" herbeiführen zu können, um ein „möglichst lückenloses Netz sozialer Sicherung" zu schaffen. Ebenda S. 37.

7. Kapitel

[1]) Zu frühen Versuchen der Christlichsozialen Partei, einer größeren Zahl differenzierterer Interessen durch ihre Organisation zu entsprechen, siehe Anton Staudinger: Christlichsoziale Partei, in: Erika Weinzierl, Kurt Skalnik (Hrsg.): Österreich 1918 – 1938, a. a. O., S. 249 – 279, hier S. 251.

[2]) Sie werden dabei von der empirischen Sozialforschung bestärkt, die die Wählerschaft gerne in derartige Gruppen aufteilt. Eine solche Tabelle, in der alte Großgruppen gemeinsam mit „neuen" Gruppen im hier behandelten Sinn aufgelistet sind, findet sich z. B. bei Peter A. Ulram: Um die Mehrheit der Mehrheit, in: Demokratierituale, a. a. O., S. 203 – 237, hier S. 205.

[3]) Obwohl die Sozialdemokraten die Frauenfrage und die Christlichsozialen die Frauen und die Jugendlichen bereits in ihren jeweiligen Programmen von 1926 ansprachen (vgl. Albert Kadan, Anton Pelinka: Die Grundsatzprogramme der Österreichischen Parteien. Dokumentation und Analyse, St. Pölten 1979, S. 84, 115), ist eine systematische programmatische Betreuung derartiger Gruppen eindeutig ein Phänomen der Zeit nach dem 2. Weltkrieg. Siehe bestimmte Punkte des SPÖ Programmes von 1958 (ebenda S. 100 ff) und des ÖVP Programmes von 1958 (ebenda S. 100).

[4]) Das gilt besonders dann, wenn die Lohnpolitik der beiden Sektoren durch eine personelle Vergrößerung bzw. Verkleinerung des einen oder anderen Sektors auf Kosten des je anderen beeinflußt wird. Vgl. Burkhardt Röper: Die Lohnpolitik der Arbeitnehmer im öffentlichen und gemeinwirtschaftlichen Unternehmen, in: Arbeitnehmer in öffentlichen und gemeinwirtschaftlichen Unternehmungen, hrsg. von Peter Eichhorn und Achim von Loesch, Baden Baden 1980, S. 29 – 51, hier S. 33.

[5]) Vgl. Gerhard Seicht: Arbeitszeitverkürzung. Aktuelle Situation, politische Forderungen und ökonomische Konsequenzen, Wien 1981, S. 62, 85 f
Über die möglicherweise negative Beschäftigungswirksamkeit siehe auch Uwe Vorkötter: Auswirkungen einer Verkürzung der Wochenarbeitszeit auf die Nachfrage der Unternehmen nach Arbeitskräften, Frankfurt/Main 1982, S. 81 ff, 145, sowie Bernd Hof: Arbeitszeitverkürzung – ein Mittel der Beschäftigungspolitik? In: Arbeitszeitverkürzung. Hrsg. von Thomas Kutsch und Fritz Vilmar, Obladen 1983, S. 149 – 174, hier S. 173.

[6]) Das ergibt sich klar aus Hayeks Konjunkturtheorie. Siehe Preise und Produktion, Wien 1931, S. 36 ff, 75
Seine Erkenntnis wird auch von modernen Konjunkturtheoretikern gewürdigt. Siehe

z. B. Bernd Meyer: Relative Preise, Produktionsstruktur und Konjunktur, Tübigen 1981, S. 38 f, 91 ff, 109 ff
Damit fangen Autoren, die die Konjunkturtheorie von vornherein als Teil der Makroökonomie bezeichnen, freilich nichts an. Vgl. Walter Assenmacher: Lehrbuch der Konjunkturtheorie, München 1984, S. 300.

[7]) Das „magische Dreieck" – Preisniveaustabilität, Vollbeschäftigung und Zahlungsbilanzausgleich (Vgl. z. B. Ulrich Teichmann: Grundriß der Konjunkturpolitik, München 1982, S. 79 ff) - wird gern von einigen Autoren um den Faktor Wirtschaftswachstum zum „magischen Viereck" erweitert, das den Forderungen des bundesdeutschen Stabilitätsgesetztes entspricht. (Vgl. Hans-Jürgen Ahrns, Hans-Dieter Feser: Wirtschaftspolitik, 3. Aufl. , München-Wien 1985, S. 94 ff)
Bombach hat das magische Dreieck um die Ziele „Verteilungsgerechtigkeit" und „Wirtschaftswachstum" zum „magischen Fünfeck" ausgebaut. Vgl. Helga Luckenbach: Theoretische Grundlagen der Wirtschaftspolitik, München 1986, S. 250
Eine ebenso übersichtliche wie kritische Darstellung wirtschaftspolitischer Zielsysteme gibt Egon Tuchfeld: Bausteine zur Theorie der Wirtschaftspolitik, Bern–Stuttgart 1983, S. 163 ff.

[8]) Die Möglichkeit der Bildung von Koalitionen von Minderheiten, wie sie Anthony Downs referiert, geht deshalb in den meisten Fällen ins Leere. Vgl. Ökonomische Theorie der Demokratie, a. a. O., S. 54.

[9]) Vgl. Friedrich A. von Hayek: Recht, Gesetzgebung und Freiheit, Bd. 3, Die Verfassung einer Gesellschaft freier Menschen, Landsberg/Lech 1981, S. 188 f: Der Wähler gibt Zustimmung zu vielen Bestechungen, um eigene Sonderwünsche befriedigt zu bekommen.

[10]) Hayek spricht von einer Schacher-Demokratie, in der die Regierung zur Selbstbeherrschung grundsätzlich unfähig ist. Vgl. Recht, Gesetzgebung und Freiheit, Bd. 3, a. a. O., S. 138.

[11]) Vgl. derselbe: Recht, Gesetzgebung und Freiheit, Bd. 2, Die Illusion der sozialen Gerechtigkeit, Landsberg/Lech 1981, S. 191 f. Jeder einzelne Akt ruft nach einem neuen, die Regierung wird durch ihre eigenen Präzedenzfälle getrieben.

[12]) Die Regierung ist korrupt, aber schwach. Sie muß tun, was sie tun kann. Vgl. Friedrich A. von Hayek: Recht, Gesetzgebung und Freiheit, Bd. 3, a. a. O., S. 27.

[13]) Die Demokratie wird totalitär, sie wird zur pläbiszitären Diktatur. Vgl. Friedrich A. von Hayek: Recht, Gesetzgebung und Freiheit, a. a. O., S. 19.

[14]) Diese Art von Demokratie setzt daher nicht – wie Anthony Downs für jede Art von Demokratie behauptet (Ökonomische Theorie der Demokratie, a. a. O., S. 159) –einen Konsens über die Ziele der Politik voraus.

[15]) Adolf Wagner, nach dem jenes berühmte Gesetz benannt ist, nach welchem der Bereich der Staatstätigkeit immer ausgedehnter wird (Die Ordnung des österreichischen Staatshaushaltes, Wien 1863, zitiert nach der Neuauflage Wien 1984, S. 31), läßt die institutionellen Bedingungen dieser Ausdehnung, also die Voraussetzungen einer evolutionär wirkenden „Gefälligkeitsdemokratie", naturgemäß unberücksichtigt. Er geht eindeutig von einer bewußten Handhabung und Ausdehnung des Staatsbudgets durch die Politik aus. Vgl. ebenda: S. 29, 84.

[16]) Der Versuch von Anthony Downs, diese Größe durch die Erstellung eines „Parteidifferentials" zu bestimmen, ist für den hier behandelten Prozeß deshalb falsch, weil er von einem statischen Nutzen ausgeht, der sich als das Produkt eines einheitlichen Regierungs- bzw. Parteiprogramms innerhalb der laufenden bzw. zukünftigen Regierungsperiode ergibt. Das Wesentliche, die Sukzession von Sonderinteressen wird in diesem Ansatz also nicht berücksichtigt.

[17]) Wir schlagen für die qualitative Erfassung einer solchen Nutzengröße folgendes Modell vor (Dabei beschränken wir uns hier auf den einfacheren Fall, daß die zu beur-

teilende Partei X die Regierungspartei der laufenden Legislaturperiode war. Im Falle der Oppositionspartei ergibt sich ein etwas komplizierteres, aber logisch ähnlich strukturiertes Kalkül):

$$G_{ng} = \sum_{i=1}^{n} S\,\mathrm{pos}_i \cdot B_i - \sum_{j=1}^{n} S\,\mathrm{neg}_j \cdot B_j +$$

$$+ \frac{\sum_{i=1}^{n} S\,\mathrm{pos(e)}_i \cdot p_i \cdot B_i - \sum_{j=1}^{n} S\,\mathrm{neg(e)}_j \cdot p_j \cdot B_j}{Vf}$$

Dabei sind G_{ng} = Gesamtnutzengröße (= Beurteilungskriterium für die Wahl oder Nichtwahl der Partei X

S pos_i = nach dem zeitlichen Abstand vom Betrachtungszeitpunkt (z. B. Wahltag) „abgezinste" (in der Erinnerung verschwindende) politische Sondervorteile, die im Laufe der vergangenen Legistlaturperiode durch die Partei X gewährt wurden.

S neg_j = nach dem zeitlichen Abstand vom Betrachtungszeitpunkt (z. B. Wahltag) „abgezinste" Nachteile, die im Gefolge politischer Aktivitäten der Partei X aufgetreten sind.

S $\mathrm{pos(e)}_i$ = vermutete Maßnahmen der Partei X in der kommenden Legislaturperiode, die positive Wirkungen haben.

S $\mathrm{neg(e)}_j$ = vermutete Maßnahmen der Partei X in der kommenden Legislaturperiode, die negative Wirkungen haben.

B = Betroffenheitsfaktor (gibt das Ausmaß an, in dem in die Interessen des Betrachters eingegriffen wird.

p = vermutete Wahrscheinlichkeit, mit der eine geplante Maßnahme von der Partei X tatsächlich realisiert bzw. durchgesetzt wird.

Vf = allgemeiner Verschwommenheitsfaktor, der sich daraus ergibt, daß der Beobachter die Zusammenhänge der zukünftigen politischen Konstellation und deren Wirkungen nur sehr bedingt abschätzen kann.

Wenn die Gesamtnutzengröße G_{ng} unter ein bestimmtes Niveau sinkt (und keine bessere Alternative bereitsteht), verschwindet der Anreiz, sich überhaupt an Wahlen zu beteiligen Die G_{ng} sinkt ceteris paribus, wenn das Anwachsen der Zahl der gesellschaftlichen Gruppen dafür sorgt, daß die relative Zahl der Betroffenheitsfaktoren für politisch vermittelte Vorteile, die größer Null sind, sinkt bzw. die relative Zahl der Betroffenheitsfaktoren für politisch verursachte Nachteile, die größer Null sind, steigt. Die G_{ng} sinkt ebenso, wenn der Verschwommenheitsfaktor Vf aufgrund zunehmender gesellschaftlicher Unübersichtlichkeit steigt.

18) In den aktuellen Parteiprogrammen siehe: für die SPÖ im Programm von 1978 die Punkte „2.2. 3.

Für die Mitverantwortung der Jugend", „2.2. 4. Für die Mitarbeit der älteren Generation", „2.2. 5. Für die Gleichberechtigung und Selbstentfaltung der Frau". Für die ÖVP im Salzburger Programm von 1972 die Punkte „5.1. Jugend", „5.2. Frau und Mann", „5.4. Alter".

Als Nachschlagwerk für die Parteiprogramme seit 1926 bietet sich übrigens an: Albert Kardan, Anton Pelinka: Die Grundsatzprogramme der österreichischen Parteien. Dokumentation und Analyse, St. Pölten 1979

19) Dieser Begriff deckt sich mit dem, was die Soziologen gerne eine „Soziale Kategorie" nennen. Vgl. z. B. Wörterbuch der Soziologie, begründet von Günter Harfiel, 3. Aufl., Stuttgart 1982, S. 371 Vgl. auch Birgit Beckmann, Christiane Ryffel: Soziologie im Alltag, Weinheim-Basel 1981, S. 33.

20) „Es gibt nicht 'die' Jugendlichen und nicht 'den' jugendlichen Lebenstil. Es gibt

nicht 'die' Weltanschauung und nicht 'die' Moral der Jugendlichen. Viele Vorstellungen und Erfahrungen leben heute bei den 15- bis 25-jährigen nebeneinander oder gegeneinander." Jörg Bopp: Opfer oder Rebellen? In: Der lautlose Auszug, hrsg. Eberhard Pies, Freiburg/Br. 1983, S. 47 – 70, hier S. 47.

[21]) Deshalb ist Leopold Rosenmayers Formulierung, „Jugend sei eine gesellschaftlich-geschichtlich gewordene Gestalt, die ein machtvolles kritisches Reaktionspotential darstellt", äußerst mißverständlich. Siehe „Wege zum Ich – Jugendentwicklung im kulturellen und politischen Wandel", in: Jugend in Österreich – Realität und Perspektive, S. 96 – 110, hier S. 96, 99.

[22]) Dietmar Mieth bezeichnet die „Jugend" als einen „Zwischenbereich zwischen ... der Integration in den Familienbereich und der Integration in die öffentliche Arbeits- und Dienstleistungswelt". In: Auf der Suche nach Nähe und Wärme, in: Der lautlose Auszug, a. a. O., S. 71 – 92, hier S. 73.

[23]) „Die Jugend ist ein Spiegel unserer selbst", sagt Ernst Gehmacher (Jugend in Österreich. Die unberechenbare Generation, Wien 1981, S. 182), der „Jugend" als einen Übergangszustand in der menschlichen Entwicklung begreift, der in unserer Gesellschaft einen immer längeren Zeitraum für sich in Anspruch nimmt, dessen Grenzen nach oben immer fließender werden und dessen Wesenszüge für weite Teile der gesamten Gesellschaft charakteristisch sind. Vgl. ebenda S. 21 ff, 47.

[24]) Für die Überrepräsentanz jugendlicher Protestsubkulturen sagt Roland Eckert: „Wenn nun abweichende und protestierende Jugendliche Nachrichten produzieren, das Kommunikationssystem diese Nachrichten handelt und multipliziert, entsteht in der Gesellschaft ein Bild von einer Jugend als einer protestierenden Jugend." In: Macht und Selbstbehauptung, in: Der lautlose Auszug, a. a. O., S. 27 – 46, hier S. 41, siehe auch S. 29.

[25]) „Die Jugendlichen werden zum verzerrten Spiegelbild dessen, was der Beobachter für sich selbst ersehnt oder an sich selbst haßt." Jörg Bopp: Opfer oder Rebellen, a. a. O., S. 47.

[26]) In ein- und demselben Sammelband zum Thema „Jugend" halten zwei verschiedene Autoren die Jugendlichen einmal für wahrhaft, verantwortungsbewußt, an Treue interessiert (Hans Hafner, in: Jugend in Österreich – Realität und Perspektiven, a. a. O., S. 75 – 78), das andere Mal für risikoreich, protestierend und mit persönlicher Verantwortung nichts anfangen könnend (Klaus-Jürgen Scherer: Jugendkultur – alternativer Protestzyklus – neue Trends, in: ebenda, a. a. O., S. 117 – 142, hier S. 118).

[27]) Vgl. Heinz Fischer, der der „Jugend" ohne Beleg eine Reihe von Zielen und Wesenszügen unterstellt, die offenbar dazu dienen sollen, seine eigenen politischen Ziele zu legitimieren. In: Jugend und Gesellschaft, in: Jugend in Österreich – Realität und Perspektiven, a. a. O., S. 16 – 24, hier S. 19 ff.

[28]) Vgl. Walter Jambor: „Das Ende wird furchtbar sein!" Wird das Ende furchtbar sein? Österreich unter und nach Kreisky, Wien 1981, S. 39 ff.

[29]) Vgl. die Analyse zur „Frauenproblematik" im SPÖ Parteiprogramm von 1978, Artikel 2.2. 5., obwohl auch von bürgerlichen Frauenvertreterinnen ähnliches formuliert wird. Vgl. Marilies Flemming: Politik für Frauen, in: dieselbe: Politik für die Frauen Bd. 9 der Schriftenreihe der politischen Akademie, Wien 1986 S. 7 – 12, hier S. 7 Vgl. auch den blaustrumpfigen Artikel von Irene J. Dyk: Gesellschaftspolitische Aspekte der Frauenfrage in Österreich, in: Alois Mock (Hrsg.): Durchbruch in die Moderne, Graz-Wien-Köln, 1981, S. 297 – 312.

[30]) Diese Position wird allerdings meist nur von männlichen Autoren vertreten (was natürlich nichts gegen ihre Qualität sagt). Vgl. z. B. Erik Ritter von Kuehnelt Leddhin: Rechts, wo das Herz schlägt. Ein Panoptikum für garantiert unmoderne Menschen, Wien-Graz-Köln 1980 S. 200.

[31]) Das Beziehungsgeflecht zwischen einer Person, einem bestimmten Zweck und einem dafür geeigneten Mittel nennt Hayek einen „teleologischen Begriff". Vgl.: Die Tatsachen in den Sozialwissenschaften, in: Individualismus und wirtschaftliche Ordnung, 2. Aufl., Salzburg 1976, S. 78 – 102, hier S. 81.

[32]) Die ersten Autoren, die nachwiesen, daß eine rationale Wirtschaftsrechnung ohne in Geld ausgedrückte Preise, die auf Tauschrelationen und dem Wirksamwerden subjektiver Bewertungen beruhen, unmöglich ist, waren in den frühen 20er Jahren – unabhängig voneinander – Ludwig von Mises, Max Weber und Boris Brutzkus. Vgl. Friedrich A. von Hayek: Sozialistische Wirtschaftsrechnung I. Natur und Geschichte des Problems, in: Individualismus und wirtschaftliche Ordnung, a. a. O., S. 156 – 191, hier S. 186 f

Hayeks Leistungen auf diesem Gebiet sind in den drei Aufsätzen „Sozialistische Wirtschaftsrechnung I, II, III", alle im genannten Sammelband, zusammengefaßt.

8. Kapitel

[1]) In einem ähnlichen Zusammenhang kommt Adam Schaff zu einem völlig anderen Ergebnis: Da es im Gefolge der Mikroelektronik zu hoher struktureller Arbeitslosigkeit kommt, verschwindet die Arbeit im herkömmlichen Sinn und mit ihr die Arbeiterklasse (Wohin führt der Weg, Wien 1985, S. 48 ff, 148). Die dieser Situation adäquate politische Konstellation wäre (wie könnte es bei Schaff anders sein?) eine neue Art von Sozialismus (vgl. ebenda S. 42 f).

[2]) Das hat Marx bis zu seinem Tode nicht erkannt. Er hielt bis zum bitteren Ende am Konzept einer strengen Zweiteilung der Gesellschaft fest, obwohl er die zunehmende gesellschaftliche Differenzierung (selten) erkannte. Siehe sein unvollendetes 52. Kapitel „Die Klassen" im 3. Bd. des „Kapitals", a. a. O., S. 892 f.

[3]) Noch vor etwa zwei Jahrzehnten wäre diese These selbst bei antisozialistischen Denkern auf Unverständnis gestoßen. Johannes Messner schreibt z. B. 1964: „Wir denken also keineswegs an eine Zukunft ohne Sozialismus, sondern an einen anderen Sozialismus mit neuer Zukunft, nämlich in einer Gemeinschaftsordnung, in der er den stärksten bewegenden Kräften in gleicher Weise des wirtschaflichen wie des sozialen Fortschrittes gehört." Zitiert bei Johannes Messner: Was bedeutet „christlich demokratisch" heute? In: Um Parlament und Partei, Alfred Maleta zum siebzigsten Geburtstag, Wien-Graz-Köln 1976, S. 1 – 12, hier S. 8

Inzwischen hat die gesellschaftlich-politische Entwicklung große Teile jenes Wirkmusters entfaltet, das wir uns hier zu beschreiben bemühen, sodaß unsere These heute hoffentlich auf mehr Verständnis stößt, als sie seinerzeit vermutlich gestoßen wäre.

9. Kapitel

[1]) Dazu, daß die Wurzellosigkeit der Arbeiterschaft und ihr Bedürfnis nach einer neuen geistigen Heimat zu den Hauptmotiven zählte, sich den Sozialdemokraten anzuschließen, siehe Karl Renner, zitiert bei Mark E. Blum: The Austro-Marxists, a. a. O., S. 32 und das ganze Kapitel „Karl Renner's Search for Home", S. 31 ff.

[2]) Dies heißt natürlich keineswegs, daß die indirekten Wirkungen von politischen Maßnahmen, die jeden Wähler betreffen, geringer werden. Wie wir oben angeführt haben, ist das genaue Gegenteil der Fall.

[3]) Für eine programmatische Grundlegung siehe in den Parteiprogrammen: SPÖ-Programm von 1978 Artikel 2.2. 2 „Für eine solidarische Gesellschaft". Die ÖVP versucht diesem Begriff im Salzburger Programm (1972) das „Partnerschaftsprinzip" entgegenzustellen und den Begriff „Solidarität" zu vermeiden. Man denke aber nur an diverse Aussagen hochrangiger ÖVP-Landespolitiker, die in struktur- und regionalpolitischen Fragen ständig auf „Solidarität" insistieren.

[4]) „Solidarische Lohnpolitik" kann als Beispiel für die Aufrechterhaltung der Fiktion alter Klassengegensätze und die Verschleierung „klassischer" Konflikte angesehen

werden. Josef A. Schumpeter betont, daß sich ein vermeintlicher Klassengegensatz in der Lohnpolitik sehr leicht als „ein Gegensatz zwischen den Interessen der Gegenwart und den Interessen der Zukunft" entpuppen kann. Siehe: Grenzen der Lohnpolitik, in: Aufsätze zur Wirtschaftspolitik, Tübingen 1985, S. 192 – 201, hier S. 194.

[5]) Vgl. Karl Blecha: Demokratischer Sozialismus und christliche Grundwerte, in: Rote Markierungen '80, hrsg. von Heinz Fischer, Wien 1980, S. 35 – 80, hier S. 66 f.

[6]) Dieser Zusammenhang wird auch in der sachlichen, nicht polemischen Literatur üblicherweise nicht eingestanden oder völlig verwischt. Vgl. z. B. Dynamische Theorie der Sozialpolitik, hrsg. von Philip Herder-Dorneich, Berlin 1981, S. 55 ff.

[7]) Vgl. Katholisches Soziallexikon, hrsg. von Alfred Klose, Wolfgang Mantl, Valentin Zsifkovits, Innsbruck-Wien München 1980, Sp. 2583.

[8]) Vgl. z. B. Alfred Dallinger: Politik in einer Umbruchsituation, in: Perspektiven 90. Sozialdemokratische Wirtschaftspolitik, Wien 1985, S. 447 – 456, hier besonders S. 454.

10. Kapitel

[1]) Da die Massenpartei eine Organisation ist, können wir das Bild vom „informationsverarbeitenden sozialen System" in Analogie zur Organisations- und Unternehmenskybernetik sehr wohl nutzbringend verwenden. Vgl. Hans Ulrich: Die Unternehmung als produktives soziales System, Bern-Stuttgart 1970, besonders S. 257 ff.

[2]) Die Reduktion von Organisationen auf ihre materiallosen Informationsströme gilt in der Organisationskybernetik zu Recht als legitimes Abstraktionsmittel zur Erfassung von Ordnungszusammenhängen in organisatorischen Strukturen. Vgl. z. B. Heinrich Flik: Kybernetische Ansätze zur Organisation des Führungsprozesses der Unternehmung, Berlin 1969, S. 17 ff.

[3]) Diese Informations-Definition findet sich z. B. bei Waldemar Wittmann: Unternehmung und unvollkommene Information, Köln-Opladen 1959, S. 14.

[4]) Wenn wir uns auch hier der Sprache der Kybernetik bedienen würden, so müßten wir sagen, daß das Verfahren der klassifizierenden Aggregation ein Steuerungsprozeß ist, in dem das Vorliegen von relativ viel theoretischem Wissen eine rückkopplungslose Beeinflussung der Gesellschaft ermöglicht, während die Politik nach dessen Zerfall ihrem Wesen nach Regelung ist, die auf die Zufuhr immer neuer und aktueller Daten angewiesen ist. Zur Unterscheidung von Steuerung und Regelung vgl. z. B.: Wörterbuch der Kybernetik, hrsg. von Georg Klaus, Berlin 1968, S. 523.

[5]) Alles, was in der Theorie der Wirtschaftspolitik als Problem der Wirkungsabschätzung diskutiert wird, kann im Grunde als Sonderfall dieses Problemkreises interpretiert werden. Denn „Abschätzung der Wirkung" heißt bzw. müßte unmißverständlicherweise heißen: „Abschätzung der Wirkung für bestimmte Gruppen von Menschen". Als Beispiel sei hier nur auf die bekannt gewordene Analyse der timelags in der Geldpolitik verwiesen, die Milton Friedman zum ersten Mal 1960 durchgeführt hat (A Programm for Monetary Stability, New-York 1960, S. 86 ff). In unserem Ansatz ist eine derartige Wirkungsverzögerung mit einer Verlagerung des Effekts von einer Gruppe auf eine andere Gruppe gleichzusetzen.

[6]) Walter Eucken beschreibt das „Gewirr der Tatsachen" unter dem Schlagwort der „Interdependenz" wirtschaftlicher Phänomene. Siehe: Die Grundlagen der Nationalökonomie, 4. Aufl., Jena 1944, S. 23.

[7]) Zu den Veränderungen in der US-Automobilindustrie siehe Charles F. Sabel: Neo-Fordismus or flexible Specialisation? In: Strukturpolitik als Dimenson der Vollbeschäftigungspolitik, hrsg. von Helmut Kramer und Felix Butschek, Stuttgart 1983, S. 59 – 75, hier S. 65.

[8]) Über die historischen Umstände der Verbreitung der Meinungsforschung in der österreichischen Politik berichtet Walter Fessel: Politik in Zahlen, in: Demokratierituale, a. a. O., S. 263 – 270.

[9]) In diesen Zusammenhang verweisen Fritz Plasser und Peter Ulram darauf, daß „die inflationäre Veröffentlichung demoskopischer Umfrageergebnisse“ ein „unverwechselbares Kennzeichen der modernen 'Pseudopolitik'“ ist. In: Unbehagen im Parteienstaat, Wien-Köln-Graz 1982, S. 89.

11. Kapitel

[1]) Diese Entwicklung mündete direkt in die Gründung der Econometric Society (in Cleveland) im Jahre 1930, an der u. a. Josef A. Schumpeter, Ragnar Frisch und Jan Tinbergen beteiligt waren.

[2]) Vgl. Herbert Tumpel: Beirat für Wirtschafts- und Sozialfragen, in: Methoden der Politikberatung im wirtschaftspolitischen Bereich, Wien 1984, S. 29 – 40, hier besonders S. 30 ff.
Vgl. auch Gerhard Lehmbruch: Österreichs sozialpartnerschaftliches System im internationalen Vergleich, ebenda S. 41 – 62, hier S. 44 ff.

[3]) Nur die Art und Weise dieser Absorption wurde da oder dort kritisiert: „. . . die Heranziehung kritischer Intelligenz, die ohnehin oft genug auch zur völligen Integration wurde, erfolgte lediglich an den Spitzen . . .“ Siehe Albrecht K. Konecny: Organisation und Bildungsarbeit in der österreichischen Sozialdemokratie: Die Wiederherrstellung des Handelns, in: Roter Anstoß, a. a. O., S. 31 – 43, hier S. 39.

[4]) Denn Politik sei ohne Mithilfe der Wissenschaft praktisch nicht mehr möglich. Vgl. Bruno Kreisky: Wissenschaft und Politik in der industriellen Gesellschaft, in: Aspekte des demokratischen Sozialismus, München 1974, S. 182 – 193, hier S. 190.

[5]) Auf die Funktion der Legitimitätssicherung, die die Meinungsforschung oft wahrzunehmen hat, verweist Rudolf Bretschneider: Demoskopie als Politikersatz, in: Demokratierituale, a. a. O., S. 271 – 277, hier S. 274.

[6]) Der international bekannteste Fall einer euphorisch gefeierten wissenschaftlichen Politikberatung ist wohl das in den 70er Jahren eindeutig keynesianisch ausgerichtete „Council of Economic Advicers“ in den USA. Vgl. Bruno S. Frey: Moderne Politische Ökonomie, München 1977, S. 67.

[7]) Auf der Basis dieses Denkens ist Wirtschaftspolitik als Optimierungsproblem auffaßbar, das in einer Zielfunktion formalisiert werden kann. Vgl. etwa Alfred Mautner: Stabilisierungspolitik im Lichte von Gleichgewichts- und Ungleichgewichtstheorie, Göttingen 1985, S. 19 ff.

[8]) Siehe Friedrich A. von Hayeks Arbeiten „Szientismus und das Studium der Gesellschaft“ und „die Gegenrevolution der Wissenschaft“, beide in: Mißbrauch und Verfall der Vernunft, Frankfurt/Main 1959.

[9]) Das Maß der Indienstnahme der Wissenschaft durch die Politik scheint manchen Autoren immer noch zu gering zu sein. Vgl. Karl Jürgen Biebach und Helga Milz: zur Bedeutung der gewerkschaftlichen Organisierung von Wissenschaftlern für die Kooperationsbeziehung zwischen Gewerkschaften und Hochschule, in: Wissenschaft und Arbeitnehmerinteresse, Jahrbuch für Sozialökonomie und Gesellschaftstheorie, Opladen 1980, S. 42 – 80, hier S. 43.

[10]) Zur Notwendigkeit von direkter Umsetzbarkeit politisch in Auftrag gegebener Arbeiten siehe Gerhard Leminsky: Erfahrungen bei der Verwertung und Umsetzung von Wissenschaft im Arbeitnehmerinteresse, in: Wissenschaft und Arbeitnehmerinteresse, a. a. O., S. 32 – 41, hier S. 34.

[11]) Mit der Frage der perfekten öffentlichen Verwaltung durch den Einsatz von Mikroelektronik beschäftigt sich Klaus Lenk: Informationstechnik und Gesellschaft, in: Auf Gedeih und Verderb. Mikroelektronik und Gesellschaft. Bericht an den Club of Rome, hrsg. von Günter Friedrichs und Adam Schaff, Wien 1982, S. 289 – 326, hier besonders S. 323 ff. Vgl. auch Adam Schaff in: Wohin führt der Weg, der dort die Ansicht vertritt, daß in der Informatik Gesellschaft die gesellschaftliche Macht des Staates um ein Vielfaches wachsen wird. A. a. O., S. 80.

[12]) Manche Autoren sind auch der Auffassung, daß die mikroelektronische Revolution

endlich die Voraussetzungen für eine neue, utopische Gesellschaft böte. Vgl. Adam Schaff: Beschäftigung kontra Arbeit, in: Auf Gedeih und Verderb, a. a. O., S. 353 – 366, hier besonders S. 362 ff.

[13]) Vgl. Friedrich A. von Hayek: Sozialistische Wirtschaftsrechnung II. Der Stand der Diskussion 1935, in: Individualismus und wirtschaftliche Ordnung, a. a. O., S. 192 – 219, hier S. 201.

[14]) Über die Verstreutheit des Wissens in den Sozialwissenschaften vgl. Friedrich A. von Hayek: Die Verwertung des Wissens in der Gesellschaft, in: Individualismus und wirtschaftliche Ordnung, a. a. O., S. 103 – 121, hier S. 103 f.
Vgl. auch derselbe: Szientismus und das Studium der Gesellschaft, a. a. O., S. 36
Vgl. auch derselbe: Recht, Gesetzgebung und Freiheit, Bd. 1, Regeln und Ordnung, München 1980, S. 30.

[15]) Das gilt besonders dann, wenn man weiterhin am „Klassencharakter der Wissenschaft" festhält und sie in eine „bürgerliche" und „nicht-bürgerliche" unterteilt. Vgl. Manfred Wetzel: Gegenstand und Erkenntnispraxis der Gesellschaftswissenschaften, in: Wissenschaft und Arbeitnehmerinteresse, a. a. O., S. 153 – 165, hier S. 160 f.

[16]) Ein Paradebeispiel ist die „Aktion 20" der ÖVP, die deren Parteitag des Jahres 1966 dominierte. Sie wurde von Kreisky mit seinen „1400 Experten" nachgeahmt, die sich als Wahlkampfschlager erwiesen. Vgl. Karl Pisa: Politische Erneuerung in der Ära Klaus, in: Alois Mock (Hrsg.): Durchbruch in die Moderne, a. a. O., S. 33 – 51, hier S. 41.

[17]) Es ist dabei interessant, daß es sogar innerhalb der Parteien bei zahllosen Themen zu jeder These eine Antithese gibt. Vgl. Walter Jambor: „Das Ende wird furchbar sein", a. a. O., S. 113.

[18]) Die Praxis unterschiedlicher gesellschaftlicher Verwertungsinteressen läßt sich elegant mit dem Terminus „gesellschaftswissenschaftlicher Partikularismus" umschreiben. Vgl. Manfred Wetzel: Gegenstand und Erkenntnispraxis der Gesellschaftswissenschaften, a. a. O., S. 154.

[19]) Daß das Wirtschaftsgeschehen durch eine Ausweitung der Zahl der Instrumente der Globalsteuerung besser beherrscht werden kann, wird auch in den 80er Jahren noch verschiedentlich behauptet. Siehe z. B. Johann Welsche: Globalsteuerung in der Bundesrepublik Deutschland, Köln 1980, S. 207 ff.

[20]) Zu einer orthodoxen Darstellung der Instrumente des „Deficit Spending" siehe z. B. Richard Müller, Werner Röck: Konjunktur- und Stabilisierungspolitik, 2. Aufl., Berlin-Köln-Mainz 1980, S. 106 ff.

[21]) Dieser Irrglaube ist verschiedentlich auch in die Lehrbuchliteratur übernommen worden. Vgl. Hermann Bartmann: Verteilungstheorie, München 1981, S. 315 ff.

[22]) Zur Erschütterung dieser Zuversicht siehe Johano Strasser: Grenzen des Sozialstaates, a. a. O., S. 38.

[23]) Das Scheitern der in den 70er Jahren als überlegen eingestuften Konjunkturpolitik stellt in umfassender Weise Wolfgang Schmitz dar. In: Die antizyklische Budgetpolitik – eine Illusion, Frankfurt/Main 1976, besonders S. 59 ff, 64 ff, 103 ff, 134 ff, 227 ff.

[24]) Vgl. Helmut Vetter: Zwickmühle Zwentendorf, Wien 1983, S. 255 ff.

[25]) Bruno Kreisky formulierte 1973 das Ideal, daß die Politik als Katalysator für die gesellschaftsrelevanten Einzelwissenschaften zu fungieren hätte. Vgl. Wissenschaft und Politik in der industriellen Gesellschaft, a. a. O., S. 185.

[26]) Ernst Gehmacher, der in diesem Zusammenhang einen „postmaterialistischen Wertewandel" erkennen will, ist in diesem Fall nicht rechtzugeben. Vgl. Jugend in Österreich, a. a. O., S. 144
Die materielle Übersättigung, wie sie auch Fritz Plasser und Peter Ulram für eine Hauptursache eines behaupteten Wertewandels zu halten scheinen, spielt hier nur

eine untergeordnete Rolle. Vgl. Unbehagen im Parteienstaat, a. a. O., S. 40. Wie diese beiden Autoren praktisch im selben Atemzug betonen, ist wirtschaftliche Sicherheit weiterhin ein Höchstwert, besonders, wenn sie gefährdet ist. Vgl. ebenda S. 41.

[27]) Deshalb ist eine „zunehmende Technologie- und Fortschrittsskepsis" nicht der „allgemeine Hintergrund" (Siehe Plasser, Ulram: Unbehagen im Parteienstaat, a. a. O., S. 47), sondern eher der sichtbare Vordergrund.

[28]) Siehe etwa das aus einer Mischung aus völliger Konfusion und wissenschaftlicher Unredlichkeit resultierende Buch von Fritjof Capra: Das neue Denken. Aufbruch zum neuen Bewußtsein, Bern-München-Wien 1987, insbesondere das Kapitel „Das Ende der Wirtschaftswissenschaft?", wo klar zum Ausdruck kommt, daß das Versagen wirtschaftspolitischer Rezepte und die daraus resultierenden Probleme zum Anlaß für tiefgreifende Skepsis gegenüber dem traditionellen Wissenschaftsverständnis genommen wird. Vgl. S. 274 ff.

[29]) Laut einer Studie des IFES waren 1975 über 80% der Österreicher der Auffassung, daß Experten und Fachleute in den politischen Parteien eine entscheidende und positive Rolle zu spielen hätten. Zitiert nach Ernst Gehmacher: Jugend in Österreich, a. a. O., S. 148.

[30]) Und das, obwohl in Österreich die Budgetpolitik stärker als anderswo zur Nachfrageunterstützung eingesetzt wurde. Vgl. Herbert Salcher: Beitrag des Budgets zur Bekämpfung der Krise, in: Ausweg aus der Krise. Volkswirtschaftliche Tagung 1983 der OeNB, S. 111 – 117, hier S. 113.

[31]) Vgl. Wolfgang Michalski (OECD): Positive Strukturanpassung als wirtschaftspolitische Herausforderung, in: Strukturpolitik als Dimension der Vollbeschäftigungspolitik, hrsg. von Helmut Kramer und Felix Butschek, Stuttgart 1983, S. 45 – 57, hier S. 46.

[32]) Noch 1973 bezeichnete Kurt Biedenkopf (CDU) die „soziale Frage . . . (als) der Sache nach gelöst. Die Institutionen zur Gewährung von sozialer Sicherheit und Freiheit von Not sind nahezu perfekt." In: Fortschritt und Freiheit, München 1973, S. 104.

[33]) Für das Pensionsversicherungswesen siehe dazu Hans-Georg Petersen: Sicherheit der Renten, Würzburg 1981, S. 123, wo die immer größer werdenden Überhänge der Ausgaben über die Einnahmen trefflich als „Tornado-Effekt" bezeichnet werden.

[34]) Das müssen auch marktwirtschaftsfeindliche Autoren feststellen, auch wenn sie – in offenkundiger ideologischer Befangenheit – eine Intensivierung des staatlichen Einflusses in der Landwirtschaft propagieren und das Heil in einer differnzierten Mengensteuerung, dem Ausbau von Direktzahlungen etc. sehen. Vgl. Josef Krammer, Günter Scheer: Das österreichische Agrarsystem, Bd. 1, Wien 1978, S. 33 ff, 138, 190.

[35]) Zur Unzulänglichkeit der Politik in Umweltfragen im Lichte der öffentlichen Meinung siehe Fritz Plasser, Peter A. Ulram: Unbehagen im Parteienstaat, a. a. O., S. 49.

[36]) Vgl. Johann Heil: Einführung in die Ökonometrie, 2. Aufl., München- Wien 1987, S. 15 f.

[37]) Vgl. Hans Günther Seifert: Die Begründung makroökonomischer Prognosen, Frankfurt/Main 1982, S. 2, 9 ff.

[38]) „Ähnlich wie der Physiker dem Ingenieur Erklärungen in Form von Naturgesetzen zur Vefügung stellt, damit dieser in geschickter Ausnützung dieser Gesetze technische Probleme lösen kann, liefert der Wirtschaftswissenschaftler dem Wirtschaftspolitiker Erklärungen und Prognosen, die zur Lösung praktischer Probleme verwendet werden können", referiert Seifert eine weitverbreitete Ansicht. Die Begründung makroökonomischer Prognosen, a. a. O., S. 6.

[39]) Das geht auch aus den Absichtserklärungen der Ökonometriker unmißverständlich hervor. Siehe z. B. Walter Assenmacher: Einführung in die Ökonometrie, München-Wien 1980, S. 12 f
Siehe auch Hans Günther Seifert: Die Begründung makroökonomischer Prognosen, a. a. O., S. 11
Die Errichtung einer quantitativen Wirtschaftspolitik ist untrennbar mit dem Namen J. Tinbergen verbunden, siehe ebenda S. 6.

[40]) „Die sozialistische Grundidee der Planwirtschaft kann überhaupt erst verwirklicht werden, seit es diese mathematisch-ökonomische Methode gibt", sagt Bruno Kreisky, der von dieser Idee seit jeher fasziniert war. Siehe: Die sozialdemokratische Alternative, in: Aspekte des demokratischen Sozialismus, a. a. O., S. 53 – 67, hier S. 59
Sein politischer Enkel Franz Vranitzky sieht die Möglichkeiten der Ökonometriker – wohl im Lichte der Erfahrungen der letzten Jahrzehnte – bedeutend nüchterner. Vgl. Neue Bedingungen – Neue Politik, in: Perspektiven 90, a. a. O., S. 427 – 437, hier S. 427 f.

[41]) Die quantitative Wirtschaftspolitik fußt nach Hans Werner Wohltmann auf makroökonomischen Aggregaten, die durch Kausalgesetzte des Wirtschaftsablaufes miteinander verbunden sind.
Vgl. Dynamische Entscheidungsprobleme in der quantitativen Theorie der Wirtschaftspolitik, Göttingen 1982, S. 5 ff.

[42]) Vgl. Michael S. Commron: Ökonometrie, Stuttgart-New York 1980, S. 12 ff.

[43]) Dennoch behaupten die meisten Ökonometriker, daß ihre Verhaltensfunktionen „die Entscheidungen der Wirtschaftssubjekte widerspiegeln" und fügen hinzu, daß deren Verhalten in aggregierter Form beschrieben wird. Vgl. Manfred Sommer: System Dynamics und Makroökonometrie, Bern-Stuttgart 1981, S. 46 f.

[44]) Edgar Salin macht darauf aufmerksam, daß die „Daten" derer sich die Ökonometrie bedient, in ihren Veränderungen in einen gesellschaftlichen Strukturwandel eingebunden sind, der auch für den Bereich der Wirtschaft bedeutsam ist. Siehe Wolfgang Schmitz: Die antizyklische Budgetpolitik – eine Illusion, a. a. O., S. 65.

[45]) Vgl. z. B. den immer wieder behaupteten Kausalzusammenhang zwischen den Aggregaten „Bruttosozialprodukt" und „Gesamtkonsum". Siehe z. B. Walter Frerichst, Knut Kütter: Gesamtwirtschaftliche Prognoseverfahren, München 1980, S. 65.

[46]) Dort, wo Ökonometriker einen nachprüfbaren Zusammenhang zwischen ihren Variablen „noch nicht" vorführen können, führen sie einfach eine stochastische Komponente ein. Vgl. Schönfeld, zitiert bei Hans Günther Seifert: Die Begründung makroökonomischer Prognosen, a. a. O., S. 16 Manfred Sommer bezeichnet die Ökonometrie überhaupt als „stochastische makroökonomische Theorie". Siehe: System Dynamics und Makroökonometrie, a. a. O., S. 61. Hier wird auch interessanterweise behauptet, daß der stochastische Charakter ökonometrischer Modelle „ein zwangsläufiges Resultat des Brückenschlages von der Theorie zur Empirie ist". S. 175.

[47]) Dennoch behaupten Ökonometriker unbeirrbar: „Die ökonometrische Fragestellung zielt ... auf eine kausale Beziehung." Johann Heil: Einführung in die Ökonometrie a. a. O., S. 16. Sie legen damit die methodische Voraussetzung ihres Unterfangens offen.

[48]) Als Paradebeispiel eines solchen korrelativen makroökonomischen Zusammenhanges kann das Konzept der „Phillips-Kurve" angesehen werden, das eine feste Relation zwischen der Inflationsrate und der Arbeitslosenrate behauptet. Vgl. z. B. Manfred Neumann: Theoretische Volkswirtschaftslehre I, 2. Aufl., München 1984, S. 24 ff, 237 ff
Auf den Ideen von A. W. Phillips werden gerne ökonometrische Modelle aufgebaut.

Vgl. Hans-Werner Wohltmann: Dynamische Entscheidungsprobleme in der quantitativen Theorie der Wirtschafspolitik, a. a. O., S. 270 ff.

12. Kapitel

[1]) Friedrich A. von Hayek spricht in diesem Zusammenhang von einer „Erklärung des Prinzips". Vgl. zuerst: Szientismus und das Studium der Gesellschaft, a. a. O., S. 55, 63
Dieser Gedanke wurde von Hayek in seiner Arbeit „Degrees of Explanation", in: Studies in Philosophy, Politics and Economics, London 1967, S. 3 – 21, ausgebaut und fand eine evolutionstheoretische Neuformulierung, die einige wichtige neue Aspekte enthält, in dem Aufsatz „Die Theorie komplexer Phänomene", Tübingen 1972, wo der Begriff „Muster-Erkennung" eingeführt wird (Vgl. S. 7 ff)
Vgl. auch derselbe: Recht, Gesetzgebung und Freiheit, Bd. 1, a. a. O., S. 41.

[2]) Diese Annahme beruht – wie Hayek gezeigt hat – auf einem szientistischen Irrtum. Vgl. Szientismus und das Studium der Gesellschaft, a. a. O., S. 83 f.

[3]) Dem entspricht die Vorstellung, daß wissenschaftliche Politikberatung „technokratische Effektuierung der vorhandenen Mitteln zur Erreichung von Zielen" darstellen soll. Klaus-Jürgen Biebach, Helga Milz: Zur Bedeutung der gewerkschaftlichen Organisierung von Wissenschaftlern für die Kooperationsbeziehungen zwischen Gewerkschaften und Hochschulen, a. a. O., S. 45.

[4]) Siehe dazu Friedrich A. von Hayek in seinem bahnbrechenden Aufsatz „Die Tatsachen in den Sozialwissenschaften", in: Individualismus und wirtschaftliche Ordnung, a. a. O., S. 78 – 102, hier S. 81, 85, wo gezeigt wird, daß subjektive Absichten und Meinungen den Gegenstand der Sozialwissenschaften bestimmen
Vgl. auch desselben Autors „Szientismus und das Studium der Gesellschaft", a. a. O., S. 29, wo betont wird, daß unsere Disziplin es in erster Linie mit Wahlakten zu tun hat.

[5]) Der Begriff „auswählen" ist apostrophiert, weil es sich dabei natürlich keineswegs um einen bewußten Vorgang handeln muß.

[6]) In diesem Satz sind von Mises' einschlägige Ausführungen zusammenfaßbar. Vgl. Nationalökonomie, a. a. O., S. 11, 13, 37 ff, 72, 87.

[7]) Das ist die zentrale Behauptung aller am methodologischen Individualismus orientierten Sozial- und Wirtschaftswissenschaftler. Vgl. Carl Menger: Untersuchungen, a. a. O., S. 178. Von den zahlreichen Arbeiten Friedrich A. von Hayeks über dieses Thema sei als prägnante Zusammenfassung genannt: Die Ergebnisse menschlichen Handelns, aber nicht menschlichen Entwurfs, in: derselbe: Freiburger Studien, Gesammelte Aufsätze, Tübingen 1969, S. 97 – 112.

[8]) Die Begriffe „Bedürfnishierarchie" bzw. „Bedürfnisstruktur" und „Präferenzordnung" werden in der Literatur oft nicht klar gegeneinander abgegrenzt. Vgl. z. B. Helmut Schneider: Mikroökonomie, 4. Aufl., München 1986, S. 46 f
Wir wollen hier den ersten Begriff auf den persönlichen Zustand, d.h. auf das psychologische Geschehen, den zweiten auf die Beziehung des Wahlaktes zu den zur Auswahl stehenden realen Gütern bzw. Gegenständen beziehen. Eine ähnliche Sicht läßt sich bei Ulrich Fehl, Peter Obereder: Grundlagen der Mikroökonomie, München 1985, S. 171 ff, herauslesen.

[9]) Die Begriffe der „Bedürfnishierarchien" und der „Präferenzordnungen" sind bedürfnistheoretisch nicht völlig ungefährlich, wie die mikroökonomische Literatur zeigt, in der sie sehr verbreitet sind. In dieser Literatur sind die genannten Begriffe meist von eindeutig statischer Natur und werden mit der rationalistisch dargestellten Erstellung eines Haushaltsplanes in Verbindung gebracht. Vgl. z. B. Horst Herberg: Preistheorie, Stuttgart-Berlin-Köln-Mainz 1985, S. 69 ff
Vgl. auch Edwin von Böverter u. a.: Einführung in die Mikroökonomie, München-Wien 1980, S. 48 ff. Den Zusammenhang zwischen Bedürfnisstrukturen und Präferenzordnungen sollen dabei sogenannte Nutzenfunktionen konstruieren. Vgl.

ebenda S. 73 ff

Diese Begriffe fingieren also unter Umständen die Existens einer je Individuum – zumindest über längere Zeiträume hinweg – feststehenden Reihung bestehender Bedürfnisse, deren stabiler relativer Wichtigkeitsgrad ebenso feststehende Bewertungsmaßstäbe für die Beuurteilung von bestimmten Gütern (und damit auch von politischen Konstellationen und Maßnahmen) beinhaltet (Vgl. dazu die Kritik Ludwig von Mises' an den Begriffen „Bedürfnis", „Rangordnung der Werte", „Werteskala", „Rangordnung der Bedürfnisgattungen", Nationalökonomie, a. a. O., S. 71, 72 f, 88 f.

Tatsächlich ist dieser Zusammenhang viel komplizierter, weil mit jedem Akt der Wertung auch die Präferenzordnung selbst verändert werden kann und sich auch tatsächlich verändert. Jede Handlung stellt einen neuen Bedüfrniskompromiß dar und drückt damit eine neue Präferenzordnung aus.

Für unsere Zwecke sind die genannten Begriffe aber ausreichend bestimmt, weil sie die Bedeutung unterschiedlicher individueller Bewertungen gut zum Ausdruck bringen.

[10]) Man bezeichnet solche Bedürfnisse irreführenderweise gerne als „Grundbedürfnisse" und erweckt damit den falschen Eindruck, als wären sie ein organisch bestimmter, unveränderlicher Bestandteil unserer Körperlichkeit. Der wichtigste Vertreter dieser Auffassung in neuerer Zeit ist wohl A. H. Maslow. Vgl. Motivation and Personality, 2nd ed., New-York 1970, S. 35 ff

Aus dieser Annahme werden nicht selten Gegensätze zwischen den Grundbedürfnissen und „künstlichen" Bedürnissen konstruiert. Als Klassiker dieser Idee kann wohl Sigmund Freuds „Das Unbehagen in der Kultur" (1930), in der zweibändigen Werkausgabe von 1978, Frankfurt/Main, Bd. 2, S. 367 – 424 gelten

Aus der aktuellen Literatur siehe z. B.: Grundbegriffe der Wirtschaftspsychologie, hrsg. von Karl Graf Hoyos u. a., München 1980, S. 467 f.

[11]) Die gleichzeitige Subjektivität und Objektivität dr Tatsachen in den Sozialwissenschaften und die darus entstehenden Konfusionen diskutiert ausführlich: F. A. Hayek in :Szientismus und das Studium der Gesellschaft, a. a. O., S. 28 ff, 33, 45.

[12]) Vgl. Friedrich A. Hayek: Die Verwertung des Wissens in der Gesellschaft, a. a. O., S. 107.

[13]) Viktor Vanberg: Buchanan und Hayek. Die Ideenwelt von zwei Nobelpreisträgern, in: Marktforum, Jg. 1/Nr. 2, Dezember 1987, S. 6 – 8, hier S. 6

Das hat auch Schumpeter in Auge, wenn er sagt, daß den Utilitaristen „Die Welt menschlicher Wertungen verborgen bleibt", die „jenseits des Bereiches der reinen Logik liegt. Siehe Kapitalismus, Sozialismus und Demokratie, a. a. O., S. 399.

[14]) Die Idee der Einteilung der Güter nach dem Grad ihrer Konsumnähe stammt von Carl Menger, der Güter erster Ordnung und Güter höherer Ordnung unterscheidet. Siehe Grundsätze der Volkswirtschaftslehre, Wien 1871, S. 8 ff.

[15]) Der Wert von Gütern höherer Ordnung ergibt sich aus dem voraussichtlichen Wert jener Konsumgütern, in deren Produktion sie eingegangen sind. Vgl. Grundsätze der Volkswirtschaftslehre, a. a. O., S. 124.

[16]) Es ist daher sinnlos, darauf zu insistieren, daß es in der Kernkraftdebatte um æobjektiv erfaßbare, durch Beobachtung, Messung und Wägung gewonnene Fakten" geht, wie dies Helmut Vetter meint. Siehe: Fakten statt Ideologien: Die Sicherheit von Kernkraftwerken, in: Kernenergie für Österreich, hrsg. von Fritz Windhager, Wien 1980, S. 56 – 70, hier S. 56.

[17]) Die Subjektivität der Risikopräferenz wird überall dort offenbar bzw. läßt sich dort besonders gut veranschaulichen, wo betriebswirtschaftliche Entscheidungen unter Risiko vorgenommen werden müssen.

Vgl. z. B. Lutz Kruschwitz: Investitionsrechnung, 3. Aufl., Berlin-New York 1987, S. 248

Kruschwitz gibt auch eine ausgezeichnete Übersicht über jenes Verfahren, in dem das Aufeinandertreffen von subjektiven (Risikopräferenz) und objektiven (Wahrscheinlichkeiten, Erträge) Komponenten wahrscheinlich am deutlichsten zutage tritt, nämlich über das Verfahren der Portfolio Selection. Siehe ebenda S. 291.

[18]) Das Gesetz von der Minderschätzung zukünftiger Güter stammt von Eugen von Böhm-Bawerck
Als Ausdruck des individualistischen Ansatzes spielt die „Zeitpräferenz" in der Österreichischen Schule der Nationalökonomie eine bedeutende Rolle. Vgl. Ludwig von Mises: Nationalökonomie, a. a. O., S. 76 ff
Böhm-Bawerck, der im Ruf steht, den Zeitfaktor in die Kapitaltheorie eingeführt zu haben, wird sogar von konsequenten „Österreichern" gescholten, die individuelle Dimension dabei unterbelichtet zu haben. Vgl. Ludwig M. Lachmann: Komplementarität und Substitution in der Kapitaltheorie, in: Marktprozeß und Erwartungen, München-Wien 1984, S. 193 – 207, hier S. 200 ff.

[19]) Diese Voraussetzung wird üblicherweise als „Ausschlußprinzip" bezeichnet. Man kann dazu auch ergänzend sagen, daß der Konsum solcher Güter „rivalisiert", weil der Kosumnutzen einer Person denjenigen einer anderen vermindert oder verhindert. Vgl. z. B. Richard A. Musgrave, Peggy B. Musgrave, Lore Kullmer: Die öffentlichen Finanzen in Theorie und Praxis, 1. Bd., 3. Aufl., Tübingen 1984, S. 62 f.

[20]) Die Finanzwissenschaft fordert beim Auftreten „externer Effekte" den Eingriff öffentlicher Institutionen. Vgl. Horst Zimmermann, Klaus-Dirk Henke: Finanzwissenschaft, 5. Aufl., München 1987, S. 40 f.

[21]) Deshalb ist es mehr als fragwürdig, die eben besprochenen Probleme mit dem zynischen Begriff des „Marktversagens" zu belegen, wie dies sehr häufig geschieht. Vgl. z. B. Helga Luckenbach: Theoretische Grundlagen der Wirtschaftspolitik, München 1986, S. 130 ff. Hans Jürgen Ahrns: Wirtschaftspolitik, München-Wien 1982, S. 12 f.

[22]) Ein solches Verfahren wäre ident mit der Möglichkeit der Erstellung einer sozialen Wohlfahrtsfunktion, deren Unmöglichkeit (jedenfalls auf ordinaler Basis) der Wirtschafts-Nobelpreisträger Kenneth J. Arrow bewiesen hat. Vgl. z. B. Social Choice and Individual Values, in: Social Choice and Justice, Cambridge Massachusetts 1983, S. 162 – 174.

[23]) Ludwig M. Lachmann: Joan Robinson und die Akkumulation des Kapitals, in: Marktprozeß und Erwartungen, a. a. O., S. 208 – 241, hier S. 225.

[24]) Das ist auch in Schumpeters Analyse enthalten, wenn er meint, daß es keinen eindeutig bestimmten Begriff des Gemeinwohls gibt, und daß daher kein „natürlicher" volounte generale existieren kann. Vgl. Kapitalismus, Sozialismus und Demokratie, a. a. O., S. 399 ff.

[25]) Knut Wicksell läßt für den Fall der „gewöhnlichen Gesetzgebung", mit der er offenbar kollektive Vorzüge, die niemandem schaden, im Auge hat, die einfache Mehrheitsregel gelten. Vgl. Finanztheoretische Untersuchungen, Jena 1896, S. 111.

[26]) Wicksell verlangt Einstimmigkeit nur im Fall einer Verteilung der Kosten einer staatlichen Maßnahme auf alle Beteiligten. Vgl. Finanztheoretische Untersuchungen, a. a. O., S. 113. Angesichts der mangelnden Virulenz der Fernwirkungen technischer und wirtschaftlicher Aktivitäten in Wicksells Zeit ist es verständlich, daß er dieses Problem vernachlässigt.

[27]) Bruno S. Frey meinte schon in den siebziger Jahren, daß die Suche nach einer widerspruchsfreien Aggregation individueller Präferenzen (erfolglos) abgeschlossen ist. Vgl. Moderne Politische Ökonomie, München 1977, S. 144.

[28]) Bestimmte Autoren verlangen daher für öffentliche Maßnahmen, die in die Wohlfahrt der Bürger eingreifen, einstimmige Unterstützung der Projekte durch alle Betroffenen. Vgl. z. B. James M. Buchanan: Positive Economics, Welfare Economics and Political Economy, in: The Journal of Law and Economics, Vol. 2., S. 124 – 138, hier S. 137 f.

[29]) Anthony Downs formuliert dies so: „Interpersonale Vergleiche bilden de facto das Wesen der Politik, da es Funktion der Politik ist, Konflikte zwischen Individuen zu regeln." A. a. O., S. 65.

[30]) Einen genau gegenläufigen – in unserer Ansicht für falsch erachteten – Zusammenhang scheinen Fritz Plasser und Peter A. Ulram im Auge zu haben, wenn sie sagen-:„Während der 'ideologische Kitt' im Zuge des allgemeinen soziokulturellen Sekularisierungsprozesses wesentlich an Bindungskraft verloren hat, bleibt die enge Bindung an die 'klassischen' Sozialgruppen und deren materielle Interessenlagen erhalten." In: Unbehagen im Parteienstaat, a. a. O., S. 109.

13. Kapitel

[1]) Der „Drang zur politischen Mitte" wird auch von Parteienverantwortlichen zugegeben und teilweise bewußt betrieben. Vgl. Albert Kadan: Zur Ideologiediskussion in Österreich, in: Die Grundsatzprogramme der österreichischen Parteien, a. a. O., S. 18 – 29, hier S. 22.

[2]) Rainer Nick: Schwesterparteien, a. a. O., S. 71

[3]) Zur Haltung der Großparteien in der AKW-Frage siehe: Fritz Plasser und Peter A. Ulram: Unbehagen im Parteienstaat, a. a. O., S. 49.

[4]) Genau das wollen uns aber gewisse Grüngruppierungen einreden. Sie werden an dieser Irrmeinung scheitern.

[5]) „Die Ideologie beginnt 'museal' zu werden", sagt Albert Kardan. Zur Ideologiediskussion in Österreich, a. a. O., S. 26.

[6]) Aus der Sicht des betroffenen Funktionärs lautet eine resignierende Stellungnahme etwa so: „Die Hoffnung blieb und machte die tägliche, weniger hoffnungsvolle Realität erträglich." Albrecht K. Konecny: Organisation und Bildungsarbeit in der österreichsichen Sozialdemokratie: Die Wiederherstellung des Handelns, in: Roter Anstoß, a. a. O., S. 31 – 43, hier S. 37.

[7]) Anton Pelinka meint, daß die Parteien die Wahl haben zwischen programmatischer Konsistenz in Verbindung mit Machtverlust oder programmatischer Inkonsistenz in Verbindung mit der Chance zum Machtgewinn. Vgl.: Funktionen von Parteiprogrammen, in: Die Grundsatzprogramme der österreichsichen Parteien, a. a. O., S. 7 – 17, hier S. 16.

[8]) Auch seriöse Analytiker unter den Parteigängern der Massenparteien sehen oft nicht, daß es einen Zusammenhang zwischen den soziökonomischen Bedingungen und der notwendigen Ideologielosigkeit unter den Voraussetzungen der gegenwärtigen Parteienverfaßtheit gibt. Das Mitglied der SPD-Grundwertekommission Gesine Schwan fordert ein Ende der politischen Doppelzüngigkeit durch eine stärkere programmatische Profilierung der Partei, nachdem sie eine Seite vorher die Notwendigkeit der Mehrheitsfähigkeit betont hat. Vgl.: Parteienkrise oder Demokratiekrise, in: Mut zum Morgen. Konturen der Zukunft, hrsg. von Theo Faulhaber und Adalbert Reif, München 1987, S. 68 – 84, hier S. 80 f.

14. Kapitel

[1]) Nichtsdestotrotz finden sich in den gültigen Programmen der Massenparteien nach wie vor pathetische Gestaltungsansprüche. Vgl.: Salburger Programm der ÖVP, Punkt 6 „Österreichs Zukunft gestalten", Das SPÖ Programm von 1978, Art. 4 „Der Weg der Sozialisten"

[2]) Vgl. Mark E. Blum: The Austro-Marxists, a. a. O., S. 91 ff.

[3]) Für die Massenbewegung des Marxismus hat der bedeutende russische Philosoph Nikolai Berdjajew das quasireligiöse Wesen als erster erkannt und eindringlich beschrieben. Siehe seine 1931 erstmals erschienene Schrift „Wahrheit und Lüge des Kommunismus“, deutsche Ausgabe: Wien 1977, S. 47 ff.

[4]) Der „messianische Glaube findet seinen endgültigen Ausdruck in der Idee von der historischen Aufgabe und welterlösenden Berufung des Proletariats.“ Siehe Nikolai Bertijajew: Wahrheit und Lüge des Kommunismus, a. a. O., S. 51.

[5]) In diesen Punkt formuliert Adam Schaff völlig richtig: „Ich denke, ... daß in einer solchen Situation die ideologische Überzeugungskraft der alten Theorien ... verschwinden wird, daß sich bestimmte Stereotypen in nichts auflösen werden ...“ In: Wohin führt der Weg, a. a. O., S. 78. und weiter: „Wessen Diktatur wird dann die Diktatur des Proletariats sein?“ Ebenda.

[6]) In Österreich, dem Land mit der höchsten parteipolitischen Organisationsdichte, besitzen nach wie vor rund 40% der Wähler eine Parteimitgliedschaft (1979). Siehe: Dusek-Pelinka-Weinzierl: Zeitgeschichte im Aufriß, a. a. O., S. 293.

[7]) Die Arbeit Olsons ist von so großer Strahlkraft, daß sie verschiedentlich sogar in soziologische Werke hineinwirkt, in eine Disziplin also, die üblicherweise dem methodologischen Kollektivismus verpflichtet ist. Vgl. z. B. Raymond Bourdon: Die Logik des gesellschaftlichen Handelns, Darmstadt 1980, S. 109, 157, 199 f, 213.

[8]) Vgl. Mancur Olson: Die Logik des kollektiven Handelns. Kollektivgüter und die Theorie der Gruppen, Tübingen 1968, S. 1.

[9]) Vgl. ebenda S. 19

[10]) Vgl. ebenda S. 58

[11]) Vgl. ebenda S. 58

[12]) Ebenda S. 57

[13]) Vgl. ebenda S. 22

[14]) Vgl. ebenda S. 20

[15]) Vgl. ebenda S. 26

[16]) Vgl. ebenda S. 33

[17]) Vgl. ebenda S. 26

[18]) Ebenda S. 3

[19]) Vgl. ebenda S. 31

[20]) Dies gilt selbstverständlich nur für solche Kollektivgüter, die Mancur Olson „inklusiv“ nennt, d.h. bei denen die Vorteile eines Nicht-Mitarbeitenden keine Verluste der Mitarbeitenden hervorruft. Bei „exklusiven Kollektivgütern“ ruft jeder Vorteil jemandes, der „unverdienterweise“, weil ohne mitzuarbeiten, in den Genuß des Kollektivgutes gelangt, einen Schaden derjenigen (desjenigen) hervor, denen (dem) das Kollektivgut zu verdanken ist (vgl. S. 39). Das Paradebeispiel hierfür ist der Warenpreis auf einem Wettbewerbsmarkt, an dessen Erhöhung alle Anbieter interessiert sind. Wenn sich aber einige Anbieter zu Preisabsprachen zusammenfinden, die von einem Anbieter unterlaufen werden, so kann dadurch der Gesamtgewinn dieses Umsatzzweiges fallen (vgl. S. 7).

[21]) benda S. 43

[22]) Vgl. ebenda S. 2

[23]) Vgl. ebenda S. 29

[24]) Die Frage der Aggregierbarkeit von Nutzen wirft Probleme auf, die aber keine Bedeutung für die hier behandelten Fragen besitzen.

[25]) Vgl. Mancur Olson: Die Logik des kollektiven Handelns, a. a. O., S. 15.

[26]) Vgl. ebenda S. 49

[27]) Vgl. ebenda S. 10

[28]) Vgl. ebenda S. 71

[29]) Vgl. ebenda S. 49

[30]) Vgl. ebenda S. 96

[31]) Vgl. ebenda S. 14

[32]) Vgl. ebenda S. 130 f

[33]) Vgl. ebenda S. 63

[34]) Vgl. ebenda S. 85

[35]) Vgl. ebenda S. 85

[36]) Vgl. ebenda S. 65

[37]) Aus sozialistischer Sicht spricht Albrecht K. Konecny verharmlosend von „vielfältigen individuellen Hilfen durch die einflußreich gewordene Sozialdemokratie". Siehe: Organisation und Bildungsarbeit der östrreichischen Sozialdemokratie, a. a. O., S. 37 – 43, hier S. 34.

[38]) Einen ähnlichen Gedanken hat bereits Josef A. Schumpeter formuliert, wenn er sagt: „. . . um zu verstehen, wie die demokratische Politik diesem sozialen Ziel dient, müssen wir . . . uns klar werden, daß die soziale Funktion nur nebenher erfüllt wird – im gleichen Sinn wie die Produktion eine Nebenerscheinung beim Erzielen von Profiten ist." Siehe: Kapitalismus, Sozialismus und Demokratie, a. a. O., S. 448.

[39]) Zur Anspruchsqualität der staatlichen Obsorge, die auch mit der Problematik der Formulierung positiver sozialer Grundrechte zusammenhängt, siehe Johano Strasser: Grenzen des Soziastaates? A. a. O., S. 32 ff.

[40]) Durch stete Übung wird die Idee des Staates als Geldverteiler zur Norm und Gewohnheit, meint Anton Tautscher, Wirtschaftsgeschichte Österreichs, a. a. O., S. 574.

[41]) Von allen Berufsgruppen wird die der Politiker von Jugendlichen als die parasitärste eingestuft. Siehe: Ernst Gehmacher: Jugend in Österreich, a. a. O., S. 33.

[42]) Einen empirischen Beleg für den dramatischen Imageverfall der Politik bei Jugendlichen in den allerletzten Jahren liefert: Dr. Fessel & CO, Jugenstudie Spzial. Werte, Arbeit und Leistung, Gesellschaft und Politik, bearbeitet von Peter A. Ulram, Wien o. J., siehe besonders S. 41, wo übersichtlich dargestellt wird, in welchem Umfang die Negativeinstellung der Jugend gegenüber der Politik zugenommen hat.

[43]) Dieser Verfall ging in den allerletzten Jahren rapide vor sich. Noch 1976 signalisierte die IFES-Jugenstudie ein ungebrochen hohes Maß an Bereitschaft zur politischen Patizipation. Vgl Ernst Gehmacher: Jugend in Österreich, a. a. O., S. 146.

[44]) Den hier geschilderten – scheinbaren – Gegensatz zwischen Parteienallgewalt und Parteienfeindlichkeit einfach als „auffallendes Kuriosum der politischen Kultur Österreichs" zu bezeichnen (wie dies Anton Pelinka in: Struktur und Funktion der politischen Parteien, in: Heinz Fischer (Hrsg.): Das politische Sytem Österreichs, 2. Aufl., Wien 1977, S. 33 – 50 , hier S. 48, tut) ist zweifellos eine unstatthafte Verharmlosung des Problems.

[45]) Für einen empirischen Beleg der Koinzidenz zwischen Ablehnung und Unterstützung der Parteien siehe Fritz Plasser-Peter A. Ulram: Unbehagen im Parteienstaat, a. a. O., S. 142.

15. Kapitel

[1]) Daß alle möglichen Varianten der Korruption keine Sonderfälle, sondern eine durchgehende Praxis der öffentlichen Wirtschaft sind, zeigen beispielhaft die Aussagen der Einvernommenen im wohl größten Skandal der Zweiten Republik, dem AKH-Skandal. Vgl. dazu Alfred Worm: Der Skandal, Wien 1981, S. 14 ff, 123 ff, 205 ff, 213 ff

Zur „Skandalgesellschaft" siehe das sehr instruktive und eindrucksvoll recherchierte

Buch von Hans Pretterebner: Der Fall Lucona, Wien 1987, wo der Autor die Allgegenwart des Skandals und der Korruption in unserem Gemeinwesens zeigt.

[2]) „Mit der Politik lassen sich die besten Geschäfte machen", formuliert James D. Davidson. Die Quetsche, München-Wien 1982, S. 31.

[3]) Gabriel A. Almond vertritt in seiner inzwischen klassisch gewordenen Analyse der „Politischen Kultur" die Auffassung, daß „individuelle Einstellungen für den Charakter des politischen Prozesses und damit überhaupt für den gesamten Systemcharakter von entscheidender Bedeutung seien." Siehe Fritz Windhager: Zur politischen Verantwortung und politischen Kultur in Österreich, in: Josef Höchtl-Fritz Windhager (Hrsg.): Politische Moral, Wien 1981, S. 9–34, hier S. 19.

[4]) Derartige Ansätze zur Hebung der allgemeinen öffentlichen Moral, die dann auf die politische Kultur einwirken soll, sind gewiß unterstützenswert. Siehe Josef Höchtl: Politische Moral in Österreich – empirische Befunde und persönliche Bekenntnisse, in: Höchtl-Windhager (Hrsg.): Politische Moral, a. a. O., S. 35 – 78, hier S. 51 ff.

[5]) Der Begriff „Rahmenbedingungen" soll hier nicht mit bloßen rechtlichen Normen in Verbindung gebracht werden, für die er auch gerne verwendet wird.

[6]) Auch Norbert Leser beklagt, daß der Staatsbürger für Begünstigungen, auf die er laut Verfassung sowieso einen Anspruch besitzt, einer Partei beitreten muß. Vgl. Parteienkrise oder Demokratiekrise? Das wachsende Unbehangen: Immer mehr Probleme, immer weniger Lösungen, a. a. O., S. 93.

[7]) Für die Existenz derartiger Unbeweglichkeit sprechen Studien, die einerseits einer Erosion der Parteibindungen bzw. des Identifikationsgrades der Bürger mit den Massenparteien konstatieren, andererseits aber eine gleichzeitige Stabilität des Wahlverhaltens auch in den letzten Jahren belegen. Vgl. Christian Haerpfer: Abschied vom Loyalitätsritual, in: Demokratierituale, hrsg. von Plasser-Ulram, a. a. O., S. 239 – 262, hier S. 254.

[8]) Walter Eucken beschreibt diese Einbettung, wenn er zeigt, wo der Betrieb „unmittelbar an die gesamtwirtschaftlichen Daten anstößt". Siehe: Grundlagen der Nationalökonomie, a. a. O., S. 175 f.

[9]) Einen Überblick über die Literatur, in der der informationsverarbeitende Aspekt der Unternehmung eine zentrale Rolle spielt, gibt Helmut Lehmann: Zum Objekt und wissenschaftlichen Standort einer „Organisationskybernetik", in: Erwin Grochla (Hrsg.): Systemtheorie und Betrieb, Opladen 1974, S. 51 – 64, hier S. 52 ff.

[10]) Diese Tatsache wollen linke Analytiker nicht sehen, wenn sie den großen politischen Institutionen und Apparaten huldigen, indem sie sie als „Voraussetzung für die Durchsetzung von Demokratie und Rechtsstaatlichkeit" und als einen „Schritt zu mehr Rationalität in der Gestaltung öffentlicher Angelgenheiten" bezeichnen. Siehe Johano Strasser: Grenzen des Sozialstaates? A. a. O., S. 103.

[11]) So etwas wäre denkbar als eine konsequente Fortführung jener medienzentrierten Spektakelpolitik, die in den USA seit den späten sechziger Jahren als „New Politics" zusammengefaßt wird. Zu dieser siehe Fritz Plasser-Peter A. Ulram: Unbehagen im Parteienstaat, a. a. O., S. 69 ff.

[12]) Die in der Technikphilosophie sehr einflußreiche These, daß der Mensch mit Hilfe der Technik eine „vollständige Unterwerfung unter sich selbst" durchgeführt hätte, wodurch die Heilsperspektive der Technik in Apokalyptik umgeschlagen sei, vertritt der prominente Philosoph Hans Jonas in seinem Buch „Das Prinzip Verantwortung", Frankfurt 1979, insbesondere S. 253 f.

[13]) In diese Richtung zielen viele, die im Gefolge des ersten Club-of-Rome-Berichtes argumentieren. Zu einer einschlägigen Aussage in diesem vgl. Dennis Meadows u. a.: Die Grenzen des Wachstums, Stuttgart 1972, z. B. S. 163 f.

[14]) Einer der bekanntesten Vertreter dieser Forderung ist Wolfgang Harich mit seinem Buch „Kommunismus ohne Wachstum", Reinbeck bei Hamburg 1975. Vgl. besonders S. 62, 132, 161.

17. Kapitel

[1]) Es ist dabei kaum verständlich, wie ein ansonsten vernünftiger ökonomischer Theoretiker folgendes sagen kann: „Der Mensch ... ist es somit, der die wirtschaftliche Gesellschaft gestaltet. Er kann daher auch für die Fehler, die er macht, oder für die Unordnung, die er verursacht, ... nur einen verantwortlich machen – nämlich sich selbst." „Die gesellschaftliche Wirtschaft wird ... vornehmlich durch staatliche Wirtschafts- und Gesellschaftspolitik geprägt." Helmut Arndt: Kapitalismus und Sozialismus. Konzentration und Konkurrenz, Tübingen 1976, S. 195 f, 203 f.

[2]) Ein repräsentatives Beispiel für diese geradezu lächerliche Haltung ist eine Formulierung von Albrecht K. Konecny: „Sozialistische Politik wächst .. über die Dimension des Abstrakten hinaus, sie macht den Menschen zu dem, wozu ihn sozialistische Programmatik schon stets machen wollte: Zum Gestalter seines eigenen Schicksals." Organisation und Bildungsarbeit, a. a. O., S. 43.

[3] Diesen fundamentalen Unterschied wollen viele nicht sehen, z. B. Anton Pelinka, der die heutige Haltung gegenüber der Politik gar als eine Fortsetzung der Ideen der 68er sehen will: siehe: Zu einem konfliktfreudigen Bewußtsein, in: Elisabeth Welzig: Die 68er, Wien–Graz 1985, S. 9 – 24, hier S· 22 ff.

[4]) Es ist geradezu kläglich, wie politische „Jugendvertretern" die Absenz der Jugend in der Politik zu erklären bzw. zu interpretieren versuchen. Vgl. Peter Pelinka-Ernst Woller: Die SPÖ und die Jugend: Partei der Jugend? In: Roter Anstoß, a. a. O., S. 44 – 56, hier S. 47 f.

[5]) In diesem Punkt ist Anton Pelinka eindeutig rechtzugeben. Siehe: Zu einem konfliktfreudigeren Bewußtsein, a. a. O., S. 9.

[6]) Nachdem die „Einflußnahme auf politische Abläufe und Entscheidungsprozesse immer schwieriger wird", herrscht die Angst vor, „Wirtschaft und Politik könnten außerstande sein, die Entwicklung in eine Katastrophe aufzuhalten." Lothar Adenauer-Eberhard Pies-Maria Tredelkamp: Vom Umgang mit der „Orientierungskrise", in: Der lautlose Auszug, a. a. O., S. 7 – 26, hier S. 23.

[7]) „Anders als in der Studentenbewegung der sechziger Jahre geht es um Reaktionen und die Verbreitung der Perspektive der Bedrohtheit des Gesamtgeflechts von Humanität und Natur." Leopold Rosenmayr: Wege zum Ich – Jugendentwicklung im kulturellen und politischen Wandel, a. a. O., S. 97
Dazu, daß dies für die Haltung breiter Kreise der Gesellschaft charakteristisch ist, siehe Günter Rohrmoser: Sind wir auf dem Weg zur Unregierbarkeit, in: Mut zum Morgen, a. a. O., S. 55 – 67, hier S. 62.

[8]) Entsprechend tendiert die Partei dazu, ihr Verhalten an den Interessen dieser kleinen Führungsschichte auszurichten, was Medding als „ehernes Gesetz der Oligarchie" bezeichnet. Zitiert bei Philip Herder Dorneich-Manfred Groser: Ökonomische Theorie des politischen Wettbewerbs, Göttingen 1977, S. 192 f.

[9]) Manfred Drennig verweist darauf, daß politische Leistungen nur mehr zählen, soweit sie medial umsetzbar sind, und betont die praktische Identität von „Öffentlichkeit" und „Medienwelt". Vgl. Die Krise sind wir selbst, Wien 1982, S. 166, 169.

[10]) Dazu trägt die Visualisierung der Politik durch das Fernsehen am meisten bei. Zu den gravierenden Änderungen der politischen Kultur durch die Veränderungen in der Medienwelt siehe Fritz Plasser-Peter A. Ulram: Unbehagen im Parteienstaat, a. a. O., S. 81 ff, sowie Fritz Plasser: Elektronische Politik und politische Technostruktur, in: Demokratierituale, a. a. O., S. 9 – 31, hier S. 17.

[11]) Dazu siehe Fritz Plasser: Elektronische Politik und politische Technostruktur, a. a. O., S. 25.

[12]) Dies wurde als „Magnifier-Effekt" bezeichnet, der darin besteht, daß die Politik sich und den Wählern vormacht, daß „die Mehrzahl der Wählerschaft aktiv an dem interessiert sei, was in Wahlkämpfen und in den folgenden parlamentarischen Debatten vor sich geht." Siehe Paul Noah, zitiert bei Plasser-Ulram: Unbehagen im Parteienstaat, a. a. O., S. 127.

[13]) Es erstaunt daher, daß sie immer noch nach weiteren Mitarbeitern rufen. Siehe z. B. Albrecht K. Konecny: Organsiation und Bildungsarbeit, a. a. O., S. 35.

[14]) Auf diese verweist auch Fritz Plasser: Elektronische Politik und politische Technostruktur, a. a. O., S. 23.

[15]) Vgl. Roland Burkart: Medienereignis „TV-Duell“: Die Entlarvung eines Mythos, in: Demokratierituale, a. a. O., S. 75 – 92
Die Vorteile des Fernsehens als Medium der politischen Information stellt Manfred Russo dar: Zeichenrituale in der politischen Kommunikation. Vom Wort zum Bild, in: Demokratierituale, a. a. O., S. 105 – 120, hier S. 106 ff.

[16]) Unter den beschriebenen Bedingungen sieht Günther Ofner die Möglichkeiten einer sinnvollen Mitglieder- und Mitarbeitermobilisierung viel zu optimistisch. Was soll die „Argumentations- und Überzeugungsarbeit“ der großen Zahl der Parteisympathisanten leisten, wenn es keine Themen gibt, die die Politik bewältigen kann? Vgl. Wahlkampf und Parteiorganisation, in: Demokratierituale, a. a. O., S. 145 – 169, hier S. 146, 154
Das schmälert jedoch nicht die Qualität von Ofners Argument, daß die Wirksamkeit der Medien im Hinblick auf den Erfolg einer Partei nicht überschätzt werden sollte Vgl. ebenda S. 148, 151, 153.

[17]) Fritz Plasser referiert eine Ansicht – die Theorie der „Videomalaise“ – nach der die Vertrauenskrise des politischen Systems auf die rituell-symbolische Selbstdarstellung von Politik und Poliker zurückzuführen ist (Elektronische Politik und politische Technostruktur, a. a. O., S. 25), bzw. auf die „Schaffung von Pseudoereignissen, also von Ereignissen, die ohne Fernsehen nicht stattfinden würden.“ (Ebenda S. 12)
Diese Theorie verwechselt Ursache mit Wirkung. Der „Autonomieverlust des politischen Systems“ (ebenda S. 10) ist das Ergebnis einer Entmachtung der Politik, die sich im Gefolge jener soziökonomischen Veränderun- gen ergeben haben, die wir im Verlauf dieses Buches darzustellen bemüht waren.

[18]) Die Themen-machende Kraft der Medien, die sie z. B. Franz Sommer beschreibt (Medien zwischen Macht und Ohnmacht, in: Demokratierituale, a. a. O., S. 121 – 143, hier S. 125 ff) ist daher ein dem soziökonomischen Status der Politik und der Verfaßtheit der Parteienorganisationen nachgelagerter Effekt.

[19]) Sehr sinnreich bemerken Plasser-Ulram, daß eine personenzentrierte Politik immer „mehr mit Empfehlungen in Machiavellis 'Il Principe' gemein hat, als mit den Spielregeln der demokratischen Selektion von politischen Repräsentanten.“ In: Unbehagen im Parteienstaat, a. a. O., S. 73.

[20]) Für die Funktion des Bundelkanzlers zeigt dies in überaus klarer Weise Manfried Welan: Die Kanzlerdemokratie in Österreich, in: Um Parlament und Partei. Alfred Maleta zum siebzigsten Geburstag, hrsg. von Andreas Khol, Robert Prantner, Alfred Stirnemann, Graz-Wien-Köln 1976, S. 169 – 180, hier besonders S. 176, 177 ff
Ganz allgemein sorgt die massenmediale, insbesondere die TV-Berichterstattung, für eine Personalisierung der politischen Szene. Vgl. Wolfgang R. Langenbacher, Heinz R. Uebemann: Politische Kommunikationsrituale, in: Demokratierituale, a. a. O., S. 49 – 59, hier S. 53 f.

[21]) Das Argument ist strukturell analog zu jenem Hans Kelsens, der eine autokratische Verwaltungsorganisation für die einzig richtige Entsprechung einer demokratisch legitimierten Gesetzgebung hielt. Vgl. Demokratie, in: Demokratie und Sozialismus, Wien 1967, S. 11 – 39, hier S. 22 f.

18. Kapitel

[1]) Günter Ofner verweist auf eine Fessel-Umfrage, der zufolge 100% (!) der ÖVP-Mitarbeiter mangelnde Mitentscheidungsbefugnisse und Beteiligungsmöglichkeiten beklagen, a. a. O., S. 156.

[2]) Diese wurde mit Beginn der achtziger Jahre besonders krass. Siehe Albrecht K. Konecny: Organisation und Bildungsarbeit, a. a. O., S. 35.

³) Diese Personen entsprechen also dem klassischen Politikertypus, wie in Anthony Downs zum Mittelpunkt seiner Analyse gemacht hat. Vgl. Ökonomische Theorie der Demokratie, a. a. O., S. 27, 85.

⁴) Peter Kampits spricht von unendlicher Öde und Langeweile, die in den Massenparteien herrschen. Vgl. Für eine geistige Erneuerung, in: Conturen, a. a. O., S. 46 – 55, hier S. 50 ff.

⁵) Eine einfache Zweiteilung der Mitglieder nehmen Herder Dorneich-Groser vor, indem sie zwischen den „Getreuen" und den „Geheuerten" unterscheiden, von denen es den ersten um die Sache, den zweiten um ihre Begünstigungen geht. Vgl. Ökonomische Theorie des politischen Wettbewerbes, a. a. O., S. 201. An einer anderen Stelle werden die Politiker in selbstorientierte, amtsorientierte und programmorientierte eingeteilt. Vgl. ebenda S. 91.

19. Kapitel

¹) Für die Schul-Ökonomie wird die Realitätsferne zu Recht von einzelnen Autoren auf die Wahl der falschen Prämissen und auf die Analyse des falschen Erkenntnisobjektes zurückgeführt. Vgl. z. B. Herbert Arndt: Kapitalismus und Sozialismus, a. a. O., S. 78, 196.

²) Einen solchen Verfassungsentwurf liefert Friedrich A. von Hayek in Bd. 3 von Recht, Gesetzgebung und Freiheit, a. a. O., Seite 62 ff, 145 ff.

³) So nennt Hayek seine Forderung, die er aus seiner Analyse der spontanen Ordnung ableitet. Siehe Recht, Gesetzgebung und Freiheit, Bd. 3, a. a. O., S. 175 ff, 201.

⁴) Die Sozialisten müssen sich ganz einfach den Vorwurf gefallen lassen, daß sie das, was wir in dieser Arbeit als die Totalisierung des Allzuständigkeitsanspruches der Politik beschrieben haben, immer bewußt betrieben, indem sie die Ausdehnung des Staatseinflusses bis heute auf ihre Fahnen geschrieben haben.

Ein repräsentativer Querschnitt durch die Stationen der österreichischen Sozialdemokratie soll dies belegen

„Die Sozialisierung beginnt mit der Enteignung", sagte Otto Bauer am Anfang der Zweiten Republik. In: Der Weg zum Sozialismus, Wien 1919, S. 5.

Das erste SPÖ-Programm vom Mai 1946 enthielt unter Punkt 4 die Forderung, Banken und Versicherungsanstalten, Bergwerke, Ölgruben, Kraftwerke, Großunternehmungen der Eisen-, Stahl-, Metall-, Baustoff- und chemischen Industrie sowie Großunternehmungen der Lebensmittelproduktion dem Staat einzuverleiben.

Ebenfalls auf eine Ausweitung des Staatseinflusses bzw. des Bereichs der Politik läuft die Formel von der „Demokratisierung aller Lebensbereiche" hinaus, die Bruno Kreisky als Hauptaufgabe seiner Partei ansah. Vgl. z. B. Sozialdemokratische Perspektiven für die siebziger Jahre. Gedanken über Demokratisierung und Integration, in: Aspekte des demokratischen Sozialismus, a. a. O., S. 165 – 176, hier besonders S. 166

Diese Formulierung beinhaltet in der Substanz nichts anderes als eine umfassende Entprivatisierung vieler Entscheidungsbereiche, wenngleich in ihr der Begriff der „Verstaatlichung" bewußt vermieden wird. Sie erhielt ihre offizielle Entsprechung im Parteiprogramm von 1978. Siehe insbesondere die Punkte 2.3. „Vom Wohlfahrtsstaat zur sozialen Demokratie" und 3.1. „Mensch und Demokratie".

Vgl. auch Heinz Fischer: Zu den Grundsätzen sozialdemokratischer Politik, in: Rote Markierungen '80, S. 13 – 34, hier S. 16

In diesem Zusammenhang sei auf das alte sozialdemokratische Motto „Demokratie ist nicht viel – Sozialismus ist das Ziel" verwiesen. Vgl. Walter B. Simon: Österreich 1918 – 1938, a. a. O., S. 78.

⁵) In diesem Punkt hat in Österreich die ÖVP eindeutig die Nase vorne. Z. B. kritisiert einer ihrer gebildetsten Vertreter, Manfried Welan, massiv die „Influenzierung, Penetration und Kolonisierung aller Lebens- und Gesellschaftsbereiche durch die Großparteien. Vgl. Liberalität und Offenheit, a. a. O., S. 41

Im Zukunfts-Manifests der ÖVP wird ein ähnliches Eingeständnis – wenn auch viel vorsichtiger formuliert – gemacht. Vgl. a. a. O., S. 5.

[6]) Dieses Prinzip wird von beiden Massenparteien betont. Siehe : SPÖ-Programm von 1978, Artikel 4.3., Salzburger Programm der ÖVP, Artikel 2.5.

[7]) Dieser Vorschlag ist inspiriert von Hayeks Idee eines Verfassungsgerichtes, das im Konfliktfall zwischen exekutiver und legislativer Gewalt entsprechend dem Grundprinzip der Idee einer Gesellschaft freier Menschen vermittelt. Vgl. Recht, Gesetzgebung und Freiheit, Bd. 3, a. a. O., S. 164 ff.

20. Kapitel

[1]) Hayek nennt im Zuge seiner Beschäftigung mit theoretischer Psychologie das „Sprachgefühl" und das „Rechtsgefühl" als Beispiele für Denkmuster, die uns befähigen, beobachtete Handlungen und Aussagen von anderen Personen als sinnvoll zu erkennen, obwohl wir ihren Inhalt nicht vollständig in Worte fassen können. Vgl. The Primacy of the Abstract, in: New Studies in Philosophie, Politics and Economics and the History of Ideas, London 1978 S. 35 – 49, hier S. 46.

[2]) Das hat freilich nichts mit der sinnlosen psychoanalytischen Konstruktion des „Unterbewußten" zu tun. Siehe Friedrich A. von Hayek: The Primacy of the Abstract, a. a. O., S. 46.

[3]) Vgl. Karl Popper in: Karl Popper-John Eccles: Das Ich und sein Gehirn, S. 21 – 277, hier S. 70.

[4]) Vgl. David Hume: Traktat über die menschliche Natur, 2. Teil, 2. Aufl., Leipzig 1923, besonders S. 212 ff.

[5]) Der Begriff „Gestalt" wurde von Christian von Ehrenfels in seinem Aufsatz „Über Gestaltqualitäten", Vierteljahreschrift für wissenschaftliche Philosophie 14, 1890, eingeführt. Als bedeutendster Vertreter dieser Schule gilt Wolfgang Köhler mit seinem Buch „Die physischen Gestalten in Ruhe und im stationären Zustand", Braunschweig 1920.

[6]) Siehe insbesondere das, was Gilbert Ryle unter „Dispositionen des Handelns beschreibt, sowie seine Unterscheidung von „Können und Wissen" (im Original „knowing how – knowing that"): Der Begriff des Geistes, Reclam Ausg., Stuttgart 1969 (engl. Originalausg. 1949), S. 49 ff, 26 ff.

[7]) Friedrich A. von Hayek: The Sensory Order. An Inquiry into the Foundations of Theoretical Psychology, 3. Aufl. London-Chicago 1976, siehe insbesondere die Kapitel V „The Structure of the Mental Order" und VI „Consciousness and Conceptual Thought", S. 102 ff und S. 132 ff.

[8]) Das meint auch Gerd-Klaus Kaltenbrunner nicht, wenn er sich um eine „konservative Theorie" bemüht. Siehe z. B. Prospektiver Konservativismus, in: Konservativ. Chance und Zukunft, hrsg. von Robert Kriechbaumer, Wien-München 1978, S. 37 – 49. Denn daß eine Haltung argumentationsfähig ist, daß ein „Programm .. sich auf wissenschaftliche Erkenntnisse berufen und mit rationalen und überprüfbaren Argumenten gerechtfertigt werden" kann (S. 44), sagt natürlich noch nichts über die diesem Programm zugrunde liegenden „Normen, Werte und Ideen" (S. 39) aus, die ein regulatives Prinzip konstituieren.

[9]) Nicht selten setzt der Ruf nach Programmatik und Ideologie erst nach einer einschneidenden Wahlniederlage ein. So z. B. bei ÖVP und CDU zu Beginn der siebziger Jahre. Vgl. Rainer Nick: Schwesterparteien, a. a. O., S. 75.

[10]) Dieser Tatsache wird in der Regel nur halbherzig Rechnung getragen. Siehe Wendelin Ettmayer: Der Stellenwert des Liberalen in der ÖVP, in: Alois Mock (Hrsg.): Durchbruch in die Moderne, a. a. O., S. 89 – 140, hier besonders S. 99 ff.

[11]) Zum Begriff der Attitüde siehe Anton Burghardt: Einführung ins die Allgemeine Soziologie, 3. Aufl., München 1979, der diese als „affektiv begründete und erlernbare, relativ stabile Prädisposition von Personen in der Beurteilung einzelner Ob-

jekte, die den Charakter von Verhaltensbereitschaften haben bzw. zu haben scheinen", definiert. Seite 74.

[12]) In typisch positivistischer Verkennung dieser Tatsache sieht Karl Mannheim das konservative Denken als einen bewußten Versuch zur Stabilisierung des bestehenden Systems und Ausdruck der Interessen der davon profitierenden sozialen Gruppen an. Vgl. Das konservative Denken, in: derselbe: Wissenssoziologie, Berlin-Neuwied 1964, S. 412.

[13]) „Das Konservative Prinzip reflektiert auf das Instinkthafte, auf das Ursprüngliche, auf das Volks tümliche, wo dieses nicht folkloristisch geschönt und also unnatürlich ist", meint Heinrich Drimmel in einer etwas problematischen Definition. In: Die Gewalt der Tatsachen – müssen wir resignieren? In: Konservativ. Chance und Zukunft, a. a. O., S. 92 – 108, hier S. 108
Er schließt damit klar an den bedeutendsten deutschen Konservativen des ausgehenden 18. Jahrhunderts, Justus Möser, an. Vgl. Martin Greiffenhagen: Dilemma und Chancen des Konservativismus, in: Konservativ. Chance und Zukunft, a. a. O., S. 23 – 46, hier S. 24.

[14]) Das hat Christoph Allmayer-Beck klar erkannt In: der Konservativismus in Österreich, München 1959, S. 71.

[15]) Vgl. Robert Prantner: Menschenwürde und Christliche Demokratie, in: Andreas Khol, Robert Prantner, Alfred Stirnemann (Hrsg.): Um Parlament und Partei. Alfred Maleta zum siebzigsten Geburtstag, a. a. O., S. 13 – 23, hier besonders S. 16 f.

[16]) Eher in Erwägung zu ziehen, aber gewiß noch keine echte Lösung, sind verschiedene Verfahren, die unter dem Begriff „Punktwahl" zusammengefaßt werden und die die ungleichen Wirkungen externer Effekte auf verschiedene Personen zu berücksichtigen versuchen. Vgl.: Bruno S. Frey: Moderne Politische Ökonomie, a. a. O., S. 25.

[17]) Es gibt hierfür zwar keine Lösungen, aber doch einige anregende Vorschläge, zumindest für bestimmte Teilprobleme. Eine – wenngleich auf fiktiven Annahmen beruhende – Lösung wurde z. B. von Lindhal vorgeschlagen, der die Kollektiventscheidungen rationalisieren will, indem der Beitrags-(= Steuer-)anteil jedes Bürgers in der Höhe seiner marginalen Zahlungsbereitschaft festgelegt wird. Vgl. Bruno S. Frey: Moderne Politische Ökonomie, a. a. O., S. 112

LITERATURVERZEICHNIS

ALLMAYER-BECK, Christoph: Der Konservativismus in Österreich, München 1959

ADENAUER, Lothar-PIES, Eberhard-TREDELKAMP, Maria: Vom Umgang mit der Orientierungskrise, in: PIES, Eberhard: Der lautlose Auszug, Freiburg/Br. 1983, S. 7 – 26

AHRNS, Hans-Jürgen-FESER, Hans-Dieter: Wirtschaftspolitik, 3. Aufl., München-Wien 1985

ARNDT, Helmut: Kapitalismus und Sozialismus. Konzentration und Konkurrenz, Tübingen 1976

ARROW, Kenneth J.: Social Choice and Individual Values, 2nd ed., New York-London-Sidney 1963

DERSELBE: Current Developments in the Theory of Social Choice, in: Derselbe: Social Choice and Justice, Cambridge-Massachusetts 1983, S. 162 – 174

ASSENBACHER, Walter: Einführung in die Ökonometrie, München Wien 1980

DERSELBE: Lehrbuch der Konjunkturtheorie, München 1984

BARTMAN, Hermann: Verteilungstheorie, München 1981

BAUER, Otto: Der Weg zum Sozialismus, Wien 1919

DERSELBE: Die alte und die neue Linke, in: Der Kampf, Jahrgang 13, Nr. 7 (Juli 1920)

BEER, Stafford: Kybernetik und Management, Hamburg 1962

BENEDIKT, Heinrich: Geschichte der Republik Österreich, Wien 1954

BERDJAJEW, Nicolai: Wahrheit und Lüge des Kommunismus, Wien 1977

BERCHTHOLD, Klaus: Österreichische Parteiprogramme 1868 – 1966, Wien 1967

BIEBACH, Jürgen-MILZ, Helga: Zur Bedeutung der gewerkschaftlichen Organisierung von Wissenschaftlern für die Kooperationsbeziehung zwischen Gewerkschaften und Hochschule, in: Wissenschaft und Arbeitnehmerinteresse, Jahrbuch für Sozialökonomie und Gesellschaftstheorie, Opladen 1980, S. 42 – 80

BIEDENKOPF, Kurt: Fortschritt in Freiheit, München 1973

BLECHA, Karl: Demokratischer Sozialismus und christliche Grundwerte, in: FISCHER, Heinz: Rote Markierungen ’80, Wien 1980, S. 35 – 80

BLUM, Mark E.: The Austro-Marxists, Kentucky 1985

BÖHM-BAWERCK, Eugen von: Kapital und Kapitalzins, 2. Bd., Positive Theorie des Kapitals, Innsbruck 1889

BOPP, Jörg: Opfer oder Rebellen? In: PIES, Eberhard (Hrsg.): Der lautlose Auszug, Freiburg/Br. 1983

BOURDON, Raymond: Die Logik des gesellschaftlichen Handelns, Darmstadt 1980

BOVERTER, Edwin von u. a.: Einführung in die Mikroökonomie, München-Wien 1980

BRETSCHNEIDER, Rudolf: Demoskopie als Politikersatz, in: PLASSER, Fritz-ULRAM, Peter A. (Hrsg.): Demokratierituale, Wien 1985, S. 271 – 277

BRUCKMÜLLER, Ernst: Sozialgeschichte Österreichs, Wien 1985

BRÜGEL, Ludwig: Geschichte der Österreichischen Sozialdemokratie, Bd. 3, Wien 1922

BRUSATTI, Alois: Wirtschafts- und Sozialgeschichte des industriellen Zeitalters, Wien-Köln-Graz 1979

BUCHANAN, James: Positive Economics, Welfare Economics and Political Economy, in: The Journal of Law and Economics, Vol. 2, S. 124 – 138

BURGHARDT, Anton: Einführung in die Allgemeine Soziologie, 3. Aufl., München 1979

BURKERT, Roland: Medienereignis „TV-Duell“: Die Entlarvung eines Mythos, in: Demokratierituale, hrsg. von PLASSER, Fritz-ULRAM, Peter A., Wien-Köln-Graz 1985, S. 75 – 92

CAPRA, Fritjov: Das neue Denken. Aufbruch zu neuem Bewußtsein, Bern-München-Wien 1987

COMMRON, Michael S.: Ökonometrie, Stuttgart-New York 1980

DALLINGER, Alfred: Politik in einer Umbruchsituation, in: Perspektiven 90, Sozialdemokratische Wirtschaftspolitik, Wien 1985, S. 447 – 456

DAVIDSON, James D.: Die Quetsche, München-Wien 1982

DECKMANN, Birgit-RYFFEL, Christine: Soziologie im Alltag, Weinheim-Basel 1984

DIEMANN, Kurt: Selbstgespräche beim Zeitungsordnen, in: Conturen. Quo vadis Volkspartei? Wien April 1987, S. 65 – 78

DIE SOWJETUNION. Handbuch, Moskau 1979

DOWNS, Antony: Ökonomische Theorie der Demokratie, Tübingen 1968

DRENNIG, Manfred: Die Krise sind wir selbst, Wien 1984

DRIMMEL, Heinrich: Die Gewalt der Tatsachen – müssen wir resignieren? In: KRIECHBAUMER, Robert (Hrsg.): Konservativ. Chance und Zukunft, Wien-München 1978, S. 92 – 108

DYK, Irene J.: Gesellschaftspolitische Aspekte der Frauenfrage in Österreich, in: MOCK, Alois (Hrsg.): Durchbruch in die Moderne, Graz-Wien-Köln 1981, S. 297 – 312

DUSEK-PELINKA-WEINZIERL (Hrsg.): Zeitgeschichte im Aufriß, Wien 1983

ECKERT, Roland: Macht und Selbstbehauptung, in: PIES, Eberhard (Hrsg.): Der lautlose Auszug, Freiburg/Br. 1983

ETTMAYER, Wendelin: Der Stellenwert des Liberalen in der ÖVP, in: MOCK, Alois (Hrsg.): Durchbruch in die Moderne, Graz-Wien-Köln 1981, S. 89 – 140

EUCKEN, Walter: Grundlagen der Nationalökonomie, 4. Aufl., Jena 1944

FEHL, Ulrich-OBEREDER, Peter: Grundlagen der Mikroökonomie, München 1985

FESSEL, Walter: Politik in Zahlen, in: PLASSER, Fritz-ULRAM, Peter A. (Hrsg.): Demokratierituale, Wien 1985

FISCHER, Heinz: Jugend und Gesellschaft, in: Jugend in Österreich, Wien 1983, S. 16 – 24

FLEMMING, Marilies: Politik für Frauen, in: Dieselbe: Politik für die Frauen, Bd. 9 der Schriftenreihe der Politischen Akademie, Wien 1986, S. 7 – 12

FLIK, Heinrich: Kybernetische Ansätze zur Organisation des Führungsprozesses der Unternehmung, Berlin 1969

FRERICHS, Walter-KÜTTER, Kurt: Gesamtwirtschaftliche Prognoseverfahren, München 1980

FREUD, Sigmund: Das Unbehagen in der Kultur (1930), in: Zweibändige Werkausgabe Frankfurt/Main 1978

FREY, Bruno S.: Moderne Politische Ökonomie, München 1977

FRIEDMAN, Milton: A Programm for Monetary Stability, New York 1960

FUNDER, Friedrich: Aufbruch zur christlichen Sozialreform, Wien 1953

GEHLEN, Arnold: Urmensch und Spätkultur, 5. Aufl., Wiesbaden 1986

GEHMACHER, Ernst: Jugend in Österreich. Die unberechenbare Generation, Wien 1981

GEYER, Bernhard (Hrsg.): Grundriß der Geschichte der Philosophie, 12. Aufl., Graz 1951

GLASER, Ernst: Im Umfeld des Austromarxismus, Wien-München Zürich 1981

GRAY, John N.: F. A. Hayek and the Rebirth of Classical Liberalism, Literature of Liberty, Vol. 5, No. 4, Winter 1982

GREIFFENHAGEN, Martin: Dilemma und Chancen des Konservativismus, in: KRIECHBAUMER, Robert (Hrsg.): Konservativ. Chance und Zukunft, Wien-München 1978, S. 23 – 46

HAERPFER, Christian: Abschied vom Loyalitätsritual, in: PLASSER, Fritz-ULRAM, Peter A. (Hrsg.): Demokratierituale, Wien 1985, S. 239 – 262

DERSCH, Wolfgang: Kommunismus ohne Wachstum, Reinbeck bei Hamburg 1975

HAWLIK, Johannes: Der Bürgerkaiser. Karl Lueger und seine Zeit, Wien 1985

HAYEK, Friedrich A. von: Preise und Produktion, Wien 1931

DERSELBE: Szientismus und das Studium der Gesellschaft, in: DERSELBE: Mißbrauch und Verfall der Vernunft. Ein Fragment, Frankfurt/M. 1959, S. 11 – 142

DERSELBE: Degrees of Explanation, in: DERSELBE: Studies in Philosophy, Politics and Economics, London 1967, S. 3 – 21

DERSELBE: Die Ergebnisse menschlichen Handelns, aber nicht menschlichen Entwurfs, in: DERSELBE: Freiburger Studien. Gesammelte Aufsätze, Tübingen 1969, S. 97 – 112

DERSELBE: Die Theorie komplexer Phänomene, Tübingen 1972

DERSELBE: Die Tatsachen in den Sozialwissenschaften, in: DERSELBE: Individualismus und wirtschaftliche Ordnung, 2. Aufl., Salzburg 1976, S. 78 – 102

DERSELBE: Die Verwertung des Wissens in der Gesellschaft, in: Ebenda, S. 103 – 121

DERSELBE: Sozialistische Wirtschaftsrechnung I. Natur und Geschichte des Problems, in: Ebenda, S. 156 – 191

DERSELBE: Sozialistische Wirtschaftsrechnung II. Der Stand der Diskussion 1935, in: Ebenda, S. 192 – 219

DERSELBE: The Sensory Order. An Inquiry into the Foundations of Theoretical Psychology, London-Chicago, 3. Aufl., 1976

DERSELBE: The Primacy of the Abstract, in: Derselbe: New Studies in Philosophy, Politics and Economics and the History of Ideas, London 1978, S. 35 – 49

DERSELBE: Recht, Gesetzgebung und Freiheit, Bd. 1, Regeln und Ordnung, München 1980

DERSELBE: Recht, Gesetzgebung und Freiheit, Bd. 2, Die Illusion der sozialen Gerechtigkeit, Landsberg/Lech 1981

DERSELBE: Recht, Gesetzgebung und Freiheit, Bd. 3, Die Verfassung einer Gesellschaft freier Menschen, Landsberg/Lech 1981

DERSELBE: Der Weg zur Knechtschaft, 5. Aufl., Landsberg/Lech 1982 HEIL, Johann: Einführung in die Ökonometrie, München-Wien, 2. Aufl., 1987

HERBERG, Horst: Preistheorie, Stuttgart-Berlin-Köln-Mainz 1985

HERDER-DORNEICH, Philip-GROSER, Manfred: Ökonomische Theorie des politischen Wettbewerbs, Göttingen 1977

HERDER-DORNEICH, Philip: Dynamische Theorie der Sozialpolitik, Berlin 1981

HINDELS, Josef: Austromarxismus und die SPÖ-Linke: Verändern statt bewahren, in: Roter Anstoß, hrsg. von Josef HINDELS und Peter PELINKA, Wien 1980, S. 15 – 30

HIRSCHBERGER, Johannes: Geschichte der Philosophie, Teil II, 11. Aufl., Freiburg/Br. -Basel-Wien 1981

HÖCHTL, Josef: Politische Moral in Österreich – empirische Befunde und persönliche Bekenntnisse, in: HÖCHTL, Josef-WINDHAGER, Fritz (Hrsg.): Politische Moral, Wien 1981, S. 35 – 78

HOF, Bernd: Arbeitszeitverkürzung – ein Mittel zur Beschäftigungspolitik? In: KUTSCH, Thomas – Vilmar, Fritz: Arbeitszeitverkürzung, Opladen 1983

HOLLEIS, Eva: Die sozialpolitische Partei, Wien 1978HORNER, Franz: Konservative und christdemokratische Parteien in Europa, Wien-München 1981

HOYOS, Carl Graf u. a.: Grundbegriffe der Wirtschaftspsychologie, München 1980

HUME, David: Traktat über die menschliche Natur, Teil II, 2. Aufl., Leipzig 1923

JAMBOR, Walter: „Das Ende wird furchtbar sein!" Wird das Ende furchtbar sein? Österreich unter und nach Kreisky, Wien 1981

JONAS, Hans: Das Prinzip Verantwortung, Frankfurt 1979

KADAN, Albert – PELINKA, Anton: Die Grundsatzprogramme der österreichischen Parteien. Dokumentation und Analyse, St. Pölten 1979

DERSELBE: Zur Ideologiediskussion in Österreich, in: DERSELBE: Die Grundsatzprogramme der österreichischen Parteien, a. a. O., S. 18 – 29

KALTENBRUNNER, Gerd-Klaus: Prospektiver Konservativismus, in: KRIECHBAUMER, Robert (Hrsg.): Konservativ. Chance und Zukunft, Wien-München 1978, S. 37 – 49

KAMPITS, Peter: Für eine geistige Erneuerung, in: Conturen. Quo vadis Volkspartei, Wien April 1987, S. 46 – 55

KAUFMANN, Fritz: Sozialdemokratie in Österreich, Wien München 1978 KELLE, Wladislaw-KOWALSON, Matjew: Der historische Materialismus, Moskau 1975

KELSEN, Hans: Demokratie, in: DERSELBE: Demokratie und Sozialismus, Wien 1967, S. 11 – 39

KHOL, Andreas: Hic Rhodos, nunc salta: Die ÖVP muß jetzt springen, in: Conturen. Quo vadis Volkspartei? Wien April 1987, S. 17 – 25

KLOSE, Alfred: Die Interessenverbände, in: WEINZIERL, Erika – SKALNIK, Kurt (Hrsg.): Österreich 1918 – 1938, Wien Graz-Köln 1983, S. 331 – 361

KLOSE, Alfred-MANTL, Wolfgang-ZSIFKOVITS, Valentin (Hrsg.): Katholisches Soziallexikon, 2. Aufl., Innsbruck-Graz 1980 KOCH, Rainer: Liberalismus und liberale Idee vom Vormärz bis zum Ersten Weltkrieg, in: Verfall oder Renaissance des Liberalismus? Hrsg. von Hans VORLÄNDER, München 1987, S. 37 – 56

KONECNY, Albrecht K.: Organisation und Bildungsarbeit in der Österreichischen Sozialdemokratie; die Wiederherstellung des Handelns, in: HINDELS, Josef PELINKA, Peter: Roter Anstoß, Wien 1980, S. 31 – 43

KONRAD, Helmut: Das Entstehen der Arbeiterklasse in Oberösterreich, Wien-München-Zürich 1981

KRAMMER, Josef-SCHEER, Günter: Das österreichische Agrasystem, Bd. 1, Wien 1978

KREISKY, Bruno: Sozialdemokratische Perspektiven für die 70er Jahre,. Gedanken über Demokratisierung und Integration, in: Aspekte des demokratischen Sozialismus, München 1974, S. 165 – 172

DERSELBE: Die Sozialdemokratische Alternative, in: ebenda, S. 53 – 67

DERSELBE: Wissenschaft und Politik in der industriellen Gesellschaft, in: ebenda, S. 182 – 193

DERSELBE: Die Zeit in der wir leben, Wien 1978

KREJCI, Herbert: Weder Yuppie-noch Sumper-Partei, in: Conturen. Quo vadis Volkspartei? Wien April 1987, S. 26 – 30

KRUSCHWITZ, Lutz: Investitionsrechung, 3. Aufl., Berlin-New York 1987

KUEHNELT-LEDDIHN, Erik Ritter von: Rechts, wo das Herz schlägt. Ein Panoptikum für garantiert unmoderne Menschen, Wien-Graz-Köln 1980

LACHMANN, Ludwig M.: Komplementarität und Substitution in der Kapitaltheorie, in: DERSELBE: Marktprozeß und Erwartungen, München-Wien 1984, S. 193 – 207 DERSELBE: Joan Robinson und die Akkumulation des Kapitals, in: ebenda, S. 208 – 241

LANGE, Oskar: Politische Ökonomie, Bd. 1: Allgemeine Probleme, Frankfurt/Main-Wien 1963

LEHMANN, Helmut: Zum Objekt und wissenschaftlichen Standort einer Organisationskybernetik, in: GROCHLA, Erwin (Hrsg.): Systemtheorie und Betrieb, Opladen 1971, S. 51 – 65

LEHMBRUCH, Gerhard: Österreichs sozialpartnerschaftliches System im internationalen Vergleich, in: Methoden der Politikberatung im wirtschaftspolitischen Bereich, Wien 1984 LEHMINSKY, Gerhard: Erfahrungen bei der Verwertung und Umsetzung von Wissenschaft im Arbeitnehmerinteresse, in: Wissenschaft und Arbeitnehmerinteresse, Jahrbuch für Sozialökonomie und Gesellschaftstheorie, Opladen 1980, S. 32 – 41

LEMPERT, Heinz: Sozialpolitik, Berlin-Heidelberg-New York 1980 LENIN, Wladimir I.: Staat und Revolution, Verlag für fremdsprachige Literatur, Peking 1976

DERSELBE: Ausgewählte Werke, Moskau 1977

LENK, Klaus: Informationstechnik und Gesellschaft, in: FRIEDRICHS, Günter-SCHAFF, Adam (Hrsg.): Auf Gedeih und Verderb. Mikroelektronik und Gesellschaft, Bericht an den Club of Rome, Wien 1982, S. 289 – 320

LESER, Norbert: Zwischen Reformismus und Bolschewismus, 2. Aufl., Wien-Köln-Graz 1985

DERSELBE: Parteienkrise oder Demokratiekrise? Das wachsende Unbehagen. Immer mehr Probleme, immer weniger Lösungen, in: Mut zum Morgen. Konturen der Zukunft, hrsg. von Theo FAULHABER und Adalbert REIF, München 1987

LIEBER, Hans-Joachim-BÜTOW, Helmuth G.: Ideologie, in: Ideologie und Philosophie 2, Frankfurt/Main-New York 1973, S. 80 – 107

LIEBSCHER, Klaus: Was ist, was soll die Kybernetik? Leipzig Jena-Berlin 1968

LUCKENBACH, Helga: Theoretische Grundlagen der Wirtschaftspolitik, München 1986

MANNHEIM, Karl: Wissenssoziologie, Berlin-Neuwied 1964

MARX, Karl: Manifest der kommunistischen Partei, Progress Ausg., Moskau o. J.

DERSELBE: Zehn Thesen über Feuerbach, in: MEW. Bd. 3, Berlin Ost 1958, S. 533 ff

DERSELLBE: Das Kapital, Bd. 1, Berlin Ost 1962

DERSELBE: Das Kapital, Bd. 2, Berlin Ost 1963

DERSELBE: Das Kapital, Bd. 3, Berlin Ost 1964

MÄRZ, Eduard: Einführung in die Marxsche Theorie der wirtschaftlichen Entwicklung, Wien 1976

MASLOW, Abraham H.: Motivation and Personality, 2nd Ed., New York 1970

MAUTNER, Alfred: Stabilisierungspolitik im Lichte von Gleichgewichts- und Ungleichgewichtstheorie, Göttingen 1985

MENGER, Carl: Grundsätze der Volkswirthschaftslehre, Wien 1871

DERSELBE: Untersuchungen über die Methode der Socialwissenschaften, und der Politischen Ökonomie insbesondere, Wien 1883

MESSNER, Johannes: Was bedeutet christlich-demokratisch heute? In: Um Parlament und Parteien, Alfred Maleta zum siebzigsten Geburtstag, Graz-Wien-Köln 1976

MEYER, Bernd: Relative Preise, Produktionsstruktur und Konjunktur, Tübingen 1981

MICHAILSKI, Wolfgang: Positive Strukturanpassung als wirtschaftspolitische Herausforderung, in: KRAMER, Helmut-BUTSCHEK, Felix (Hrsg.): Strukturpolitik als Dimension der Vollbeschäftigungspolitik, Stuttgart 1983, S. 45 – 57

MIETH, Dietmar: Auf der Suche nach Nähe und Wärme, in: PIES, Eberhard (Hrsg.): Der lautlose Auszug, Freiburg/Br. 1983

MISES, Ludwig von: Nationalökonomie. Theorie des Handelns und Wirtschaftens, 2. Aufl., München 1980

MÜLLER, Adam: Die heutige Wissenschaft der Nationalökonomie, in: Ausgewählte Abhandlungen, Jena 1921, S. 17 – 23

DERSELBE: Von der Gewerbefreiheit, in: Ausgewählte Abhandlungen, a. a. O., S. 34 – 39

MÜLLER, Richard-RÖCK, Werner: Konjunktur- und Stabilisierungspolitik, 2. Aufl., Berlin-Köln-Mainz 1980

MUSGRAVE, Richard A. - MUSGRAVE Peggy B. - KULLMER, Lore: Die öffentlichen Finanzen in Theorie und Praxis, Bd. 1, 3. Aufl., Tübingen 1986

NECK, Rudolf: Sozialdemokratie, in: WEINZIERL, Erika SKALNIK, Kurt (Hrsg.): Österreich 1918 – 1938, Geschichte der Ersten Republik, Wien-Graz 1981, S. 225 – 248

NEUMANN, Manfred: Theoretische Volkswirtschaftslehre I, 2. Aufl., München 1984

NICK, Rainer: Schwesterparteien. CDU, CSU und Österreichische Volkspartei – Ein Vergleich, Innsbruck 1984

NOLTE, Ernst: Der Faschismus in seiner Epoche, 2. Aufl., München 1965

OFNER, Günter: Wahlkampf und Parteiorganisation, in: PLASSER, Fritz-ULRAM, Peter A. (Hrsg.): Demokratierituale, Wien-Köln-Graz 1985, S. 145 – 169

OLSON, Mancur: Die Logik des kollektiven Handelns, Tübingen 1968

ÖVP. Das Salzburger Programm von 1972

ÖVP-Zukunftsmanifest. 2. Diskussionsentwurf, Wien 1984

PELINKA, Anton: Stand oder Klasse? Die christliche Arbeiterbewegung 1933 – 1938, Wien-München-Zürich 1972

DERSELBE: Struktur und Funktion der politischen Parteien, in: FISCHER, Heinz (Hrsg.): Das politische System Österreichs, 2. Aufl. 1977, S. 33 – 50

DERSELBE: Funktionen von Parteiprogrammen, in: KADAN, Adalbert, PELINKA Anton: Die Grundsatzprogramme der österreichischen Parteien. Dokumentation und Analyse, St. Pölten 1979, S. 7 – 17

PETERSEN, Hans-Georg: Sicherheit der Renten, Würzburg 1981

PISA, Karl: Politische Erneuerung in der Ära Klaus, in: Alois MOCK (Hrsg.): Durchbruch in die Moderne, Graz Wien-Köln 1981, S. 33 – 51

PLASSER, Fritz-ULRAM, Peter A.: Unbehagen im Parteienstaat, Wien-Köln-Graz 1982

DERSELBE: Elektronische Politik und politische Technostruktur, in: PLASSER, Fritz-ULRAM, Peter A.: Demokratierituale, Wien-Graz-Köln 1985, S. 9 – 31

PLATON: Der Staat, Jubiläumsausgabe zum 2400. Geburstag, Zürich-München 1974

PLOETZ: Epochen der modernen Geschichte, hrsg. von NIEMETZ, Gerold und UFFELMANN, Uwe, Würzburg 1986

POPPER, Karl: Das Elend des Historizismus, Tübingen 1965

POPPER, Karl-ECCLES John: Das Ich und sein Gehirn, deutsche Sonderausgabe, München 1986

PRANTNER, Robert: Menschenwürde und Christliche Demokratie, in: KHOL, Andreas-PRANTNER, Robert-STIRNEMANN, Alfred (Hrsg.): Um Parlament und Partei, Alfred Maleta zum 70. Geburtstag, Graz-Wien-Köln S. 13 – 23

ROHRMOSER, Günter: Sind wir auf dem Weg zur Unregierbarkeit?

In: FAULHABER, Theo-REIF, Adalbert (Hrsg.): Mut zum Morgen. Konturen für die Zukunft, München 1987, S. 55 – 67

RÖPER, Burckhardt: Die Lohnpolitik der Arbeitnehmer in öffentlichen und gemeinwirtschaftlichen Unternehmungen, in: EICHHORN, Peter-LOESCH, Archim von (Hrsg.): Arbeitnehmer in öffentlichen und gemeinwirtschaftlichen Unternehmungen, Baden-Baden 1980

RYLE, Gilbert: Der Begriff des Geistes, Reclam Ausg. Stuttgart 1969

SABEL, Charles F.: Neo-Fordism or Flexible Specialisation? In: KRAMER, Helmut-BUTSCHEK, Felix (Hrsg.): Strukturpoltitik als Dimension der Vollbeschäftigungspolitik, Stuttgart 1983

SALCHER, Herbert: Der Beitrag des Budgets zur Bekämpfung der Krise, in: Ausweg aus der Krise, Volkswirtschaftliche Tagung 1983 der OeNB, S. 111 – 117

SCHÄFER, Bernhard (Hrsg.): Einführung in die Gruppensoziologie, Heidelberg 1980

DERSELBE (Hrsg.): Grundbegriffe der Soziologie, Opladen 1986

SCHAFF, Adam: Beschäftigung kontra Arbeit, in: FRIEDRICHS, Günter-SCHAFF, Adam: Auf Gedeih und Verderb. Mikroelektronik und Gesellschaft. Bericht an den Club of Rome, Wien 1982

DERSELBE: Wohin führt der Weg, Wien 1985

SCHMITZ, Wolfgang: Die antizyklische Budgetpolitik. Eine Illusion, Frankfurt/Main 1976

SCHNEIDER, Helmut: Mikroökonomie, 4. Aufl., München 1986

SCHUMPETER, Josef A.: Kapitalismus, Sozialismus und Demokratie, 4. Aufl., München 1975

DERSELBE: Grenzen der Lohnpolitik, in: Aufsätze zur Wirtschaftspolitik, Tübingen 1985, S. 192 – 201

SCHWAN, Gesine: Parteienkrise oder Demokratiekrise, in: FAULHABER; Theo-REIF, Adalbert (Hrsg.): Mut zum Morgen, Konturen der Zukunft, München 1987, S. 68 – 84

SEICHT, Gerhart: Arbeitszeitverkürzung. Aktuelle Situation, politische Forderungen und ökonomische Konsequenzen, Wien 1981

SEIFERT, Hans Günter: Die Begründung makroökonomischer Prognosen, Frankfurt/Main 1982

SEMRAU, Eugen: Entertainment für Einsiedler, in: Demokratierituale, hrsg. von PLASSER, Fritz-ULRAM, Peter A., Wien-Köln-Graz 1985, S. 61 – 74

SIMON, Walter B.: Österreich 1918 – 1938. Ideologie und Politik, Wien-Graz-Köln 1984

SMITH, Adam: Der Wohlstand der Nationen. Eine Untersuchung seiner Natur und seiner Ursachen, TB-Ausg., München 1978

SOMMER, Franz: Medien zwischen Macht und Ohnmacht, in: Demokratierituale, hrsg. von PLASSER, Fritz-ULRAM, Peter A., Wien-Köln-Graz 1985, S. 121 – 143

SOMMER, Manfred: System Dynamics und Makroökonometrie, Bern Stuttgart 1981

SPANN, Othmar: Gesellschaftslehre, 4. Aufl., Graz 1969

DERSELBE: Der wahre Staat, 5. Aufl., Graz 1972

SPÖ-Parteiprogramm (derzeit gültiges), Wien 1978

STAATSLEXIKON, hrsg. von der Görres-Gesellschaft, 7. Bd., 6. Aufl., Freiburg 1962

STADLER, Friedrich: Spätaufklärung und Sozialdemokratie in Wien 1918 – 1938, in: KADRNOSKA, Franz (Hrsg.): Aufbruch und Untergang, Wien 1981

STAUDINGER, Anton: Christlichsoziale Partei, in: WEINZIERL, Erika-SKALNIK, Kurt (Hrsg.): Österreich 1918 – 1938, Geschichte der Ersten Republik, Wien-Graz 1981, S. 249 – 276

STRASSER, Johano: Grenzen des Sozialstaates? 2. Aufl., Köln 1983

SWEEZY, Paul: Theorie der kapitalistischen Entwicklung, TB Ausgabe, 6. Aufl., Frankfurt/Main 1981

TAUTSCHER, Anton: Wirtschaftsgeschichte Österreichs, Berlin 1974 TEICHMANN, Ulrich: Grundriß der Konjunkturpolitik, München 1982

TUCHFELD, Egon: Bausteine zur Theorie der Wirtschaftspolitik, Bern und Stuttgart 1983

TUMPEL, Herbert: Beirat für Wirtschafts- und Sozialfragen, in: Methoden der Politikberatung im wirtschaftspolitischen Bereich, Wien 1984, S. 29 – 40

TURGOT, Anne Robert Jaques: Betrachtungen über die Bildung und Verteilung des Reichtums, 2. Aufl., Jena 1914

ULRAM, Peter A.: Um die Mehrheit der Mehrheit, in: PLASSER, Fritz-ULRAM, Peter A.: Demokratierituale, Wien 1985, S. 203 – 237

ULRICH, Hans: Die Unternehmung als produktives soziales System, Bern-Stuttgart 1970

UTZIG, Siegfried: Konjunktur, Erwartungen und spontane Ordnung, Frankfurt/Main-New York-Paris 1987

VANBERG, Viktor: Buchanan und Hayek. Die Ideenwelt von zwei Nobelpreisträgern, in: Markforum, Jahrgang 1/Nr. 2, Dez. 1987, S. 6 – 8

VETTER, Helmut: Fakten statt Ideologien: Die Sicherheit von Kernkraftwerken, in: WINDHAGER, Fritz (Hrsg.): Kernenergie für Österreich, Wien 1980, S. 56 – 70

DERSELBE: Zwickmühle Zwentendorf, Wien 1983

VORKÖTTER, Uwe: Auswirkungen einer Verkürzung der Wochenarbeitszeit auf die Nachfrage der Unternehmen nach Arbeitskräften, Frankfurt/Main 1982

VRANICKI, Predrag: Geschichte des Marxismus, TB-Ausg., 1. und 2. Bd., Frankfurt 1983

VRANITZKY, Franz: Neue Bedingungen – Neue Politik, in: Perspektiven 90, Sozialdemokratische Wirtschaftspolitik, Wien 1985, S. 427 – 437

WAGNER, Adolf: Die Ordnung des österreichischen Staatshaushaltes, Neuauflage, Wien 1984

WEBER, Max: Politik als Beruf, in: Gesammelte politische Schriften, Tübingen 1958, S. 505 – 560

WELAN, Manfried: Die Kanzlerdemokratie, in: KHOL, Andreas PRANTNER, Robert-STIRNEMANN, Alfred (Hrsg.): Um Parlament und Partei. Alfred Maleta zum 70. Geburtstag, Graz-Wien-Köln 1976, S. 169 – 180

DERSELBE: Liberalität und Offenheit, in: Coturen, Quo vadis Volkspartei, Wien April 1987, S. 17 – 45

WELLER, B. Uwe: Schlüssel zur Politik, Wien-New York 1987

WELSCH, Johann: Globalsteuerung in der Bundesrepublik Deutschland, Köln 1980

WETTER, Gustav A.: Sowjetideologie heute, Bd. 1, Dialektischer und historischer Materialismus, 17. Aufl., Frankfurt/Main 1979

WETZEL, Manfred: Gegenstand und Erkenntnispraxis der Gesellschaftswissenschaften, in: Wissenschaft und Arbeitnehmerinteresse, Jahrbuch für Sozialökonomie und Gesellschaftstheorie, Opladen 1980, S. 152 – 165

WICKSELL, Knut: Finanztheoretische Untersuchungen, Jena 1896

WIESER, Wolfgang: Organismen, Strukturen, Maschinen, Frankfurt/Main 1959

WINDELBAND, Wilhelm: Lehrbuch der Geschichte der Philosophie, 15. Aufl., Tübingen 1957

WINDHAGER, Fritz: Zur politischen Verantwortung und politischen Kultur in Österreich, in: HÖCHTL, Josef WINDHAGER, Fritz (Hrsg.): politische Moral, Wien 1981, S. 9 – 34

WITTMANN, Waldemar: Unternehmung und unvollkommene Informationen, Köln-Opladen 1959

WOHLTMANN, Hans-Werner: Dynamische Entscheidungsprobleme in der quantitativen Theorie der Wirtschaftspolitik, Göttingen 1982

WOLLER, Ernst: Die SPÖ und die Jugend: Partei der Jugend? In: Roter Anstoß, hrsg. von HINDELS, Josef-PELINKA, Peter, Wien 1980, S. 44 – 50

WORM, Alfred: Der Skandal, Wien 1981

WÖRTERBUCH der Kybernetik, hrsg. von KLAUS, Georg, Berlin 1968

WÖRTERBUCH der Soziologie, begründet von Günter HARFIEL, 3. Aufl., Stuttgart 1982

WUNDERER, Rolf-GRUNWALD, Wolfgang: Führungslehre, Bd. 1, Berlin-New York 1980

ZEITZ, Christian: Zwischen Allmacht und Ohnmacht. Die Stellung des Technikers im vernetzten Denken und dessen Gegenposition, in: Österreichische Ingenieur- und Architektenzeitschrift, Heft 10, Jg. 132 (19^{87}), S. 327 ff.